Marc Endeweld est journaliste indépendant d'investigation et ancien grand reporter à *Marianne*. Il est également l'auteur des remarqués *L'Ambigu Monsieur Macron* et *Le Grand Manipulateur*, disponibles chez Points.

DU MÊME AUTEUR

France Télévisions off the record
Histoires secrètes d'une télé publique sous influences
Flammarion, 2010

Le Grand Manipulateur
Les réseaux secrets de Macron
Stock, 2019
et « Points », n° 5290, 2020

L'Emprise : qui dirige vraiment la France ?
Seuil, 2021

Marc Endeweld

L'AMBIGU MONSIEUR MACRON

Édition mise à jour

Flammarion

ISBN 978-2-7578-9406-4

À Sébastien

« On ne sort de l'ambiguïté qu'à ses dépens. »

Jean-François Paul de GONDI,
cardinal de Retz, *Mémoires*, 1677.

Préface
Le cheval de Troie

C'était à la fin août 2015. L'industriel Henry Hermand, soutien de toujours de la « deuxième gauche », très proche ami du socialiste Michel Rocard, nous recevait dans les locaux de sa société près des Champs-Élysées à Paris. Le vieil homme – il avait alors 91 ans et décédera un peu plus d'un an après cette rencontre – avait un œil malicieux quand il évoquait son petit protégé, Emmanuel Macron. Déjà, ce soutien des premières heures n'avait pas peur de parler du « destin » politique de ce jeune premier : « Macron ne peut pas être lié à l'échec de la gauche traditionnelle », assurait-il. Puis il ajoutait : « Il veut être libre de saisir toutes les opportunités. »

Quelques semaines plus tôt, l'industriel avait envoyé une note manuscrite aux deux héritiers politiques du « rocardisme », Manuel Valls, alors Premier ministre, et Emmanuel Macron, son ministre de l'Économie. Il y délivrait son analyse politique de la situation du pays moins de deux ans avant l'échéance qui sera finalement fatidique pour la gauche. Selon lui, le quinquennat de François Hollande était voué à l'échec. Il prédisait une déroute pour le Parti socialiste aux prochaines élections régionales, estimait que le président se retrouverait sans légitimité, et enjoignait les « progressistes » à se lancer dans l'aventure présidentielle. « Sinon, cela sera trop tard », estimait-il.

Un message reçu cinq sur cinq par Emmanuel Macron. Dès lors, le ministre de l'Économie va enclencher une conquête méthodique du pouvoir suprême. Et ce jeune homme pressé va même aller plus vite que certains de ses parrains ne l'auraient souhaité. Au printemps 2016, le conseiller des grands patrons, Alain Minc, alors soutien d'Alain Juppé, s'en irrite : « Soit c'est un adolescent capricieux, soit c'est un génie politique ! » confie-t-il à des proches. De même, l'ancien sherpa de François Mitterrand à l'Élysée, Jacques Attali, devenu le soutien de Manuel Valls, explique à la même époque, lors d'une conférence, que Macron « n'incarne que le vide » de la vie politique française…

Car c'est bien à l'été 2015 que naît dans la tête de Macron l'idée de se présenter à la présidentielle dès… 2017 ! Un pari fou pour ce jeune responsable politique de 38 ans qui ne s'était jusqu'à présent jamais présenté au-devant des Français. L'ancien banquier de chez Rothschild ne va pourtant rien laisser au hasard. « Il m'a trahi avec méthode », finit par reconnaître François Hollande le soir de la démission de son ancien protégé le 30 août 2016. La chance fut souvent au rendez-vous, mais le candidat Macron passa pour autant tous les obstacles. Et à force d'y croire, il a même fini par empêcher son ancien patron à l'Élysée de se représenter. Son grand rival Manuel Valls a de son côté commis l'erreur de ne pas avoir anticipé que François Hollande se trouverait *in fine* dans l'impossibilité de concourir à la présidentielle. Finalement, ces deux apparatchiks socialistes, comme d'autres, étaient persuadés que les élections intermédiaires restaient le passage obligé pour tous ceux qui avaient envie d'entrer à l'Élysée. Un « cursus d'un ancien temps », leur répondait pourtant leur ministre de l'Économie, en septembre 2015, un brin fanfaron. Au final, Valls comme Hollande auront bien du mal à contrer l'agenda caché de leur ministre de l'Économie : « Son attention aux autres, si rare dans ce milieu, lui a permis d'avancer masqué », analyse un proche.

Certes, dans les allées du pouvoir, l'ambition dévorante d'Emmanuel Macron n'avait échappé à personne. Depuis quelques années, Alain Minc aimait ainsi rapporter l'anecdote suivante à ses différents visiteurs : « Quand il était venu me voir à la sortie de l'ENA, tout jeune inspecteur des Finances, je lui avais demandé comment il se verrait dans trente ans. Et il m'avait répondu : "président de la République !" » En janvier 2014, lors d'un déjeuner, le grand patron Xavier Niel recevait un SMS de celui qui n'était alors seulement que secrétaire général adjoint de l'Élysée et, devant ses invités, il s'exclama : « Il veut devenir président de la République ! » Mais dans ce « vieux monde » du pouvoir que Macron aimera tant décrier dans les meetings de sa campagne électorale, personne ne l'attendait si tôt ! Hollande, le premier, n'a rien voulu voir. Il a préféré se rassurer en se laissant convaincre par les multiples attentions de son ministre préféré : « Le président de la République m'a fait confiance et je ne l'en remercierai jamais assez », osait ainsi le futur candidat, lors de son premier meeting parisien à la Mutualité, le 12 juillet 2016, qui se terminait pourtant par des « Macron, président ! », lancés par la foule déjà dense constituée par les sympathisants d'En Marche ! L'ancien chef de l'État n'est pourtant pas le seul à avoir été victime d'un déni de réalité au sujet du « phénomène Macron ». Incontestablement, les responsables politiques traditionnels n'ont pas compris à qui ils avaient affaire. Tous ont sous-estimé son désir de pouvoir, son envie d'écraser les autres. « En fait, l'homme est complètement fou, mais comme il a réussi, on le présente désormais comme un génie ! » se récrie désormais un ancien poids lourd du gouvernement Valls, dépité.

Très tôt, l'ambigu Macron avait pourtant laissé quelques indices sur sa folle aventure. Encore fallait-il être disposé à le prendre au sérieux… Début juillet 2015, le ministre de l'Économie suscite ainsi l'ironie des commentateurs quand celui-ci déclare à l'hebdomadaire *Le 1* qu'« il y a dans le processus démocratique et dans son fonctionnement un absent. Dans la politique française, cet absent est la figure du roi, dont je pense fondamentalement que le peuple français n'a pas voulu la mort ». Il profite alors de cette métaphore pour exercer une critique à peine voilée à l'égard de l'hôte de l'Élysée : « Ce qu'on attend du président de la République, c'est qu'il occupe cette fonction. Tout s'est construit sur ce malentendu. »

Un discours très éloigné de la « présidence normale » revendiquée par le chef de l'État d'alors. Pourtant, à l'époque, le ministre de l'Économie préfère encore ménager le suspense sur ses véritables desseins, cultivant une ambiguïté qui tranche avec ses déclarations tonitruantes, en soufflant le chaud et le froid au sujet de ses ambitions. Le même été, peu de temps avant le bouclage de la première version de ce livre, l'intéressé nous confiait ainsi : « Il faut se donner une durée : pas plus de dix ou quinze ans en politique. Je ne me vois pas à 60 ans faire de la politique. »

Une confidence qui trahissait une certaine impatience, ce qui ne fut pas du goût de son équipe de communicants… Ces derniers attendront ainsi sur le pied de guerre la publication de ce premier livre consacré au parcours de leur ministre, au point d'envoyer un chauffeur du ministère en récupérer un exemplaire auprès de l'éditeur le jour même de sa sortie.

Bien sûr, Emmanuel Macron a su profiter également, plus que tout autre, de l'état de décomposition de la vie politique française, en essayant de répondre au sentiment défiance des Français à l'égard des vieux partis, du clivage bipartisan, du « système ». Mais c'est en lançant *ex nihilo* un mouvement politique En Marche ! qu'il a pu s'extraire des inerties institutionnelles. C'est en utilisant, comme Jean-Luc Mélenchon avec la France insoumise, les capacités de mobilisation du numérique et des réseaux sociaux, qu'il a pu *ubériser* la compétition électorale. Et au cœur de sa campagne, le novice en politique a réussi à incarner la « nouveauté », à grand renfort de marketing, lui enfant chéri de la technocratie. Un grand écart qui lui permettra, au final, de profiter du « dégagisme » : « On surfe sur la vague », nous confiait d'ailleurs l'un de ses conseillers à la fin de l'année 2016. Mais son vrai tour de force fut de se présenter comme le candidat de la rupture, alors qu'il a activement participé au précédent quinquennat, comme un certain Nicolas Sarkozy avait réussi à le faire en son temps avec le président Jacques Chirac. Habile, Macron l'est assurément, mais le jeune candidat bénéficia également d'une chance hors du commun, voyant ses adversaires les plus redoutables se faire éliminer les uns après les autres du jeu présidentiel, que cela soit Nicolas Sarkozy et Manuel Valls *via* les primaires, ou François Fillon, qui fut traduit devant le tribunal de l'opinion pour le « PenelopeGate ».

Pour opérer cette véritable OPA politique, Macron a toutefois procédé avec un sens tactique certain, appliquant méthodiquement la stratégie du cheval de Troie, cette ruse de la mythologie grecque qui permit à Ulysse et ses compagnons de contourner les défenses adverses et de s'en emparer. En informatique, un cheval de Troie est un programme d'apparence inoffensive, mais qui en contient un autre, malveillant…

Macron va ainsi mener sa conquête de l'intérieur même du « système ». « J'empruntais les chemins des personnages de Flaubert, Hugo, j'étais porté par l'ambition dévorante des jeunes loups de Balzac », confie-t-il, presque sans gêne, dans son livre *Révolution*. Très tôt, il a ainsi essayé de cocher toutes les cases de l'aristocratie d'État. Après l'ENA, il navigue dans plusieurs lieux de pouvoir stratégiques, Inspection générale des finances à Bercy, commission Attali et banque Rothschild. À chaque fois, il sait se rendre indispensable et s'impose par la séduction. Il en profite pour étoffer son carnet d'adresses qui devient vite l'un des plus fournis de Paris, notamment auprès des grands patrons et des propriétaires de médias. Malgré son jeune âge, Macron se vit d'égal à égal avec les puissants. Une confiance en lui qui vient de loin. Le soutien indéfectible de sa femme, Brigitte, y est pour beaucoup. Car les Macron ne sont pas qu'une gravure people pour journaux en mal de ventes, ils sont avant tout un couple de pouvoir.

Quoi qu'il en soit, au nom de sa « liberté d'action », Macron avance, accélère même. Une trajectoire éclair. Souvent sans état d'âme : « Il te charme, t'utilise, et te jette », constate l'un de ses anciens soutiens. « Sa grande force, derrière ses grands sourires et ses poignées de main appuyées, est d'être sans affect, froid, cynique. » Un ex-ami le dépeint même comme un « pervers narcissique » ! Un ancien collaborateur le décrit presque comme un ogre insatiable : « Il se sert des gens et ne renvoie jamais l'ascenseur. » Ils sont en tout cas nombreux, les déçus sur le bas-côté de son ascension fulgurante…

Peu importe. Comme tout animal politique, l'homme assume ses sincérités successives, ses engagements multiples. Pas de loyauté ou de fidélité qui tiennent chez Emmanuel Macron, il n'existe que des opportunités. Cette plasticité, ce cynisme lui ont finalement permis de prendre place au cœur des réseaux de ses concurrents et de ses ennemis : « En banquier d'affaires, Macron est capable d'investir des lieux et relais de pouvoir, et d'assécher ainsi la concurrence », confie un observateur du monde des affaires.

Que l'on pense à l'agence de communication Havas pour Manuel Valls, aux réseaux politiques de l'UDI et du Modem pour François Bayrou, ou à l'ancien ministre de la Défense, patron de la Région Bretagne, Jean-Yves Le Drian, pour François Hollande, Macron a patiemment investi tous ces lieux et relais de pouvoir afin de neutraliser en amont ses adversaires. Quand ces derniers s'aperçoivent de la manœuvre, il est souvent trop tard. Il est vrai que les allures de gendre idéal d'Emmanuel Macron l'ont souvent aidé dans cette entreprise : « C'est un garçon gentil. Il n'est pas duplice », assurait ainsi François Hollande aux journalistes du *Monde*, Gérard Davet et Fabrice Lhomme, dans *Un président ne devrait pas dire ça…* quelques mois seulement avant son propre renoncement.

« Gentil ». Le mot sonne étrangement dans la bouche de l'ancien chef de l'État. Car, dès l'automne 2015, comme nous le rapportions dans la première édition de cet ouvrage, Emmanuel Macron commence pourtant à réfléchir à sa future plate-forme politique et à préparer activement le lancement de son futur mouvement politique. De séances de brainstorming collectives, rassemblant experts, soutiens politiques, intellectuels, communicants, aux dîners divers et variés organisés dans son appartement de Bercy, Macron se prépare alors incontestablement à autre chose qu'à défendre seulement ses projets de loi. Dans les couloirs de Bercy, on croise à l'époque des personnalités aussi signifiantes que le grand patron Xavier Niel, l'ancien ministre et l'ancien directeur du FMI Dominique Strauss-Kahn, et le propre secrétaire général de François Hollande Jean-Pierre Jouyet. Au cours de cette période particulière, certains proches du chef de l'État essaient d'amadouer le jeune Macron en lui proposant le poste de Matignon – une idée soumise au président de la République, sans succès –, mais Macron assure alors à son « ami » Jouyet : « Je ne veux pas être Premier ministre. » À quoi le haut fonctionnaire, principal collaborateur de François Hollande, répond, à la fois penaud et paternaliste : « Maîtrise-toi, on verra en temps voulu… »

Il n'est pas si facile de ramener « à la raison » Emmanuel Macron. Car lui vit son ambition à un autre niveau. Le 10 juillet 2015, en pleine crise grecque et européenne, il confie au quotidien espagnol *El País* : « Ce qui m'intéresse, c'est une ouverture, une modernisation, une transformation idéologique de la gauche. » Macron propose en effet un visage souriant du capitalisme. Comme si sa seule jeunesse permettait de réinjecter de la croyance dans un système économique à bout de souffle à l'heure de la grande finance et de la globalisation. Comme un réenchantement d'un système économique en mal de légitimité. Le communiste Ian Brossat décrivait ainsi à la rentrée 2017 le nouveau président de la République : « le sourire de Kennedy, la politique de Thatcher ». En 2015, le socialiste Benoît Hamon estimait : « Macron, c'est un homme de gauche. Juppé, un homme de droite. Et pourtant, ils disent la même chose. Ils se situent en réalité dans le même camp. Celui des élites qui partagent une même vision de la société et des orientations politiques. C'est finalement juste une question de dosage. » Macron ou le nouvel avatar de la « pensée unique », du TINA, pour *There Is No Alternative*.

Effectivement, Emmanuel Macron croit au *cercle de la raison*, au *gouvernement des experts*, aux *meilleurs* qui ont la responsabilité de décider, face aux « fainéants », et aux gens « qui ne sont rien ». Lors d'un débat avec le journaliste Jean-François Kahn, il confiait : « Je n'aime pas le terme de "néolibéralisme"... Je préfère dire que l'on est à un stade ultime de la décomposition du capitalisme mondial aujourd'hui [...]. Comme je ne comprends pas ce qu'il y a derrière le mot "néolibéral", je préfère dire la "dérive du capitalisme". » Un sophisme supplémentaire qui permet à l'ancien ministre de l'Économie de « naturaliser » cette dérive du capitalisme, comme s'il s'agissait d'un ouragan ou d'une catastrophe naturelle... L'affaiblissement de la démocratie à l'échelle globale s'explique pourtant par l'idéologie néolibérale qui veut imposer un économisme tous azimuts.

Cela n'empêche pourtant pas Macron d'avoir une réflexion sur l'État, et ce qu'il appelle « la verticalité du pouvoir ». Aux Français, ce jeune ambitieux a donc proposé la posture de l'homme providentiel, dans la plus pure tradition de la Ve République. Alors qu'il s'est intéressé dans sa jeunesse à Jean-Pierre Chevènement, il n'a pas hésité à citer dans ses discours François Mitterrand ou le général de Gaulle. Tout au long de sa campagne, le futur président a également proclamé ses ambitions multiples, sa volonté de « refondation », de « renouvellement », de « clarification », ou encore de « rénovation ». Un paradoxe pour celui qui semble assumer, « en même temps », les petits jeux de la monarchie présidentielle. Le soir du premier tour, les réflexes de cour se mettaient déjà en place, lors de la soirée organisée à La Rotonde. Il y avait les invités qui étaient autorisés à monter à l'étage pour approcher le candidat et ses proches. Et il y avait les autres. Parmi les heureux privilégiés, l'un remarque : « À l'étage, Emmanuel était entouré de vieux élus pour préparer les législatives, on aurait dit Bonaparte entouré de ses vieux généraux avant le coup d'État du 18 Brumaire ! »

S'il est bien normal que les courtisans rivalisent de références historiques qui se veulent, au premier abord, flatteuses, on aurait tort de balayer d'un revers de la main cette dernière comparaison : car le macronisme n'est-il pas, en fin de compte, un bonapartisme rénové, un libéralisme autoritaire, pour séduire – de force ? – ces Français qui ont bien du mal à entrer la tête haute dans ce XXIe siècle forcément globalisé ? Le philosophe Alain Badiou estime, avec une certaine provocation, que le succès électoral d'Emmanuel Macron est ainsi le signe « d'un coup d'État démocratique ».

Justement, jeune étudiant en philosophie à la faculté de Nanterre, Macron avait utilement planché sur Hegel, théoricien de l'État, pour son mémoire de DEA. Hegel et sa théorie des « grands hommes » que l'on trouve dans son ouvrage *La Raison dans l'histoire*. Pour le philosophe allemand, l'alternative se situe entre les grands hommes et les aventuriers. Face à l'idéalisme d'Hegel, le matérialiste Karl Marx avait répondu « conditions historiques » en qualifiant de « farce » le coup d'État d'un certain Louis-Napoléon Bonaparte. Pour le jeune et ambitieux Macron, les circonstances historiques seront-elles au rendez-vous ?

Propulsé à la tête de l'État à peine un an après avoir constitué son mouvement En Marche !, Macron semble vouloir remplir ce « vide », lui qui, justement, s'est employé, mois après mois, à faire exploser les partis traditionnels, d'abord le Parti socialiste, désormais Les Républicains (LR), véritables spectres d'un bipartisme à bout de souffle. Au risque d'une concentration des pouvoirs excessive, d'un retour au « césarisme », dénonce Jean-Luc Mélenchon se présentant comme le premier opposant.

Voulant déréguler à tout prix le droit du travail, Macron souhaite aussi utiliser tous les outils mis à sa disposition par la Constitution de 1958, notamment les ordonnances, au risque de soulever un mouvement social de grande ampleur dans le pays. En 2011, pourtant, Macron, alors jeune conseiller de Hollande, écrivait dans la revue *Esprit* un article dans lequel il ne cachait pas ses doutes à l'égard de l'hyper-présidentialisme français : « Le temps politique vit dans la préparation de ce spasme présidentiel autour duquel tout se contracte et lors duquel tous les problèmes doivent trouver une réponse. » À l'époque, il critiquait même le risque d'un « pouvoir charismatique », et d'une « crispation césariste », et semblait lucide quant à la capacité de Hollande de tout résoudre : « On ne peut ni ne doit tout attendre d'un homme et 2012 n'apportera pas plus qu'auparavant le démiurge. » Dans le même article pourtant, Macron semblait justifier une parenthèse démocratique sur les questions « structurelles », notamment budgétaires, actuellement au cœur des discussions avec la chancelière Angela Merkel : « Car le traitement des problèmes longs implique parfois une forme de "réduction" des pouvoirs politiques, c'est-à-dire l'instauration de mécanismes suprapolitiques qui garantissent à travers le temps une application constante, une protection contre les aléas spécifiques. » Un discours antidémocratique que ne renierait pas la Commission de Bruxelles ou Wolfgang Schäuble, l'ancien ministre allemand des Finances. L'économiste grec Yanis Varoufakis nous mettait pourtant en garde quelque temps après la présidentielle en France : « C'est là que réside la grande erreur d'Emmanuel » car « Berlin ne lui donnera rien ». Face à Merkel, Macron risque donc de se transformer en roi nu, tel un Bonaparte sans armées. Une nouvelle farce en somme.

Prologue

« Je vais accélérer »

« Macron, comment vous dire ? Ras-le-bol ! » De retour de vacances, Martine Aubry n'a pas mâché ses mots[1], critiquant les positions du chouchou de François Hollande sur le travail du dimanche, les fonctionnaires ou les 35 heures, « sa » loi, faut-il le rappeler. Effet garanti : elle a tétanisé la rentrée politique. L'ancienne ministre n'a pas pu s'en empêcher. Jusqu'à présent, la maire de Lille préférait pourtant traiter avec le plus grand mépris le ministre de l'Économie, ce « Monsieur Macron », comme elle le désigne sèchement en petit comité. Depuis son arrivée au gouvernement en août 2014, ce dernier multiplie les déclarations fracassantes. Des « illettrées » de la société Gad, aux « pauvres » qui « voyageront plus facilement » en car, en passant par le statut des fonctionnaires qui n'est pas « adéquat ». Sans oublier la vocation dont tout jeune Français devrait selon lui rêver, celle de « devenir milliardaire ». Et pourtant, le ministre de l'Économie ne cesse de s'affirmer… de gauche. Il le sait, Emmanuel Macron, pour affirmer sa ligne politique, doit sortir de l'ambiguïté.

Son sourire, sa tête de premier communiant ou de gendre parfait ne lui sont d'aucun secours pour disposer d'un passeport de gauche. Mais c'est bien sur ses intentions et son parcours que « Monsieur Macron » reste pour

1. Mercredi 23 septembre 2015.

le moins ambigu. A-t-il enfilé durablement le costume de responsable politique ? A-t-il, comme on le dit souvent, de grandes ambitions ? Le ministre balaye ces questions d'un revers de la main : l'essentiel, pour lui, reste de préserver l'ambiguïté sur son après-Bercy. Pour l'instant, il préfère demeurer sur le fil du monde politique : un pied dedans, un pied dehors.

Cet été 2015, quand il nous reçoit dans son grand bureau de Bercy, au troisième étage de « l'hôtel des ministres » de l'imposant bâtiment, face à la Seine, Emmanuel Macron est pourtant à l'aise dans ses baskets : « J'assume le syndrome frontal, nous expose-t-il. Car la vie politique française est surinhibée. Face à la névrose médiatique, on ne dit plus rien. » Ajoutant : « Je considère qu'il faut avoir, comme responsable politique, une fonction de thérapeute. Il faut reconnaître ce qui ne va pas. » Affirmant donc son parler *cash*, le ministre se défend : « Si c'est sorti de son contexte, c'est toujours vu comme une provocation. » Macron s'irrite tout de même du « jeu tactico-médiatique ».

Pourtant, si le ministre se détend au fil de nos questions, presque avachi sur son canapé noir après une longue journée, mais toujours souriant – très tôt le matin, il était en visite à la gare routière de Bagnolet, près du périphérique parisien, pour assister à l'application de la libéralisation du transport en car –, il ne se laisse pas percer à jour aussi facilement que ses déclarations fracassantes peuvent le laisser penser. Son « parler *cash* » a donc une limite : sa personne. Le ministre cultive à ce propos une ambiguïté protectrice…

Mystérieux « Monsieur Macron » qui fustige « la mode de la transparence complète » : « Il y a des hommes politiques qui aiment parler d'eux, ce n'est pas mon cas. » Peut-être parce qu'au fil de son parcours fulgurant, Emmanuel Macron a fini par représenter l'expression du

« système ». « C'est un jeune homme amené à diriger le monde, comme les autres, mais avec un petit supplément d'âme. Il a réussi par les mondanités », juge l'un de ses procureurs. Le ministre serait finalement devenu le symbole d'une méritocratie républicaine à bout de souffle, où copinages et connivences prennent le dessus, autant de travers qu'il se plaît à dénoncer, alors qu'il a lui-même « coché toutes les cases », comme nous le rappelle un interlocuteur, pour en arriver aussi rapidement là où il est. « À Paris, tout le monde a placé Macron », s'amuse l'un de ses soutiens. « Tout le monde est l'ami de Macron aussi parce qu'Emmanuel Macron est l'ami de tout le monde », ironise un autre. « J'aime la comédie humaine », nous lâche le jeune ministre au détour d'un exposé, brillant, forcément brillant. On nous avait prévenus : Macron est un séducteur, l'homme a du charisme. Certes, il est accessible. Mais est-il du genre à haranguer les foules ? À battre les estrades lors d'une campagne électorale et aller, comme Chirac, autrefois, tâter le cul des vaches ? Les Français l'ont vraiment découvert à la télévision en mars 2015, le jour où il a réussi, nous dit-on, sa prestation face à David Pujadas. Mais peut-on parler réellement de « charisme » ? Pour l'instant, l'homme semble être plus à l'aise avec l'ambiguïté des alcôves, dans le compromis des relations interpersonnelles. Les yeux dans les yeux. Tout en séduction, justement. Son aspect physique semble jouer chez certains : « Il est beau gosse ! » affirme à trois reprises un grand patron lors d'un de nos entretiens. « Macron a été la Ferrari rouge d'un paquet de vieux du CAC 40, sur le mode : "Tu l'as vue ma bimbo ?" C'est le trophée d'une partie de l'*establishment* », balance un banquier de la place de Paris. « Il a fait toute sa carrière en étant soutenu par des réseaux homos et cathos dans le grand patronat », s'irrite un autre.

Mais Emmanuel Macron n'a que faire de ces sarcasmes, de ces jalousies. Il trace sa route, exprimant

« une grande confiance en lui », estime un proche. En chair et en os, apparaît ainsi un personnage érudit qui manie les mots avec une grande dextérité ; le flot de ses paroles est d'une précision redoutable, l'enchaînement de ses exposés en devient presque mécanique. Le jeune ministre de l'Économie a plutôt l'intelligence de s'adapter à chacun, de ne sortir le grand jeu que face à un public acquis : « C'est l'homme qui sait le mieux dire bonjour au nord de l'Équateur. Comme Jack Lang. C'est comme si toute son existence n'avait qu'une fin, la conversation », confie un de ses amis. S'est-il exercé à saluer comme l'acteur Richard Anconina dans *Itinéraire d'un enfant gâté* ?

En réalité, cette facilité d'user des bons codes, au moment où il le faut, vient de loin. De l'enseignement qu'il a reçu dans un établissement de jésuites à Amiens, les experts de la rhétorique et de la science du beau langage depuis le Moyen Âge. De son histoire familiale plus compliquée qu'il n'y paraît au premier abord : « Il est très secret sur une partie de lui-même. Comme s'il avait un double fond. Il donne à l'extérieur très peu de lui. Les gens croient le connaître, mais en fait, ils sont dans l'illusion. Quels sont ses vrais amis intimes ? » s'interroge l'un de ses anciens camarades de l'ENA. Depuis qu'il est devenu ministre, il se sait observé, scruté, disséqué. Au premier abord, il feint de ne pas s'en inquiéter. À tel contact, que nous avons interrogé pour les besoins de notre enquête, et qui l'a tenu au courant de celle-ci, il répond un SMS permissif : « Vas-y balance ! » Son couple avec Brigitte, son ancienne prof de français, de vingt-quatre ans son aînée, suscite toutes les conversations dans les dîners parisiens : « Ce qui relève de la vie intime a vocation à rester avec certains », nous rétorque-t-il fermement.

Emmanuel Macron est sous contrôle, le sien, en permanence, et sans qu'on y prenne garde. On imagine l'énergie qu'il doit déployer pour garder ses antennes actives : « Il est d'une lucidité incroyable sur tous les gens qui l'approchent. Et il n'a aucune illusion sur les gens qui l'entourent. Il est d'une dureté métallique insoupçonnée. » Là encore, ambiguïté : nombre de ceux qui ont eu l'occasion de l'approcher constatent sa « gentillesse ». Mais serait-il finalement « méchant » ? Tel le diabolique Frank Underwood de la série américaine *House of Cards* ? Ses proches nous assurent pourtant qu'il est loin d'être « cynique ». Aujourd'hui, il fait de la politique « pour défendre ses convictions politiques », affirme-t-il. Sa meilleure protection reste finalement son humour – justement le règne de l'ambiguïté. Et si « Monsieur Macron » ne se prenait pas au sérieux ? À voir… On loue aussi sa bonne humeur égale, sa bonhomie. « C'est son côté Hollande, une petite tape dans l'épaule et il vous neutralise. C'est aussi sa force politique, la simplicité du contact qu'il imprime. Il est beaucoup plus chaleureux que n'importe quelle icône de la gauche. C'est comme s'il était le fils issu d'une GPA de Laurent Fabius, extrêmement intelligent, et de Michel Charasse, extrêmement chaleureux », note drôlement l'un de ses anciens collaborateurs à l'Élysée. Un financier nous le compare à Alcibiade, un chef athénien, doué de toutes les qualités : la beauté, la haute noblesse, la richesse et l'intelligence. Disciple, ami et amant de Socrate, il était un orateur habile, et, selon le philosophe Théophraste, « celui qui saisissait sur-le-champ les occasions et qui semblait inspiré par les affaires, frappait d'étonnement la multitude et s'en rendait facilement le maître. »

À force, pourtant, de vouloir être ami avec tout le monde, Emmanuel Macron se mélange de temps en temps les pinceaux. « Il a parfois une difficulté avec les rapports anguleux », remarque un conseiller qui l'a connu à l'Élysée. « Quand je parlais politique avec Macron, je ne savais pas ce qu'il pensait. C'est un truc de hauts fonctionnaires ça ! Il regarde le rapport de force, et se met au milieu », persifle un proche d'Arnaud Montebourg. « C'est quelqu'un pour qui l'ambiguïté est un gisement d'opportunités », remarque un grand patron.

Depuis qu'il est ministre, « Monsieur Macron » ne se fait pas que des amis. « Il existe même un groupe dans Paris que j'appelle les déçus discrets d'Emmanuel Macron », s'amuse un initié du monde des affaires. « Ce sont les gens qui se sont fait "entuber" mais qui ont honte de le dire. Il a fait, comme son ami Jean-Pierre Jouyet, des promesses à tout le monde, il a dit "oui" à tous. Mais ce n'est pas la réalité, on ne peut pas faire plaisir à tout le monde ! » À Bercy, Emmanuel Macron en a donc surpris plus d'un. S'opposant, on le verra dans ce livre, au puissant patron de Renault, Carlos Ghosn, sur les droits de vote double réclamés par l'État, ou au controversé Henri Proglio qui aurait souhaité prendre la présidence du groupe de défense Thales. Le ministre n'a pas hésité non plus à défendre l'idée du contrat unique auprès de l'Élysée ou de Matignon dans les mois qui ont précédé les discussions de sa loi au Parlement…

Mais Emmanuel Macron ne cesse de fuir une question, celle de ses ambitions politiques, ses intentions. Lui préfère affirmer sa liberté. Une posture qui lui est possible, car il n'est ni totalement un responsable politique au sens traditionnel du terme, ni un acteur économique investi de la responsabilité d'une entreprise et d'emplois. Toujours un pied dedans, un pied dehors. « Emmanuel n'a pas un tempérament de rebelle. Il est légitimiste vis-à-vis des institutions. Ce n'est pas un franc-tireur. Mais il affectionne d'être à la croisée de plusieurs univers, de plusieurs champs de pouvoir, analyse l'un de ses amis. De se trouver au croisement de la bourgeoisie amiénoise et des cercles intellectuels parisiens. En sociologie, on dirait que c'est un "marginal sécant". Son parcours de touche-à-tout lui permet de ne pas être enfermé dans une case. »

Si voilà sa principale ambiguïté, ses multiples légitimités sont également sa principale force. « Je ne me retrouve pas dans la démarche des "entomologistes modernes" qui passent leur temps à mettre les hommes et les femmes dans des cases étriquées. Si l'idée, c'est de laisser fonctionner le marché comme étant la loi du plus fort, alors je ne me sens pas libéral[1] », assurait-il au *Soir* l'année dernière. « Les étiquettes importent peu. Elles me sont indifférentes », explique-t-il en 2015 à *El País*[2]. En un an à Bercy, une chose est en tout cas incontestable : Macron s'est imposé dans le jeu politique français. « C'est un jeu à trois désormais », lance-t-il à l'un de ses proches. François Hollande, Manuel Valls, Emmanuel Macron. Celui des trois qui a le moins de pouvoir est le plus populaire. C'est aussi celui qui suscite le plus de curiosités à l'étranger. Mark Rutte, le Premier ministre néerlandais, demande ainsi à l'un de ses interlocuteurs français : « Parlez-moi de Macron », comme un banquier américain : « C'est qui ce Macron ? »

En attendant, le ministre de l'Économie trace sa route. Il multiplie les rendez-vous au cours d'une journée, gourmand de rencontres variées et de contacts transversaux : « Il ne cesse d'écouter les gens, de les recevoir, il n'est pas rare qu'il se fasse deux petits déjeuners le matin, plus un dîner, doublé d'un souper ! » note un habitué des cabinets ministériels. « Un athlète du pouvoir », s'extasie un de ses proches. Certains ne devraient pas l'oublier : Emmanuel Macron est un jeune homme pressé : « Je ne me vois pas à 60 ans faire de la politique », nous assure-

1. *Le Soir*, 7 novembre 2014.
2. *El País*, 10 juillet 2015.

t-il. Une anecdote est particulièrement révélatrice : un jour, le conseiller des grands patrons, Alain Minc, lui lance : « En 2017, je voterai pour Juppé ; en 2022, je voterai pour Valls, et en 2027, je voterai pour toi ! » Réponse immédiate de l'intéressé : « Alors, je vais accélérer ! »

Voilà pourquoi il était temps d'enquêter sur ce ministre qui fascine et qui dérange.

I

Le temps des initiations

1977-2014

« Si j'étais courageux, j'écrirais. »

Emmanuel MACRON, 2010.

Chapitre 1
La surprise du remaniement

Le coup de fil est bref. Les deux hommes se connaissent bien, et s'apprécient. Raison de plus pour ne pas perdre de temps, alors qu'en ce matin du mardi 26 août 2014, le deuxième remaniement gouvernemental est bien en route : « J'ai besoin de toi », lance Jean-Pierre Jouyet, secrétaire général de l'Élysée, à son protégé Emmanuel Macron… qui lui répond immédiatement : « Je peux travailler avec toi, oui. » En mode automatique. Au printemps, lors de l'arrivée à l'Élysée de son ami Jouyet auprès de François Hollande, le jeune Macron, alors secrétaire général adjoint, avait pourtant jugé préférable de s'éclipser du Château, ne voulant pas jouer les doublons. Mais là, on ne le sollicite pas pour redevenir collaborateur du chef de l'État. « Non, j'ai besoin de toi au gouvernement », réplique Jouyet. À quelques heures de l'annonce du nouveau gouvernement, voilà Macron quasiment ministre[1].

Surprise ! Depuis son départ de l'Élysée, la vie d'Emmanuel Macron s'est orientée sur d'autres rails. À peine rentré de Californie où il a passé plusieurs semaines de vacances en famille, Macron a d'autres projets. Son esprit est ailleurs. Certes, après deux ans de loyaux services au cabinet du président de la République, le jeune

1. La scène nous est racontée par un proche du ministre. Lors de notre entretien du 31 juillet 2015, Emmanuel Macron assure ne pas s'en souvenir.

homme commençait à susciter la curiosité des milieux politiques et de la presse. Mais, en cette fin d'été, l'ancien banquier a surtout envie de concret dans sa vie professionnelle. « Il est parti de l'Élysée avec des projets personnels plein la tête », précise un de ses amis. Retrouver le temps long, celui de la réflexion. Un ressourcement nécessaire après une vie à flux tendu, entrecoupée de trop rares répits, embuée par les polémiques incessantes, lots communs des pouvoirs ballottés par les crises et les médias.

Place aussi aux amis, à sa femme, et à la famille. Comme ce 17 juillet, où il dîne avec les Ferracci, père et fils, à la brasserie de la Rotonde, à l'angle du boulevard Montparnasse et du boulevard Raspail. L'endroit lui est familier, c'est dans ce lieu parisien de la Rive gauche que plusieurs économistes se réunissaient autour de Michel Sapin et lui pour préparer la candidature de François Hollande. Loin de cette frénésie de conquête, Emmanuel semble désormais détendu, comme rarement depuis 2012, et avide de nouvelles expériences. « Tu vas investir dans mon centre de formation ? » lui lance, un brin bravache, le père, Pierre Ferracci, patron du cabinet de consultants Secafi-Alpha, qui bosse notamment pour la CGT dans le cadre des comités d'entreprise, et est aussi dirigeant… du club de foot Paris FC. Contre toute attente, Emmanuel Macron répond le plus sérieusement du monde : « Et pourquoi pas ? »

Une proximité qui ne date pas d'hier. Les deux hommes se sont côtoyés au sein de la commission Attali. Pierre Ferracci en était membre au titre du quota « vie sociale et syndicale », indispensable aux côtés des grands patrons du CAC 40. Mais en réalité, le duo se connaît depuis bien plus longtemps. Car Emmanuel Macron est un ami de longue date de son fils, l'économiste Marc Ferracci, rencontré sur les bancs de Sciences Po au début des années

2000, dont il est devenu plus tard l'un de ses témoins de mariage. « Lors de ce dîner, il semblait apaisé, et soulagé. On avait le sentiment qu'il commençait une nouvelle vie, se souvient Pierre Ferracci. Sa volonté d'écrire et d'enseigner était très forte[1]. »

Enseigner ! Au début de l'été, Emmanuel Macron a en effet décroché un poste universitaire à Berlin, et s'est fait agréer, avec l'aide d'Alain Minc, par la prestigieuse London School of Economics, comme Senior Research Fellow en économie politique. L'enseignement, un vrai changement de vie pour l'ancien « SGA » de l'Élysée, qui s'apprête alors à devenir maître de conférence en *policy-mix* européen, l'art d'agencer le plus efficacement les outils budgétaire et monétaire pour maintenir un sésame aujourd'hui tant recherché par les gouvernants européens : la croissance économique. En plus de cette charge de cours, la grande école londonienne projette également de lui confier l'organisation d'un séminaire sur le réformisme en Europe. Un investissement intellectuel qui lui aurait « coûté » une nuit à Londres par semaine. Petit effort pour une telle gratification : « Il en était tellement fier », confie un ami.

Après son départ de la rue du Faubourg-Saint-Honoré, l'enseignement est pourtant loin d'être le seul projet de l'ancien banquier. Le trentenaire au costume soigné fourmille d'idées. Au fond, il veut montrer à son ancien patron, le président de la République, qu'il n'a pas besoin de lui pour devenir quelqu'un. Dans cette logique, lors de son départ du « Château », il n'a rien demandé à François Hollande. Surtout pas de poste – contrairement à une pratique courante dans les lieux de pouvoir, presque une tradition républicaine : après avoir officié dans des cabinets ministériels, les hauts fonctionnaires ont pris

1. Entretien du 30 septembre 2014.

l'habitude de quémander une fonction prestigieuse, n'importe laquelle pourvu que l'apparat et le maintien des rétributions compensent l'éloignement soudain du pouvoir réel – ou fantasmé – des plafonds dorés de l'Élysée et des ministères. Une manière de récompenser les collaborateurs, voire d'acheter leur silence, bien éloignée des affectations et mutations réglementaires des corps respectifs de ces hauts fonctionnaires.

Peu de temps avant son départ, Macron fut ainsi sidéré par la décision de François Hollande de nommer son ancien secrétaire général, et par ailleurs ami de promo à l'ENA, Pierre-René Lemas, à la tête de la très stratégique Caisse des dépôts et consignations, un des bras armés financiers de l'État. D'habitude si jovial, l'ancien prodige de l'Élysée semble gagné par l'amertume en présence de ses proches. Il ne croyait pas Hollande capable d'une nomination de « copinage ». « Ce fut un vrai camouflet pour Emmanuel, assure un ancien conseiller. D'autant qu'il n'entretenait pas les meilleures relations avec Pierre-René. Il voyait là une prime à l'incompétence. Je me souviens qu'il m'a dit : “Puisque c'est comme ça, je me tire.” » Une amertume d'autant plus grande, qu'avant l'arrivée de Jouyet auprès de Hollande, Emmanuel Macron avait espéré pouvoir récupérer le prestigieux poste de secrétaire général de l'Élysée. Lui comme Nicolas Revel, l'autre secrétaire général adjoint de la présidence, les deux piliers de l'équipe, étaient effectivement envisagés à ce poste pour régler le « cas » Lemas au moment du remaniement gouvernemental post-élections municipales… Mais, comme souvent, François Hollande en a décidé autrement.

Emmanuel Macron serait-il insatisfait du sort que le président de la République lui réserve en ce printemps 2014 ? François Hollande n'a-t-il pas opposé un refus poli, mais ferme, à son nouveau Premier ministre, Manuel

Valls, qui avait proposé de le nommer secrétaire d'État au Budget ? N'a-t-il pas choisi Jean-Pierre Jouyet comme patron de l'Élysée au poste de secrétaire général ?

Non, Macron, n'est pas de ce bois-là. Le jeune secrétaire général adjoint s'imagine si différent des autres. Son avenir, croit-il, il le devra avant tout à ses compétences, à ses convictions. Surtout pas à la machine étatique, au « système »... Un système dont il est pourtant totalement issu. Par trois lettres, il en est l'expression ultime : Macron est un « IGF », un inspecteur général des finances, corps de très hauts fonctionnaires parmi les plus prestigieux de la République. Un corps qui sait se serrer les coudes.

Mais notre homme, après quatre années passées chez Rothschild, préfère apparaître au-dessus de ces contingences et autres connivences technocratiques... Depuis l'été 2013, fatigué de la machine élyséenne qu'il juge particulièrement inefficace et surannée, voire incapable de répondre aux grands enjeux du XXIe siècle, il prépare sa sortie : « Il m'a toujours assuré qu'il comptait ne rester que deux ans à l'Élysée, et il l'avait d'ailleurs dit à François Hollande », souffle un intime. À la fois dedans et dehors. L'ambigu Macron cultive les allégeances multiples, manière, pense-t-il, de ne dépendre d'aucune.

Pour autant, sa proximité avec le « PR », le président de la République, ne l'a-t-il pas fait roi ? Emmanuel s'y refuse : François Hollande n'a pas fait, pense-t-il, et ne fera pas Macron. Cette posture d'indépendance, « sa liberté », comme le rappelle un ami, il y tient beaucoup. Derrière cette affirmation d'indépendance se cache néanmoins une personnalité animée d'une ambition dévorante. Une ambivalence qui n'a pas échappé à un autre grand ambitieux : le président de la République lui-même. Lors du pot de départ d'Emmanuel Macron, organisé en début d'été à l'Élysée, François Hollande n'a pas manqué de faire une petite blague à ce sujet : « Vous savez, je suis le président qui travaille avec Emmanuel Macron. » Tout était dit.

Peu importe, Macron a sa botte secrète. Depuis son départ de l'Élysée, il réfléchit à créer sa propre société de conseil, sur le modèle des « petites boutiques » de banques d'affaires, ou des cabinets d'avocats spécialisés dans la vie des affaires. « Il réfléchissait à monter une boîte originale », nous confie un de ses amis. Un de ses modèles ? Celui d'Antoine Gosset-Grainville, lui aussi inspecteur des finances, ami de Jean-Pierre Jouyet, et ancien directeur adjoint de cabinet de François Fillon à Matignon : après un passage à la Caisse des dépôts, ce dernier a créé un cabinet d'avocats nouvelle formule, dénommé BDGS (pour Bonnasse, Djehane, Gosset-Grainville, Skovron), spécialisé dans les fusions-acquisitions. « Il voulait s'en inspirer, nous raconte le même ami. Car c'était plus grand qu'une simple "boutique" sur un nom, et moins important qu'une banque d'affaires comme Rothschild. »

Quelques semaines après son départ du Château, son projet est déjà bien avancé. Comme souvent chez Macron, les réflexions ne sont jamais des paroles en l'air : *Time is money*. Et en ce début d'été, lors d'un pot amical avec un ancien collègue élyséen, le jeune impétrant est fier de pouvoir dévoiler la première version du site Web de sa future structure, sobrement intitulée Macron Partners…

D'autres idées viennent à l'esprit d'Emmanuel Macron : la gestion d'un fonds d'investissement pour financer des projets innovants, notamment dans le domaine de l'éducation, domaine qui lui tient particulièrement à cœur, comme à celui de sa femme, Brigitte Trogneux, professeur de français… Avant que son temps ne soit totalement accaparé par l'Élysée après 2012, Macron était d'ailleurs le trésorier de l'ONG Bibliothèques Sans Frontières.

Ainsi, refusant de se laisser enfermer dans le secteur bancaire et financier – « Au fond, son idée était de se mettre en réserve de la République, plutôt que de faire fortune… Revenir dans la banque pouvait lui être préjudiciable au niveau de son image », souligne un proche –, l'ambitieux Macron envisage de développer son activité de conseil en priorité en direction des États sur des sujets macro-économiques – par le plus grand des hasards, la spécialité de son rival Matthieu Pigasse, banquier chez Lazard… mais surtout activité plus noble aux yeux des Français.

Car si Macron s'éloigne de la politique en quittant l'Élysée, assurément il ne l'oublie pas ! « Dans ma tête, je quittais la sphère publique pour plusieurs années. Évidemment, tout est toujours possible ; et je ne crois pas beaucoup aux choix de vie définitifs, expliquait-il au *Point* en début d'année 2015. Mais je ne m'attendais pas du tout à ce qui s'est passé ce mardi 26 août[1]… » Macron ne s'attendait pas à être « rappelé » aussi vite, mais il en avait tellement envie.

Tout va donc s'accélérer avec un « coup de bol de l'Histoire ». Fin août 2014, *exit* « les petits cons » du gouvernement, comme aime les nommer une figure du PS. À sa Fête de la rose, Arnaud Montebourg, jouant au petit malin, s'est lui-même sorti de Bercy. La fameuse « cuvée du Redressement », dont il promet, à la télévision, d'adresser une bouteille à François Hollande, lui aura été fatale : « Une ligne jaune a été franchie », balance Matignon à l'AFP le soir même. Valls a montré sa mauvaise humeur au président, lui qui n'a pas digéré sa perte vertigineuse dans les sondages publiés le matin même par *Le Journal du dimanche*. S'il passait ça, ça en serait fini de son image d'autorité, pense-t-il. Mais Hollande

1. *Le Point*, 5 février 2015.

lui-même est excédé. Et comme à son habitude, profite de la situation pour rebattre les cartes. Tout au long de la journée, Benoît Hamon et Arnaud Montebourg tentent de sauver leurs têtes. Mais le lundi matin, le « vicomte » de Saône-et-Loire, qui avait promis au Château qu'il allait procéder à un mea-culpa radiophonique, n'en fera rien.

Son sort en est alors jeté. François Hollande en profite pour proposer à son Premier ministre un remaniement complet. Contre toutes les apparences, Manuel Valls, malgré ses rodomontades d'autorité, n'est pas à l'aise. Avec le départ de Montebourg et de Hamon, sans compter celui d'Aurélie Filippetti, il perd des alliés précieux, qui lui avaient permis de décrocher son ticket pour Matignon lors du printemps précédent, période où le rapport de force au sein des institutions lui était davantage favorable qu'en cette rentrée… « Résultat, lors de ce deuxième remaniement, c'est Hollande qui va jouer Macron, alors que Valls avait essayé de se l'approprier lors du premier remaniement », commente un ami du président. Voilà peut-être pourquoi, des mois plus tard, Yves Colmou, le bras droit de Valls, tient à répéter à ses interlocuteurs : « C'est nous qui avons imposé Macron ! »

Qui l'a fait roi lors de ce deuxième remaniement ? Les entourages respectifs de François Hollande comme de Manuel Valls s'échinent chacun à s'en attribuer le mérite. Macron serait-il devenu un trophée qu'on se dispute ?

Avec ses lunettes embuées de pluie sur l'île de Sein, après ce fameux week-end de recomposition politique, François Hollande ne reste pas inactif quant à la composition de son gouvernement, qu'il lui faut compléter d'urgence. Le lundi, prise de température auprès des écolos, et de certains aubrystes, comme François Lamy, qui n'est plus ministre de la Ville depuis plusieurs mois déjà. Refus des intéressés. L'exécutif se tourne alors vers les fidèles grognards du socialisme, les « anciens », les mitterrandiens : Élisabeth Guigou, Jean Glavany… À Bercy, est même envisagé le retour de Bertrand Delanoë, l'ancien maire de Paris, pour chapeauter un grand ministère de l'Économie et des Finances. Mais ce dernier fait savoir qu'il n'est pas intéressé. Ensuite, aux côtés de Michel Sapin, sont envisagés l'ancien patron de la SNCF, Louis Gallois, comme ministre de l'Économie, et Gérard Collomb, le maire de Lyon, comme secrétaire d'État à l'Industrie. Mais Gallois, en voyage en Chine, refuse : « Je suis trop vieux », répond-il en substance. Le nom de Pascal Lamy, l'ancien patron de l'Organisation mondiale du commerce (OMC) est également évoqué. Mais Laurent Fabius, poids lourd du gouvernement, souvent associé aux nominations en tout genre depuis le début du quinquennat, oppose un veto inflexible. Retour à la case départ. L'idée vient alors de faire monter « la jeune garde » comme va la surnommer le lendemain *Libération*[1].

Au cours de la journée de mardi, c'est en fait le secrétaire général Jean-Pierre Jouyet qui pousse la candidature d'Emmanuel Macron au gouvernement. Manuel Valls ne s'y oppose pas, et François Hollande y voit une sacrée occasion de reprendre la main… « En fait, il serait étonnant que Jouyet ait agi sans le consentement de Hollande », indique un communicant proche du Château. Au cours de cette dernière journée de remaniement, Hollande et Valls se sont retrouvés à l'Élysée à la mi-journée pour déjeuner ensemble, afin de pouvoir finaliser le gouvernement. Les deux hommes prennent leur repas dans le salon des portraits, où sont regroupés plusieurs tableaux représentant des chefs d'État européens sous Napoléon III. À table, l'échange s'éternise, et se prolonge en début d'après-midi.

1. *Libération*, 28 août 2014.

Jean-Pierre Jouyet et Véronique Bédague-Hamilius, la directrice de cabinet de Manuel Valls, les rejoignent. « C'est à ce moment-là que Jean-Pierre a proposé les noms d'Emmanuel Macron à l'Économie et de Fleur Pellerin à la Culture, ses deux "dauphins" », nous explique un proche du président de la République. Une proposition qui convient à Valls, lui qui avait déjà proposé Macron pour son premier gouvernement. « C'est la bonne solution au bon moment », aurait alors répondu François Hollande à ses hôtes. Réticent à nommer Emmanuel Macron au printemps, quand ce dernier n'était que l'un de ses collaborateurs, le président mettra cette fois-ci peu de temps à se convaincre. Le jeune Macron lui sera bien utile pour « bordurer » le fougueux Premier ministre, jusqu'alors présenté par les médias comme le héraut des « réformes ». « Pour les journalistes, insiste sur le fait que c'est quelqu'un de très proche », ordonne d'ailleurs François Hollande à Gaspard Gantzer, son chargé de communication… Une histoire d'image, là encore.

Et d'ambitions personnelles. Sentant son heure arriver, Emmanuel Macron a fait monter les enchères. Pas question pour lui d'accepter cette fois-ci un secrétariat d'État. Il voulait la place de ministre de l'Économie, celle d'Arnaud Montebourg. Transformant du même coup sa nomination en choix politique.

Sur le perron de l'Élysée, en ce mardi 26 août, le remaniement vient d'être annoncé par Jean-Pierre Jouyet, le secrétaire général de la présidence. Quand le haut fonctionnaire à la mèche de surdoué annonce la nomination d'Emmanuel Macron comme ministre de l'Économie, il laisse échapper un sourire. On l'a vu, Macron est son ami, son protégé. Peut-être même son obligé. Jouyet, véritable symbole de l'oligarchie inamovible, ex-patron de la puissante Inspection générale des finances, et secrétaire d'État aux Affaires européennes de Nicolas Sarkozy, peut être satisfait. Si Macron, « c'est le troisième choix », comme le souffle perfidement un ministre, c'est bel et bien celui de François Hollande.

Une nomination que le président de la République revendique le soir même, lors d'un dîner à l'Élysée avec plusieurs hiérarques socialistes. Et c'est peu dire si prendre le jeune Emmanuel Macron, ancien banquier d'à peine 36 ans, au poste qu'occupait Arnaud Montebourg, l'apôtre de la démondialisation, au moment même où le président a décidé de laisser filer davantage les déficits, n'est pas du goût de tout le monde autour de la table. Tous craignent « l'effet d'image ». « C'est une erreur d'avoir mis un financier de plus dans notre gouvernement, et à l'Industrie, qui plus est ! Quand on n'a plus que des symboles, on ne les gâche pas ! » râle un ministre entre le fromage et le parfait au chocolat. Un autre convive suggère : Macron au gouvernement pourrait causer un véritable « accident industriel » au PS. Devant ses convives, Hollande se raidit, assume, et en profite pour tacler son Premier ministre : « Quel est le procès qu'on fait à ce garçon ? On le critique depuis des années, mais il est quand même venu travailler avec moi très tôt. On lui fait un faux procès. Emmanuelli a bien travaillé chez Rothschild ! Et puis demain, quand Manuel ira devant le Medef, il se fera évidemment applaudir. Au fait, est-ce que tu es sûr de vouloir vraiment y aller ? » Sous-entendu, Macron est un hollandiste de la première heure, pas toi, Manuel Valls, qui te situe à la droite du PS. « Le président a désormais un collaborateur à l'Économie », remarque un des futurs collègues de Macron. Le jeu de rôle des prochains mois peut commencer.

Mais pour le moment, le nouveau ministre de l'Économie reste un symbole, qui va très vite se transformer en boomerang pour l'exécutif… à quelques jours de l'université d'été de La Rochelle. « En pensant constituer leur *dream team*, ils n'ont pas percuté qu'ils faisaient une faute d'image, juge un responsable socialiste. Remplacer Montebourg par Macron, ça fait sens. Un frondeur par un banquier de chez Rothschild, ça fait sens. Et ça fait sens tout de suite. D'autant que Manuel Valls va au Medef juste après… et que Macron donne une interview au *Point* particulièrement libérale sur le plan économique en contestant les 35 heures… »

Marqué au fer rouge par son long passage de quatre ans à la banque Rothschild, Emmanuel Macron est loin d'incarner l'identité sociale que les socialistes aiment encore se donner. Le soir même, les médias et les éditorialistes se félicitent et interprètent l'arrivée au gouvernement de l'ex-banquier comme une « clarification de la ligne », « un marqueur social-libéral », « le signe de l'inflexion donnée par Manuel Valls ».

Bible des capitalistes du monde entier, *The Wall Street Journal* sort les dithyrambes la semaine suivante pour saluer l'arrivée de Macron au sein du gouvernement français : « Félicitations *Mister* Macron, vous commencez là où il faut… » Le quotidien libéral se félicite : « Il arrive parfois des miracles. » Et souligne « un changement rafraîchissant par rapport à son prédécesseur Arnaud Montebourg, pour qui la politique économique se résumait à faire fuir les investisseurs étrangers ».

En ce mardi 26 août, Emmanuel Macron est pourtant encore loin des polémiques. Quand François Hollande l'appelle pour lui proposer le poste de ministre de l'Économie, l'ancien secrétaire général adjoint de l'Élysée est en train de faire du vélo avec sa femme au Touquet, la station balnéaire huppée du Nord-Pas-de-Calais où les deux tourtereaux aiment se reposer le week-end. Ils y disposent d'un grand pied-à-terre. Dans son entourage, peu après la sortie de route de Montebourg, sa femme Brigitte fut d'ailleurs l'une des rares à avoir anticipé : « Tu vas voir, ils vont t'appeler ! » avait-elle assuré. En tout cas, avant que son futur ministre décroche son téléphone, le président de la République tentera à quatre reprises de le joindre… Sur son vélo, son ancien collaborateur n'avait guère prêté attention à son portable !

Au bout du fil, Hollande commence la conversation avec Macron par une question anodine : « Comment ça va ? » Puis le président évoque le contexte politique avant de lui demander d'entrer au gouvernement. « Est-ce que j'aurai mandat pour pouvoir faire des réformes ? » questionne alors Macron, qui se permet de solliciter un délai de réflexion d'une heure – notamment pour s'assurer du soutien de sa femme… Une heure après, c'est Manuel Valls qui l'appelle. Macron réitère sa question sur les « réformes ». Comme le chef de l'État, le Premier ministre lui assure tout son soutien. Banco, répond Macron.

Une fois confirmée sa nomination dans l'après-midi, il a foncé en voiture jusqu'à son appartement parisien dans le XVe arrondissement. Mais une grappe de journalistes l'attendant en bas de chez lui, le ministre de l'Intérieur, Bernard Cazeneuve, dont il est proche, lui propose de trouver refuge place Beauvau pour une courte nuit. Son emploi du temps de ministre a déjà commencé : à 7 h 30 le lendemain, il doit petit-déjeuner avec Arnaud Montebourg. Puis à 9 heures, ce sera la passation de pouvoir. Avant son premier Conseil des ministres, à 10 heures.

À la sortie, commentaire d'un de ses collègues : « Hollande est pour Macron car Macron réussit. » Le message est clair : Macron ne doit pas uniquement faire ses preuves, il doit réussir.

Chapitre 2
Une vie à Amiens

C'est dans la ville austère et populaire d'Amiens que naît Emmanuel Macron, le 21 décembre 1977. Des champs de betteraves et de céréales qui entourent la capitale de la Picardie, on aperçoit la majestueuse cathédrale Notre-Dame, l'une des plus vastes de France, mais également la tour en béton armé de l'architecte Auguste Perret, culminant à 110 mètres, située en face de la gare, construite juste après-guerre. Les jours de mauvais temps, les courants d'air s'engouffrent dans les rues commerçantes du centre-ville, dont les immeubles ont largement été reconstruits durant les Trente Glorieuses. Fief de la SFIO à l'origine, le maire communiste René Lamps y a régné en maître entre 1971 et 1989, avant de céder la place au centriste Gilles de Robien, père d'une première loi de réduction du temps de travail… avant celle de Martine Aubry sur les 35 heures. « Une ville empreinte de communisme et proche de la droite sociale », résume un élu à la mairie.

La Picardie, c'est un peu le jardin secret du jeune ministre de l'Économie. Il n'en parle quasiment jamais, et son cabinet tient régulièrement à distance les journalistes du quotidien local le *Courrier picard*. C'est pourtant une région où il a grandi il n'y a pas si longtemps. Mais, du fait de son parcours fulgurant, il s'en est éloigné plus rapidement que prévu. Son attachement à ce territoire de naissance apparaît donc plus qu'en pointillé : « Les Amiénois ont un sentiment ambivalent à l'égard d'Emmanuel Macron, constate une figure locale. Ils se demandent pourquoi ils n'avaient jamais entendu parler de lui avant qu'il ait été nommé à l'Élysée. Ils ont du mal à comprendre. » D'autant que ce n'est pas le seul ministre du gouvernement actuel à s'être éloigné : Najat Vallaud-Belkacem y a grandi également avant de « monter » à la capitale pour suivre ses études. « Les deux ont quitté Amiens pour faire route ailleurs. Tous veulent se débarrasser de l'image pomme de terre betterave de la région », regrette notre interlocuteur. Partir semblait alors pour le jeune Emmanuel Macron une évidence : « Il était surdimensionné pour le coin », note un de ses anciens camarades de lycée.

Pour autant, Macron n'a pas oublié Amiens et n'hésite jamais à rappeler qu'il n'est pas issu du sérail parisien. Répondant à un ami qui lui téléphone un jour sur son portable, et qui lui demande s'il est à Paris, il ironise : « Non, je suis à Saint-Germain-des-Prés ! » Comme si intégrer les élites parisiennes n'avait pas été si naturel.

Le socialiste Julien Dray ose l'analyse sociale : « Les gens l'ont enfermé dans l'image du banquier, alors que c'est un enfant de la Picardie, du Pas-de-Calais ; ça l'a marqué. Il est totalement conscient des questions de réindustrialisation[1]. » L'actuelle maire UDI d'Amiens, Brigitte Fouré, reconnaît d'ailleurs qu'Emmanuel Macron « était prêt à faire le maximum pour le site de Goodyear[2]. » Et le ministre d'expliquer à la presse locale : « C'est vrai que j'ai une sensibilité particulière, parce que je mesure ce que représente Goodyear dans la vie locale et même dans l'imaginaire local. Quand on a grandi ici, on sait trop bien que l'Amiénois a beaucoup souffert de la désindustrialisation. Je me souviens d'autres fermetures, comme celle de Lee Cooper

1. Entretien du 6 mai 2015.
2. Entretien du 9 septembre 2015.

notamment, alors que ces entreprises ont construit la vie ouvrière d'Amiens. Je sais à quel point tout cela est dur pour les Amiénois[1]. »

S'il n'a pas grandi dans la bonne société parisienne, Emmanuel Macron est néanmoins issu de la vraie bourgeoisie de province, « bienveillante et protectrice », comme le souligne l'un de ses amis. « Il y a toujours eu beaucoup de bienveillance chez moi. Jamais mes parents ne m'ont mis la pression[2] », nous confie d'ailleurs Emmanuel Macron. Son père, Jean-Michel, médecin spécialiste, est professeur de neurologie au CHU d'Amiens, et responsable d'enseignement à la faculté de médecine de la ville. Sa mère, Françoise Noguès-Macron, qui voulait être pédiatre, est finalement devenue médecin-conseil de la Sécurité sociale. Le ministre s'en amuse aujourd'hui : « Je suis le seul de la famille à avoir échappé à la médecine ! » s'exclame-t-il. « Il y a une partie que j'aime dans la médecine, qu'on retrouve en politique et dans le métier de banquier, c'est l'exercice du jugement. Mais si je n'ai pas voulu être médecin, je vous mentirais en disant que je voulais devenir président à 13 ans, même si la politique en tant que comédie humaine m'a intéressé très tôt. » Ses parents ne sont pas particulièrement politisés. Mais si Emmanuel Macron reste pudique sur ces géniteurs – qui se sont séparés en 1999 et ont divorcé en 2010 –, ainsi que sur son frère Laurent et sa sœur Estelle – il est l'aîné de la fratrie –, il évoque régulièrement sa grand-mère adorée, Germaine Noguès. Celle qui, fille de parents illettrés originaires de Bagnères-de-Bigorre, se hissa jusqu'au poste de directrice de collège et l'éleva. Il lui doit son engagement à gauche, explique-t-il.

Emmanuel Macron n'est pourtant pas un enfant de l'école publique. Dès la sixième, il entre à la Provi-

1. *Le Courrier picard,* 13 novembre 2014.
2. Entretien du 26 août 2015.

dence, un établissement privé sous contrat dirigé par des jésuites, bien connu de la bourgeoisie amiénoise. Figure des médias, le journaliste Laurent Delahousse, de France 2, y a fait son lycée. Rassemblant sur 14 hectares près de deux mille élèves, disposant d'équipements sportifs, « La Pro » propose aux parents soucieux d'une « bonne éducation », toutes les classes de la maternelle à la terminale : « Être, Agir, Réussir, Grandir », proclame ainsi le site Internet de la Providence. Situés dans les quartiers sud d'Amiens, parmi les maisons en briques sombres, les bâtiments années 1950 de l'établissement s'étirent le long du boulevard Saint-Quentin, protégés par une grande grille, et jouxtent la grande cité scolaire publique Louis-Thuillier.

À la Pro, Macron côtoie des enfants de la bonne bourgeoisie locale, mais aussi issus des classes moyennes, et d'autres arrivants de Paris, souvent en rupture scolaire, et hébergés dans l'internat. « À la Providence, on savait tous, déjà, qu'Emmanuel avait une intelligence exceptionnelle[1] », se souvient le journaliste Antoine Marguet, ancien élève. « Il se savait différent. À 14 ans, il se rêvait comme auteur. Moi, je l'imaginais Prix Nobel de littérature. Je lisais ses lettres dotées d'un style flamboyant. On se rendait compte que ce type était différent. » À 12 ans, le jeune Macron choisira de se faire baptiser. Il débute alors une « période mystique » qui durera « plusieurs années » comme il l'a confié[2]. À 16 ans, il est lauréat du Concours général de français, se passionne pour la musique et décroche le troisième prix de piano du conservatoire d'Amiens.

Et c'est à la Pro qu'il rencontre sa future femme, Brigitte Trogneux. « Madame Auzière » plus exactement, car l'intéressée est alors sa professeure de français en classe de première. Elle est de vingt-quatre ans son aînée : « En classe, elle le citait tout le temps en exemple. Elle était

1. Entretien du 8 septembre 2015.
2. *L'Obs*, le 16 février 2017.

totalement subjuguée par ses talents d'écriture. [...] Il écrivait tout le temps des poèmes et elle les lisait devant tout le monde[1] », se souvient un ancien camarade. La professeure semble alors fascinée par son élève, et se rapproche de lui au sein du club théâtre : « Ils avaient décidé d'écrire une pièce tous les deux. Il y avait des dialogues amoureux, et ils se sont rendu compte qu'ils n'osaient pas s'avouer leurs sentiments », nous explique un proche du couple. Elle a alors 40 ans, et lui 16. Une rencontre qui marquera Emmanuel Macron pour le reste de sa vie, mais qui ne manque pas de susciter les spéculations au sein des élites parisiennes…

Du côté d'Amiens, les questions ne sont pas moins nombreuses. « Mais le Picard est taiseux ! » ironise un habitant de la ville. « Tout a été discret, remarque un autre, Mme Auzière était éminemment respectée. » Elle est surtout mariée, et mère de trois enfants. « En réalité, leur rencontre, au départ, s'est construite sur des rapports totalement intellectuels », confie un proche de la famille Trogneux. En tout cas, Brigitte, à l'époque, pousse le jeune Emmanuel à se dépasser : « Elle avait fait en sorte qu'il puisse s'inscrire à un concours d'éloquence organisé par le Rotary Club, et bien sûr, il a gagné ! En fait, elle l'a guidé, lui a décrypté les codes parisiens. Elle lui montre qu'il y a deux mondes différents, entre la province et Paris. » Un Emmanuel Macron qui semble digne d'un héros de Balzac, un Rastignac ou un Lucien de Rubempré, parti en quête de gloire à la capitale.

Quoi qu'il en soit, encore tout jeune lycéen, Emmanuel Macron quitte Amiens et atterrit en classe de terminale au prestigieux lycée Henri-IV du Ve arrondissement parisien, où il obtient le Bac S avec une mention très bien. Mais au sein des familles amiénoises, l'officialisation de la rencontre entre Brigitte Auzière-Trogneux et Emmanuel Macron se

1. *Le Parisien*, 19 octobre 2014.

fait plus tardivement. « Le vrai moment de crispation fut le divorce de Brigitte, remarque un ami du couple. Elle est attachante, Brigitte. Leur histoire vient de loin. Ils sont passés par des épreuves qu'ils ne nous disent pas », confie un autre, à Paris. « Un amour d'abord clandestin, souvent caché, incompris de beaucoup avant de s'imposer à eux », racontera pudiquement Emmanuel Macron plus tard[1].

Car, à Amiens, les Trogneux sont une institution, une vraie. « Une famille bourgeoise à l'ancienne, façon XIXe siècle », décrit un observateur de la vie amiénoise. Chocolatiers de père en fils « depuis cinq générations », comme le proclament les enseignes au fronton des magasins de la famille, à Amiens et également un peu partout dans la région, à Lille, Arras, et à Saint-Quentin. L'entreprise familiale fut fondée en 1872 par un certain Jean-Baptiste, puis reprise par plusieurs Jean. Aujourd'hui, le vieux Jean-Claude, le frère de Brigitte, est secondé par Jean-Alexandre, neveu de Brigitte, qui va bientôt prendre le flambeau. La spécialité des Trogneux est le macaron d'Amiens, produit à base d'amandes et de miel. Ce qui ne manque pas de faire sourire : « On avait déjà le macaron d'Amiens. Maintenant, on a aussi le Macron d'Amiens[2] ! » Le macaron d'Amiens « fut introduit par Catherine de Médicis », si l'on en croit les Trogneux… qui en écoulent tout de même deux millions d'unités par an. Une affaire qui marche. Si la famille reste discrète dans la vie locale, elle est néanmoins influente. Dans les années 1990, elle fut l'un des principaux soutiens du maire Gilles de Robien. Jean Trogneux, le père de Brigitte, avait lancé l'association « Sourire à l'avenir » pour promouvoir la ville, en organisant notamment des événements tels que des meetings aériens, des rassemblements de montgolfières ou des rallyes.

1. *Révolution*, XO, novembre 2016.
2. *L'Express*, 25 juin 2015.

Aujourd'hui, la famille soutient la maire Brigitte Fouré. « Les Trogneux sont un vrai clan », commente un journaliste local. On le sait peu, mais l'une des sœurs de Jean-Claude Trogneux, Monique, est mariée avec Jean-Claude Gueudet, un homme pour le moins puissant dans la région. L'entreprise Gueudet, fondée en 1880, est en effet l'un des plus gros concessionnaires automobiles du nord de la France, avec deux mille huit cents salariés et un chiffre d'affaires de 1,1 milliard d'euros en 2014. Partenaire historique de Renault, le groupe Gueudet est implanté en Picardie, Nord-Pas-de-Calais, Île-de-France, Haute-Savoie et Normandie, et vend également des véhicules Nissan, Opel, BMW, Volkswagen et Toyota. La concession Renault d'Amiens, appartenant aux Gueudet, est même la première de France : « Quand Carlos Ghosn, le PDG de Renault, veut aller voir un concessionnaire, il rencontre immédiatement les Gueudet ! » rapporte un acteur de la vie économique locale. On imagine la tête de Jean-Claude Gueudet lorsque le ministre de l'Économie, son beau-frère, a bataillé contre le même Carlos Ghosn afin d'imposer à Renault les droits de vote double pour l'État actionnaire[1]...

Forcément, dans cet environnement familial conventionnel, la rencontre entre Brigitte Trogneux et Emmanuel Macron n'a pas manqué de susciter un certain malaise. « Ça a été très difficile, nous confirme l'un des plus proches amis du couple. C'est elle qui a rompu avec son milieu. Dans un premier temps, elle a dû subir la désapprobation totale. » « Brigitte est atypique, elle récuse la bourgeoisie dont elle est issue », remarque un autre compagnon de route. Car Brigitte est aujourd'hui mère de trois grands adultes dont une fille, cardiologue en région parisienne, qui a le même âge qu'Emmanuel. Chez les Trogneux, divorcer pour un homme de vingt ans de moins ne se fait pas. On craint le qu'en-dira-t-on.

1. Lire le chapitre « Grands patrons contrariés ».

Mais peu à peu, les relations finissent par se normaliser : « Emmanuel a fait ce qu'il fallait pour se rendre aimable, et il a réussi à convaincre », confie un ami. Et si les capacités de séduction d'Emmanuel Macron et son envie irrépressible de convaincre n'importe lequel de ses interlocuteurs provenaient de cette blessure familiale ? « L'épreuve lui a donné le goût de la conviction. Emmanuel est comme un poisson dans l'eau dans des environnements qui ne sont pas les siens, remarque l'un de ses très proches. Cela s'explique peut-être par le fait que lorsqu'il est à Amiens, il ne se sent pas vraiment chez lui, et lorsqu'il est à Paris, non plus. »

L'opération séduction d'Emmanuel Macron à l'égard de sa future belle-famille semble en tout cas avoir réussi. Le 20 octobre 2007, il épouse Brigitte Trogneux. Le mariage se déroule au Touquet, discrète station balnéaire du Pas-de-Calais, où les Trogneux ont leurs habitudes, comme une bonne partie de la bourgeoisie picarde et du nord de la France. Les mariés y disposent d'une maison avenue Saint-Jean, qui appartenait à la famille de Brigitte. Et c'est justement à deux pas de cette adresse qu'ils ont décidé de recevoir leurs invités – une petite centaine –, dans l'hôtel de luxe Westminster, un établissement aux chambres art déco datant des années 1930. S'y retrouvent alors les Trogneux, les parents d'Emmanuel Macron, mais aussi l'ensemble des proches du futur ministre, notamment l'homme d'affaires Henry Hermand, l'économiste Marc Ferracci, tous deux témoins du marié, ainsi que l'ancien Premier ministre Michel Rocard. Un aréopage d'invités surprenants, qui se retrouve à la mairie du Touquet pour la cérémonie : « Le salon d'honneur n'était pas trop grand, la salle était archipleine », se souvient Léonce Deprez, l'ancien maire[1]. « Dans une ambiance très naturellement

1. Entretien du 17 septembre 2015.

chaleureuse. J'étais heureux que Le Touquet soit le trait d'union de deux familles picardes. » Un mariage civil donc, et non religieux…

À Paris, l'union d'Emmanuel Macron avec Brigitte Trogneux intrigue le microcosme. Responsables politiques, journalistes et patrons se perdent en conjectures sur cette relation si « particulière » à leurs yeux. Les supporters de Macron se félicitent : « Brigitte l'a énormément stabilisé. Ça lui a permis de se consacrer à l'essentiel, il ne s'est pas dispersé », nous dit l'un. « Il n'est pas distrait, il n'est pas prisonnier d'une addiction comme DSK », commente un autre. Surprenante comparaison. Mais révélatrice de ce que les décideurs projettent sur Emmanuel Macron : contrairement à Dominique Strauss-Kahn, il ne pourra pas se retrouver impliqué dans un scandale comme celui du Sofitel.

Le fait que le ministre de l'Économie n'ait pas d'enfants est perçu comme une qualité chez nombre d'interlocuteurs : « Quand vous n'avez pas d'enfants et de famille, l'espace d'influence sur le monde est énorme », nous dit l'un. « Le fait de ne pas avoir d'enfants lui permet d'avoir une grande liberté », avance un autre. « Sa vie est deux fois plus longue que les autres. Paradoxalement, c'est un homme particulièrement seul, il n'est responsable que de lui. »

Alors, Brigitte Trogneux, meilleur atout d'Emmanuel Macron ? Un de ses visiteurs du soir tempère l'analyse : « Pour l'instant, Emmanuel résiste au syndrome de la grosse tête, mais Brigitte l'admire trop. Elle a un côté Mme Pompidou ou Cécilia. Elle est plus Pygmalion que contre-pouvoir. Le meilleur service qu'elle pourrait lui rendre serait de muer en contre-pouvoir à ses côtés. » À Paris, Brigitte Macron-Trogneux aime multiplier les déjeuners et les dîners, seule ou accompagnée de son mari : « C'est elle la plus mondaine du couple ! Elle l'entraîne souvent, il se laisse faire. Pour elle, c'est une forme de reconnaissance, elle est un peu dans le *name dropping*, lui n'en a rien à faire », souffle un autre proche. Mais si Emmanuel Macron s'affirme de gauche, ce n'est pas le cas de sa femme. « Elle est clairement de droite », nous confie un ami du ministre. Après la Providence, Brigitte Trogneux est ainsi devenue professeure à « Franklin », discrète institution catholique du XVIe arrondissement parisien, installée rue Benjamin-Franklin. Officiellement dénommé Saint-Louis-de-Gonzague, l'établissement scolaire, géré là encore par des jésuites et sous contrat avec l'État, truste les premières places des classements de réussite au bac ou aux grandes écoles[1]. Les élèves y sont choisis à partir de critères très stricts et la pédagogie y est rigoureuse. « Exigence et bienveillance » est la devise de cet établissement très prisé par la grande bourgeoisie parisienne[2].

Franklin est bien l'un des temples de la reproduction sociale, le symbole d'une France coupée en deux. Chaque classe est suivie par « un préfet des études ». Des listes de livres à lire pour les vacances d'été sont distribuées aux élèves, bien avant les classes préparatoires. « Brigitte Trogneux est perçue comme une bonne professeure. Elle est très exigeante et assez autoritaire, témoigne un parent d'élève. Tout le système de Franklin fonctionne sur l'élimination des élèves les plus en difficulté. »

1. Selon le classement de *L'Express* de 2015, Franklin se situe à la seizième place sur cent neuf établissements parisiens.

2. Parmi les illustres anciens, on trouve les PDG Baudoin Prot (BNP Paribas), Xavier Fontanet (Essilor), mais aussi le *geek* Jacques-Antoine Granjon (vente-privee.com), François Villeroy de Galhau (le futur gouverneur de la banque de France), le banquier Jean-Claude Meyer (Lazard, Rothschild), mais encore l'ancien conseiller de François Mitterrand François de Grossouvre, l'ex-ministre de l'Intérieur Michel Poniatowski, l'ancien ministre de l'Éducation Luc Chatel ou le candidat aux primaires des Républicains, Bruno Le Maire…

Dans ce contexte un peu particulier, Brigitte Trogneux-Macron jouit à « Franklin » d'une grande popularité. Au point que, lors de son départ en juin 2015, ses élèves lui ont offert un maillot de foot du PSG. Pourquoi ? Parce que Brigitte Trogneux-Macron a décidé à 62 ans de raccrocher les crampons de l'enseignement, sa passion. Quelques années avant sa retraite officielle, elle s'est donc mise « en disponibilité » de l'Éducation nationale à la demande… de son ministre de mari. Résidant désormais dans l'appartement de fonction de Bercy, la professeure de français n'a donc pas repris son cartable à la rentrée de septembre 2015. C'est même à Bercy qu'elle a organisé une petite réception pour fêter son départ de « Franklin ». A-t-elle l'ambition d'accompagner davantage son conjoint dans ses déplacements officiels et autres obligations de représentation ? Les Trogneux-Macron ont-ils considéré que la médiatisation croissante de leur couple n'était plus compatible avec le métier d'enseignante de Brigitte ? Pour la première fois, en tout cas, les médias ont pu l'apercevoir, le 2 juin dernier, aux côtés du ministre de l'Économie lors du dîner officiel organisé à l'Élysée pour la visite du roi d'Espagne Felipe VI. Une obligation de représentation, liée à la fonction de ministre, qu'elle semble assumer : « Pourtant, elle n'a pas toujours poussé Emmanuel vers une carrière politique », confie un ami du couple. Ainsi, quand Macron a quitté l'Élysée, sa femme s'était réjouie de construire une autre vie, pour un temps éloignée de cet univers.

En attendant, les deux tourtereaux passent régulièrement leur week-end au Touquet. « C'est un résident secondaire très discret », nous confie Daniel Fasquelle, l'actuel maire Les Républicains de la station balnéaire. « Pour lui, Le Touquet est un havre de paix. Il s'y repose, vient se détendre. Car on vient au Touquet pour se reposer, pas pour se montrer. Ce n'est ni Deauville, ni

Saint-Tropez[1]. » Lors des élections municipales de 2008, Emmanuel Macron s'était intéressé à la vie politique locale, prenant contact avec différentes associations du coin, d'ailleurs plutôt classées à droite : « Je me suis posé la question d'être élu aux municipales, nous confirme-t-il aujourd'hui. Mais la sociologie n'était pas porteuse, même si tout est possible par rapport à ce que je suis. » À Amiens, ils sont nombreux à se demander si Macron pourrait un jour débarquer dans le jeu politique – bien que la fédération locale du PS soit classée à la gauche du parti et ne voie pas d'un bon œil une telle éventualité. « Si on veut conquérir de nouveau la ville, il nous faut un calibre comme lui », assure une personnalité d'Amiens située à gauche ajoutant : « Le parti lui est très hostile, mais lui seul pourrait à la fois convaincre les quartiers populaires du nord d'Amiens et la petite bourgeoisie locale qui vote habituellement au centre droit. » Localement, certains l'auraient bien vu, en 2012, reprendre la première circonscription, celle qui rassemble précisément ces quartiers nord jusqu'à Abbeville, vrai bastion de la gauche. Une occasion manquée.

En novembre 2014, lors de la visite d'une usine filiale d'Airbus, Emmanuel Macron eut ce dialogue étrange avec un socialiste : « Tu as vu les résultats aux municipales ? Faudra peut-être voir pour toi la prochaine fois ? » lui dit-on. Réponse de l'intéressé : « On verra, pourquoi pas ? » Macron ne dit jamais non. En tout cas, lors des dernières élections départementales, Jean-Alexandre Trogneux offrait un macaron à chacun de ses clients si leur carte d'électeur avait été dûment tamponnée. Est-ce le signe qu'Emmanuel Macron serait tenté de rajouter quelques lignes au chapitre politique de son CV déjà bien rempli ?

1. Entretien du 17 septembre 2015.

Chapitre 3
Un CV magique

La presse en a fait un véritable génie. Un « Mozart de la finance ». Pour les commentateurs, Emmanuel Macron, malgré son jeune âge, a tout fait. Il est vrai que le ministre de l'Économie, à peine 36 ans lors de sa nomination, a parcouru un long chemin dans les méandres des lieux d'excellence de l'école républicaine. C'est même un aspect de sa légende : à la fois énarque et littéraire, comptable (ENA, Inspection générale des finances) et poète (hypokhâgne et khâgne B/L, lettres et sciences sociales, des humanités acquises en fréquentant le prestigieux lycée Henri-IV). « Emmanuel Macron a beau être un jeune trentenaire, il a déjà une carte de visite longue comme le bras […]. Emmanuel Macron est la perle que tout le monde s'arrache », s'extasiait *Le Nouvel Observateur* en 2012. « Philosophe, banquier et conseiller du prince. Le tout à 34 ans. C'est presque trop beau pour être sincère », notait plus ironiquement *Libération*.

Peu importe, pour nos chères élites, le storytelling Macron est parfait : ce jeune homme au visage d'ange détonne, selon eux, dans un univers grisonnant. Il incarnerait presque le héraut d'une nouvelle génération décomplexée. Mieux, pour beaucoup de patrons et de responsables, il a ce petit « supplément d'âme ». Un petit plus qu'Emmanuel Macron sait parfaitement faire fructifier auprès de ses interlocuteurs. Il suffit de lire une interview qu'il a donnée en 2010 au journal de son ancienne école, Sciences Po, pour comprendre la manière dont il se présente : « Je ne suis pas un héritier. Je ne fais pas partie du sérail après une enfance et une adolescence passées en province[1]. »

Certes, Emmanuel Macron n'a pas eu de parents énarques ou capitaines d'industrie. Il n'a pas connu l'insouciance de la Rive gauche parisienne, celle de Saint-Germain-des-Prés. Mais quand il vient au monde, le futur ministre dispose déjà d'un sacré « capital social », pour reprendre une expression bien connue du sociologue Pierre Bourdieu, auteur des *Héritiers*. Sa famille directe est bien éloignée du salaire médian des Français : ses parents sont tous deux médecins. Et, comme nous l'avons déjà décrit plus haut, leur fils a fréquenté les bancs du très catholique lycée de la Providence à Amiens, tout en étant un pianiste émérite. Comme récit méritocratique, on a connu mieux…

À une époque où il faut savoir se vendre, voire se survendre, qu'en est-il du reste du CV du ministre de l'Économie ? Emmanuel Macron est-il vraiment cette personnalité éblouissante que la presse adore nous présenter ? Petite revue de détails. Premièrement, contrairement à une rumeur persistante rapportée dans les journaux, Emmanuel Macron, aussi brillant soit-il, n'appartient pas à la caste des Normaliens. Selon plusieurs de nos interlocuteurs, il a raté à trois reprises le très difficile concours de l'École normale supérieure de la rue d'Ulm, l'une des plus prestigieuses écoles de la République, alors qu'il était élève à Henri-IV en classe préparatoire de khâgne B/L, un cursus qui regroupe des matières littéraires, des mathématiques et de l'économie. Lors de la deuxième tentative, il avait tout de

1. *Rue Saint-Guillaume*, n° 158, avril 2010.

même réussi à se retrouver sur la liste complémentaire du concours de l'autre École normale supérieure, celle de Fontenay-Saint-Cloud, aujourd'hui à Lyon. Une place d'honneur pas suffisante pour intégrer néanmoins le prestigieux établissement – face à ces multiples déconvenues, le jeune Macron tentera alors une troisième fois ces concours très difficiles en candidat libre. Mais, là encore, sans succès.

« Il était brillant à l'oral, mais ce n'était pas quelqu'un qui approfondissait. En fait, il n'était pas assez solide sur les fondamentaux pour pouvoir réussir le concours de la rue d'Ulm », critique un ancien camarade de prépa… devenu, lui, normalien. Mais, pour certains, l'affaire est entendue. Ce jeune homme de bonne famille de province a réussi avec brio à obtenir son ticket d'entrée dans la bonne société. Peu importent ses résultats au concours de Normal sup'. Sans même forcément le vouloir, Macron réussit donc le tour de force de donner l'impression d'être l'un d'entre eux… sans l'être.

« Il n'a jamais fait croire qu'il était normalien, mais je ne comprends pas pourquoi il n'a jamais démenti, s'interroge un de ses proches. Car, en plus, il n'a pas besoin de faire croire qu'il l'est ! » De fait, des journaux aussi différents que *Closer*, *Vanity Fair*, *Le Nouvel Observateur* ont écrit à plusieurs reprises, vraisemblablement en toute bonne foi, que le nouveau ministre de l'Économie était normalien… Peut-être ces journalistes faisaient-ils une référence inconsciente à son illustre prédécesseur, Georges Pompidou ? L'ancien président de la République, fils d'instituteur, était en effet à la fois normalien et ancien banquier chez Rothschild… Quelle belle image ! Quel beau parrainage ! La France de Pompidou n'était-elle pas d'un autre rang ?

L'explication est plus simple. Le bouche-à-oreille du village parisien fait parfois des merveilles : « Macron, sans se dire normalien, avait l'habitude d'expliquer à ses interlocuteurs qu'il avait assisté à des cours à Normale sup'… témoigne une de ses connaissances. Et dans le petit Paris, ces simples riens, accumulés dans les dîners en ville, exagération après exagération, finissent par créer une légende… » Une demi-vérité bien pratique, qui lui permet de laver l'affront de son échec originel : « En fait, il n'a jamais supporté de ne pas avoir réussi son passage à Normal sup'. Laisser dire qu'il est normalien, comme valoriser sans cesse ses références intellectuelles, alors qu'en réalité il n'est pas particulièrement un intellectuel, est peut-être une manière de réparer cette blessure… » confie un ancien copain étudiant.

Le journaliste du *Figaro*, Alain-Gérard Slama, président de la Fondation de l'École normale supérieure de la rue d'Ulm, préfère adopter un discours mi-figue mi-raisin : « L'esprit normalien n'est pas nécessairement orienté vers la gauche plutôt que vers la droite. À gauche, on dénombre aujourd'hui trois normaliens au gouvernement, Laurent Fabius, Marisol Touraine et Michel Sapin, sans compter un ministre de l'Économie, Emmanuel Macron, normalien d'honneur, pour ainsi dire, qui, après avoir songé à s'orienter vers l'école de la rue d'Ulm, a collaboré à la fois avec le philosophe Paul Ricœur et avec la maison Rothschild[1]. » « Normalien d'honneur » : l'illustre éditorialiste donne à Macron son onction, même si les mots ne veulent rien dire pour celui qui a raté son entrée dans la prestigieuse école des intellectuels.

L'essentiel est ailleurs. Macron est d'abord un touche-à-tout. Une personnalité inconsistante, oseront les mauvaises langues. Mais c'est avant tout un homme curieux, « ambigu », pour nombre de nos interlocuteurs qui l'ont rencontré. Un ancien camarade du lycée Henri-IV est d'ailleurs tout étonné de son parcours : « En prépa,

1. Interview dans *Le Un*, n° 64, 8 juillet 2015.

c'était un littéraire pur. C'était la dernière personne de la classe que je pensais voir arriver à l'Inspection générale des finances ! » À Henri-IV, lycée hors norme où se concentrent nombre de têtes remplies de la République, temple des forts en thème, Macron savait séduire ses professeurs, mais arrivait rarement en tête de classement, rechignant à besogner pour décrocher les meilleures notes : « Il n'était clairement pas dans la course pour décrocher Ulm [Normale sup'] se souvient son ancien camarade. Il est plus brillant à l'oral comme rhéteur qu'à l'écrit. En fait, il parlait déjà comme un livre, avec une forme de maturité. Je me souviens qu'en hypokhâgne, la prof de français avait accepté qu'il fasse un exposé de deux heures, un véritable cours, sur René Char. On aurait dit un critique littéraire… En colles de math [les examens oraux], il arrivait à utiliser suffisamment de mots savants pour donner le change même s'il n'avait pas la solution ! Il avait une capacité de synthèse sidérante, et avait un vrai talent social pour s'approprier différents registres de langage. » Mais Macron ne ressemble en rien à un étudiant borné : « Il pouvait parler foot dans la cour, ce n'était pas une tête à claques, loin de l'image barbante du premier de la classe… »

Subjuguant à l'oral ses professeurs, il n'hésitait pas à s'entretenir avec eux. Il avait même l'habitude de dîner avec l'un d'entre eux pour continuer d'échanger sur les cours prodigués. Ancien camarade de Macron à Henri-IV, passé ensuite conseiller de Nicolas Sarkozy à l'Élysée, Jean-Baptiste de Froment se souvient : « En fait, il était arrivé à Henri-IV en classe de terminale pour préparer le baccalauréat. Ce qui permet de comprendre pourquoi il avait une telle familiarité avec la maison. Et ce qui explique aussi pourquoi il s'entendait très bien avec les profs. Déjà, à l'époque, il savait très bien parler aux plus vieux… Mais il est aussi sorti rapidement du lot car il maîtrisait une culture classique assez hors norme.

C'était impressionnant[1]. » À cette époque, Macron semble n'avoir qu'une ambition : écrire un grand roman picaresque. C'est alors son grand dessein : « Son message était clair : ma vraie vie est ailleurs, je fais d'autres choses ! se souvient une ex-camarade. Résultat, aux yeux des élèves, il est souvent passé pour un pipoteur. »

Macron, le littéraire, ne publiera jamais ce fameux roman, qui s'intitule *Babylone, Babylone*, sur la conquête de l'Amérique latine par Hernán Cortés. À son grand regret. Plutôt dilettante, il s'intéressera très vite à d'autres matières. Accédant à Sciences Po après avoir réussi le concours, il s'inscrira en parallèle en philo à la faculté de Nanterre. Un double cursus original, et pour le moins démodé, alors que ses camarades ont pris l'habitude de s'investir en parallèle dans une école de commerce, ou une formation dans le domaine financier. « En même temps, il est entré à Sciences Po avec un certain esprit de revanche, tempère un proche. Car il ne pouvait rester sur un échec après avoir buté sur Normale sup'. À partir de là, j'ai l'impression qu'il a pris goût à réussir en général. »

Sciences Po, antichambre de tous les pouvoirs, et notamment de l'ENA, n'est pas Normal sup'. Rue Saint-Guillaume, le savoir-être est presque plus important que le savoir-faire ou l'expertise de première main. Tout l'enseignement de Sciences Po réside dans l'art de la synthèse, le sens de la posture, la maîtrise de la rhétorique. C'est à celui qui sera le plus habile pour utiliser un véritable « prêt à penser ».

Et à cet exercice, Emmanuel Macron excelle : « Je l'ai tout de suite repéré dans mon groupe de Sciences Po, raconte l'historien François Dosse, professeur rue Saint-Guillaume. Il intervenait très brillamment et facilement. Je me souviens d'un élève ayant une participation très

1. Entretien en septembre 2014.

active à ma conférence. Il avait notamment la capacité de faire la synthèse entre les différents enseignements et de les remobiliser[1]. » À l'heure d'un monde global qui se complexifie, cette facilité à prendre des chemins de traverse peut vite devenir un atout maître. En tout cas, son sens redoutable de la synthèse orale va l'aider à se révéler aux yeux des gens qui comptent et des décideurs : « Il a un don pour simplifier un problème en deux trois mouvements. Quand il parle à des gens importants, il a une telle assurance ! Et il est tellement à l'aise ! » s'enthousiasme un de ses amis.

Cette assurance l'amène très vite à parler d'égal à égal avec des intellectuels fameux ou des responsables politiques. C'est durant cette période qu'il rencontre le philosophe Paul Ricœur, alors assez âgé, « qui avait besoin de quelqu'un pour faire de l'archivage », comme le rapporte *Le Monde* en 2012. Emmanuel Macron travaille ainsi à « la mise en forme de l'appareil critique », c'est-à-dire les notes de bas de page, et la bibliographie, du dernier grand ouvrage de Ricœur, *La Mémoire, l'Histoire, l'Oubli*. On est loin d'un poste d'assistant, au sens anglo-saxon du terme, comme la presse a pu le présenter, mais une certaine proximité s'est tout de même établie entre les deux hommes. Aujourd'hui, le ministre dit même que le philosophe, l'un des plus grands penseurs du siècle dernier, l'a « rééduqué sur le plan philosophique » : « Je suis reparti de zéro… La première fois que je l'ai vu, je ne l'avais encore jamais lu. J'avais la liberté des ignorants et donc je n'étais pas intimidé. Je lui ai parlé comme à un contemporain, alors qu'il souffrait justement du sentiment d'être traité comme une icône[2]. »

1. Entretien en septembre 2014.
2. *Idem.*

Lors de leur première rencontre, et après des heures de discussion, Paul Ricœur a fini par lui confier un manuscrit d'une cinquantaine de pages de la première conférence qu'il avait faite pour *La Mémoire, l'Histoire, l'Oubli*. Peu de temps après, Macron se permet de lui renvoyer ses annotations : « J'étais complètement incompétent, mais il a fait comme si de rien n'était : il m'a répondu. C'est comme cela que les choses se sont engagées. Avec lui, j'ai lu ou relu de la philosophie antique. Il avait sur ce sujet un recul exceptionnel, dû au fait de l'avoir étudiée et enseignée pendant un demi-siècle[1]. » Jeune étudiant, Macron se rend alors tous les matins chez Paul Ricœur, aux Murs blancs, à Châtenay-Malabry, en région parisienne, pour lire avec lui, tandis que l'après-midi est consacré à l'écriture.

« Entre Emmanuel et Ricœur s'est établie une relation quasiment filiale », remarque François Dosse, qui les a présentés. « Ricœur cherchait alors un jeune pour l'aider à mettre au point tout l'appareil critique de son ouvrage car il avait déjà un certain âge, se souvient Dosse. C'est là que j'ai pensé à Emmanuel Macron. J'ai alors dit à Ricœur que j'avais "la perle", un étudiant brillantissime. Au départ, la demande était assez technique, mais Emmanuel l'a transformée en véritable dialogue philosophique avec Ricœur, au-delà de l'aide apportée. » Le futur banquier réussit donc à nouer une amitié avec le grand philosophe, au point d'être invité à l'anniversaire de ses 90 ans.

Mais alors qu'il n'est encore qu'un jeune étudiant, Emmanuel Macron estime que le travail intellectuel ne va pas assez vite à son goût. « En travaillant avec Paul Ricœur, j'ai eu le temps de beaucoup réfléchir à sa vie et je n'ai pas eu envie d'avoir la même que la sienne,

1. Interview dans *Le Un*, *op. cit.*

expliquait-il alors chez Rothschild. Il me manquait dans ce quotidien universitaire une forme d'action, de participation à la chose publique, d'interaction avec les décideurs, de vie trépidante. Je me suis aperçu un jour qu'il avait écrit toutes ces grandes œuvres après 60 ans. Je savais que je n'arriverais jamais à attendre si longtemps[1] ! »

Voilà peut-être pourquoi, après avoir obtenu un DEA de philosophie à Nanterre sur Hegel, il abandonne toute idée de se lancer dans une thèse… Lui qui affirmait en 2010 dans le journal de Sciences Po avoir « commencé une thèse sur l'intérêt général avec Étienne Balibar », n'a d'ailleurs pas laissé un souvenir impérissable au principal intéressé : « Je n'en ai strictement aucun souvenir, nous répond poliment Étienne Balibar. Je ne dis pas que c'est faux, mais je n'arrive pas à en retrouver la trace ni dans ma mémoire ni dans mes dossiers. Peut-être s'agit-il d'une censure inconsciente, je ne sais pas. » On sent poindre une certaine irritation mêlée d'ironie dans la réponse du philosophe marxiste, situé à la gauche de la gauche.

Dans une autre interview, Macron dit pourtant avoir travaillé sur Machiavel sous sa direction, et reste impressionné par son enseignement : « Celui qui m'a beaucoup inspiré, c'est Étienne Balibar. J'ai suivi ses cours, qui étaient des exercices philosophiques assez uniques. Véritable puits de science, il dépliait un concept pendant deux heures. Au cours suivant, pour reprendre le fil, il se lançait généralement dans une introduction qui durait une heure et demie et qui consistait à revisiter le cours d'avant. » L'intérêt général, Machiavel… Comme à son habitude, Emmanuel Macron aime picorer, se mouvoir dans les références, mais il en restera là pour la recherche auprès d'Étienne Balibar.

1. *Rue Saint-Guillaume*, *idem*.

Après, tout s'enchaîne très vite. À l'ENA[1], Macron ne cache plus ses ambitions même s'il doit laisser les deux premières places du classement de sortie à deux futures figures de la technocratie de droite, la major de la promo, Marguerite Bérard-Andrieu, qui sera appelée par Xavier Bertrand comme directrice de cabinet, et est aujourd'hui directrice adjointe du groupe bancaire BPCE, et le second, Sébastien Proto, dont le nom sera connu une fois qu'il aura rejoint le cabinet de Nicolas Sarkozy à l'Élysée et la banque Rothschild. Pour qualifier leurs relations de concurrence, Macron n'hésite pas à user de la métaphore cycliste devant un ami : « Devant, Bérard et Proto se tiraient la bourre. Mais, au final, je leur ai sucé la roue ! »

À Rothschild, une banque d'affaires qui a pour fonction, comme sa cousine parisienne Lazard, de jouer les intermédiaires sur des deals entre grands groupes, plutôt que de proposer des produits financiers, sa dextérité dans le langage lui est devenu un atout maître alors qu'il enchaîne les déjeuners et les rencontres avec des clients potentiels : « Chez Rothschild, il a la réputation de n'avoir jamais fait une équation, ironise un banquier de la place parisienne. Mais en fait, il a réussi à sauter l'étape de mettre les mains dans le cambouis. Ce n'est pas un grand technicien de l'économie, mais il n'a pas la bêtise de se dire compétent. En tout cas, il sait passer des coups de fil, et faire travailler les petites mains... C'est vrai que c'est comme cela qu'on réussit à passer des deals. Au final, le journaliste de base va dire : "C'est un génie", alors que les gens dans son domaine vont nuancer. »

1. L'École nationale d'administration. Emmanuel Macron échouera une première fois au concours de l'ENA, avant de réussir à la deuxième tentative.

On retrouve ce dilettantisme dans son parcours politique. Préférant jouir du rôle de conseiller des princes, il n'a pas particulièrement été très actif au PS. Il adhère au parti en 2006, via les adhésions à 20 euros mises en place à l'initiative de Ségolène Royal. Et comme Emmanuel Macron n'a payé qu'une seule fois, cette année-là, il a été radié deux ans plus tard… Et s'il s'intéresse un temps à la fédération du Pas-de-Calais, il s'en détourne très rapidement : « C'est la tentation du Touquet ! En fait, il s'est aperçu que la sociologie de la ville ne lui permettrait pas de s'implanter politiquement », confie un ami. Il s'en détourne si rapidement que même *L'Obs* le qualifie de « militant fantôme du PS ». Dans une longue enquête publiée en juin 2015[1], l'hebdomadaire social-démocrate ose pointer « un passé militant inventé » : « Le jeune Macron aurait donc distribué des tracts dans le Pas-de-Calais, et plus précisément au Touquet […]. Une fois sur place, on peine à trouver la trace de ce militantisme… Et pour cause : il n'y a pas de section socialiste au Touquet ! » Son activité au PS se limite donc à la Fondation Jean-Jaurès, à laquelle il a collaboré, dirigée par le strauss-kahnien Gilles Finchelstein.

En 2010, alors banquier chez Rothschild, Macron semblait en tout cas dédaigner l'engagement politique, au sens traditionnel du terme : « Aujourd'hui, je ne suis pas prêt à m'excuser d'être un jeune mâle blanc diplômé, à m'excuser d'avoir passé des concours de la République qui sont ouverts à tout le monde. J'essaie donc de m'engager par d'autres moyens[2] », répondait-il. Un dédain que l'on peut trouver chez d'autres responsables politiques, des hommes croyant sincèrement au « gouvernement des experts ». Tel Pascal Lamy, l'ancien patron de l'Organisa-

1. « Emmanuel Macron, le militant fantôme du PS », Julien Martin, *L'Obs*, juin 2015.

2. *Idem*.

tion mondiale du commerce, ou Jean-Pierre Jouyet, alors secrétaire général de l'Élysée capable de servir Nicolas Sarkozy comme François Hollande, et de passer de l'un à l'autre sans aucune autre forme de justification. Dans la plus pure tradition de Sciences Po, école contre-révolutionnaire, créée en 1872, juste après la Commune de Paris, et dont le fondateur Émile Boutmy, présentait ainsi les missions : « Contraintes de subir le droit du plus nombreux, les classes qui se nomment elles-mêmes les classes élevées ne peuvent conserver leur hégémonie politique qu'en invoquant le droit du plus capable. Il faut que, derrière l'enceinte croulante de leurs prérogatives et de la tradition, le flot de la démocratie se heurte à un second rempart fait de mérites éclatants et utiles, de supériorité dont le prestige s'impose, de capacités dont on ne puisse pas se priver sans folie. »

Ni militant ni pleinement philosophe, Emmanuel Macron, le capable, a donc préféré choisir la banque d'affaires. À lui seul, son parcours fulgurant ranime l'éternel conflit entre la Rive droite et la Rive gauche parisienne, cette véritable fracture qui traverse la bourgeoisie française depuis le XIXe siècle : bourgeoisie d'affaires contre bourgeoisie intellectuelle. Roi chez les gens d'affaires, Macron n'arrivera jamais à se rendre « aimable » auprès des gens de lettres… Et son autre choix, celui de l'exercice de l'État, ne lui permettra pas plus de les apprivoiser.

Car l'État en France est une autre forme d'absolu. Un exercice plein et entier. Sans concessions possibles, rude et vertigineux à la fois, et surtout particulièrement exposé. Loin des alcôves intellectuelles, comme le rappelle un de ses anciens camarades d'Henri-IV : « Certes, contrairement à sa légende médiatique, Emmanuel Macron n'a pas forcément beaucoup produit sur un plan intellectuel. Il n'a pas forcément d'idées qui lui sont propres. Mais les grands décideurs sont des gens qui ont une forme d'autorité et une assurance naturelle, tout en ayant un certain sens de la synthèse. Ils sont immédiatement compréhensibles auprès des élites. »

Le destin d'Emmanuel Macron est-il forcément à la décision ? Ses « amis » en sont persuadés. Ses soutiens l'espèrent, le poussent, l'attendent. Aujourd'hui ministre, l'avenir de Macron semble donc tout tracé et sans surprises. Malgré son « petit plus », on le croirait même ingéré par le système, comme dans un cocon, bien loin de ses passions de jeunesse : « Les gens que j'admire le plus sont les écrivains, ceux qui sont un peu intempestifs. Il y a un vrai courage à écrire. Beaucoup plus qu'à faire ce que je fais. Beaucoup plus qu'à faire de la politique. Si j'étais vraiment courageux, j'écrirais[1]. » Certes, Macron admire les écrivains mais sa bande de copains se compose surtout, on va le voir, de jeunes apprentis énarques.

1. *Rue Saint-Guillaume*.

Chapitre 4
Blagues potaches à l'ENA

Les journalistes politiques aiment les désigner par leurs prénoms : Emmanuel et Gaspard. Avec ces deux-là, rien n'est plus simple que de communiquer par SMS. D'ici la fin du quinquennat de François Hollande, il est certain que leurs deux noms, Macron et Gantzer, nourriront encore souvent la chronique médiatique du pouvoir. Deux chouchous du président de la République à l'Élysée : le premier comme secrétaire général adjoint jusqu'en 2014, le second comme directeur de la communication à partir de la même année. Au Château, ils se sont à peine croisés. Quelque temps après que Gaspard Gantzer a pris ses fonctions pour réparer une communication présidentielle jugée défaillante – après avoir travaillé auprès de Christophe Girard et Bertrand Delanoë à la mairie de Paris et de Laurent Fabius au Quai d'Orsay –, Emmanuel Macron préféra disparaître des couloirs élyséens. « La jeune garde », les a surnommés sans ironie *Libération* ou *L'Obs*, façon *The West Wing*[1]. « C'est un ami[2] », nous confie aujourd'hui Gaspard Gantzer. Le conseiller en com' n'est pas mécontent d'évoquer devant nous le jeune ministre, un atout majeur – pense-t-il – pour son patron Hollande.

1. La série télévisée américaine *À la Maison-Blanche* narrait les coulisses du Bureau ovale et des lieux de pouvoir à Washington.
2. Entretien du 13 mai 2015.

Les deux garçons se sont rencontrés pour la première fois fin 2001, lors de l'épreuve de sport du concours d'entrée à l'ENA. Temple de l'élitisme d'État, l'École nationale d'administration teste aussi l'aptitude physique et sportive de ses futurs cerveaux. C'est même la dernière étape des épreuves « orales ». Lors d'un petit matin brumeux et frais de décembre, rendez-vous est pris à l'INSEP (Institut national du sport, de l'expertise et de la performance), au bois de Vincennes. Comme de vrais sportifs de haut niveau, car l'excellence républicaine n'hésite jamais à s'affirmer – à s'imposer – en toute occasion et en tout lieu.

Pourtant, la plupart des futurs énarques présents sont plutôt du genre « no sport », comme aimait le proclamer l'illustre Winston Churchill. « Certains n'avaient jamais vraiment fait de sport. Ils sont arrivés à l'épreuve en chemise et mocassins, s'étonne encore aujourd'hui Gantzer, désormais revêtu de l'incontournable panoplie costard cravate, dotée néanmoins d'une coupe cintrée branchée, les cheveux sculptés au gel, dans son bureau de l'Élysée. Nous, nous étions parmi les "normaux", on était habillés pour faire du sport. Et on a tout de suite sympathisé. » Sans être un très grand sportif comme son ami Marc Ferracci, Emmanuel Macron n'a jamais omis de s'occuper de son corps. La « bête » n'est pas vraiment du genre « cerveau sur pattes », comme on peut en trouver tant dans les prestigieuses classes préparatoires de la République. Une fois arrivé en deuxième année d'études à Strasbourg, ville où l'ENA a posé ses valises depuis une vingtaine d'années, Macron adorait jouer au foot tous les jeudis avec certains de ses camarades de promo. « Mais le ballon rond n'est pas le domaine où il est le meilleur[1] ! » taquine aujourd'hui son ami Mathias

1. Entretien du 17 juillet 2015.

Vicherat[1], alors directeur de cabinet d'Anne Hidalgo, la maire de Paris, et fan de foot.

Le physique de Macron est plutôt affûté. Avec un dos très légèrement voûté, et des grandes mains puissantes. Un front élargi, une mâchoire carrée. Un corps à l'image de son sport favori : la boxe française. Si l'effort et la collectivité dans le sport ne lui font pas peur, Macron y recherche davantage des défis individuels et leur aboutissement. Se confronter à soi, à ses limites. Son agilité jugée fulgurante par ses proches et sa capacité à mobiliser autour de lui relèvent plus de son intellect. Ainsi, durant les quelques mois où Macron est étudiant à Strasbourg, le sport est loin d'être sa seule activité en dehors de l'ENA. Le jeune étudiant a pris l'habitude de se réfugier durant de nombreuses heures dans les livres, et à peine arrive-t-il dans la capitale alsacienne qu'il devient professeur de théâtre au sein d'une association… Une activité qui lui prend un sacré temps et de l'énergie. « Emmanuel donnait l'impression de pouvoir faire plein de choses en même temps », se souvient Gantzer, admiratif.

Les soirées à Strasbourg sont longues, pourtant. L'occasion pour le jeune Emmanuel de se rapprocher de plusieurs garçons de la promotion. « C'était notre petite bande, se souvient Mathias Vicherat. On était inséparables. » Une bande de sept : Gantzer, Macron, Vicherat, donc, mais aussi Frédéric Mauget et Aurélien Lechevallier, tous deux passés par le cabinet de la maire de Paris[2], Aymeric Ducrocq, alors sous-directeur de l'Agence des participations de l'État (APE), et Sébastien Jallet, nommé, lui, à la tête du cabinet de Myriam El

1. Mathias Vicherat est devenu en janvier 2017 directeur adjoint de la SNCF.

2. Aurélien Lechevallier est devenu en mai 2017 le conseiller diplomatique adjoint d'Emmanuel Macron à l'Élysée.

Khomri, alors secrétaire d'État chargée de la politique de la Ville avant d'être nommée au Travail. À l'époque, cette petite confrérie masculine se réunit à l'Académie de la Bière, une brasserie du centre-ville de Strasbourg. Les futurs énarques ont l'habitude d'y commander de grandes chopes, ou même des girafes de 2,5 litres. Mais la fine équipe se retrouve aussi au Bunny's Bar, un bar karaoké, où Emmanuel Macron chante d'une belle voix tout le répertoire français des années 1960 et 1970, qu'il connaît par cœur comme s'il avait grandi pendant ces années-là…

C'est le côté suranné d'Emmanuel Macron. Le jeune homme, qui se serait bien vu romancier, cultive un romantisme littéraire, tout en pressentant d'avance le poids sur ses épaules de ses responsabilités futures. De quoi se retrouver décalé, parmi ces bêtes à concours si impatientes de faire leurs preuves aux plus hautes fonctions de l'État. Les énarques s'ennuient ferme à Strasbourg, mais Macron semble déjà ailleurs. Ses camarades, eux, tentent de combler la monotonie des jours qui se ressemblent tous à l'école. Ils attendent avant d'avoir enfin la faculté de jouer dans la cour des grands. « Ce remplissage du vide de l'attente », comme le décrit Walter Benjamin dans sa conférence de 1915, « La vie des étudiants ». Des étudiants déjà entièrement investis dans « l'esprit de métier », qui tournent le dos, fustige le philosophe allemand, à « l'éros de la création ». Macron multiplie les allers-retours avec Paris et Le Touquet, partageant sa vie avec Brigitte. À 25 ans, Emmanuel Macron est grand-père par procuration… Alors étudiant ? En réalité, il se vit tout autre…

Est-il d'ores et déjà dans l'après ? A-t-il en tête son futur destin ? Le jeune homme, à peine sorti des classes préparatoires et de Sciences Po, a l'ambition visiblement chevillée au corps. Son impatience le pousse à se tourner vers ses aînés. « Et à donner aux autres », dirait-il sûrement aujourd'hui. L'étudiant Macron a perdu l'insouciance de la jeunesse, s'il l'a eue un jour. Cependant, comme à son habitude, il préfère donner à voir à ses camarades autre chose, son sourire, sa bonne humeur : « À l'ENA, Emmanuel était un type agréable avec tout le monde. Bon camarade. Un peu tout terrain. Il était identifié plutôt de gauche, mais n'était pas perçu comme engagé politiquement[1] », se rappelle Boris Vallaud, alors secrétaire général adjoint de l'Élysée. En dehors de sa bande de potes, le jeune Macron ne rechigne donc pas à sympathiser à l'ENA avec de futurs espoirs de la droite française, tels Sébastien Veil, le petit-fils de Simone Veil, ou encore Sébastien Proto, futur banquier, comme lui, chez Rothschild. Veil rejoindra Nicolas Sarkozy ministre, puis le suivra également à l'Élysée. À l'ENA, comme ailleurs, Macron joue les séducteurs en permanence. « Il voulait se faire aimer de tout le monde, avec une empathie permanente, mais ce n'était pas calculé, il était sincère », remarque un ancien élève énarque.

Le jeune Macron ne déploie pas son empathie uniquement vers ses petits camarades : il prend le temps de serrer la main du gardien de l'école, ou de faire la bise à la femme de ménage… Tout terrain, comme un véritable responsable politique : il n'est pourtant pas encore ministre.

Lors de ses stages de première année, comme le veut la règle de l'école, Emmanuel Macron est expédié en immersion dans différentes antennes de l'État : il passera un semestre au Nigeria, à l'ambassade de France, et un autre à la préfecture de l'Oise, dans sa région de naissance, la Picardie. Une période où il sympathisera avec André Verchuren, star de l'accordéon du département. Une figure supplémentaire dans son panthéon détonnant.

1. Entretien du 25 juin 2015.

« Emmanuel Macron ne juge pas les gens selon d'où ils viennent », estime ainsi son ami Mathias Vicherat. Avec ce dernier, le futur membre du gouvernement aime d'ailleurs plus que tout troubler l'ambiance « polar » de l'ENA, s'appliquant à rendre un peu plus cool cette atmosphère peut-être trop studieuse à son goût. Les deux compères d'alors deviennent vite les préposés de leur promo aux blagues potaches. Avec comme cible fétiche Sébastien Veil. C'est ainsi qu'un jour Macron et Vicherat écrivent un poème d'amour, sous forme de sonnet, et « signé » Veil, qu'ils distribuent dans les boîtes aux lettres des filles de l'école, avec le vers suivant : « Je suis ton prétendant, veux-tu que je te lime ? » Autre plaisanterie : quand le duo infernal tombe dans la salle informatique de l'école sur la messagerie mail, encore malencontreusement ouverte, d'un de leurs camarades, ils ne se gênent pas pour l'utiliser et envoyer de fausses invitations à l'ensemble de la promo. L'élite de la République occupe ses soirées strasbourgeoises comme elle peut…

La promotion Leopold Senghor, dont sont issus Emmanuel Macron et ses petits camarades, est pourtant l'une des plus turbulentes de toute l'histoire de la prestigieuse ENA. Une promo qui est allée jusqu'à contester ses enseignements et même, crime de lèse-énarchie, ses enseignants. Lors de leur deuxième année à Strasbourg, certains élèves, comme Vicherat, Gantzer ou Étienne Grass (l'ancien directeur de cabinet de Najat Vallaud-Belkacem quand elle était ministre des Droits des femmes), se sont même mués en véritables leaders de la contestation. Tous militent alors à gauche. Vicherat avait créé précédemment la section Sciences Po de l'association altermondialiste Attac, et Gantzer est déjà encarté au PS et à la CFDT. Autant dire que la révolution souffle au sein de la vieille ENA !

Soutenus par l'ensemble de leur promo contre la direction, les trois jeunes énarques, suivis de quelques autres, se lancent alors dans une véritable guérilla contre les petites habitudes de leurs illustres aînés. Ils déposent d'abord un recours devant le Conseil d'État contre leur classement de sortie, contestant le fait que certains de leurs correcteurs aient été eux-mêmes élèves de l'école. Un recours gagné… mais une contestation qui vaudra à chacun d'entre eux de recevoir en retour une lettre personnalisée de rappel à l'ordre signée par le ministre de la Fonction publique.

Pas de quoi pousser les contestataires énarques à s'arrêter en si bon chemin : toujours appuyés par la promotion, ils se permettent de rédiger un rapport contestant carrément les enseignements prodigués dans cette école de la République, dont ils regrettent la vacuité, disent-ils, et la pédagogie en cours en son sein. Dernière transgression, ils vont poser à l'ensemble de leurs camarades la question suivante, dans le cadre d'un questionnaire réalisé pour l'occasion : « Tel professeur [chacun des enseignants est cité noir sur blanc] est-il apte à l'exercice de ses fonctions ? » En ces murs, symboles de l'aristocratie républicaine, le procédé relève de l'insolence suprême.

Personnellement, Emmanuel Macron se tient à une distance raisonnable de cet activisme. « Emmanuel était comme moi. Dans la bienveillance et le soutien. Mais ce n'était pas la cause de notre vie ! » nous raconte Boris Vallaud. « Emmanuel à l'ENA n'était pas très militant. Il n'avait d'ailleurs pas d'engagement politique au sens propre du terme même s'il avait une conscience et une sensibilité de gauche », constate de son côté Mathias Vicherat. « Ce n'était pas un acteur de la contestation », confirme Gaspard Gantzer. Interrogé plus tard par des étudiants de Sciences Po, Emmanuel Macron ne mentionne en aucune manière l'esprit frondeur de sa promotion, comme s'il avait oublié ces épisodes rugueux : « La scolarité de l'ENA a été très agréable. Je l'ai faite avec naïveté et appétit car je n'en avais pas toujours rêvé et n'avais pas encore une idée très précise de l'endroit où je voulais arriver. J'ai surtout aimé les stages qui vous mettent au contact de gens remarquables. Je ne voulais absolument pas aller à Bruxelles ou à Washington comme tout le monde. J'ai donc demandé au directeur des stages de m'envoyer dans un pays très lointain[1]. » Le futur énarque souhaite s'éloigner des salons parisiens ? Ce sera le cas. « Je me suis retrouvé six mois au Nigeria. »

À défaut d'être concrètement engagé, dans un parti par exemple, le futur ministre a développé dès cette époque une conscience politique bien charpentée. Marqué, comme nombre de ses camarades, par les attentats du 11 septembre 2001, qui se déroulent lors des épreuves écrites du concours de l'ENA, Macron encaisse également le choc du 21 avril 2002. Quand il entrevoit la figure de Jean-Marie Le Pen à 20 heures sur les écrans de télévision, signant dès le premier tour la défaite du socialiste Lionel Jospin, il se trouve à l'ambassade de France à Lagos, où il effectue son premier stage de l'ENA. « À l'époque, nous avons souvent discuté ensemble de ces deux événements, confie Gaspard Gantzer. Et notamment sur le fait de continuer à faire de la politique après ça… »

Macron regarde donc au loin. Comme d'autres de ses petits camarades : sa promotion, à l'instar de son illustre aînée, la promotion Voltaire, dont faisaient partie François Hollande, Ségolène Royal ou Dominique de Villepin, a fait ses preuves. Elle est ainsi l'une des plus brillantes de l'ENA depuis une trentaine d'années, trustant les postes prestigieux dans les cabinets ministériels et les grands groupes privés comme BPCE, Kering, Axa ou Rothschild.

1. *Rue Saint-Guillaume*, n° 158, avril 2010.

Un réseau solide et générationnel au sein des plus hautes institutions de notre pays…

À l'époque, l'étudiant Macron excellait déjà dans le domaine des travaux pratiques, obtenant la note de 10/10 lors de son passage à la préfecture de l'Oise, et l'appréciation suivante sur le rapport de son maître de stage : « Étudiant charismatique. » Réaliste également, loin de ses élans romantico-littéraires en classes préparatoires, Emmanuel Macron fait le choix, à la sortie de l'ENA, de rejoindre le prestigieux mais technique corps de l'Inspection générale des finances, délaissant une voie qui pouvait lui apparaître plus naturelle, le Conseil d'État. « Emmanuel est un littéraire, mais il a toujours pensé que c'était par l'économie qu'on pouvait faire des choses », décrypte Gaspard Gantzer.

Destination l'IGF donc. Une page se tourne. Pour Macron, l'Académie de la Bière sera bientôt loin. La petite bande aussi, chacun poursuivant sa route. C'est la destinée normale de l'élite républicaine, empruntant des rails tout tracés dans un pays où les diplômes valent sésame tout au long de votre vie. Henri-IV, Sciences Po, ENA, et maintenant IGF, Emmanuel Macron a coché une bonne partie des cases qui lui permettront de prendre son envol. Il n'a peut-être pas une idée précise « de l'endroit où [il va] arriver » mais, malgré son jeune âge, il a déjà la certitude qu'il atterrira en bonne position. Un décalage supplémentaire par rapport au reste de sa génération, cette jeunesse française post-1970 empêtrée dans l'incertitude de l'avenir et luttant pour sa survie face au mur formé par les générations précédentes.

Devenu inspecteur des Finances, le jeune Macron s'emballe. Avant l'heure, il goûte de plus en plus aux joies d'un emploi du temps de ministre. Ce n'est pas pour autant qu'il coupe totalement les ponts avec ses anciens copains de promo, mais l'heure n'est plus à combler les heures creuses loin de la capitale.

Au cœur de l'État, l'Inspection générale des finances n'est autre que l'un des corps les plus puissants. Peu nombreux – environ deux cent soixante –, les inspecteurs des finances forment « l'élite de l'élite » des hauts fonctionnaires français, comme l'écrit Ghislaine Ottenheimer, journaliste à *Challenges*[1], des « intouchables » dénonce-t-elle. Mais si « l'Inspection » a un tel pouvoir, c'est qu'elle est en mesure de donner le *la* aux autres administrations de l'État. Car sa mission principale est de contribuer à une gestion rigoureuse et efficace des finances publiques et à la modernisation de l'administration. Dans ce cadre, elle a participé par exemple à la très néolibérale révision générale des politiques publiques (RGPP). Son credo depuis une vingtaine d'années pourrait se résumer de la manière suivante : moins d'État, plus d'efficacité. Là encore, on est très loin des premiers marqueurs d'Emmanuel Macron, comme Jean-Pierre Chevènement, ou même des frondeurs du PS.

Si le profil littéraire de Macron ne le prédestinait pas à s'orienter vers l'IGF, « l'Inspection » est en mesure de l'aider dans la carrière politique qu'il ambitionne incontestablement. Elle peut être le tremplin idéal pour tout homme d'État. Valéry Giscard d'Estaing, Alain Juppé ou Michel Rocard sont ainsi issus de ce fameux corps. Mais l'exercice de l'État n'est pas la seule perspective des inspecteurs des finances : Jean-Claude Trichet, l'ancien président de la Banque centrale européenne (BCE), Pascal Lamy, l'ex-directeur général de l'Organisation mondiale du commerce (OMC), Henri de Castries, PDG d'Axa, Jean-Marie Messier, qui fut le patron de Vivendi ou encore Michel Pébereau, qui mena des années durant la barque de BNP Paribas, sont également des « IGF ».

1. Ghislaine Ottenheimer, *Les Intouchables – grandeur et décadence d'une caste : l'Inspection des Finances*, Albin Michel, 2004.

En entrant dans cette « maison », Emmanuel Macron fait désormais partie de l'aristocratie du capitalisme d'État et de connivence à la française.

En tout cas, d'année en année, Emmanuel Macron retrouve ses anciens potes étudiants lors de leurs différentes fêtes de mariage, autant d'occasions au cours desquelles la petite bande de l'ENA se reforme brièvement : « Mais dans ces soirées, s'il continuait de déconner avec nous, il était clair qu'on était peut-être un peu trop gamins pour lui. Et souvent, il préférait parler avec les parents des mariés ! » s'étonne l'un d'eux. Le groupe a, de la même façon, été invité en 2007 à la propre cérémonie de mariage de Macron.

Ensuite, les choses se précipitent pour tous. Et quand Macron est nommé secrétaire général adjoint de l'Élysée, les liens finissent par se distendre. La solitude de l'exercice de l'État, déjà. « Après sa nomination à ce poste, je ne l'ai plus vu. Il arrivait à 7 heures à l'Élysée, et repartait à 3 heures du matin, constate Gantzer. Ainsi quand je l'ai retrouvé en avril 2014 lors de ma prise de fonctions, j'ai été stupéfait de voir qu'Emmanuel s'était transformé, presque physiquement, et qu'il avait pris aussi une épaisseur intellectuelle, bien loin de mes souvenirs d'étudiant. »

Consciencieusement, le futur ministre saute les obstacles les uns après les autres, *step by step*. Une fois arrivé à Bercy, il s'est tout de même accordé un petit dîner avec une dizaine de copains, dans la salle à manger de son ministère, histoire de faire revivre une fois encore une soirée de la promotion Senghor. Le maître des lieux peut désormais inviter à sa guise. Mais ce chemin vers le sommet du pouvoir a pris parfois des détours inattendus.

Chapitre 5

Pérégrinations politiques avant décollage

Le 21 avril 2002, au premier tour de l'élection présidentielle, Emmanuel Macron vote pour Jean-Pierre Chevènement, comme nous l'assure l'un de ses amis énarques de la promotion Leopold Senghor : « Je me souviens très bien qu'Emmanuel l'avait soutenu pendant la campagne alors que nous étions en stage à l'ENA », confie-t-il. Comment le futur ministre, avant de se retrouver dans les réseaux de la deuxième gauche, a-t-il pu se rapprocher de Chevènement ? « Autant la deuxième gauche m'a inspiré sur le social, autant je considère que son rapport à l'État reste très complexé, nous expose aujourd'hui l'intéressé. Je me suis toujours interrogé sur le rôle de l'État, et c'est pour cette raison que je me tourne, plus jeune, vers Jean-Pierre Chevènement. C'est une personnalité qui réfléchit et qui anime la vie intellectuelle de notre pays. J'entretiens d'ailleurs toujours une discussion avec lui. Je l'ai vu récemment en allant visiter l'usine Alstom à Belfort… On ne peut pas s'affranchir d'une réflexion sur l'État à l'heure de la globalisation[1]. »

À l'époque, le jeune Macron pense que l'échec de Jospin et du PS s'explique notamment par l'incapacité de la gauche à tenir un discours de fermeté sur les questions de sécurité. Son compagnonnage avec le « Che » est en fait assez ancien. À peine sorti des classes préparatoires

1. Entretien du 26 août 2015.

d'Henri-IV, il assiste fin août 1998, à Perpignan, à l'université d'été du Mouvement des citoyens (MDC), le parti de Jean-Pierre Chevènement. À quelques mois des élections européennes, le ministre de l'Intérieur du gouvernement de « gauche plurielle » de Lionel Jospin se dit « euroréaliste » : « Regardons vers l'avenir. Nous ne sommes pas contre l'Europe. Nous ne sommes pas des eurosceptiques mais des euroréalistes, explique alors le ministre dans son discours. Nous sommes pour l'Europe des nations parce que nul ne fera l'impasse sur ces réalités qui ont été modelées par l'Histoire. Il ne faut pas lâcher la proie pour l'ombre, mais construire avec patience et méthode l'Europe des peuples. Comme on dit, il faut "assurer". L'Europe ne doit pas être une fuite en avant irresponsable. » Bien loin des thèses défendues aujourd'hui par François Hollande, Jean-Pierre Jouyet et le Parti socialiste[1]… Et si Chevènement soutient à l'époque les projets de la ministre Martine Aubry sur l'exclusion ou la santé, il ne se prive pas de critiquer les privatisations de Dominique Strauss-Kahn : « On ne peut pas donner tous les pouvoirs aux marchés financiers et cautionner, à travers la mise en Bourse, les plans sociaux les plus rétrogrades », tonne-t-il à Perpignan.

Le passage au MDC d'Emmanuel Macron est peu connu. Il durera pourtant près de deux ans. Un ancien membre du parti dispose d'ailleurs d'une photographie où l'on peut apercevoir le jeune étudiant, déjà en costume quand tant d'autres se contentent d'un look plutôt dépareillé, dans un bus affrété par le parti pour l'université d'été de Perpignan. « Je ne suis pas sûr qu'il avait sa carte du MDC, mais la proximité intellectuelle avec Jean-Pierre Chevènement était réelle[2] », constate Stéphane Le Floch, un ancien du parti.

1. Lire le chapitre « L'Europe ! L'Europe ! »
2. Entretien en septembre 2014.

C'est quand Macron débarque à Sciences Po à l'automne 1998 qu'il se rapproche du MDC… Au sein de la grande école de la rue Saint-Guillaume, à Paris, un débat fait rage sur les conditions d'accès au concours, et sur la démocratisation des premières années. Le nouveau directeur, Richard Descoings, réfléchit à créer une filière d'accès pour les lycéens issus des zones d'éducation prioritaire (ZEP). Les jeunes du MDC sont à la pointe du combat contre la réforme.

C'est dans ce bain un peu particulier qu'Emmanuel Macron continue ses pérégrinations auprès des chevènementistes. Au printemps 2000, il est même pris comme stagiaire, durant six mois, au cabinet de Georges Sarre, maire MDC du XIe arrondissement de Paris, l'un des membres de la garde rapprochée de Jean-Pierre Chevènement. « Suite à une candidature spontanée », précise un ancien conseiller de Georges Sarre. Quelques semaines à peine après son arrivée à la mairie, le charme d'Emmanuel Macron opère déjà auprès de l'édile, qui s'entiche rapidement de lui : « Il faudrait voir avec le petit Macron, il est bien ! » a l'habitude de dire Sarre à ses collaborateurs. Résultat, à l'automne 2000, en dehors de ses missions à la mairie, Macron participe aussi à un groupe d'experts dénommé « Étienne Marcel », qui se réunit régulièrement rue de Bourgogne, pour préparer le programme de Georges Sarre à quelques mois des municipales. La petite équipe politique produit des notes pour le maire qui cherche surtout à mettre la pression sur le PS : un accord électoral sera d'ailleurs trouvé avant la fin de l'année avec Bertrand Delanoë, le candidat socialiste. Dès lors, Emmanuel Macron, stage en poche, s'éloigne assez vite de la politique locale, même s'il reste proche de Jean-Yves Autexier[1], un conseiller de

1. Jean-Yves Autexier a été député de Paris, de 1988 à 1993, et a siégé à la commission de la Défense nationale et des Forces

Jean-Pierre Chevènement. Il organisera d'ailleurs un dîner entre ce dernier et le philosophe Paul Ricœur[1]. Mais dès le début de 2001, il se prépare sérieusement au concours de l'ENA, tout en terminant ses études à Sciences Po.

Une tendresse évidente à l'égard du « petit Macron » se dégage encore aujourd'hui des discussions avec les proches de Jean-Pierre Chevènement. Mais ces derniers ne masquent pas non plus une certaine gêne. La dérégulation du marché du travail n'est vraiment pas leur tasse de thé ! Voilà peut-être pourquoi Autexier a envoyé le petit mot suivant à Macron, alors secrétaire général adjoint à l'Élysée : « Reste tel que tu étais à l'époque… » Une prévention bienveillante… mais vigilante.

Tout s'accélère ensuite. À Sciences Po, Macron est encore un étudiant, certes brillant, mais dans l'attente de son avenir. En 2001, il obtient son diplôme de la rue Saint-Guillaume, voie « diplomatique ». La même année, il planche très sérieusement sur le concours de l'ENA, en compagnie de son ami Marc Ferracci : « À l'évidence, il avait déjà à cette époque une réflexion sur ce que doit être un responsable politique, nous confie ce dernier. Quand on se prépare à ce genre de concours, on se pose forcément la question du pouvoir. Bien sûr, il ne parlait pas de devenir président de la République, mais il est clair qu'Emmanuel avait envie de se retrouver au cœur du

---

armées. Il est l'auteur de plusieurs propositions de lois, dont celle qui eut plus tard un large écho, portant création du contrat d'union civile. Il quitte le Parti socialiste en 1992, en désaccord avec le soutien du PS à la guerre du Golfe et au traité de Maastricht. Il devient secrétaire national du Mouvement des citoyens puis du Mouvement républicain et citoyen jusqu'en juin 2008. En 1997, il rejoint le cabinet de Jean-Pierre Chevènement au ministère de l'Intérieur où il est conseiller auprès du ministre chargé des affaires politiques.

1. Lire le chapitre « Un CV magique ».

réacteur. Les pièces du puzzle étaient déjà là[1]. » Si Marc Ferracci échoue au concours – ce qui ne l'empêchera pas de devenir un économiste reconnu –, Emmanuel Macron le réussira lors d'une deuxième tentative. Son éloquence a fait la différence, et le voilà diplômé de la haute école de l'administration en 2004[2]…

À cette date, Emmanuel Macron rencontre le rocardien Laurent Bigorgne. Ces deux hommes de gauche se reconnaissent des points communs – et d'abord une réussite exemplaire. Bigorgne, historien de formation, fils de proviseur, et originaire de la Moselle, une terre ouvrière, fut engagé à l'UNEF-ID[3] avant d'être propulsé directeur de la scolarité de Sciences Po. Très vite pourtant, Macron et Bigorgne s'opposent sur les conventions prioritaires ZEP instituées dès 2001 par Richard Descoings pour élargir la base sociale des étudiants de Sciences Po. Emmanuel Macron, déjà passionné par les questions d'éducation, n'est pas convaincu par cette forme de « discrimination positive » inspirée des États-Unis.

En réalité, Macron est encore pétri par la vision de la citoyenneté républicaine chère à Jean-Pierre Chevènement. Le jeune énarque est plutôt favorable au fait de réserver des places dans les classes préparatoires aux boursiers qui ont obtenu la mention « très bien » au bac. « Il était dubitatif sur le modèle d'intégration que nous proposions, et sur sa validité, il estimait qu'il fallait plutôt changer l'ensemble du système[4] », se souvient Laurent Bigorgne, aujourd'hui directeur général de l'Institut Montaigne, le *think tank* libéral lancé par Claude Bébéar, l'ancien patron d'Axa. Malgré ce désac-

1. Entretien du 7 septembre 2015.
2. Lire le chapitre « Blagues potaches à l'ENA ».
3. Un syndicat étudiant dont nombre de responsables sont devenus des figures du PS.
4. Entretien du 1er juillet 2015.

cord, le contact passe entre les deux hommes. Et, bien décidés à dépoussiérer l'institution Sciences Po, Laurent Bigorgne et Richard Descoings proposent carrément à Macron, alors âgé de moins de 30 ans, de prendre le poste de directeur d'étude chargé de la « culture générale » au sein de la prestigieuse école. « Une chasse gardée », souligne Bigorgne. À peine sorti de l'ENA, Macron donne donc déjà des conférences au sein du grand amphi de la rue Saint-Guillaume, l'amphithéâtre Boutmy[1], et endosse également le costume d'enseignant en « prep ENA », la célèbre préparation de Sciences Po à la grande école d'administration. « D'habitude, on aurait plutôt donné un TD à gérer mais je dois dire qu'il a assuré ! » s'enthousiasme Bigorgne… Les élèves de Sciences Po, eux, sont nettement plus mitigés : les uns louent la capacité de synthèse et la fulgurance à l'oral de Macron, les autres critiquent la vacuité de certaines de ses argumentations.

Le jeune énarque, pourtant, ne se prédestine pas à l'enseignement. Dès sa sortie de l'ENA au début 2004, il multiplie les rencontres auprès de gens haut placés. Comme bien d'autres, il se fait courtisan. Son sens du contact et sa capacité à s'approprier très rapidement les concepts et les problématiques vont faire merveille. Emmanuel Macron appelle ainsi un très proche conseiller de Laurent Fabius, Stéphane Israël, un normalien sorti de l'ENA trois ans plus tôt, alors magistrat à la Cour des comptes. Ce dernier se souvient du coup de fil : « Quand il est sorti de l'ENA, Emmanuel m'a appelé pour avoir des conseils sur la suite de sa carrière. Il était face à trois choix : fallait-il qu'il intègre le Conseil d'État, la Cour des comptes ou l'Inspection générale des finances ? Il m'avait dit : “J'hésite entre ces trois possibilités, mais

1. Émile Boutmy est le fondateur de l'École libre des sciences politiques, plus connue sous le nom de Sciences Po.

ce qui m'intéresse, c'est la politique. Il faut que j'intègre cette donne"[1]. »

En guise de réponse, Stéphane Israël lui propose de rencontrer Laurent Fabius. À l'époque, le leader socialiste est le numéro deux du Parti socialiste, grâce à son alliance avec le premier secrétaire François Hollande. À l'approche de l'élection de 2007, il fait partie des présidentiables potentiels au sein de l'écurie PS. Le référendum européen se profile, mais l'ancien Premier ministre de François Mitterrand ne s'est pas encore prononcé pour le « non ». Dans ce contexte, la rencontre entre Emmanuel Macron et Laurent Fabius se déroule au mieux. Pour autant, Macron n'est pas prêt à « s'enrôler » auprès de l'ancien espoir de la Mitterrandie triomphante. Il confie à un ami : « Je n'ai pas envie de devenir le porte-serviette de Fabius. » Et c'est vrai que l'ancien Premier ministre n'est pas connu auprès de son entourage pour son sens du partage et sa capacité de transmission des savoirs et des expériences… Où sont d'ailleurs les « Fabius' boys », aujourd'hui, dans la vie politique française ?

Emmanuel Macron continuera pourtant dans les années suivantes à voir le futur ministre des Affaires étrangères de François Hollande. Une proximité réelle s'instaure entre les deux hommes : l'ancien chef de gouvernement sous Mitterrand invite parfois le jeune énarque devenu banquier chez Rothschild dans son appartement parisien. Mais Macron préfère se tenir à bonne distance, alors que le débat sur le référendum sur le traité constitutionnel européen fait rage au PS entre Laurent Fabius, tenant du « non », et François Hollande, partisan du « oui ». Une divergence irréconciliable durant plusieurs mois, qui aboutira à ce que la famille socialiste se range sous deux bannières différentes pour le référendum du 29 mai 2005. Macron retrouvera Fabius en septembre 2009 lors d'un

1. Entretien du 28 août 2015.

voyage au Chili organisé par la Fondation Jean-Jaurès, proche du Parti socialiste, à l'occasion d'un grand colloque entre plusieurs *think tanks* de partis sociaux-démocrates. « Nous avions préparé le voyage dans le bureau de Fabius à l'Assemblée nationale, avec Emmanuel Macron et Daniel Cohen, le président du conseil scientifique de la Fondation Jean-Jaurès, se souvient Gilles Finchelstein, directeur général de la fondation. Fabius semblait intrigué par le pedigree de Macron[1]. » Une impression que nous confirme l'avocat d'affaires Jean-Michel Darrois, un fidèle de l'ancien Premier ministre : « Au retour du voyage, Laurent Fabius m'avait dit que Macron était un "brillant jeune homme". Ça s'était très bien passé entre eux[2]. » Un « brillant jeune homme », dans la bouche de Laurent Fabius, avare en compliments, cela pèse. Macron est désormais bien loin du Mouvement des citoyens.

Quelque temps plus tard, Macron participe également à un séminaire sur la mondialisation, fermé à la presse, dans les locaux de la Fondation Jean-Jaurès à Paris, l'ancien siège de la SFIO : « Lors d'un déjeuner avec lui dans cette période-là, nous avions eu une discussion à bâtons rompus sur la politique : en faire ou ne pas en faire, comment en faire ? Il se posait franchement la question de son rapport à la politique d'une manière appliquée, tout en refaisant le monde », constate Gilles Finchelstein. Et Macron interrogeait de la même façon Laurent Bigorgne : « Que faire dans l'État ? Où aller ? » lui demande-t-il à sa sortie de l'ENA.

Pour Emmanuel Macron, ce sera, on l'a vu plus haut, la prestigieuse Inspection générale des finances. Une période cruciale car une rencontre va donner à son parcours un relief particulier : Henry Hermand. Méconnu

1. Entretien du 16 juin 2015.
2. Entretien du 9 juillet 2015.

du grand public, cet homme né en 1924 dans l'Oise, fils de petits commerçants, s'est pourtant imposé au cœur de la « deuxième gauche » française et de son histoire. Hermand est entré en Résistance tout jeune adolescent durant la Seconde Guerre mondiale. À la Libération, il continuera à militer[1], tout d'abord dans les milieux de la gauche chrétienne : il se bat contre les guerres coloniales, Indochine et Algérie, participe au Mouvement de la Paix, tout en se tenant à distance du Parti communiste. Il collabore alors à *La Quinzaine* et à *L'Observateur*, s'y lie d'amitié avec le journaliste de gauche Gilles Martinet et intègre l'équipe de la revue *Esprit*. Il approche aussi le « grand » Pierre Mendès France, l'Union de la gauche socialiste puis, en 1960, le Parti socialiste unifié (PSU), où il rencontre Michel Rocard, dont il deviendra le compagnon de route indéfectible.

Personnage détonnant que ce Henry Hermand : il fera partie des pionniers de la grande distribution en France puis de l'urbanisme commercial, et fera fortune à millions, tout en s'affirmant depuis comme un patron de gauche. C'est ainsi qu'il participera à la relance du quotidien *Le Matin de Paris*, proche du PS, au début des années 1980. À 90 ans passés, il s'intéressait toujours à la presse et soutenait Terra Nova, le *think tank* proche du PS.

C'est sur ses terres picardes qu'Emmanuel Macron rencontre pour la première fois Henry Hermand. On est alors à l'automne 2002, le jeune énarque est en stage à la préfecture de l'Oise, à Beauvais. La rencontre se déroule lors d'un déjeuner organisé par le préfet du département de l'époque, Michel Jau, un ami d'Hermand. À la table du préfet : le président de la chambre de commerce, mais aussi le président UMP du département, Jean-François Mancel… et le « jeune stagiaire », se souvenait Henry

1. Henry Hermand, *L'ambition n'est pas un rêve,* Seuil, 2010.

Hermand en 2015. « Lors du déjeuner, je découvre qu'il fréquente le philosophe Paul Ricœur, et qu'il est proche de la revue *Esprit*. Nous avons donc un lait nourricier commun. À partir de là, nous nous verrons fréquemment, on ne va plus se quitter[1]. » Une complicité renforcée dans les années suivantes par leur amitié commune avec Jean-Pierre Jouyet…

Justement, si Macron se rapproche pendant sa scolarité à l'ENA de la deuxième gauche rocardienne, c'est qu'il navigue depuis ses années étudiantes dans la « gauche Esprit », parallèlement à ses incursions chez les chevènementistes du MDC. Via Paul Ricœur, il croise ainsi le directeur d'*Esprit*, Olivier Mongin, et un autre philosophe protestant, Olivier Abel. La revue intellectuelle, qui a été fondée en 1932 par le philosophe chrétien Emmanuel Mounier, l'un des initiateurs du « personnalisme », ce courant philosophique et spirituel qui cherchait une troisième voie entre le capitalisme libéral et le marxisme, est en plein questionnement politique en ce début des années 2000.

Depuis les années 1950, *Esprit* s'est toujours battu pour réhabiliter le libéralisme politique en France, notamment face au communisme ou au jacobinisme. La revue critique le marxisme révolutionnaire ambiant au sein de l'université française, et ce tropisme va l'amener à ne percevoir et mettre en cause que très tardivement l'offensive néolibérale de Ronald Reagan aux États-Unis et de Margaret Thatcher au Royaume-Uni, la révolution conservatrice du moins d'État au profit du marché tout-puissant. Ainsi, en 1995, alors que les forces syndicales se mobilisent fortement contre le « plan Juppé », visant à « réformer » le système des retraites par répartition et la Sécurité sociale, *Esprit* et Paul Ricœur, dans le giron

1. Entretien du 26 août 2015. Henry Hermand est décédé le 6 novembre 2016, à l'âge de 92 ans.

du sociologue Pierre Rosanvallon, de la fondation Saint-Simon, et de la CFDT de Nicole Notat, favorables à ce plan, prennent position en sa faveur, allant jusqu'à signer une pétition dans *Le Monde* : « Pour une réforme de fond de la Sécurité sociale. » C'est l'époque des combats farouches entre *Esprit* et le sociologue Pierre Bourdieu, ainsi que *Le Monde diplomatique*, qui prennent, eux, position en faveur des nombreux grévistes.

Depuis, *Esprit* a initié un revirement « en revenant à ses fondamentaux », comme le souligne un de ses membres, notamment en se positionnant férocement contre la politique de Nicolas Sarkozy et en multipliant les critiques à l'égard du capitalisme financier dérégulé, notamment depuis la crise de 2008. Les économistes « atterrés », tel que celui de la régulation André Orléan ou le jésuite Gaël Giraud comme le journaliste Christian Chavagneux (d'*Alternatives économiques*), écrivent régulièrement dans la revue. C'est dire si, aujourd'hui, la présence du ministre Emmanuel Macron au comité de rédaction et conseil d'administration d'*Esprit* n'est pas du goût de tout le monde : « Il est illégitime et scandaleux de se revendiquer de Paul Ricœur pour justifier le néolibéralisme, fulmine un de ses membres. Si on soutient une politique fondée uniquement sur l'économie, il faut citer l'ultra-libéral Hayek, pas Ricœur, qui prônait le primat du politique sur l'économie. »

Mais peut-on qualifier Emmanuel Macron de néolibéral ? Son ami philosophe Olivier Mongin ne le croit pas : « Macron est beaucoup plus étatiste que moi. Son questionnement sur l'État est d'ailleurs beaucoup plus central dans ses réflexions que l'économie… En fait, Emmanuel Macron est compliqué. On le fige en libéral, mais même la loi qui porte son nom, tout en cassant certains privilèges, essaie de respecter certains équilibres sociaux. Macron est effectivement ambigu dans son parcours, mais pas au mauvais sens du terme. Cela lui donne sa dynamique et sa tension politique[1]. »

Compliqué Macron ? Voilà peut-être pourquoi il intitule l'un de ses rares articles publiés dans la revue *Esprit* : « Les labyrinthes du politique. Que peut-on attendre pour 2012 et après[2] ? » Dans ce texte, Macron s'attaque à l'hyper-présidentialisme français, conséquence notamment de la mise en place du quinquennat dans la Ve République : « Rien n'est fait pour que, dans une démocratie mûre et une société aux problématiques de plus en plus complexes, les débats puissent prendre place et se décliner selon une temporalité et des modalités adaptées. Le temps politique vit dans la préparation de ce spasme présidentiel autour duquel tout se contracte et lors duquel tous les problèmes doivent trouver une réponse. » Macron veut donc « débattre », dans la perspective du long terme. Mais, dans le même temps, il semble justifier une parenthèse démocratique sur certaines questions « structurelles », comme les questions budgétaires : « Car le traitement des problèmes longs implique parfois une forme de "réduction" des pouvoirs politiques, c'est-à-dire l'instauration de mécanismes suprapolitiques qui garantissent à travers le temps une application constante, une protection contre les aléas politiques. »

Et de déplorer également le fonctionnement du système « politico-médiatique » : « La réponse à l'urgence implique donc une forme d'action politico-médiatique dont l'efficacité est réduite. Les lois prises sont ainsi trop souvent inappliquées par défaut de décrets d'application, leur efficacité quasi jamais mesurée, et elles créent une instabilité et une complexité néfastes pour le citoyen. » Le futur ministre prend l'exemple de la politique du logement : « Ainsi l'urgence chaque année répétée lorsque l'hiver arrive du

1. Entretien du 3 septembre 2015.
2. *Esprit*, mars-avril 2011.

mal-logement conduit à des mesures souvent peu efficaces ou symboliques (le droit opposable au logement) alors que les problèmes véritables (la rareté de l'offre, l'émiettement des compétences, le malthusianisme des communes, etc.) ne sont que partiellement traités. Myopie de l'urgence et du temps court qui conduit la politique à "réagir" plutôt que construire une action articulée. » Et de reconnaître qu'« agir politiquement n'a aujourd'hui plus le même sens qu'il y a trente ans. Cela implique de coordonner des compétences diverses, des acteurs épars, de naviguer entre des communautés multiples (les citoyens, les associations, les savants, les entreprises, etc.), souvent sous la pression médiatique qui impose une quasi-transparence, en temps réel, de la décision. » Emmanuel Macron se montre donc critique du poids des médias et de l'urgence qu'ils impriment au politique, mais il ne semble pas non plus très optimiste quant à l'action de l'État en tant que telle, avec les évolutions institutionnelles qui ont amené un pays historiquement centralisé comme la France à devoir composer avec de nouvelles réalités : « La décentralisation, le démembrement de l'État central qui a multiplié les autorités administratives indépendantes, la place normative croissante des Communautés européennes entre autres ont progressivement conduit à l'éclatement de la responsabilité et de l'action politique. »

« Dès lors, que faire ? » se demande le futur ministre, qui semble lucide quant à la capacité de son propre candidat – François Hollande – à répondre réellement aux attentes des Français : « On ne peut ni ne doit tout attendre d'un homme et 2012 n'apportera pas plus qu'auparavant le démiurge. Loin du pouvoir charismatique et de la crispation césariste de la rencontre entre un homme et son peuple, ce sont les éléments de reconstruction de la responsabilité et de l'action politique qui pourraient être utilement rebâtis. »

C'est bien à une réforme en profondeur des institutions actuelles qu'en appelle Macron. Dès 2011, il veut restaurer le pouvoir du Parlement, souhaitant que ce dernier, minoritaire au sein de la Vᵉ République, devienne plus fort et plus représentatif. On sent déjà son envie de dialoguer avec les parlementaires… comme on le verra lors de la discussion sur la fameuse « loi Macron ». « L'action politique contemporaine requiert une délibération permanente […] qui permette d'infléchir la décision, de l'orienter, de l'adapter au réel », théorise celui qui n'est alors qu'un simple conseiller du candidat Hollande. Tout est déjà écrit, et Macron semble particulièrement chagriné que la France ait mis à l'écart de l'action politique le parlementarisme : « L'action politique est continue et le débat participe de l'action. C'est la double vertu du parlementarisme et de la démocratie sociale que notre République a encore trop souvent tendance à négliger. »

C'est à cette période qu'Emmanuel Macron rencontre un homme clé au sein du pouvoir français et conseiller des patrons du CAC 40, lui aussi inspecteur des finances : Alain Minc. Un personnage stratégique au sein du capitalisme parisien qu'il ne pouvait évidemment pas louper. Un passage obligé pour tout jeune apprenti. « À l'inspection, il y a des règles. À leur sortie de l'ENA, il est habituel que les plus jeunes inspecteurs des finances viennent voir les plus vieux. C'est dans ce cadre qu'Emmanuel est venu me voir », relativise Minc. Les deux hommes entament alors un compagnonnage qui amènera Emmanuel Macron à pousser les portes de la banque Rothschild[1].

En attendant, un épisode épaissit encore un peu plus le carnet d'adresses du futur ministre de l'Économie. Jeune inspecteur des finances, Macron va devenir chargé de mission auprès du « chef » de l'IGF de l'époque, Jean-Pierre Jouyet, ami de trente ans de François Hollande, et mari de Brigitte Taittinger, dont la famille fait partie du patrimoine

1. Lire le chapitre « Du bizut au poulain Rothschild ».

du capitalisme français. Une occasion unique et, là encore, cruciale. D'autant que le nouvel inspecteur des finances va réussir à tirer un profit maximum de la tournure que prendront les événements. En effet, un an et demi à peine après l'arrivée d'Emmanuel Macron à la « direction » de l'IGF, son patron, Jean-Pierre Jouyet, décide d'accepter la proposition de Nicolas Sarkozy, nouvellement élu à l'Élysée, de devenir secrétaire d'État chargé des Affaires européennes au sein du gouvernement Fillon.

À l'époque, la nouvelle est terrible pour François Hollande. L'ancien premier secrétaire du PS, en pleine traversée du désert, est ébranlé : l'un de ses plus proches compagnons de route, qui avait participé à l'aventure de Jacques Delors, notamment à travers le club Témoin, et l'un des initiateurs de l'appel des Gracques qui préconisaient au cours de la campagne présidentielle de 2007 une alliance PS-UDF, décide de rallier « l'autre rive ». Et pas n'importe laquelle : la droite bling-bling de Sarkozy. Mais si Jouyet passe l'arme à droite, Macron tient bon. Alors que plusieurs équipes ministérielles du gouvernement Fillon le sollicitent pour un poste de conseiller en cabinet, il refuse[1]. Pas question de travailler pour un président qui est loin, selon lui, de proposer au pays la concorde nationale dont il rêve. « Il était déterminé à faire de la politique à gauche », nous confie un de ses amis. Voilà peut-être la raison du lien indéfectible qu'il semble entretenir avec François Hollande[2]…

Jean-Pierre Jouyet nommé au gouvernement de François Fillon, voilà Macron seul, de fait, à la tête de l'Inspection générale des finances ! De simple chargé

1. En avril 2010, en partance pour la Caisse des dépôts, Antoine Gosset-Grainville, alors directeur adjoint de cabinet de François Fillon, proposa ainsi de faire venir Emmanuel Macron pour le remplacer. Mais ce dernier refusa.

2. Lire le chapitre « Le parapluie de Hollande ».

de mission à l'IGF, il en devient quasiment chef… Une situation cocasse. Car, au sein de l'État, personne ne semble se préoccuper de pourvoir le poste vacant. Du moins, la recherche d'un remplaçant prend plus de temps que prévu. Durant six mois, de juillet 2007 à janvier 2008, l'Inspection se retrouve sans chef officiel. Sans patron réel ? Macron assure l'intérim sans qu'on le lui demande, au point que le corps oubliera quelques semaines qu'il avance sans tête : « Il va faire tourner la boutique, il était là à répartir le travail et à piloter le système, comme s'il était déjà le chef de corps », se souvient un inspecteur des finances. « Il fallait oser ! Mais cela démontre chez Emmanuel une capacité à sentir les opportunités, estime un de ses proches. En tout cas, ce fut un moment clé, car cela lui a permis de rencontrer énormément d'inspecteurs des finances. » Et les membres de ce grand corps d'État essaiment partout : dans la haute administration publique, les directions de Bercy, les cabinets ministériels, la Caisse des dépôts, le secteur financier et bancaire, les grandes entreprises du CAC 40. Macron s'est ouvert lui-même les portes du capitalisme français. Sans même attendre le coup de pouce de ses différents parrains en affaires.

Au cours de cette riche période, Emmanuel Macron partage également ses réflexions avec l'historien et politologue Patrick Weil, directeur au CNRS, et spécialiste de l'immigration. Ancien militant socialiste ayant travaillé au CERES de Jean-Pierre Chevènement à la fin des années 1970, il a inspiré la loi Chevènement en 1997 sur la nationalité et l'immigration, après avoir rendu un rapport sur le sujet. Homme aux multiples réseaux (politiques, intellectuels, économiques…), Weil se prend d'affection pour le jeune Emmanuel. Entre 2007 et 2012, Macron devient même le trésorier de l'association Bibliothèques Sans Frontières, dont Patrick Weil est le président fondateur, et dont le but est d'ouvrir des bibliothèques dans les pays en développement. Dès 2009, Macron participe aussi au Club du 6 mai, un club de réflexion organisé par l'historien Patrick Weil et le producteur Pascal Breton. Il y retrouvera également le fabiusien Stéphane Israël. Alors banquier chez Rotshchild, Macron assiste à quelques réunions de ce club politique, qui reçoit tout au long du quinquennat Sarkozy plusieurs responsables de gauche tels que François Hollande, Eva Joly, Cécile Duflot ou Arnaud Montebourg. Et, à la veille de la présidentielle, en janvier 2012, Patrick Weil et sa fine équipe publient, un ouvrage intitulé *80 propositions qui ne coûtent pas 80 milliards*[1]. Dans ce livre dense, aux multiples contributions, Emmanuel Macron écrit en réalité deux articles sous le pseudo Éric Suleimann, présenté comme un… simple « banquier ».

Cette collaboration secrète est riche d'enseignements quant aux multiples positionnements politiques du caméléon. En effet, le jeune banquier développe dans ses deux articles des positions pour le moins « hétérodoxes » sur un plan économique. On est loin de l'IGF et des programmes d'ajustement structurel imposés par Bruxelles…

Le premier texte, coécrit avec Patrick Weil, propose de « cesser de faire supporter le coût de l'assurance maladie et des prestations familiales par le travail ». « Une partie de ces charges qui pèsent sur le travail pourrait être transférée vers la CSG […] aussi payée par les revenus du capital et les retraites », exposent les auteurs. Mais c'est surtout le second article, qu'il signe seul, qui frappe par son volontarisme politique contre la finance. Intitulé sobrement « Deux réformes pour mieux réguler le secteur financier », le texte propose de séparer drastiquement les activités domestiques et spéculatives des banques. À cette lecture, on comprend que l'inspecteur des finances semble militer pour une loi ambitieuse de séparation bancaire, bien

1. *80 propositions qui ne coûtent pas 80* milliards, sous la direction de Patrick Weil, Grasset, 2012, p. 102 et p. 113.

plus ambitieuse que celle qui sera piteusement adoptée lors de la première année du quinquennat Hollande… « Depuis 2008, les gouvernements occidentaux n'ont pas réussi à domestiquer la finance, déplore Suleimann-Macron. […] Le système financier mondial et européen fait toujours courir à nos économies autant de risques. » Et d'ajouter, sans trop d'hésitations : « Il importe désormais de mieux réguler le capitalisme et au premier chef les banques afin de protéger le financement de l'économie et l'épargne. » Fustigeant au passage « la recherche sans limites d'un profit maximal pour les actionnaires » qui a conduit les banques « parfois à contourner ces règles, tout au moins à multiplier les comportements dangereux pour elles-mêmes et pour l'ensemble du secteur financier ». Étonnant.

Sous pseudo, Emmanuel Macron propose, d'abord, de « séparer les activités de banque de détail et de banque d'investissement », de manière « claire » et « progressive », précisant encore : « Ce qu'il faut "séparer" et mettre à part, ce sont les activités d'investissement, de financement risqués, de marché. L'épargne des Français ne doit pas servir à alimenter, le plus souvent à leur insu, la spéculation sur les marchés ou des activités à risque qui permettent certes d'apporter du rendement aux banques et *in fine* à leurs actionnaires mais en prenant des risques considérables […]. Le risque extrême pris par les banques d'investissement, et par voie de conséquence leur vulnérabilité, ne doit pas fragiliser les banques de détail et l'épargne des entreprises et des particuliers. »

Pas dupe des résistances à venir, Emmanuel Macron tacle même le lobbying bancaire : « En France, les banques y sont hostiles car elles souhaitent bénéficier d'une garantie publique indiscriminée. Mais la mission de l'État est de veiller à la stabilité financière et à la protection de l'épargne, pas à la promotion des intérêts des banques. » Une phrase que ne renieraient pas les frondeurs socialistes ou un Jean-Luc Mélenchon.

Deuxième proposition faite par Macron, alias Éric Suleimann : « Imposer un moratoire sur le versement des dividendes en numéraire aux actionnaires pour les banques de la zone euro » et ce durant trois ans, afin d'améliorer la solvabilité des établissements bancaires, et éviter que ceux-ci ne procèdent à leur assainissement par la contraction du crédit. Dans l'esprit du jeune banquier d'affaires, cette solution n'est pas que technique, elle est aussi idéologique, il s'agit d'« envoyer le signal fort que le monde a changé ; le système financier capitaliste ne doit plus pouvoir verser des dividendes par gros temps et l'effort doit être partagé ». Et s'il reconnaît que ces mesures doivent être prises au niveau européen et international, il assure que « la France doit prendre l'initiative ». Bigre ! « L'autorégulation financière a échoué, c'est un nouveau système qu'il nous faut donc inventer. Vite », conclut-il.

Apparemment, François Hollande et son premier ministre des Finances, Pierre Moscovici, n'ont pas lu l'ouvrage de Patrick Weil… Justement, depuis mai 2012, les relations se sont particulièrement distendues entre l'ambigu Macron et lui. Ces derniers mois, n'ayant plus de mots assez durs quant à la présidence de François Hollande, Patrick Weil s'attaquait même régulièrement, au cours de conférences publiques, à la loi portée par son ancien protégé : « On ne s'intéresse pas aux vraies questions. » On ignore s'il a eu l'occasion de le dire les yeux dans les yeux à Éric Suleimann, devenu depuis ministre de l'Économie. Et comment son mentor, Michel Rocard, voit, lui, les louvoiements d'Emmanuel Macron.

Chapitre 6
Les inquiétudes de Michel Rocard

Leur rencontre a été rendue possible par leur ami commun Henry Hermand, l'industriel de la grande distribution. Michel Rocard la date de 2005 : à cette époque, Emmanuel Macron vient de sortir de l'ENA et d'intégrer le prestigieux corps de l'Inspection générale des finances : « J'invite pour notre petit pot un inspecteur des finances comme toi », propose naturellement Henry Hermand à son ami de quarante ans.

Une amitié de ce genre facilite les contacts et consolide les réseaux. N'empêche, il suffira de cette première rencontre pour que Michel Rocard, figure de la « deuxième gauche », adepte des lois du marché, tombe sous le charme d'Emmanuel Macron. Et qu'il devienne, à force de longues discussions et de repas partagés avec leurs femmes respectives, un ami proche, malgré la différence d'âge : « Il est d'une exquise courtoisie et d'une gentillesse rare. En plus d'une forte intelligence, il est capable d'être attentif à l'autre, ce qui est extrêmement rare[1] », nous confie aujourd'hui l'ancien Premier ministre qui, preuve de sa proximité avec le jeune homme, a participé à l'organisation de son mariage avec Brigitte Trogneux. « C'est étonnant cette rencontre avec le jeune Macron, car Rocard n'est pas homme d'habitude à s'attendrir. Il est plutôt difficile d'accès, et pas particulièrement

1. Entretien du 22 mai 2015.

chaleureux », nous confie un ex-rocardien, orphelin de la figure de proue de ce courant du PS désormais dissous.

Entre ces deux « IGF », le coup de foudre intellectuel est pourtant immédiat : « J'estime aujourd'hui que l'économie est allée sur des fausses pistes. La science s'est tout entière trompée. Cela faisait longtemps que j'en avais l'intuition, mais Emmanuel l'a compris si vite ! » s'extasie Michel Rocard. Entre le père bourru de la social-démocratie à la française, qui n'a eu de cesse de choquer la gauche durant près de cinquante ans de vie politique, et le jeune haut fonctionnaire au parcours à la fois conformiste et iconoclaste, le courant ne pouvait que passer… Comme un miroir flatteur pour les deux hommes. Un passage de flambeau ?

En tout cas, comme à son habitude avec ses « petits vieux », Emmanuel Macron se plaît à cultiver cette proximité. Comme une manière de se ressourcer. Voire une leçon de maturité dans un monde en plein bouleversement : « Les règles de la finance ne considèrent que l'économie réelle d'une manière marginale, assure désormais le sage, qui se coule dans les habits de mentor du futur ministre. Prenez la mesure de la croissance via le PIB (Produit intérieur brut) : les déchets, les ordures, et les dégâts ne sont jamais comptés ! Il faut tout repenser ! »

Macron, justement, en est convaincu. Au fil des années, ses relations avec Michel Rocard s'intensifient. Au-delà de leur différence d'âge, ces intellos de la politique se complètent bien : d'un côté Macron a fait ses premiers pas dans l'économie, d'abord comme analyste, via la commission Attali, puis comme acteur de premier plan, via la banque Rothschild. De l'autre, Michel Rocard, un « bricoleur de l'économie », comme il se présente, a constitué son savoir économique « en picorant ici ou là » : « En économie, il est bien plus compétent que moi », confie l'ancien leader politique.

De fait, l'ancien Premier ministre est impressionné par la capacité d'analyse d'Emmanuel Macron, qui, à l'inverse de Rocard, est alors « professionnellement en apprentissage de l'économie ». On sent poindre une certaine admiration de l'ex-homme d'État envers le jeune loup : « Il y a une émotion de voir ce tout jeune comprendre tout ça tout seul. Forcément, ça crée une complicité », confie-t-il.

Les deux hommes se retrouvent en tout cas sur bien des points. Si l'on en croit aujourd'hui Michel Rocard, Macron et lui partageraient une forme de désillusion à l'égard des lois de l'économie, que les dominants et autres technocrates de la globalisation aiment tant présenter aux peuples de tous les continents comme « naturelles ». Autrement dit, à l'entendre, Macron se situerait très loin du néolibéralisme à l'anglo-saxonne, celui de l'école de Chicago, de Milton Friedman, ce vade-mecum facile des années Reagan et Thatcher, à qui on attribue la célèbre sentence : *There Is No Alternative*.

Sous ses airs de ne pas y toucher, Macron serait-il un dangereux révolutionnaire ? « Il est incontestablement à gauche », répond sèchement Michel Rocard, prêt les yeux fermés à accorder à son jeune protégé un brevet de socialisme : « Les 4/5e du PS et les journalistes continuent d'appeler socialisme l'hostilité à l'économie de marché, alors que l'enjeu est plutôt d'instaurer la solidarité dans le cadre de l'économie de marché. » Il ajoute : « Comme moi, Emmanuel est pour une gestion publique de l'économie de marché. Contrairement à Sarkozy et aux capitalistes, il a bien compris que plus on privatise et crée de la liberté, plus le crime peut en profiter. C'est le danger ! » L'autre danger pour Michel Rocard, qui n'hésite plus aujourd'hui à se replonger dans les analyses de Karl Marx, est la multiplication des crises du fait de la dérégulation de la finance. Un sentiment que semble partager Macron : « Emmanuel est moins historien que moi, mais suffisamment puissant intellectuellement pour ne pas s'enfermer dans l'économie », résume-t-il.

Justement, pour le jeune Emmanuel Macron, la « chose publique » n'a rien de virtuel. Et au fil des discussions avec Michel Rocard, il montre de plus en plus d'intérêt pour la carrière politique : « Il était timide au début, mais il a fini par me faire comprendre que la politique l'intéressait », se souvient l'ancien maire de Conflans-Sainte-Honorine. À son grand dam : « T'es pas fou ?! Qu'est-ce que tu vas foutre là-dedans ? » répond-il d'ailleurs au jeune impétrant, lors de leur première conversation à ce sujet : « Je l'ai dissuadé d'aller vers la politique. » Et voilà Rocard le pessimiste démontrant à son optimiste interlocuteur la dégénérescence des élites internationales, empêtrées par le culte de l'image et l'hyper-médiatisation : « La télévision empêche tout accès à la complexité et au temps long », rappelle le vieil homme à l'appui de sa démonstration. Les deux hommes critiquent en tout cas de concert le fonctionnement du système politico-médiatique.

À 85 ans, l'ancien Premier ministre se montre très réservé quant à la capacité d'action réelle des responsables publics. Le « réformisme » qu'il a tant appelé de ses vœux durant quarante ans lui semble désormais incompatible avec les conditions actuelles du débat français. Une inquiétude, là encore, qui résonne aux oreilles de Macron : « Les politiques se sont reconcentrés sur les valeurs, c'est-à-dire sur un rapport beaucoup plus émotionnel aux choses et plus suiviste de l'opinion[1] », regrette ainsi le ministre de l'Économie dans un récent entretien.

Autre proximité intellectuelle entre Macron et Rocard, une vraie distance à l'égard du « modèle français »,

1. Interview dans *Le Un*, *op. cit.*

produit d'une histoire complexe, que l'ancien Premier ministre résume lapidairement : « Un pays maudit, issu d'un mariage du marxisme et du jacobinisme, et héritier de la centralisation impulsée par Henri IV et Louis XIV. » Et de conclure : « Là encore, Emmanuel l'a compris ! »

Tellement compris d'ailleurs, que Macron n'a pas hésité à déclarer dans le même entretien – ce qui n'a pas manqué de susciter polémique et moqueries – que l'inconscient politique français était traversé depuis plus deux siècles par l'absence du roi : « Il y a dans le processus démocratique et dans son fonctionnement un absent. Dans la politique française, cet absent est la figure du roi, dont je pense fondamentalement que le peuple français n'a pas voulu la mort. La Terreur a creusé un vide émotionnel, imaginaire, collectif : le roi n'est plus là ! On a essayé ensuite de réinvestir ce vide, d'y placer d'autres figures : ce sont les moments napoléonien et gaulliste, notamment. Le reste du temps, la démocratie française ne remplit pas l'espace. On le voit bien avec l'interrogation permanente sur la figure présidentielle, qui vaut depuis le départ du général de Gaulle. Après lui, la normalisation de la figure présidentielle a réinstallé un siège vide au cœur de la vie politique. Pourtant, ce qu'on attend du président de la République, c'est qu'il occupe cette fonction. Tout s'est construit sur ce malentendu. » Surprenant !

Contrairement à Michel Rocard, Emmanuel Macron semble s'accommoder de cet inconscient français. Chez lui, esprit critique n'est donc pas synonyme d'abandon du champ de bataille, ou de distance à l'égard du pouvoir. Sa haute conscience de la politique l'amène plutôt à vouloir relever des défis. Un appétit de pouvoir fort éloigné des désillusions de ses grands aînés. Question de génération : ceux qui, comme Rocard, auraient voulu instaurer dès la fin des années 1970 une social-démocratie, fondée sur le modèle rhénan allemand, se sont épuisés au combat politique. À gauche, le cynisme mitterrandien est passé par là. Le « parler-vrai » rocardien n'y a pas survécu. Et si le jeune Macron séduit le vieux Rocard avec d'autant plus de de facilité que, lui, à 37 ans, n'a pas abandonné ses rêves réformistes : « Si l'on est en capacité, grâce à des propositions, d'expliquer vers quelle société on veut aller, c'est-à-dire vers une République plus contractuelle et plus européenne, inscrite dans la mondialisation avec des formes de régulation qui correspondent à la fois à notre histoire et à nos souhaits collectifs, alors on peut mobiliser. »

Dans cette interview accordée à Éric Fottorino, l'ancien directeur de la rédaction du *Monde*, et fondateur du *Un,* publication financée par… son ami Henry Hermand, l'intellectuel Macron affiche sans complexe son ambition de formaliser une philosophie de l'action politique à une époque où l'impuissance des responsables n'est plus à démontrer. Cela lui permet surtout de se distancier intellectuellement, et non politiquement, du « hollandisme » ambiant, cette recherche de l'équilibre à tout prix, ce flou propre à l'ancien premier secrétaire du PS : « À l'inverse, si l'on ne propose rien et qu'on se contente de réagir au fil de l'eau, on se retrouve en situation de faiblesse, tacle ainsi Macron avec diplomatie. Si l'on installe l'idée que toutes les paroles se valent, et si l'action politique se construit uniquement dans les équilibres à trouver entre ces paroles, on tue alors la possibilité d'emmener nos concitoyens vers une destination identifiée. C'est l'immobilisme. »

Un immobilisme tant décrié au début du quinquennat de François Hollande… Lors de la campagne présidentielle de 2012, et dans les mois qui suivent, cet état de fait sera d'ailleurs le principal sujet de discussion entre Emmanuel Macron et Michel Rocard, l'un et l'autre souffrant de « l'inanité de la pensée économique globale », et les deux partageant de nombreuses réserves quant à la pertinence du discours économique du chef de l'État, axé principalement sur des considérations comptables, loin des préoccupations des Français.

Si Michel Rocard, du fait de son expérience et de son âge, se permet alors, dans ses discussions avec Macron, d'ironiser sur le nouveau président socialiste, celui qui est secrétaire général adjoint de l'Élysée espère encore que ce dernier sera capable de faire bouger les lignes. « Il pensait que sa génération éroderait cette tradition, confie Rocard, même si mon destin l'a probablement fait réfléchir. » Chez l'ancien Premier ministre, Emmanuel Macron s'abreuve donc de conseils, mais également d'expérience sur « les mécanismes de pouvoir ». Grâce à Rocard, le jeune IGF se familiarise à l'exercice de l'État. Un exercice bien difficile, mais un passage obligé à ses yeux.

Le jeune homme passe outre les réticences et inquiétudes de Michel Rocard. Cela le démange trop : il doit se confronter au pouvoir, et vite. En 2012, selon plusieurs observateurs, Emmanuel Macron s'est ainsi démené pour devenir secrétaire général adjoint de l'Élysée, ce qui n'était vraiment pas pour plaire à son mentor : « Sur ce point je me moquais un peu de lui, reconnaît l'ancien Premier ministre. Je craignais que ça pollue sa cervelle. Ou sa réputation. Mais il a suffisamment de force pour parer à tout ça. » Dans les années qui ont précédé, Rocard avait d'ailleurs suivi les velléités du jeune Macron à se présenter aux législatives de 2007 dans la région du Touquet : « C'est moi qui ai annoncé son nom à mes vieux copains du Nord-Pas-de-Calais. C'est une terre pas facile, l'une des plus rigides au niveau de la tradition », commente le vieux sage.

Une tradition socialiste qui, en France, n'a jamais fait bon ménage avec le réformisme à la sauce Rocard. Alors

Macron, un néo-rocardien ? Si l'économiste Jean-Hervé Lorenzi, ancien proche du Premier ministre, s'en félicite – « Macron est de cette tradition du parler-vrai » –, Michel Rocard sait bien que son protégé se prépare à d'autres desseins, et qu'il fait déjà partie d'une autre histoire. Raison de plus pour s'éclipser avec discrétion : « Chez les socialistes, mon nom est toujours suspect. Je les ai embêtés bien trop longtemps. Alors j'ai préféré disparaître de l'horizon d'Emmanuel pour ne pas en rajouter et le déranger. Je suis désormais passé au rang d'observateur, mais avec une complicité amicale. » Michel Rocard peut se rassurer : le passage de flambeau d'un certain réformisme est d'ores et déjà assuré[1].

1. Michel Rocard est décédé le 2 juillet 2016.

Chapitre 7
Jacques Attali a dit

Sollicité en mai 2007 par Nicolas Sarkozy, à peine installé à l'Élysée, et François Fillon, fraîchement nommé à Matignon, pour présider une commission sur la croissance économique en France, Jacques Attali a posé une condition : c'est d'accord, mais il tient à être libre de choisir ses rapporteurs, les plumes qui seront chargées d'écrire le rapport officiel. L'hyper-président Sarkozy souhaitait pourtant que les futurs collaborateurs de ce conclave soient puisés dans son équipe élyséenne… une manière peu subtile d'en contrôler le contenu. Devant l'inflexibilité de l'ancien conseiller spécial de Mitterrand, Sarkozy cède.

Le casting commence donc. « On fait comment ? » demande Claude Guéant, secrétaire général de l'Élysée. Jacques Attali lui suggère alors de dénicher les perles rares au sein des grands corps de hauts fonctionnaires de la République, afin de les tester dans un premier temps. Voilà comment ce dernier tombe sur les CV des énarques Josseline de Clausade et Emmanuel Macron : « Je ne les connaissais pas, nous précise-t-il. Je les ai trouvés très bien. Ils ont travaillé en tandem avec moi[1]. » Durant les huit mois de travaux de la première commission – de juin 2007 à janvier 2008 –, les petits prodiges sont embauchés comme rapporteurs, Josseline de Clausade sur

1. Entretien du 20 juillet 2015.

les questions sociales et institutionnelles, et Emmanuel Macron, pour l'économie. « Mais j'ai trouvé Emmanuel tellement remarquable que j'ai proposé qu'il devienne membre de la commission lors de sa deuxième édition », poursuit Attali. Le futur ministre est alors nommé, à l'instar des autres « sages », par un décret du président Sarkozy.

« Ce fut un moment de grâce ! Une liberté totale ! s'exclame encore aujourd'hui Jacques Attali. Il y avait des hauts fonctionnaires ou des chefs d'entreprise français, mais aussi des intervenants étrangers de haut niveau. » La commission première édition compte en effet quarante-deux membres, tous choisis par lui. Parmi eux, l'avocat d'affaires Jean-Michel Darrois (qui défend par ailleurs ses intérêts de justiciable), les patrons Claude Bébéar (Axa), Peter Brabeck (Nestlé), Xavier Fontanet (Essilor), Anne Lauvergeon (Areva), Serge Weinberg (Weinberg Capital Partners), les banquiers Stéphane Boujnah (Banco Santander France) et René Carron (Crédit Agricole), l'ancien commissaire européen Mario Monti, l'ancien directeur du Trésor, François Villeroy de Galhau, l'écrivain Erik Orsenna, les journalistes Éric Le Boucher et Yves de Kerdrel, le démographe et historien Hervé Le Bras, les économistes Philippe Aghion et Christian de Boissieu.

« Un zoo de grands fauves », s'amuse aujourd'hui l'un des membres. « C'étaient des gens très différents, des patrons, des syndicalistes, des universitaires, des anciens hauts fonctionnaires, très patriotes, très engagés. Nous avions tous une extrême volonté de travailler ensemble, et nous étions déterminés à définir une sorte de compromis entre le capital et le travail », se souvient avec satisfaction Stéphane Boujnah[1]. Et au milieu de ces grands fauves, Macron, à peine 29 ans, va se retrouver comme un poisson dans l'eau. « C'est à la commission Attali

1. Entretien du 2 septembre 2015.

qu'Emmanuel Macron a bluffé tout le monde, constate un observateur du capitalisme français. C'est rare qu'Attali, qui a une haute opinion de lui-même, dise de quelqu'un qu'il est formidable ! »

Cette commission commandée par Nicolas Sarkozy en son début de mandat est alors censée donner une feuille de route économique au gouvernement Fillon. Avec un postulat de départ : créer les conditions d'une croissance vigoureuse en France en développant la concurrence économique. Dans l'introduction du rapport final de la commission, Jacques Attali se met à rêver tout haut : « Ceci n'est ni un rapport, ni une étude, mais un mode d'emploi pour des réformes urgentes et fondatrices [...]. C'est un ensemble cohérent, dont chaque pièce est articulée avec les autres, dont chaque élément constitue la clé de la réussite du tout. » Le rêve des commissaires européens de Bruxelles serait-il en passe de se réaliser dans un pays aussi jacobin et étatiste que la France ? Les trois cent seize propositions finales de la commission sont en tout cas mises sur la table tout début 2008, alors que la crise financière et économique commence à poindre le bout de son nez aux États-Unis.

Parmi les mesures préconisées, la baisse des cotisations sociales, compensée par une hausse de la CSG et de la TVA, l'instauration de « fonds de pension à la française », la réduction de la fiscalité qui pèse sur le secteur de la finance. Mais également la réduction de l'administration – en permettant que des missions de service public soient confiées à des « agences » autonomes, en dehors du statut de la fonction publique –, la suppression des départements, la réduction du nombre de communes. Concernant les professions réglementées, la commission propose déjà d'en finir avec les *numerus clausus* qui limitent le nombre de pharmaciens, de notaires, d'huissiers, de taxis... Autres suggestions en vrac : lever les freins à l'ouverture de nouvelles surfaces commerciales, doubler les effectifs des grandes écoles d'ingénieurs, tout en supprimant l'emploi à vie des chercheurs et en créant dix pôles d'excellence universitaire largement financés par le privé.

Bref, un pot-pourri de mesures néolibérales contrebalancées par certains « gains ». Comme a pu le dire par le passé Ségolène Royal, dans l'esprit de Jacques Attali et de ses amis, c'est du « gagnant, gagnant ». En matière d'éducation, la commission insiste ainsi sur la nécessité de permettre à tous les enfants d'accéder aux compétences de base, et donc d'évaluer les enseignants sur la qualité du suivi des élèves en difficulté. Et en matière d'emploi : si la commission propose de faciliter les licenciements économiques, elle préconise de mieux rémunérer les chômeurs en formation. Le rapport de la commission Attali se dit pourtant « non partisan ». Au nom de la « réforme », l'opposition droite-gauche s'efface…

« On a cru qu'ils allaient faire ce qu'on proposait, se rappelle Jacques Attali. Ça a créé des relations très intenses. » « Ce n'était pas le conseil de la Résistance de 1944, mais ce fut un moment d'une grande créativité », renchérit Stéphane Boujnah. Rien que ça ! Au final, Nicolas Sarkozy laissera la plupart des mesures dans un tiroir… « Le rapport Attali était hors du temps, mais il posait de nombreuses questions sur la politique de l'offre, estime alors le député socialiste Pierre-Alain Muet, qui fut le conseiller économique du Premier ministre Lionel Jospin. Car c'est en haut de cycle qu'il faut régler les questions budgétaires, et muscler l'offre[1]. »

Les séances de la commission se déroulent sur un rythme soutenu : une à deux réunions plénières par semaine. Les « sages » se réunissent dans une salle de

1. Entretien en septembre 2014.

travail prêtée pour l'occasion au Sénat. Pas moins de quatre cent cinquante auditions d'acteurs du monde économique et social, français ou étrangers, sont également organisées. Plusieurs groupes de travail se répartissent les thématiques abordées. Pour mettre en musique tous ces échanges, le rôle des chefs de gare est crucial : « Les grandes orientations et les arbitrages, c'était Attali, Emmanuel était un peu le "syndic" de la commission », remarque un ancien membre. « Son rôle a été d'écrire des textes remarquables. Je m'occupais de la synthèse », nous expose de son côté Jacques Attali.

Mais selon plusieurs membres de la commission, Emmanuel Macron ne s'est pas cantonné à un simple rôle de rédacteur. Si Serge Weinberg, aujourd'hui président de Sanofi-Aventis, et devenu depuis ami du futur ministre, explique que le jeune homme est alors la « cheville ouvrière de la rédaction du rapport », il tient à préciser : « Il a souvent été un catalyseur[1]. » Sa bonne humeur était communicative, et a permis d'installer une bonne ambiance de travail entre des membres aux ego bien charpentés et installés à des postes de pouvoir. Au point que l'assiduité aux réunions était exceptionnelle pour ce genre de commission. Même les intervenants étrangers essayaient de n'en manquer aucune.

« Personne ne connaissait Emmanuel. Très vite, il est apparu comme absolument central dans la pièce, assure Serge Weinberg. Il est devenu l'interlocuteur très aisé de cette commission. » Ce que nous confirme Pierre Ferracci, patron du cabinet de consultants Secafi-Alpha : « Il était la doublure de Jacques Attali. Il servait souvent de tampon[2]. » En *off*, d'autres membres sont plus directs : « Là où Jacques Attali était brutal, Emmanuel Macron cherchait le compromis » ; « Emmanuel était moins autoritaire

1. Entretien du 25 juin 2015.
2. Entretien en octobre 2014.

qu'Attali, plus amical. Il arrivait à résumer les idées, et à en faire surgir de nouvelles. » Comme à son habitude, Emmanuel Macron réussit donc à élargir ses prérogatives de départ. De simple rédacteur, il est passé à un rôle de médiateur. Voire de négociateur…

Face à un Jacques Attali impérial, les membres de la commission préfèrent souvent se confier à Macron quand des blocages surgissent. Son souci de tempérer les débats, d'intégrer les points de vue des uns et des autres, de concilier les contraires est particulièrement apprécié par l'ensemble des participants : « Il respectait chacun, il n'imposait pas ses convictions », remarque l'un d'entre eux. Un vrai « assembleur », capable de passer de cas particuliers aux synthèses générales en peu de temps, dans un mouvement de va-et-vient permanent : « Son spectre était très large, admire Serge Weinberg. Il pouvait avoir des réflexions conceptuelles, mais ne négligeait pas d'entrer dans les dispositifs techniques. Il passait rapidement du grand angle au microscope, ce qui lui permettait de resituer des mesures dans un cadre plus large. » Cette grande facilité d'analyse lui permet de traduire à l'écrit l'esprit des réunions, même si parfois « les textes ne ressemblaient pas exactement à ce que nous avions dit. Il y avait pas mal d'ajustements », s'amuse un ancien membre. Des ajustements pour aboutir à des compromis acceptables par l'ensemble de la commission : « Il était capable de trouver le bon centre de gravité », remarque un autre. À écouter ces anciens participants de la commission, Emmanuel Macron aurait eu un rôle quasiment à la hauteur de celui de Jacques Attali… Ce qui provoque une certaine irritation aujourd'hui chez l'ancien « président » de la commission : « Son rôle a été d'écrire », nous répond-il sèchement.

En réalité, Jacques Attali s'est fixé une règle très difficile à respecter : sur chaque proposition, il veut l'unanimité des quarante-deux membres de la commission. C'est ainsi qu'Emmanuel Macron a pris l'initiative de mettre du « liant » entre tous. « Macron avait l'art d'aller voir les gens pour aboutir à des compromis. Sous ses fonctions de rapporteur perçait déjà son destin de banquier conseil », témoigne le journaliste Yves de Kerdrel[1]. Un travail de diplomate, de petits pas. Mais aussi une facilité pour obtenir des deals : « En gros, il venait te voir en disant : "Tu gobes cette couleuvre, et j'irai voir Untel pour obtenir ce que tu veux imposer, et chacun sera gagnant". » Une manière de jouer des contraires pour trouver une solution. Après l'art de la synthèse à la Hollande, l'art du compromis façon Macron ?

C'est ainsi que le jeune rapporteur se permet de mettre sur la table un sujet hautement explosif politiquement : la suppression de l'impôt sur la fortune (ISF). Y compris au sein d'une commission particulièrement *mainstream* et pétrie de « pensée unique », la suppression d'une telle mesure symbolique est loin d'être acquise… Et pourtant, Macron réussit à convaincre les membres de troquer l'ISF contre une augmentation des droits de succession. Au lieu de taxer les riches, il propose plutôt de taxer les héritiers bien dotés. Mais cette proposition ne sera pas inscrite dans le rapport final par Attali. Et pour cause : quelques semaines après son accession au pouvoir, Nicolas Sarkozy décide de baisser les droits de succession… pour le plus grand bonheur de son électorat, cette bourgeoisie patrimoniale qui reste le socle principal du capitalisme à la française.

À force de prendre des initiatives de ce genre, Emmanuel Macron finit par se faire remarquer par la plupart des membres de la commission, qui n'ont pourtant pas l'habitude de se laisser éblouir par le premier venu.

1. Entretien en septembre 2014. Depuis l'époque de la commission, Yves de Kerdrel, en plus d'être éditorialiste au *Figaro*, est devenu le patron de *Valeurs actuelles*.

« Son expérience à la commission Attali lui a permis d'ouvrir d'un coup les portes du capitalisme à la française ! Ce fut pour lui un formidable accélérateur de son carnet d'adresses », s'enthousiasme l'un de ses amis. Et c'est peu dire, au vu de l'endogamie générale qui caractérise le capitalisme à la française. Mieux qu'un carnet d'adresses, Macron obtient même l'estime de ceux qui vont bientôt devenir ses « pairs ». Comme l'avocat d'affaires le plus puissant de la place de Paris, Jean-Michel Darrois, par ailleurs fidèle ami de Laurent Fabius : « On est très vite devenu copains. Il exerce un charme particulier sur les vieux messieurs. On se dit qu'on aimerait avoir un fils comme ça[1] », confie Darrois.

Rapidement, les deux hommes se voient en dehors de la commission Attali. Ils partagent, avec leurs femmes respectives, des week-ends à la campagne. Durant les mois de travail en commun, Darrois travaille sur trois sujets : les *class actions*, les professions réglementées et les risques de crise économique. On est quelques mois avant le krach de 2008 et la chute de la banque américaine Lehman Brothers. L'avocat d'affaires est inquiet. Il est l'un des rares, dans les rangs de la commission, à émettre des réserves quant à la stabilité future du système économique. Dans une certaine indifférence, il faut bien le reconnaître. Darrois se confie également à un autre membre de la commission, Jean-Pierre Landau, à l'époque second gouverneur de la Banque de France. Les signaux de la crise des *subprimes* outre-Atlantique commencent pourtant à se multiplier. Mais ce qui inquiète le plus l'avocat, c'est le système court-termiste qui s'est imposé dans la finance mondiale : « Je me souviens avoir pris la parole une vingtaine de minutes à ce sujet, raconte Jean-Michel Darrois. Mais les autres participants ne semblaient pas avoir perçu l'urgence du moment…

1. Entretien du 9 juillet 2015.

Seul Emmanuel semblait sensible à mes arguments. » À tel point que ce dernier réussira à imposer quelques lignes sur les risques de crise à venir dans le rapport final : « Sous leur forme actuelle, les normes comptables et prudentielles contribuent à aggraver les crises financières en amplifiant la volatilité des cycles, et en privilégiant une logique de court terme qui peut devenir une source systémique de fragilité financière[1]. »

Jean-Michel Darrois est en tout cas impressionné par la capacité de travail du jeune rapporteur adjoint de la commission : « Il a une puissance de travail phénoménale qu'il ne montre pas, on a toujours l'impression qu'il est cool. » L'année suivante, en 2008, l'avocat d'affaires demandera d'ailleurs à Emmanuel Macron d'intégrer, comme co-rapporteur, la commission sur l'avenir des professions du droit, que Darrois préside à la demande de Nicolas Sarkozy. À cette occasion – un rapport sera publié en mars 2009 –, Emmanuel Macron travaille avec un autre rapporteur, dont le profil est politiquement plus « coloré » : Christophe Ingrain, à l'époque conseiller technique juridique de Nicolas Sarkozy à l'Élysée[2]. Cette expérience permettra également à Macron de se rapprocher de différents membres de cette « autre » commission, notamment de Hans Peter Frick, directeur des services juridiques de Nestlé, une relation qu'il mettra à profit une fois devenu banquier d'affaires chez Rothschild[3]. Il se lie également d'amitié avec Henri Nallet, ancien ministre socialiste de l'Agri-

1. *Rapport de la Commission pour la libération de la croissance française*, p. 216.

2. Christophe Ingrain est depuis devenu avocat dans le cabinet de Jean-Michel Darrois. Il est notamment le conseil de Guillaume Lambert, l'ancien directeur de campagne de Nicolas Sarkozy en 2012, mis en examen dans le cadre de « l'affaire Bygmalion ».

3. Lire le chapitre « Du bizut au poulain Rothschild ».

culture de son ami Michel Rocard puis ministre de la Justice, et aujourd'hui vice-président de la Fondation Jean-Jaurès, proche du PS[1]…

Décidément, le réseau d'Emmanuel Macron s'étend au fur et à mesure de ses pérégrinations. Dès la commission Attali, il sait que le « faire savoir » est, dans notre société de l'image, tout aussi important, voire plus, que le « savoir-faire ». Au sein de la commission Attali, il va ainsi se rapprocher des deux membres qui sont journalistes, Yves de Kerdrel (*Le Figaro*, *Valeurs actuelles*) et Éric Le Boucher (*Le Monde* puis *Les Enjeux-Les Échos*). Des profils bien éloignés du PS… Mais qui peuvent lui être utiles : « Il sait driver sa carrière, son image », remarque justement un de ses proches. Il va aussi se rapprocher du romancier Erik Orsenna, ancienne plume de François Mitterrand, et du banquier strauss-kahnien Stéphane Boujnah, ex-directeur de la filiale française de la Deutsche Bank, puis de la Banco Santander, avant d'être nommé en septembre 2015 grand patron d'Euronext, le réseau des Bourses européennes qui regroupe celles d'Amsterdam, Bruxelles, Paris et Lisbonne.

Stéphane Boujnah a un profil particulier : « patron de gauche », il fut l'un des co-fondateurs de SOS Racisme et a fondé un *think tank* appelé En Temps Réel, dont Emmanuel Macron a rejoint le conseil d'administration. Il y côtoie le journaliste Laurent Joffrin (*Libération*), l'éditeur Olivier Nora (Grasset, Fayard), mais aussi le

1. Entre juin 1997 et décembre 2008, Henri Nallet est employé par le groupe Servier. D'abord comme directeur du développement international, puis directeur général des affaires extérieures et communication, avant d'être chargé des affaires européennes et, enfin, conseiller du président Jacques Servier. À ce titre, il est entendu comme témoin assisté dans l'affaire du Mediator. « L'ex-ministre Henri Nallet épinglé par les victimes du Mediator », *La Croix*, 20 juillet 2015.

patron de médias Denis Olivennes (Lagardère Active). Parmi les membres du conseil d'orientation de ce *think tank*, on trouve Pascal Lamy, l'ancien directeur général de l'OMC, Nicole Notat, l'ex-secrétaire générale de la CFDT, Marcel Gauchet, rédacteur en chef de la revue *Le Débat*, Jean Pisani-Ferry, le directeur du Bruegel, un cercle de réflexion européen, ou encore François Villeroy de Galhau, ancien de BNP Paribas, et directeur de cabinet de Dominique Strauss-Kahn à Bercy, qui sera nommé par François Hollande gouverneur de la Banque de France.

Guère étonnant si c'est lors d'un colloque d'En Temps Réel que le ministre Macron lâche en *off*, en septembre 2015, que le statut de fonctionnaire n'est plus « adéquat » ni « justifié » et mérite une révision – proposition déjà mise sur la table par la commission Attali à travers la proposition des « agences » autonomes pour répondre aux missions de service public –, ce qui ne manque pas de susciter la polémique et l'ire des responsables socialistes.

Voilà en tout cas peut-être pourquoi Emmanuel Macron, comme d'ailleurs son homologue Fleur Pellerin, intègre, en juillet 2012, les rangs des *Young Leaders* de la French American Foundation, une association qui promeut les jeunes talents français outre-Atlantique et qui développe les liens avec les États-Unis. Au printemps 2014, ces mêmes ministres participeront à la réunion annuelle du groupe Bilderberg organisée pour l'occasion à Copenhague. Oubliée la commission Attali ! Le rapporteur adjoint devenu ministre fréquente désormais les cénacles les plus puissants de ce monde globalisé. Une histoire de « statut » peut-être ? Depuis qu'il est ministre, le jeune Macron semble avoir pris son indépendance à l'égard de son ancien mentor Jacques Attali… à qui il a fait comprendre qu'il n'a plus aujourd'hui à suivre ses conseils au pied de la lettre. D'ailleurs, il va rapidement s'éloigner des coulisses des commissions pour être admis dans le milieu feutré de la très haute finance : la banque Rothschild.

Chapitre 8

Du bizut au poulain Rothschild

« Vous avez du patrimoine ? » La question est d'Alain Minc, le conseiller des grands patrons du CAC 40. « Non, lui répond Emmanuel Macron. – Eh bien, constituez-en un », réplique Minc[1], suggérant alors à son protégé d'entrer chez Rothschild. Une maison où peuvent se faire de belles fortunes…

Cet échange a lieu peu de temps après la première commission Attali. Depuis, le jeune ambitieux est marqué au fer rouge par son passage dans la banque d'affaires. Il assume. Quand il s'adresse à la presse américaine, Macron ne prend pas de pincettes pour décrire son ancien métier de banquier : « D'une certaine manière, on est comme une prostituée. Le boulot, c'est de séduire », lâche-t-il, sans gêne, aux journalistes du *Wall Street Journal* venus portraiturer le ministre de l'Économie en début d'année 2015[2]. Mais en France, c'est plus difficile : Macron sait bien que l'image de banquier riche à millions colle à ses mocassins. Pour ne rien arranger, Rothschild, banque du pouvoir par excellence, est un symbole pour la gauche : l'établissement fut nationalisé en 1982 par le gouvernement socialiste de Pierre Mauroy. Il est alors facile pour ses détracteurs – et ils sont nombreux – de qualifier

1. Entretien du 28 mai 2015.
2. « France's Hollande Casts Fate With Ex-Banker Macron », *The Wall Street Journal*, 8 mars 2015.

Macron de « salaud de banquier ». Un épouvantail idéal en ces temps de crise. Pour les élus de gauche comme de droite, de quoi disqualifier le jeune impétrant.

Alors quand l'ancien collaborateur de François Hollande prend ses fonctions à Bercy, en cette fin du mois d'août 2014, il n'hésite pas à ironiser sur son passage à Rothschild, se qualifiant lui-même de « salopard de banquier ultra-libéral[1] ». Lui-même n'est pas tendre avec ce milieu de la grande banque : « Le métier de banquier d'affaires n'est pas très intellectuel », explique-t-il, alors banquier, à la journaliste Martine Orange[2]. « Le mimétisme du milieu sert de guide. » Un mimétisme qui conduira Rothschild, comme d'autres acteurs du monde de la finance, à connaître un moment difficile durant la crise de 2008.

C'est justement cette année-là qu'Emmanuel Macron décide d'opter pour la banque d'affaires. Tout juste libéré de la commission Attali, le jeune inspecteur des finances, qui s'est frotté durant plusieurs mois à de grands noms du capitalisme, n'a guère envie de retrouver le champ austère de la grande administration. En plein quinquennat Sarkozy, il ne se voit pas non plus devenir conseiller dans un cabinet ministériel. Alors, que faire ? Pour y voir plus clair, il multiplie les contacts. Et, comme à sa sortie de l'ENA[3], quelques années auparavant, il se met en quête, méthodiquement, de la meilleure voie à suivre, recueillant ici et là les conseils les plus avisés. Certains de nos interlocuteurs se souviennent de son désir de s'investir en politique. C'est le cas du communicant Gilles Finchelstein : « Il se demandait quel était le meilleur chemin pour faire de la politique : devait-il commencer à trouver une circonscription, ou passer par un cabinet ? Ou

1. *Le Nouvel Observateur*, 4 septembre 2014.

2. Martine Orange, *Rothschild, une banque au pouvoir*, Albin Michel, 2012.

3. Lire le chapitre « Pérégrinations politiques avant décollage ».

encore acquérir son indépendance financière[1] ? » L'avocat Jean-Michel Darrois a le même souvenir d'un Macron en plein questionnement : « Je lui ai dit que pour faire de la politique, il fallait être autonome. Qu'une carrière dans le privé, cela pouvait être une bonne chose avec l'intention de faire de la politique après. J'ai donc eu le sentiment que son expérience chez Rothschild était un passage provisoire. » Et si la banque était une manière de s'assurer un avenir ? L'idée chemine chez l'intéressé…

D'autres interlocuteurs, au contraire, pointent son intérêt pour le privé : « Emmanuel Macron voulait se changer les idées », assure ainsi l'ancien PDG d'Essilor, Xavier Fontanet, que le futur ministre rencontre au cours des travaux de la commission Attali[2]. Le grand patron, aujourd'hui retraité, le pousse alors à s'investir dans une entreprise, une vraie : « Je lui avais conseillé d'intégrer une PME durant cinq ans, pour qu'il ressente ce qu'est une prise de risque, car trop peu de hauts fonctionnaires perçoivent ce qu'est une boîte… Tant que vous n'avez pas été patron, responsable des ventes, des comptes, vous ne pouvez pas comprendre l'entreprise. » Fontanet évoque aussi deux autres possibilités offertes à Emmanuel Macron : soit s'orienter vers un cabinet de conseil[3], soit entrer dans une banque d'affaires : « La banque d'affaires, c'est facile, mais tu seras plutôt dans la haute finance que dans une PME », lui précise Xavier Fontanet. Après plusieurs prises de contact, Macron, comme bien d'autres inspecteurs des finances avant lui, choisira le secteur financier : « N'ayant ni la vocation ni l'envie de m'engager dans l'industrie ou une structure particulière, je me suis orienté vers la finance. Celle-ci me paraissait plus libre et plus entrepreneuriale que d'autres

1. Entretien du 16 juin 2015.
2. Entretien en septembre 2014.
3. Xavier Fontanet avait justement commencé sa carrière dans un cabinet de conseil, le Boston Consulting Group.

secteurs », assure-t-il avec son aplomb coutumier en 2010 devant des étudiants de Sciences Po venus interviewer le « grand frère[1] ». À l'époque, Emmanuel Macron sollicite plusieurs grandes banques de la place parisienne, notamment l'antenne de la Deutsche Bank où son ami Stéphane Boujnah travaille alors.

Le futur ministre ne connaît pas encore le métier spécifique de « banquier d'affaires ». Loin de l'image du trader, que le grand public a souvent en tête quand on évoque le monde de la finance, ce dernier n'a rien du personnage survolté achetant ou vendant frénétiquement des positions dans une salle de marché. C'est au contraire un habitué des salons feutrés, des conciliabules et des pourparlers discrets, tour à tour intermédiaire, conseiller et négociateur. Le job d'un banquier d'affaires est de constituer des deals entre grands groupes mondiaux ou investisseurs mondiaux, à coups de milliards d'actions. Les deux principales activités sont la « fusion-acquisition » (« M&A », pour *mergers and acquisitions* en anglais) et le « capital-investissement » (le *private equity*)[2]. Un banquier d'affaires passe donc sa vie à conseiller les groupes sur les grandes opérations de fusion-acquisition, les optimisations fiscales, les synergies…

Ils sont plusieurs à lui conseiller de s'orienter vers ce secteur, et en particulier de toquer à la porte de Rothschild & Cie à Paris. D'abord son ami Serge Weinberg, le patron du groupe pharmaceutique Sanofi-Aventis, à l'époque administrateur de la banque Rothschild : « L'idée d'entrer dans une administration ne le passionnait pas.

1. *Rue Saint-Guillaume*, n° 58, avril 2010.

2. Le « capital-investissement » est une activité financière consistant, pour un investisseur, à entrer au capital de sociétés qui ont besoin de capitaux propres. Le terme de capital-investissement concerne généralement l'investissement dans des sociétés non cotées en Bourse.

Moi j'évoque alors la banque d'affaires. Pas spécialement pour des raisons financières, mais parce que c'est un métier généraliste, très divers sur un plan intellectuel, et que ça ne l'enfermait pas dans une orientation particulière. C'est un métier qui comporte une certaine créativité, fondée sur le sens du relationnel, et qui permet une ouverture sur le monde. Rothschild ne fait pas que des opérations franco-françaises[1]... »

L'évidence s'impose au jeune homme de 30 ans. En moins d'une semaine, les coups de fil s'enchaînent chez Rothschild pour « recommander » le talentueux Emmanuel Macron. Weinberg appelle directement David de Rothschild. Fontanet contacte, de son côté, le directeur général de la banque, son ami Olivier Pécoux, par ailleurs administrateur du groupe Essilor. Darrois et Minc y vont également de leurs appels respectifs. « La qualité des personnes qui nous appelaient nous a convaincus de recevoir Emmanuel », se souvient Olivier Pécoux[2]. Ils sont donc plusieurs autour du berceau...

Très rapidement, le postulant enchaîne les entretiens avenue de Messine, à deux pas du parc Monceau, dans le triangle d'or du VIIIe arrondissement. Derrière les façades haussmanniennes discrètes et imposantes de ces avenues vides bordées d'arbres, on trouve, dans ce quartier, l'autre grande banque d'affaires de Paris, Lazard, mais aussi les bureaux de multiples sociétés ou ambassades. Après la nationalisation de 1982[3], Rothschild & Cie a été recréée parallèlement, quasiment à partir de rien, par David de

1. Entretien du 25 juin 2015.
2. Entretien du 14 septembre 2015.
3. La banque Rothschild des origines, nationalisée en 1982, a été revendue en 1991 à la Barclays. Rothschild & Cie a également une activité de banque privée, en concurrence avec la banque privée Edmond de Rothschild, une branche cousine de la famille.

Rothschild. Vingt-cinq ans plus tard, la petite « boutique » s'est muée en leader européen du conseil financier : la banque est présente dans quarante pays et compte deux mille huit cents collaborateurs. Au siège de Paris, la branche conseil regroupe environ cent cinquante banquiers.

À 72 ans, David de Rothschild prépare sa succession avec son fils Alexandre, 34 ans. « David est très paternaliste, il aime l'idée d'une banque familiale, où l'esprit reste consensuel entre les différents collaborateurs », assure un cadre de l'établissement. La réalité est pourtant quelque peu différente. La vingtaine « d'associés-gérants », présentés parfois comme les « seigneurs » de la banque, se partagent une petite partie du capital, même s'ils contrôlent l'attribution – stratégique – des différents clients.

Chez Rothschild, l'ambiance est assez guindée, conventionnelle, masculine également. Un lieu féroce, où toutes les concurrences s'expriment et s'entrechoquent : « Une banque d'affaires est une addition d'individualités », remarque un banquier parisien. Un lieu qui favorise les ambitions, et donc les médisances, les jalousies, « les fausses amitiés ». Mais aussi les rapprochements entre clans en fonction des affinités des uns et des autres. Une grande « famille »…

Habituellement, la banque recrute dans trois « viviers ». « On s'intéresse plus aux personnes qu'aux cursus, précise Olivier Pécoux. On ne cherche pas des clones, mais plutôt des gens qui savent se différencier. » Des jeunes d'une vingtaine d'années issus de prestigieuses écoles de commerce et d'ingénieurs par exemple, qui commencent en bas de l'échelle, comme analystes ou fondés de pouvoir. Lesquels considèrent souvent la banque d'affaires comme un tremplin possible vers d'autres responsabilités et opportunités : « C'est un job qui leur permet de pouvoir se faire remarquer rapidement, confie un banquier. Par leurs missions dans la banque d'affaires, ils peuvent avoir une très forte exposition aux différents décisionnaires du monde économique. »

Depuis sa re-création, Rothschild a toujours veillé à recruter des banquiers expérimentés, comme Jean-Claude Meyer, issu de la maison concurrente, Lazard. Mais aussi quelques hauts fonctionnaires et d'anciens conseillers ministériels. C'est le cas de grands noms de la banque comme François Henrot (ENA, Cour des comptes), Gérard Worms (X-Mines, ancien conseiller du Premier ministre Jacques Chaban-Delmas) ou, plus récemment, de François Pérol[1] (ENA, HEC, IGF, ancien conseiller de Francis Mer puis de Nicolas Sarkozy), Nicolas Bonnault (X-Ponts, Trésor), ou même, dernière recrue, Nadia Feraoun-Bouzigues, du corps des Mines et de l'École normale supérieure, ancienne conseillère… d'Arnaud Montebourg. « Chaque banque recrute des gens qui ont été de l'autre côté du miroir, et qui ont eu accès à des situations, à des informations à la tête de l'État. Ce n'est pas uniquement le carnet d'adresses qui est recherché. Emmanuel a un profil différent, car il n'était pas au Trésor, et ne s'occupait pas des participations de l'État », analyse un banquier parisien. Certes, mais il a joué un rôle clé dans la commission Attali, où il a pu approcher très directement à la fois les pouvoirs politique et économique. « Emmanuel est une synthèse assez unique du secteur public et du secteur privé », remarque d'ailleurs Olivier Pécoux. « J'ai eu de la chance, reconnaît Macron lui-même. J'avais un parcours très peu intelligible. Personne ne pouvait le comprendre ailleurs que chez Rothschild[2]. »

1. François Pérol est désormais président du groupe BPCE, ce qui n'a pas manqué de susciter la polémique après son passage comme secrétaire général adjoint de l'Élysée sous Nicolas Sarkozy… Une enquête judiciaire ouverte à Paris s'est finalement soldée par sa relaxe.

2. Martine Orange, *Rothschild, une banque au pouvoir*, *op. cit.*

Et cette « synthèse » séduit immédiatement dans ce haut lieu de la finance. « On s'est vite décidés ! » se rappelle Pécoux. Emmanuel Macron réussit brillamment ses entretiens avec David de Rothschild et François Henrot. Et le jeune inspecteur des finances, fort de ses multiples recommandations, est bombardé « gérant » à 30 ans. Il est engagé en septembre 2008… à peine dix jours avant la chute de la banque américaine Lehman Brothers qui entraîne l'une des plus graves crises financières de l'histoire.

« Il s'est très vite intégré », assure Olivier Pécoux, qui fut chargé par David de Rothschild de guider Macron au sein de la banque. « Durant les premiers mois, il a accepté de recevoir une explication complète et globale sur le métier de banquier d'affaires. Il l'a fait avec une grande humilité. Il a compris que c'était important de passer par là. On s'est également assuré qu'il avait accès à un certain nombre de comptes. » C'est ainsi qu'en 2010, Emmanuel Macron travaille avec Olivier Pécoux et ses équipes sur le rachat par le groupe français ATOS, spécialisé dans les systèmes informatiques, de la branche informatique de l'allemand Siemens : « Il s'agissait de mettre Emmanuel dans différentes situations. Et là, c'était un deal complexe, une grande transaction, avec des sociétés cotées. »

Mais le principal soutien interne de Macron reste François Henrot, l'une des figures de Rothschild. Entre eux, se noue très vite une relation particulière. Le grand banquier prend le nouveau venu sous son aile : « Emmanuel, c'est mon bébé », confie-t-il à ses proches. Selon un banquier de la « maison », ce serait même François Henrot qui aurait repéré en premier son talent… Bien avant les nombreux appels reçus par la banque. « François préfère rester dans l'ombre, mais c'est un dénicheur de talents exceptionnel. Un grand banquier. Une légende. C'est lui qui amène Macron chez Rothschild », souffle ce proche.

Henrot arrive à la banque en 1997 et devient rapidement le banquier le plus puissant de la « maison », s'imposant dans les faits comme le bras droit de David de Rothschild. Mais, peu de temps après le recrutement d'Emmanuel Macron, l'homme perd en influence. « Il est un peu en perte de vitesse, et a donc intérêt à soutenir des gens brillants du type d'Emmanuel », ironise un confrère. Mais si le contact passe aussi vite entre Macron et Henrot, c'est que les deux hommes ont des centres d'intérêt partagés. François Henrot est un esthète, un intellectuel – profil peu commun dans le monde de la haute finance. Né dans une famille de médecins (autre point commun avec Macron), il est membre de l'association pour le rayonnement de l'Opéra de Paris, et a été président du conseil d'administration de l'École supérieure des arts décoratifs. Le banquier s'intéresse ainsi au théâtre et aux beaux-arts, et a même publié un ouvrage intitulé *Le Banquier et le Philosophe*[1], dans lequel il dialoguait avec Roger-Pol Droit (qu'il a connu au lycée Louis-le-Grand) sur la crise de 2008.

Chez Rothschild, François Henrot protège son « bébé », lui prodigue des conseils, le reçoit au moins une fois par mois dans son bureau. Et il poussera Emmanuel en 2011 dans les fonctions d'« associé-gérant ». « Une de ses dernières cartouches », dit un proche. Car, pour Henrot, Emmanuel Macron aurait pu devenir un grand banquier, comme il l'explique en 2014 : « Avec ce mélange, rarissime, surtout à un si jeune âge, de rapidité intellectuelle, de puissance de travail, de sûreté dans le jugement et de charme, il aurait été, s'il était resté dans le métier, l'un des meilleurs en France, sans doute même en Europe[2]. »

Forcément, avec de tels « parrains », Emmanuel Macron, bombardé « gérant », suscite très vite des jalousies au sein de la banque. « Quand Emmanuel est arrivé dans

1. Éditions Plon, 2010.
2. « Au fait, il faisait quoi chez Rothschild, Emmanuel Macron ? », Rémi Noyon, Rue 89, 28 août 2014.

la maison, il a été moyennement bien accueilli », confie un de ses anciens collaborateurs. « Il s'est pris en latéral beaucoup de gens dans la tête », témoigne un banquier parisien. « Il a souffert », raconte un autre de ses amis. « La politique, c'est des Bisounours à côté. Il est entré chez Rothschild comme s'il avait attaqué la face nord de l'Everest en tongs… Car la banque d'affaires est un système darwinien où seuls les meilleurs gagnent et où chaque associé essaye de préserver à tout prix son portefeuille de clients. » D'autant qu'au sein de l'établissement, une nouvelle génération est en train de prendre le pouvoir. Ce sont les « bébés Rothschild », des banquiers arrivés dès leur plus jeune âge, dans les années 1990, qui ont gravi tous les échelons. Au point de ne connaître quasiment que cette banque dans leur parcours professionnel.

Forcément, le virevoltant Emmanuel Macron, âgé d'à peine 30 ans et ayant déjà plusieurs vies, en agace plus d'un. C'est le cas de Grégoire Chertok, chez Rothschild depuis 1991, devenu l'un des piliers de la banque à la force du poignet, ou de Laurent Baril, arrivé en 1995, roi interne du *private equity*. « Chertok avait peur qu'Emmanuel, qui connaissait déjà tout le monde à l'IGF, à la Caisse des dépôts, au Trésor, périme son carnet d'adresses », explique un initié. Comme Baril, Chertok a pourtant largement démontré sa puissance et ses compétences les années précédentes : avec à son compteur plus d'une centaine d'opérations réalisées, il gère les clients historiques de l'établissement que David de Rothschild et Gérard Worms lui ont légués, notamment Bouygues ou GDF Suez.

Mais, avant d'en arriver là, Chertok est passé par tous les échelons. Entré chez Rothschild comme simple fondé de pouvoir, il est successivement devenu sous-directeur, directeur adjoint puis directeur, avant d'être intronisé associé-gérant en 2000. « En comparaison, Chertok estimait trop rapide l'ascension d'Emmanuel Macron », rapporte un intime des deux hommes. Interrogé aujourd'hui, le banquier proche de Jean-François Copé, et par ailleurs élu UMP dans le XVIe arrondissement de Paris, justifie l'embauche de Macron : « Il y a une tradition dans cette maison de recruter des grands commis de l'État. Car nous sommes toujours à la recherche des têtes bien faites[1]. »

Laissant de côté son irritation initiale, Chertok se fait vite une raison. Après avoir multiplié les critiques à l'égard d'Emmanuel Macron, il va le présenter à son ami Jean-François Copé. Comme ses autres collègues, le banquier star de chez Rothschild multiplie à l'extérieur les louanges, et le fait travailler sur le projet d'EuropaCorp, la société du cinéaste Luc Besson, qui souhaite trouver des investisseurs pour se développer et construire des studios de cinéma en région parisienne[2], mais également sur la vente du *Parisien,* à l'automne 2010, finalement annulée par la propriétaire Marie-Odile Amaury, alors que Vincent Bolloré et Serge Dassault s'étaient déclarés intéressés. « Il apprenait très vite. Il avait notamment une capacité à absorber l'information », remarque Chertok. « C'est à la fois quelqu'un qui développe beaucoup d'empathie et qui suscite la confiance de ses interlocuteurs, tout en étant un bon technicien. » N'en jetez plus ! Entre-temps, Macron est bien évidemment devenu ministre…

À vrai dire, ce dernier n'a pas attendu d'entrer au gouvernement pour susciter le respect dans le milieu des banquiers d'affaires. Chez Rothschild, à force de travailler

1. Entretien du 16 juillet 2015.

2. Il s'agit du projet de la « Cité du cinéma » : une ancienne usine électrique de la ville de Saint-Denis transformée par les équipes de Luc Besson en plateaux de cinéma. La Cour des comptes a rendu un rapport critiquant le montage financier de l'opération avec la Caisse des dépôts. Une enquête judiciaire a été lancée par la suite. Emmanuel Macron a d'ailleurs été entendu par les enquêteurs en juin 2015 en tant que témoin sur le financement du projet.

jour et nuit, il conquiert sa légitimité. Malgré un bizutage en règle : « On ne lui a pas fait de cadeaux, constate l'un de ses anciens collègues. Un élément clé du travail, c'est la personne chargée de "staffer" votre équipe, qui recrute pour vous les analystes ou les chefs de projets capables de vous aider à préparer les dossiers. Eh bien, au départ, on lui a fourni les plus nuls de la banque. Et puis, on lui a donné aussi les mauvais dossiers, les "comptes" [« clients » dans le langage de la maison] impossibles dont personne ne voulait, comme les entreprises en affaires avec notre concurrent Lazard. C'est sûr qu'avec autant de bâtons dans les roues, vous ne brillez pas tout de suite. »

Finalement, la force d'Emmanuel Macron est d'avoir su utiliser, en plus de son carnet d'adresses, les jeunes banquiers de la banque, ses « n-1 », qui auraient pourtant pu, eux aussi, lui en vouloir d'avoir été nommé directement « gérant » sans aucune expérience : « Il s'est imposé en étant beaucoup plus proche des jeunes au sein de la boîte », témoigne ainsi l'un de ses anciens collaborateurs. Tout en se donnant des airs de banquier en optant pour le costume rayé traditionnel, les boutons de manchettes et les « barreaux de chaise » suçotés de temps à autre, Macron veille à développer de bonnes relations avec l'ensemble des équipes, et notamment les plus jeunes, si peu considérés par les cadres : « Les jeunes l'adoraient. Par rapport aux autres gérants ou directeurs, il tranchait », se souvient un ex-collaborateur. « Il disait bonjour au chauffeur ou à son assistante avec la même chaleur qu'à David de Rothschild. Il tranchait d'autant plus que ses pairs n'étaient pas sympathiques. Eux estimaient qu'ils avaient souffert avant d'en arriver là, et donc se comportaient mal avec les jeunes recrues qui devaient en baver. Au contraire, Emmanuel laissait de la place à ces derniers. C'était aussi la raison pour laquelle ils ont accepté de l'aider. Car, en plus d'être sympa, il vous valorisait. Par exemple, il acceptait que les jeunes viennent avec lui en réunion pour voir les clients.

Jamais un autre gérant n'aurait agi ainsi ! Et pour couronner le tout, on pouvait avoir avec lui des discussions intéressantes sur d'autres sujets que la banque ! » Une ancienne recrue confirme : « Au départ, il ne connaissait rien. Il a été d'une modestie incroyable. Il posait des tas de questions très basiques, ça faisait sourire. Par exemple, il ne savait pas ce que c'était un "EBITDA", le résultat opérationnel d'une entreprise. Mais il avait une très grande capacité d'analyse. Devant les documents financiers qu'on lui présentait, il nous posait plein de questions, du type "Je ne comprends pas ton chiffre, tu peux m'expliquer ?" et souvent, c'était les bonnes questions ! Et puis, il est entré dans le sujet particulièrement vite, car la fusion-acquisition n'est pas non plus très technique. Ce n'est pas de la finance de marché, mais plutôt des additions et des soustractions. »

Au final, trois écoles se dessinent au sein de la banque sur le cas « Macron ». Pour les uns, « il n'est pas du tout technique ». Pour d'autres, « il n'est pas fiable ». Pour ses soutiens, « c'est un potentiel considérable ». Explication d'un proche : « Comme il dit toujours oui et jamais non, il apparaît velléitaire, mais en fait, il avait un agenda surdébordé et s'impliquait dans de nombreux autres projets en dehors de la banque. Résultat, c'est arrivé qu'il ait mis trois jours pour rappeler une personne en interne. Alors, au final, les gens se demandaient ce qu'il fabriquait ! En fait, on voyait bien qu'il ne faisait pas que de la banque d'affaires. Il avait d'ailleurs deux téléphones portables. Il partait tôt dans la journée, mais revenait parfois tard le soir. » Macron apparaît donc alors comme un électron libre difficilement contrôlable, qui trace sa route tout en abattant le travail.

« Il m'avait expliqué que, pour réussir chez Rothschild, il fallait passer des coups de fil et déjeuner », se souvient l'une de ses anciennes connaissances. Pour être un bon associé-gérant dans ce domaine, il ne suffit pas d'être un bon technicien. Le banquier d'affaires doit fidéliser une clientèle, développer des talents de commercial pour récupérer des deals et les finaliser, tout en jouant au psy auprès de certains clients : « C'est un rôle de confident dans lequel il excelle », témoigne l'un de ses ex-clients. « Quand on est content d'un banquier d'affaires, on n'en change pas, car vous devez lui donner tous les secrets de votre boîte. La qualité humaine est clé. Il s'agit d'établir une vraie relation de confiance. Macron avait une véritable science de la vente, il savait mettre en valeur votre entreprise, mettre la pression sur les acheteurs pour faire monter le prix, jouer sur le timing, ou pratiquer les interruptions de séance… »

C'est précisément cette capacité relationnelle qui finit de convaincre François Henrot et David de Rothschild des talents en devenir d'Emmanuel Macron, et le propulse associé-gérant en décembre 2010 alors qu'il n'a pas encore conclu de grosses affaires, ce qui ne manquera pas de renforcer les jalousies internes. Réticences du côté des associés-gérants… « David de Rothschild a dû les violer pour le nommer associé-gérant », constate un proche. Il n'est d'ailleurs pas seul en lice. La même année, un de ses camarades de l'ENA, ancien conseiller de Nicolas Sarkozy et ex-directeur de cabinet d'Éric Woerth, le ministre du Budget, Sébastien Proto, fait son arrivée au sein de la banque en qualité de « gérant ». Une concurrence nouvelle.

Une fois nommé associé-gérant, Emmanuel Macron change d'envergure. Le jeune banquier commence à se constituer le début d'un portefeuille clients. Il travaille ainsi sur le dossier Presstalis, les anciennes Nouvelles Messageries de la Presse parisienne qui distribuent une bonne partie des journaux. Ce dossier lui permet de faire connaissance avec le puissant directeur financier du groupe Lagardère Dominique D'Hinnin[1], inspecteur

1. Dominique D'Hinnin est devenu en 2010 co-gérant de Lagardère.

des finances comme lui, normalien, qui souhaite se désengager de l'entreprise.

Peu de temps après, Emmanuel Macron s'intéresse à la vente des magazines internationaux du groupe Lagardère, alors qu'un mandat avait déjà été confié à la banque JP Morgan. Teigneux, il propose à Lagardère un client allemand, le groupe Bauer, face à l'américain Hearst… Mais c'est un échec cuisant, comme le confie un banquier de chez Rothschild : « Macron avait bossé comme un dingue, en préparant de nombreux documents pour assurer la vente, mais, au final, Lagardère a préféré Hearst. Et le pire dans l'histoire, c'est que Rothschild n'a obtenu aucune compensation pour le boulot effectué, car Emmanuel n'avait pas suffisamment sécurisé son travail auprès de Lagardère. Il s'était mis sur ce dossier sans vraiment formaliser un mandat de vente ferme. Une erreur de débutant… » Mais si Macron s'intéresse autant au groupe Lagardère, c'est qu'il essaye également de susciter les convoitises de certains grands noms du CAC 40 qui seraient susceptibles d'acheter l'ensemble de l'entreprise… alors que le Paris des affaires estime qu'Arnaud Lagardère, héritier de Jean-Luc, n'est pas à la hauteur.

Mais le banquier Macron ne s'intéresse pas qu'à la presse[1]. L'agroalimentaire fait aussi partie de ses dadas. Il apporte ainsi à Rothschild un nouveau client : Sofiprotéol. Ce groupe coopératif est peu connu du grand public, mais c'est un mastodonte de la filière agricole française avec huit mille deux cents salariés et 7 milliards d'euros de chiffre d'affaires. En février 2012, Macron finalise par exemple pour l'entreprise l'achat de la marque Lesieur au Maroc.

Une opération finale va consacrer le jeune banquier au sein de Rothschild. À la mi-avril 2012, juste avant le premier tour de l'élection présidentielle, Emmanuel

1. Lire le chapitre « 10, avenue George-V ».

Macron réussit à conclure le rachat – pour 11,9 milliards de dollars tout de même – de l'activité nutrition infantile du groupe Pfizer par le géant suisse Nestlé, face au français Danone. Un coup de maître. D'abord parce que le jeune banquier est parvenu à devenir le conseil du groupe Nestlé qui, auparavant, n'avait jamais été client de Rothschild. « Il leur a apporté un client qui leur apparaissait inatteignable ! s'exclame un banquier. Il les a travaillés au corps pendant deux ans. » Un exploit d'autant plus important que le grand patron de Nestlé, l'autrichien Peter Brabeck est un homme particulièrement difficile à convaincre. Alpiniste chevronné, ancien athlète de haut niveau, l'homme au physique d'acteur, réputé pour sa froideur, ne se laisse pas approcher facilement. « C'est un tueur ! » lance un grand patron parisien. Mais au plus grand étonnement de ses collègues banquiers, Emmanuel Macron réussit à le séduire.

Les deux hommes se sont rencontrés au sein de la commission Attali dont Brabeck fut membre[1]. Ayant sympathisé à cette occasion, ils continuent à se voir une fois le rapport rendu public. Une relation de confiance s'instaure entre eux, au point que l'Autrichien va proposer à Emmanuel Macron de rejoindre la direction financière de Nestlé. « Il refusera poliment la proposition, car il ne se voyait pas travailler pour un groupe étranger », confie un des proches du ministre. Mais il y a un autre point d'entrée dans cette entreprise que Peter Brabeck. L'avocat d'affaires Jean-Michel Darrois travaille en effet pour la société suisse, et joue les *go-between* entre Emmanuel Macron et Hans Peter Frick, le directeur juridique du groupe agroalimentaire.

Mais Nestlé ne constitue pas la seule difficulté. « Dans cette affaire, Lazard était en terrain conquis ! » raconte un banquier, la banque franco-américaine conseillant à la fois Pfizer et Danone, le concurrent de Nestlé. Le nouveau

1. Lire le chapitre « Jacques Attali a dit ».

patron de Lazard, Kenneth Jacobs, s'occupait auparavant des clients « santé » de la banque à New York, il se pensait donc en confiance. Ce qui n'empêche pas Emmanuel Macron de se lancer totalement dans la bataille, multipliant avec son équipe de cinq les voyages à New York et à Vevey, en Suisse, siège mondial de Nestlé. Il enchaîne les déjeuners avec Peter Brabeck et les *calls* avec l'ensemble des acteurs du dossier. Autre difficulté à laquelle il est confronté : Nestlé n'est pas connu des initiés pour faire de grandes acquisitions à l'international. Ce n'est pas la culture du groupe suisse, qui a toujours privilégié la croissance en interne. Pour ne rien arranger, à Vevey, le culte du secret règne. Les documents sont envoyés par courriers postaux afin d'éviter les piratages informatiques.

En quelques mois, Emmanuel Macron et son équipe abattent un travail considérable. Au final, le deal est gagné sur le fil au cours d'un week-end d'avril 2012. Devant l'offensive inattendue de Rothschild, les équipes Lazard, prises de panique, informent le *Wall Street Journal* que le deal est fait, ce qui n'est pas le cas, histoire de le plomber à l'avance. Entre-temps, Macron apprend, par une fuite au conseil d'administration de Pfizer, que l'offre de Danone est légèrement supérieure à celle de Nestlé. « J'ai le week-end pour convaincre Nestlé de remonter le prix. Si j'y arrive, je suis riche ! » confie-t-il à un ami. C'est là que toute sa persuasion va faire la différence : il informe Brabeck du prix déposé par Danone, et arrive à le convaincre d'augmenter son offre, quelques secondes avant que le grand patron ne commence une réunion avec son conseil d'administration. En quelques heures, au cours du week-end, le deal est finalement scellé. Les équipes de Lazard sont défaites. Une humiliation totale.

« Chez Rothschild, les associés-gérants ont été scotchés ! Si Emmanuel était resté au sein de la banque plutôt que de rejoindre Hollande à l'Élysée, cela aurait d'ailleurs posé des problèmes et créé des luttes de pouvoir », explique un banquier maison. « Emmanuel a une vraie capacité d'entraînement et de *leadership*. Il est très moteur. Il arrive à donner des conseils à des gens qui sont en plein stress, et sait être confronté à plusieurs crises en même temps », constate Olivier Pécoux, admiratif. Au final, l'opération lui permit d'engranger, pour les quatre premiers mois de 2012, un peu plus d'un million d'euros. Chaque année, des dividendes de travail sont reversés aux différents associés-gérants en fonction d'un système de points lié à l'ancienneté, à la contribution annuelle de chacun… Les anciens peuvent donc remercier Macron !

Mais se rapprocher du candidat Hollande n'a-t-il pas été, finalement, le plus gros deal d'Emmanuel Macron ? « Quand il est apparu proche de François Hollande en campagne, il a littéralement décollé au sein de la banque. David [de Rothschild] a toujours su placer ses pions », persifle un banquier parisien. Guère naïf, le jeune homme reconnaît auprès de ses proches le surplus d'aura que lui conférait sa proximité avec le futur président de la République : « David est au courant de mon engagement, je suis son *hedge*, sa couverture. Quand la gauche sera au pouvoir, je serai sa protection », confie-t-il à l'époque, se haussant du col, à un ami. « C'est la tradition de la maison que de se mettre à la disposition de la République », reconnaît pudiquement David de Rothschild[1]. Car la banque d'affaires de l'avenue de Messine a toujours été au cœur de la Ve République. Dans les années 1980, Jean-Charles Naouri, l'ancien directeur de cabinet de Pierre Bérégovoy, était entré chez Rothschild avant de prendre la tête de Casino. Puis ce fut au tour des balladuriens : le directeur de cabinet de l'ancien Premier ministre devint en 1995 le cinquième associé-gérant de la banque, et Nicolas Sarkozy rejoignit celle-ci durant sa traversée du désert. « Il n'y a qu'en France que deux

1. Martine Orange, *Rothschild, une banque au pouvoir*, *op. cit.*

banques d'affaires [Lazard et Rothschild] centralisent à ce point le système d'influence, écrit la journaliste Martine Orange. Elles sont au cœur du pouvoir. [...] Le ministère des Finances en a fait ses interlocuteurs privilégiés, leur déléguant tant de missions qu'elles finissent par être des ministères bis de l'Industrie et de l'Économie[1]. »

Une fois nommé auprès de François Hollande à la présidence de la République, Emmanuel Macron n'a pas choisi son bureau au hasard : c'était celui de François Pérol, cet ami de Nicolas Sarkozy qui fut lui aussi secrétaire général adjoint de l'Élysée avant de prendre les commandes du groupe Banque populaire Caisses d'épargne (BPCE). Avant la présidence, François Pérol avait, lui aussi, fait une fortune express dans la même maison. Tout comme Georges Pompidou, banquier chez Rothschild avant d'accéder à la tête de l'État : « Si Emmanuel Macron n'est pas président de la République, il sera patron de Goldman Sachs avec le même enthousiasme », ironise un banquier. En attendant, le jeune ministre a emmené sa secrétaire de chez Rothschild à Bercy. Et s'il y en a bien un à Paris qui n'arrive toujours pas à avaler son passage de Rothschild au ministère de l'Économie, c'est bien son concurrent Matthieu Pigasse, de la banque Lazard, copropriétaire du *Monde*, qui, dit-on, aspire lui aussi aux plus hautes fonctions : « Il est le symétrique de Macron. Mais il a tout faux. Il choisit DSK puis Aubry, puis Montebourg. Qui réussit ? Celui qui a le plus d'argent, ou celui qui est ministre ? » juge un ami du ministre de l'Économie. Et si ces deux banquiers s'affrontaient dans les prochaines années ? Un choc des ambitions en prévision. Ceci dit, sur le dossier du *Monde*, ils ont déjà eu l'occasion de s'affronter directement !

1. *Ibid.*

Chapitre 9

10, avenue George-V

Dehors, l'air est celui d'une fin d'été, en ce matin du 3 septembre 2010. Alors qu'Alain Minc, le conseiller des grands patrons du CAC 40, lui tient la porte du 10, avenue George-V, où il a ses bureaux, le jeune et fringant Emmanuel Macron, chemise blanche, boutons de manchettes et veste sombre à rayures, semble hésiter, préférant reculer pour laisser sortir les autres invités de l'hôte des lieux. Il se réfugie dans la pénombre du hall d'entrée. Sur le moment, Minc ne saisit pas : « Je ne comprends pas, vous deviez venir avec nous… » glisse-t-il au « petit Macron », comme il aime l'appeler.

Moment de flottement. Le visage du jeune banquier de chez Rothschild a perdu son sourire habituel. Lui qui excelle dans le conseil aux entreprises semble gêné. Il ne sait pas quoi faire. À peine la porte ouverte, il a aperçu dans la rue plusieurs journalistes de la Société des rédacteurs du *Monde* (SRM), notamment Adrien de Tricornot et Gilles van Kote. Macron les connaît bien. Alors que, depuis le début de l'année, le petit Paris bruisse de rumeurs sur le rachat du *Monde,* le banquier de chez Rothschild s'est plu ces derniers mois à conseiller, bénévolement bien sûr, la SRM, jusqu'alors principale actionnaire du quotidien du soir, aidant les journalistes de la vénérable institution, peu habitués aux us et coutumes de l'économie, à y voir plus clair dans la jungle des potentiels investisseurs – entre sauveurs et prédateurs.

Alors, ce vendredi 3 septembre, on imagine la surprise des représentants de la SRM, apercevant Emmanuel Macron quitter le 10, avenue George-V en compagnie… d'Alain Minc. Les journalistes en ressortaient tout juste. En effet, les bureaux du grand manitou de l'ombre jouxtent ceux du multi-millionnaire Pierre Bergé et de son directeur financier, Jean-François Bretelle, avec qui ils avaient rendez-vous à 11 heures tapantes. Depuis le début de l'été, le trio BNP – comprenez Pierre Bergé, l'ancien patron d'Yves Saint Laurent, Xavier Niel, le tycoon de Free, et Matthieu Pigasse, le banquier de chez Lazard, la banque d'affaires concurrente de Rothschild – a fait connaître son intérêt pour *Le Monde*.

Pressée de sauver le quotidien du soir, la puissante SRM semble opter pour le trio. Son mot d'ordre : tout sauf Claude Perdriel, le patron du *Nouvel Obs*, associé à Orange et au groupe espagnol Prisa – actionnaire de *El País*, et ayant déjà des parts dans *Le Monde.* Ce dernier a en effet le fâcheux défaut, aux yeux des journalistes, d'être conseillé par Alain Minc. Un nom repoussoir, un épouvantail même pour la plupart des salariés du *Monde*, associé pour toujours à la période de la folie des grandeurs, celle de Jean-Marie Colombani. Aujourd'hui membre du conseil d'administration de Prisa, Minc a longtemps été, et notamment à la « grande » époque Colombani-Plenel, président de la Société des lecteurs du *Monde* puis à la tête du conseil de surveillance de la SA *Le Monde*, entre 1994 et 2008.

10, avenue George-V. L'adresse est connue des initiés. Située dans le très chic VIIIe arrondissement de Paris, à deux pas du pont de l'Alma où la princesse Diana a trouvé la mort. Une fois passée la lourde porte d'entrée, on remarque l'escalier qui monte aux étages, imposant, avec moquette au sol, bois sombre, et marbre au mur. Depuis plus de vingt ans, le Paris des affaires ne cesse de gravir ces marches : cette adresse abrite les bureaux d'AM Conseil. AM pour Alain Minc, le grand conseiller des princes du CAC 40, ami de Vincent Bolloré et de Martine Aubry. Et visiteur du soir de l'Élysée sous le règne de Nicolas Sarkozy.

Alain Minc, que les puissants aiment consulter, surtout pour se rassurer, se sentir en confiance, dans un monde sans cesse en bouleversement. Minc, en plus d'être une marque, est un peu un gri-gri, une échappatoire pour ces grands patrons en mal de repères. C'est l'homme aux petits conseils. Mais aussi, et peut-être avant tout, un carnet d'adresses. L'as des *go-between* entre « grands » de ce monde.

Et bien sûr, il est l'ami d'Emmanuel Macron. AM et EM, des initiales qui font fantasmer les journalistes. Ou pas.

Alain Minc aime le contact. Avant de s'engouffrer dans une berline noire avec ses interlocuteurs, ce 3 septembre 2010, il salue les journalistes du *Monde,* qu'il reconnaît tous. Macron, lui, a préféré rester à l'arrière et se réfugier dans l'immeuble. Il ignore si les journalistes l'ont vu, mais le futur ministre sait que, dans leur esprit, côtoyer Alain Minc vaut déjà trahison. Parmi le petit groupe, Adrien de Tricornot, spécialisé dans la finance et la macro-économie, a cru entrevoir son « ami » Emmanuel. Mais il veut en avoir le cœur net, et décide de franchir le portail d'entrée de l'immeuble. Dans la cour, personne. Le voilà alors grimpant les marches quatre à quatre. Au premier étage, il sonne aux bureaux de Minc et Bergé. Pas de réponse. Personne n'ouvre. Et dans l'escalier ? Aucune âme qui vive.

Mais le journaliste est bel et bien persuadé d'avoir aperçu Emmanuel Macron en compagnie du gourou du tout-Paris ! En poste durant plusieurs années à Francfort pour couvrir la Banque centrale européenne, Tricornot n'est pas un habitué des faits divers. Mais tel un inspecteur de police traquant sa proie, voilà qu'il continue à monter l'escalier. Deuxième étage : toujours personne. Il ne se décourage pas et poursuit. Troisième. Quatrième. Cinquième. Plus il monte et plus il doute. Jusqu'au… sixième étage. C'est là que son étonnement trouve confirmation : Emmanuel Macron est posté sur le palier, à côté de l'ascenseur, son téléphone portable vissé à l'oreille, tournant le dos à l'escalier comme au journaliste. L'impétrant Tricornot se rapproche alors à un mètre à peine du banquier. L'autre se retourne : « Je suis au téléphone, ne me dérange pas », bredouille-t-il. On dirait un petit garçon pris sur le fait : « Quand il m'a vu arriver, il a perdu tous ses moyens, il m'a alors raconté qu'il avait perdu la clé pour entrer dans les bureaux du sixième étage. Il était comme un gamin qui venait de faire une bêtise », se souvient Adrien de Tricornot. Et dire que, moins de vingt-quatre heures avant, le jeudi 2 septembre à 15 heures, Emmanuel Macron avait reçu la SRM dans son bureau de Rothschild, quelques heures avant que le conseil de surveillance du *Monde* se réunisse…

Cette anecdote est révélatrice de la personnalité d'Emmanuel Macron. Habitué à parler la même langue que les puissants, jouant dans la cour des « grands », patrons ou présidents, tout en se voulant accessible à n'importe qui. Une posture qui peut se révéler parfois difficile à tenir. Comme ce vendredi matin, 10, avenue George-V. Pris sur le fait, Emmanuel Macron descend alors l'escalier avec le journaliste, et se lance dans des explications embrouillées. Cela ne prend pas. « Tu peux déjeuner avec le diable, mais tu pourrais nous prévenir », lui balance Tricornot.

Mal à l'aise, Macron prétexte un rendez-vous, assure qu'il est pressé. Les minutes avançant, le jeune homme reprend toutefois son aplomb et son charisme habituel. Une fois dans la rue, son ton change, le charme et la séduction réapparaissent sur son visage. De nouveau sûr de lui, Macron propose de raccompagner le journaliste jusqu'au métro. Il lui confie qu'il travaille avec Michel Sapin sur le projet économique de François Hollande. Et y va même de sa proposition : « Tu devrais nous rejoindre. On fait des notes pour le candidat. Tu ne voudrais pas en faire aussi ? » Interloqué, Tricornot décline poliment.

À l'époque, Emmanuel Macron n'a que 33 ans. Mais cela fait déjà deux ans qu'il a endossé le costume sur mesure de banquier chez Rothschild. Le – modeste – rôle qu'il jouera dans la vente du *Monde* démontre en tout cas sa capacité à jouer sur plusieurs tableaux, et à gonfler par la même occasion son carnet d'adresses – cela vaut de l'or dans la société française, le jeune loup l'a bien compris. « Ce n'était pas complètement absurde qu'il rencontre Alain Minc, juge un ancien membre de la SRM, car beaucoup de gens vont le voir. C'est un homme doté d'une certaine surface. Mais Macron aurait dû nous en parler avant. Cette découverte de sa proximité avec Minc a créé tellement de doutes entre lui et nous que nous avons alors préféré mettre un terme à sa collaboration, qui était de toute manière bénévole. »

Au début, les journalistes du quotidien du soir sont pourtant impressionnés par l'aisance de Macron, sa capacité à parler aux puissants, ses réseaux. Un jour, ils assistent à une scène surprenante dans un restaurant : Michel Rocard en personne se déplace à la table du jeune homme pour lui faire la bise. Une autre fois, c'est Macron qui, lors d'une réunion, se permet de faire la leçon à Louis Schweitzer, l'ex-patron de Renault, alors président du conseil de surveillance du *Monde* et figure historique parmi les patrons dits de gauche. Macron introduit d'ailleurs les journalistes de la SRM auprès de cabinets de conseil, leur présente Bruno Mettling, inspecteur des finances comme lui, ancien du cabinet Strauss-Kahn à Bercy, auteur d'un rapport sur la distribution de la presse. Macron, malgré ses fonctions chez Rothschild, est également très disponible. Gilles van Kote l'appelle jour et nuit. Une réelle proximité se crée entre lui et les journalistes du *Monde,* rassurés de pouvoir bénéficier d'une expertise qu'ils estimaient dans un premier temps indépendante.

Mais, au printemps 2010, le doute commence à s'installer sur sa capacité à faire la part des choses. Alors que le trio BNP – Bergé, Niel, Pigasse – se porte acquéreur, Macron tente de pousser les feux d'une offre concurrente Orange-Prisa, à partir d'une première proposition de Claude Perdriel, le propriétaire du *Nouvel Observateur*. « Il s'activait, se souvient un ancien de la SRM. C'était important qu'on ait le choix. Mais quand Matthieu Pigasse, son rival de la banque Lazard, est entré dans le jeu, ça a rendu les choses compliquées. Il voulait nous faire attendre le début de l'été alors qu'on était menacés d'un dépôt de bilan. » Macron conseille en effet aux journalistes de ne choisir aucune des deux options – pour faire monter les enchères, leur expose-t-il à l'époque…

Charmé au départ, le journaliste Adrien de Tricornot se sent aujourd'hui trahi : « Il s'est présenté d'une manière très sympathique. Nous étions très contents de voir ce jeune homme brillant nous dire qu'il partageait nos valeurs. Et son expérience nous crédibilisait vis-à-vis des autres actionnaires. Mais, en réalité, il jouait un double jeu. Il s'est servi de nous plus qu'il nous a servis[1]. »

Double jeu ou pas, cet épisode démontre les limites de la méthode Macron, consistant à dealer avec tout le monde. Où sont les limites quand on dispose d'un tel réseau ? Comment mesurer s'il y a ou non conflits d'intérêts ? Si mettre des gens en relation est le propre d'un banquier d'affaires, où en est Emmanuel Macron, désormais membre du gouvernement ? « Les banquiers d'affaires sont tous des menteurs », avait-il l'habitude de lancer avec ironie

1. Entretien en septembre 2014.

aux journalistes de la SRM. « Ne soyez pas trop durs avec moi. Pigasse a demandé ma tête à mon patron », ajoutait-il lors de l'arrêt de sa collaboration bénévole avec la SRM.

Ce bénévolat auprès des journalistes du *Monde* lui aura au moins permis d'ouvrir d'autres horizons. « C'était très intelligent de participer à cette aventure, ce fut un nouvel accélérateur de son carnet d'adresses », remarque un de ses amis. Un an plus tard, Emmanuel Macron sera ainsi choisi par le groupe Prisa comme conseiller à propos de sa restructuration financière. Chez Rothschild, le dossier du *Monde* n'est d'ailleurs pas le seul qu'il a suivi dans le secteur de la presse. À la même époque, il gère le mandat de la revente du *Parisien*. Macron sera aussi mandaté par le groupe Lagardère dans la cession de ses magazines internationaux. Et, entre les deux tours de la présidentielle de 2012, il négociait même un dossier entre Lagardère et le Qatar…

« Il a compris que travailler sur ce secteur des médias peu couvert par les banquiers d'affaires, même s'il n'est guère lucratif, lui ouvrait les portes du capitalisme français », souffle un grand banquier parisien. Les portes des bureaux feutrés des grands capitalistes de la place… mais aussi des journalistes. Rien de plus utile quand l'on veut faire autre chose que du business. Une fois nommé secrétaire général adjoint de l'Élysée, Emmanuel Macron, fort de ses contacts dans l'univers médiatique, a d'ailleurs continué à suivre les affaires de presse : Hollande lui a demandé de s'occuper de *La Provence* et de *Libération*, deux dossiers hautement politiques.

Car en France, presse et République font souvent bon ménage. Et Emmanuel Macron est un jeune homme pressé.

Chapitre 10
Le parapluie de Hollande

Débat télévisé de l'entre-deux tours, présidentielle 2012. François Hollande procède de l'anaphore et mène l'offensive face à un Nicolas Sarkozy déstabilisé et fatigué. Au même moment, Emmanuel Macron est devant son écran. Au fil de cette joute typique de la Ve République, si prisée des Français, le futur secrétaire général adjoint de l'Élysée converse avec l'un de ses amis par SMS. Face à un Sarkozy particulièrement plaintif, on assiste en direct à une inversion des rôles. Les « Moi, président… » finissent par transformer, le temps d'un débat, François Hollande en président de la République même si, au cours du débat, le candidat socialiste se raidit à plusieurs reprises. Le débat avance, Macron enchaîne les SMS. À l'autre bout, son ami est un soutien du chef de l'État sortant :

« Je ne le pensais pas aussi sectaire ton patron ! » tape-t-il, alors que Hollande se tend brusquement.

« Moi aussi ! » lui répond Macron.

Ce dernier est manifestement troublé devant les coups de menton du candidat Hollande. Au cours de la campagne, ce n'est pas la première fois que le jeune énarque a du mal à appréhender son champion. Comme ce fameux jour où l'ancien premier secrétaire du PS dégaine en direct sur TF1 sa taxe à 75 % pour la dernière tranche d'impôt. « C'est Cuba sans le soleil ! » avait préféré ironiser Macron, manière subtile de dédramatiser une proposition avant tout tactique dans l'esprit du futur président de la République.

Hollande et Macron. Une proximité qui semble indéfectible. Et pourtant, leurs rapports sont plus complexes qu'il n'y paraît au premier abord. « Ils ont des relations excellentes, mais Emmanuel a été pendant très longtemps le collaborateur de François », rappelle d'ailleurs Jacques Attali[1], l'ancien conseiller spécial de François Mitterrand, qui les a fait se rencontrer. « J'ai dit à François Hollande que j'avais un jeune homme remarquable à lui présenter », nous raconte-t-il. L'histoire est connue. Elle s'est déroulée lors d'un dîner organisé en 2008 au domicile de Jacques Attali, un loft situé avenue du Roule à Neuilly-sur-Seine. Les convives sont alors une trentaine, mais Hollande et Macron vont vite s'isoler pour faire connaissance…

Manifestement, le contact entre les deux hommes est bien passé. Emmanuel Macron est loin du PS, mais finalement… François Hollande aussi. Après la défaite de Ségolène Royal à la présidentielle de 2007 et son départ du premier secrétariat du parti de la rue de Solférino, Hollande entame alors sa traversée du désert. À tel point que son ami, le fidèle Jean-Pierre Jouyet, a même rejoint le gouvernement Sarkozy. Le président du conseil général de la Corrèze est donc à l'affût de nouvelles connaissances. Pour Hollande, qui cherche à s'aérer des luttes intestines du Parti socialiste, Macron est une recrue idéale. Et le banquier de chez Rothschild réussit peut-être son plus beau coup : acheter « à la baisse » le futur président de la République.

Une présentation des faits que nous réfute Emmanuel Macron : « Je n'avais pas de plan de bataille. En 2010, j'étais convaincu que François Hollande était le meilleur candidat. Dès 2008, quand je le rencontre pour la première

1. Entretien du 20 juillet 2015.

fois, j'ai ce sentiment. Je ne pensais pas que Dominique Strauss-Kahn gagnerait les primaires citoyennes, notamment parce que l'argent est tabou en France[1]. » Presque affectueux à l'égard de Hollande, le ministre de l'Économie ajoute : « Et puis, plus globalement, j'aime bien le bonhomme. Car François Hollande aime les gens et le pays. » Si les deux hommes se rapprochent d'ailleurs aussi rapidement, c'est qu'ils ont des points communs : « Entre les deux, il y a une vraie identification. En fait, Hollande se reconnaît en Macron, estime un ancien collaborateur de l'Élysée. Emmanuel fait partie des rares personnes qu'Hollande admire, pointe un ami proche du chef de l'État. Lui qui est très avare de compliments fait son éloge. Il s'est laissé séduire. Il voit en lui le jeune homme qu'il aurait aimé être, avec un mélange de narcissisme et d'instinct paternel. Et, en plus, leur différence d'âge fait qu'il n'y a pas de jalousie entre eux. »

Et surtout, comme à son habitude, Emmanuel Macron encaisse, prend sur lui, face aux comportements parfois mystérieux et aux décisions souvent erratiques de François Hollande. « À l'Élysée, il a été perturbé, comme d'autres, par le fonctionnement du président de la République, notamment par le fait qu'il prenne des décisions très solitaires[2] », remarque un de ses proches amis. « Ce n'est pas quelqu'un qui démissionne. À l'Élysée, il a eu une capacité à avaler les couleuvres d'une manière considérable. La puissance d'Emmanuel Macron, c'est sa manière de s'accommoder plus que d'autres de l'ambiguïté, et de la tolérer chez Hollande », constate un proche des deux hommes. « En fait, on pourrait dire que Macron fait la même carrière que Poutine ! s'amuse un banquier de la place de Paris. Le président russe fut un brillant technocrate, avant de se mettre dans la roue d'un mauvais, en l'occurrence Eltsine,

1. Entretien du 31 juillet 2015.
2. Lire le chapitre « Élysée, canal Macron ».

et de lui succéder. » Poutine ! Le ministre de l'Économie serait-il doué de dissimulation comme l'ancien agent du KGB ? Derrière cette comparaison audacieuse, on perçoit le sentiment ambivalent d'une partie des élites économiques à l'égard du président de la République…

En tout cas, par effet miroir, Emmanuel Macron semble avoir beaucoup appris chez François Hollande : il est plus à l'aise dans la gestion du barycentre politique et dans le fait de l'identifier, plutôt que dans le fait de déplacer le rapport de force. À tout prix, le ministre recherche donc le compromis entre des intérêts contraires. Quitte à toujours répondre « oui » à ses interlocuteurs, quand son patron président semble acquiescer lui aussi – autre point commun – au cours de ses entretiens : « Vous ne verrez jamais Emmanuel dire non ! » ironise un de ses proches.

Macron et Hollande. Une relation forte, mais loin d'être univoque. Malgré leur différence d'âge, les deux ont rejoint aujourd'hui la catégorie des grands fauves de la politique. « Macron, c'est un type gentil, gai, qui n'a pas mauvais esprit ni une ambition dérangeante », explique ainsi François Hollande en début d'année[1]. Une ambition qui ne lui ferait pas de l'ombre, à lui, président de la République ? Le président poursuit en tout cas son drôle de compliment en affirmant qu'il « ne sait pas si [son ministre] fera de la politique un jour » mais qu'il représente une « harmonie politique et personnelle ». Roué comme on l'imagine, l'hôte de l'Élysée qualifie également Macron d'« imaginatif », « qui a été capable de réfléchir après avoir quitté l'Élysée ». Sous-entendu, Macron est suffisamment intelligent pour ne pas rester dépendant à mon égard, il n'est pas mon affidé. Preuve supplémentaire que François Hollande a respecté Emmanuel Macron plus que tout autre collaborateur. À

1. *Challenges*, 13 mars 2015.

l'Élysée, lors du pot de départ de ce dernier, le chef de l'État, souvent la cible de critiques acerbes depuis le début de son quinquennat, a tenu à rappeler : « Emmanuel apporte de la joie dans le travail. » Et ce dernier de répondre : « Je t'aiderai sous une autre forme. »

Pendant longtemps en tout cas, leur relation est restée dans l'ombre. Si Emmanuel Macron rejoint très tôt François Hollande – dès 2010 – dans le cadre de la campagne des « primaires citoyennes », le jeune banquier de chez Rothschild se garde bien de se mettre en avant à l'extérieur. Il préfère multiplier discrètement les notes économiques transmises au candidat. Au fil des mois, Macron acquiert l'attention et l'intérêt de Hollande qui ne peut bientôt plus se passer de lui. À cette époque, le candidat est encore bien seul. À Paris, ils sont peu nombreux parmi les cadres du PS, les patrons, les journalistes et autres éditorialistes, à parier sur lui. Tous vouent à Dominique Strauss-Kahn un culte sans limites.

Autour d'Hollande, les proches, les vrais, se comptent sur les doigts des deux mains, pas plus. Ce sont principalement les amis de la fameuse promotion Voltaire de l'ENA, ou de HEC. Parmi eux, on trouve alors le communicant Robert Zarader, l'avocat fiscaliste Dominique Villemot et l'entrepreneur Jean-Marie Cambacérès, ces deux derniers animateurs de l'association « Démocratie 2012 », qui se chargent des contacts avec le monde patronal, tout comme peut le faire aussi André Martinez, qui organise chaque lundi matin une réunion « d'experts ». De son côté, Bernard Cottin, l'ex-PDG de Numéricable, est trésorier de la campagne pour les primaires. Toute cette petite bande sera très vite rejointe par deux autres amis historiques de Hollande, l'avocat Jean-Pierre Mignard, également proche de Ségolène Royal, et l'ancien patron des taxis G7, un ex-inspecteur des finances, lui aussi issu de la promo Voltaire, reconverti dans l'édition et la boucherie (en Chine !) : Jean-Jacques Augier, futur trésorier de la campagne présidentielle.

Tous ces soutiens de la première heure n'auront qu'un objectif : rendre crédible la candidature de François Hollande aux primaires citoyennes. Et parmi eux, bien sûr, Emmanuel Macron : « J'ai su très vite qu'Emmanuel était là, recommandé par Jean-Pierre Jouyet », témoigne un haut fonctionnaire ayant participé comme « petite main » à la campagne des primaires. Jouyet, l'autre ami de toujours de François Hollande, encore marqué par son passage au sein du gouvernement Fillon-Sarkozy, n'est pas loin de la campagne mais de manière « très *off* », confirme un participant à cette petite aventure hollandienne.

Tout change après le 15 mai 2011, le jour de l'arrestation de Dominique Strauss-Kahn à New York. Dans la semaine qui suit, l'équipe de campagne de Hollande reçoit près de « cinq cents CV de technos qui voulaient nous proposer leurs offres de service pour nourrir le projet de François », se souvient un des fidèles de la première heure. C'est à ce moment-là que Pierre Moscovici et une partie des défunts réseaux strauss-kahniens passent avec armes et bagages dans l'équipe d'Hollande. Là encore, si Emmanuel Macron est chargé de préparer les discours économiques, en compagnie de la socialiste Karine Berger et de Sandrine Duchêne, chef du département de la conjoncture à l'INSEE, le jeune banquier préfère traiter directement avec le candidat lui-même, plutôt que de participer aux réunions de coordination.

Et quand Hollande remporte les primaires en octobre 2011, Macron se fait encore plus discret. Ses relations avec le directeur de campagne, Pierre Moscovici, sont d'ailleurs « plus que fraîches », se souvient un ancien membre de l'équipe. « Macron a toujours considéré Mosco comme un vrai "branleur" qui ne bossait pas ses dossiers », confie un de ses amis. Ambiance ! Ses relations sont quasi inexistantes également avec le hollandais historique Michel Sapin, chargé du programme présidentiel, qui ne l'intègre pas aux réunions de travail qu'il organise, ni avec Jérôme Cahuzac, chargé des propositions budgétaires et fiscales, qu'il a toujours considéré « comme une fausse valeur », explique le même.

Mais peu importent les anges quand on parle à Dieu : Emmanuel Macron privilégie son contact avec François Hollande. Et il ne voit pas d'un bon œil que leur ami commun, Jean-Pierre Jouyet, symbole de l'oligarchie, pour qui les différences droite-gauche se limitent souvent aux « opportunités », se mette de plus en plus bruyamment à faire campagne pour le candidat socialiste : « Jean-Pierre est maladroit. Il ne comprend pas que lui et moi sommes hautement toxiques pour François Hollande si on s'affiche à ses côtés », explique ainsi Macron au journaliste de Mediapart Laurent Mauduit[1]. Une lucidité qui démontre s'il en était besoin que le jeune banquier a intégré les codes de la politique loin de toute naïveté. « Pendant la campagne, je ne l'ai jamais vu. Il n'était pas visible au siège de campagne. Mais il était en contact très régulier avec le candidat », nous confirme Aquilino Morelle[2]. « Hollande tenait à faire une campagne politique, précise Robert Zarader[3]. Il ne s'est donc entouré que de politiques. Macron est alors rangé au rang des experts. »

Absent de l'organigramme officiel, Emmanuel Macron ne reste pas inactif auprès de Hollande. On l'aperçoit peu de temps après les primaires lors d'une soirée organisée par Jean-Marie Cambacérès, à la maison de l'Amérique latine, pour rassembler des acteurs du monde économique. Il anime également un petit groupe d'économistes qui se réunissent

1. Lors d'une rencontre entre Emmanuel Macron et Laurent Mauduit, le 26 septembre 2011. Lire *À tous ceux qui ne se résignent pas à la débâcle qui vient*, Laurent Mauduit, Éditions Don Quichotte, 2014.
2. Entretien du 4 juin 2015.
3. Entretien du 18 juin 2015.

à la brasserie de la Rotonde, près de Montparnasse. Parmi eux, Philippe Aghion, que Macron a rencontré lors de la commission Attali, mais aussi Gilbert Cette, ancien de la Banque de France qui a signé plusieurs tribunes pour le « contrat unique », et Élie Cohen[1], un habitué des plateaux télés où il distille ses analyses social-libérales. Tous sont bien évidemment partisans de la fameuse « économie de l'offre ». Mais Macron ouvre également ces réunions à de jeunes penseurs de la nouvelle école d'économie de Paris.

Après le discours du Bourget du 22 janvier 2012, où François Hollande se déclare le « véritable adversaire » de la « finance », l'équipe de campagne tient à rassurer les investisseurs internationaux. Un voyage est organisé le 29 février à Londres, où la City est l'épicentre international de la haute finance. « *I'm not dangerous !* » lance le candidat socialiste en arrivant à la gare de Saint-Pancras. Et discrètement, Karine Berger, Emmanuel Macron et Michel Sapin vont multiplier les contacts et les voyages afin de rassurer les élites, notamment sur la fameuse taxe à 75 % pour les revenus supérieurs au million d'euros : « Emmanuel Macron est venu à Londres avant les élections présidentielles expliquer à un groupe de financiers qu'ils ne devaient pas s'inquiéter [...], explique un banquier de Londres. Il nous a cyniquement promis qu'il y aurait suffisamment de niches pour que la mesure soit indolore et qu'il savait très bien qu'elle était risquée du point de vue économique[2]. »

Et pour finir d'arrondir les angles avec ces milieux, début mars 2012, alors que Nicolas Sarkozy avait convaincu Angela Merkel de ne pas recevoir le candidat Hollande, ce dernier se rend en Allemagne pour rencontrer des grands patrons. La visite est en fait organisée par

1. Les trois économistes, auteurs de *Pour changer de modèle* (Odile Jacob), recevront en 2014 le prix du livre d'économie des mains du ministre Macron.
2. *Les Échos*, 18 septembre 2012.

Jean-Louis Beffa, l'ancien PDG de Saint-Gobain, qui s'est rapproché du socialiste : « À l'époque, j'étais administrateur de Siemens[1], se souvient ce dernier. On a organisé une rencontre entre Hollande et le grand patronat allemand. Il était venu avec Le Foll et Macron. À cette occasion, comme à d'autres, j'ai pu constater qu'Hollande était un véritable social-démocrate. » Présents lors de cette rencontre : Peter Löscher, le PDG de Siemens, et Johannes Teyssen, à la tête du groupe énergétique E.ON. Peu de temps après, Beffa organise une autre rencontre pour François Hollande, mais cette fois-ci avec des entrepreneurs français : Gérard Mestrallet (GDF Suez) et Thierry Breton (Atos). Mais Beffa n'est pas la seule figure du CAC 40 à se rapprocher de François Hollande à quelques mois de la présidentielle. C'est le cas également du très chiraquien François Pinault[2], qui révélera même publiquement sa préférence à quelques jours du scrutin. Ce ne sont pas les seuls représentants du patronat à être particulièrement déçus par le quinquennat qui s'achève. Au point que même Martin Bouygues, témoin du second mariage de Nicolas Sarkozy et parrain de son fils Louis, se rapproche de Hollande à quelques mois de la présidentielle. Un rendez-vous entre les deux hommes aura d'ailleurs lieu, le 14 décembre 2011, au siège du groupe de BTP.

François Hollande n'a donc pas attendu le jeune Macron pour se rapprocher des patrons et pour débarrasser la gauche de son ancrage marxiste ou, du moins, anti-capitaliste. Le ministre de l'Économie est peut-être le symbole de ce virage idéologique, mais il est loin d'en être à l'origine.

1. Entretien du 19 mai 2015.
2. Ancien président de Kering, ex-groupe Pinault-Printemps-Redoute, qui est désormais dirigé par son fils François-Henri Pinault.

Dès son entrée en politique dans les années 1980, le futur président, loin des caricatures d'un homme sans convictions, a d'ailleurs des idées bien arrêtées sur ce que devrait être le « progressisme » en France. En 2009, son ami Jean-Pierre Mignard, avocat et militant socialiste, défendait ainsi[1] le projet d'une « grande alliance » rassemblant de l'extrême gauche aux gaullistes en passant par le centre : « À terme, il faudra qu'un grand parti démocrate de gauche émerge en France, car c'est le type de parti qui respectera le mieux les différentes sensibilités. » L'avocat a de la suite dans les idées car il défendait déjà ce dessein, dès 1994, à Lorient, lorsqu'il participait avec François Hollande, mais aussi Jean-Pierre Jouyet, Jean-Yves Le Drian, Michel Sapin – pièces essentielles du dispositif hollandais vingt ans plus tard – à la réunion du club Témoin afin de préparer la candidature tant attendue de Jacques Delors. C'est au sein de cet étrange laboratoire que fut conçu, dans les éprouvettes du christianisme social, ce qui allait donner naissance à cette curiosité politique : un PS débarrassé de tout socialisme. Peut-être pour s'assurer de la volonté de leur champion Delors de se présenter à la présidentielle de 1995, Mignard et ses amis Le Drian et Jouyet assistent ensemble à Lorient à une messe donnée à Notre-Dame des Victoires par l'abbé de cour, l'abbé Alain Maillard de la Morandais. Hélas pour ces enfants de chœur du delorisme, tant de foi ne suffit pas à convaincre le père de Martine Aubry de se lancer dans l'aventure. Quelques jours après, ce dernier renoncera à briguer la fonction suprême. Et François Hollande décidera de rallier Lionel Jospin, obtenant ainsi d'accéder en 1997 aux fonctions de… premier secrétaire du PS. Le quinquennat Hollande aura au moins servi à boucler la parenthèse ouverte il y a plus de vingt ans.

Hollande a, en fait, toujours défendu une évolution radicale du PS vers une formation transpolitique. En 1984,

1. Devant Mediapart.

lui et ses amis lancent le groupe des « transcourants », en publiant une tribune dans *Le Monde* au titre évocateur mais pas franchement rebelle : « Pour être modernes, soyons démocrates. » Leur objectif ? Desserrer l'étreinte idéologique de l'époque en accordant beaucoup plus d'importance aux préoccupations sociétales, et en défaisant le « carcan » du Code du travail. Déjà ! « François était influencé par la situation italienne à l'époque et la décrépitude du socialisme italien, la métamorphose du PCI », se souvient aujourd'hui Jean-Pierre Mignard[1]. Dans son dernier livre[2], le journaliste Francis Brochet souligne que l'actuel président de la République a participé à la rédaction d'un ouvrage commun, *La gauche bouge*, publié en 1985, sous le pseudonyme de Jean-François Trans, dans lequel se retrouvent déjà toutes les idées… d'Emmanuel Macron. L'auteur s'y réjouissait que la baisse des prélèvements soit devenue l'« orgueil » de la gauche et en appelait à favoriser les bons résultats des entreprises en encourageant « une stabilisation des coûts du travail, une réduction (déjà entamée) des charges fiscales et sociales, et aussi, il faut le redouter, une réduction d'effectifs dans certains secteurs ». Et de souhaiter de lever « les barrières qui protègent les secteurs assistés », car « la concurrence est une valeur fondamentalement de gauche »…

D'une certaine manière, depuis 2012, le banquier Macron aura été très utile à François Hollande, tête de Turc destinée à dévier les critiques provenant de son propre camp, notamment quand les frondeurs et la gauche du PS en appellent, comme ils l'ont fait à plusieurs reprises récemment, à la démission du ministre de l'Économie[3].

1. Interview dans la revue *Charles*, janvier 2014.

2. Francis Brochet, *Et François Hollande enterra le socialisme*, Éditions de l'Archipel, 2015.

3. Le socialiste Gérard Filoche, situé à la gauche du PS, est même allé jusqu'à lancer en septembre 2015 le site macron-demission.fr.

Véritable représentant des idées social-libérales, promoteur de la dérégulation du marché du travail, « Emmanuel Macron a le visage du coupable idéal, estime Aquilino Morelle. Cela arrange bien Hollande, car cela lui évite de passer pour le suppôt du patronat. Les deux ont en fait un intérêt bien compris ». Face à la montée des critiques venant de sa propre majorité, Macron est devenu, au fil du temps, à la fois le meilleur argument et le meilleur repoussoir d'Hollande, ce qui permet au chef de l'État de séduire à la fois l'électorat de droite tout en étant perçu par les sympathisants du PS comme un moindre mal… « D'ici la fin du quinquennat, le président pourrait d'ailleurs décider de s'en séparer pour se recentrer sur la gauche », persifle un observateur. En attendant, contre la multiplication des intempéries politiques, le ministre sert de parapluie au président de la République. « Ou de paratonnerre, celui qui prend la foudre pour épargner la maison[1] », comme l'a décrit récemment le journaliste Hervé Nathan.

Ce fut le cas dès le début du quinquennat, lors des discussions autour de la loi bancaire. Promis par le candidat Hollande, ce texte symbolique qui devait établir une séparation stricte des activités spéculatives des établissements bancaires a accouché d'une souris. Car quelles seront les activités spéculatives finalement visées ? Le 30 janvier 2013 – interrogé à l'Assemblée nationale, par la rapporteure de la loi, la députée Karine Berger –, Frédéric Oudéa, le patron de la Société Générale, a lâché le morceau : « Cela représente entre 3 et 5 % » de leurs activités de la Banque de financement et d'investissement, « qui représentent elles-mêmes 15 % des revenus totaux de la banque ». Émoi parmi les élus présents : les dispositions de loi ne concernent finalement que 0,75 % des revenus totaux de la banque ! « Alors cela veut dire

1. Hervé Nathan, « Macron, le mauvais génie de la gauche ? », *Marianne*, 4 septembre 2015.

que 99 % de vos activités ne seront pas concernées par la loi ? » insiste Karine Berger. Réponse d'Oudéa : « Ce sera au superviseur d'en décider, moi je n'en sais rien. »

Cette situation ubuesque est le fruit d'un lobbying intense exercé juste après le discours du Bourget par les grandes banques françaises mais aussi par les hauts fonctionnaires de Bercy, notamment la direction du Trésor et l'Inspection générale des finances, dont de nombreux membres sont désormais aux manettes du secteur bancaire. Le 16 juin 2014, Ramon Fernandez, directeur du Trésor (nommé sous Sarkozy), Michel Sapin, ministre des Finances, et les dirigeants des plus grandes banques françaises, se réunissent d'ailleurs à Bercy[1]. À cette occasion, Jean-Laurent Bonnafé, directeur général de BNP Paribas, a tenu à rendre hommage à l'administration du Trésor « qui a œuvré pour sauver le modèle des banques universelles ». Et Michel Sapin d'en remercier le directeur à son tour, le félicitant d'avoir préservé le modèle de la banque universelle et ajoutant : « Je pense qu'ici, autour de cette table, tout le monde vous en est reconnaissant. »

En réalité, une telle consanguinité entre les représentants de l'État et le secteur bancaire amène François Hollande « à penser exactement ce que pense le Trésor... Il n'a pas eu besoin d'Emmanuel Macron pour ça ! explique un ancien collaborateur de cabinet à Bercy. Mais il est vrai que sur la loi bancaire, il ne s'est pas battu comme un chien pour la muscler. » Ce qui n'est pas l'avis de Jean-Jacques Barberis, ancien collaborateur de Pierre Moscovici à Bercy, et désormais conseiller du président de la République : « Emmanuel Macron ne vient pas du tout d'une grande banque universelle avec des activités de marché. Dire qu'il a fait en sorte d'enterrer la loi bancaire parce qu'il est banquier, c'est malhonnête. Au

1. La scène est rapportée par Christian Salmon : *Les Derniers Jours de la République*, Fayard, 2014.

contraire, il a alerté très rapidement pour que la loi ait un cahier des charges qu'il fallait respecter face au sentiment grandissant d'un texte faible. Il a été le gardien d'engagements de campagne qu'il a contribué à définir[1]. »

Gardien ? Emmanuel Macron s'est plutôt rangé sagement aux arbitrages présidentiels sur ce sujet. Et si Hollande critique la gestion du dossier par Bercy – notamment concernant la communication catastrophique autour de la loi, donnant le sentiment d'une capitulation du gouvernement en rase campagne face aux grandes banques –, il donne souvent raison aux arguments du Trésor. Ainsi, alors que, début février 2013, Karine Berger avait obtenu de Pierre Moscovici un amendement donnant la possibilité aux futurs ministres de l'Économie, par décret, de revoir à la hausse la part d'activité spéculative à devoir séparer des autres activités bancaires, l'Élysée lui a demandé expressément de faire machine arrière… Et pour faire passer le message, c'est Emmanuel Macron qui s'y est collé : « Bercy avait préparé le texte de loi aux ordres des banquiers. J'ai réussi à arracher l'amendement à Moscovici contre l'avis de son cabinet, raconte la députée. Mais après une rencontre qu'il a eue avec le président de la République, j'ai eu un message un soir très tard sur mon portable d'Emmanuel Macron qui me demandait de ne pas déposer mes amendements… Je l'ai rappelé le lendemain à 7 heures du matin, mais les amendements avaient déjà été déposés[2]. » Au final, ces mesures, qui avaient rendu les services de Bercy furieux, ne seront pas retenues. « En fait, c'est Macron qui a donné à Berger la position de l'Élysée, car Moscovici n'a pas eu le courage de la rappeler… témoigne un ancien collaborateur de Bercy. Comme souvent, c'est Macron qui fait l'emballage après les arbitrages présidentiels. »

1. Entretien du 6 juillet 2015.
2. Entretien en septembre 2014.

Aujourd'hui, Macron n'est plus le collaborateur d'Hollande. Ministre, il n'hésite pas à affirmer ses idées à l'égard de la décision politique. Des idées bien éloignées des hésitations du chef de l'État : « Si l'on veut stabiliser la vie politique et la sortir de la situation névrotique actuelle, il faut, tout en gardant l'équilibre délibératif, accepter un peu plus de verticalité. Pour cela, il faut proposer des idées […]. À l'inverse, si l'on ne propose rien et qu'on se contente de réagir au fil de l'eau, on se retrouve en situation de faiblesse. Si l'on installe l'idée que toutes les paroles se valent, et si l'action politique se construit uniquement dans les équilibres à trouver entre ces paroles, on tue alors la possibilité d'emmener nos concitoyens vers une destination identifiée. C'est l'immobilisme[1]. »

Ne trouve-t-on pas là le meilleur portrait du quinquennat de François Hollande ? Pour les tenants de la « réforme », assurément. Pour ceux qui se désespèrent de l'absence d'une politique de gauche à la tête de l'État, c'est une occasion supplémentaire de s'inquiéter. Macron n'est plus seulement un parapluie, il est désormais aux commandes. Il avait pourtant déjà joué un rôle crucial au cœur du réacteur : à l'Élysée.

1. Interview dans *Le Un*, *op. cit.*

II

Au cœur du pouvoir

2012-2015

« Macron était excité par la politique. »

Cécile DUFLOT,
ancienne ministre du Logement.

Chapitre 1

Élysée, canal Macron

La scène se déroule deux jours à peine après l'installation de François Hollande à l'Élysée, le 15 mai 2012 : dans la salle à manger du palais présidentiel, Jacques Attali, l'ancien « sherpa » de François Mitterrand, déjeune longuement avec le nouveau président socialiste et l'un de ses secrétaires généraux adjoints, Emmanuel Macron, nommé officiellement il y a quelques heures à peine. Entre la poire et le fromage, Attali est venu leur donner quelques conseils et leur expliquer le fonctionnement de la plus haute instance de l'exécutif français.

Dans sa carrière politique, Hollande n'a jamais été ministre, encore moins Premier ministre. Accéder au « Château » est donc son baptême du feu de l'État. Le déjeuner se déroule sous d'étranges auspices : François Hollande a travaillé à la présidence de la République, trente ans auparavant, où il n'était autre qu'une « petite main » de « Monsieur » Attali. En 1981, après la première victoire de la gauche, le conseiller spécial de Mitterrand l'avait pris comme assistant. Étrange passage de relais entre trois générations. Emmanuel Macron, d'habitude si prolixe, écoute, et prend des notes.

C'est justement Jacques Attali et Jean-Pierre Jouyet, ses deux parrains auprès du chef de l'État, qui ont poussé à sa nomination au cœur même de l'équipe élyséenne. Bien qu'il n'ait été appelé par Pierre-René Lemas, nommé secrétaire général, que le week-end précédant l'installation du président nouvellement élu, Emmanuel Macron semble avoir fait des pieds et des mains pour accéder à ce poste tant convoité. Une fois encore, le jeune banquier a su saisir sa chance : Jean-Pierre Jouyet, ami de quarante ans de François Hollande, ne pouvait prétendre à une telle fonction, du moins immédiatement après sa participation au précédent quinquennat de Nicolas Sarkozy comme secrétaire d'État aux Affaires européennes[1]. « Je pense que son poste était défini depuis longtemps. Il en avait parlé à Hollande, estime Aquilino Morelle[2], nommé à l'époque conseiller politique, qui rencontre pour la première fois le personnage Macron le 15 mai 2012. On s'est entendu tout de suite, comme avec Nicolas Revel, l'autre secrétaire général adjoint. » Le poste de Macron est défini alors de la manière suivante : « sherpa » du président de la République pour les sommets internationaux du G8 et G20, il a également en charge les questions économiques.

Rien n'est joué pourtant : « Le président constitue vraiment son équipe après le second tour, nous explique Nicolas Revel[3]. Il a ainsi choisi son secrétaire général dans le courant de la semaine précédant son installation, entre le 6 et le 15 mai. » Comme Macron, Nicolas Revel est appelé le samedi 12 mai par Pierre-René Lemas. Dès le lendemain du second tour, celui qui était jusqu'alors directeur de cabinet de Bertrand Delanoë à la mairie de Paris reçoit un coup de fil d'un journaliste lui exposant la composition exacte de la future équipe présidentielle… Et entre les deux tours, Emmanuel Macron rencontre un de ses amis entrepreneurs à qui il explique qu'il va faire partie de l'aventure sans préciser à quel poste :

1. Jean-Pierre Jouyet a finalement été nommé secrétaire général de l'Élysée en avril 2014, après le départ de Pierre-René Lemas.
2. Entretien du 4 juin 2015.
3. Entretien du 16 juillet 2015.

« C'était acquis qu'il allait entrer dans les cercles du pouvoir, témoigne ce chef d'entreprise. Et il m'a même expliqué ce jour-là que la future équipe comptait taper très vite et très fort dès les premières semaines... » Et de faire part de sa déception : « Malheureusement, je ne pensais pas que ça allait se concrétiser par de très fortes hausses d'impôts. »

Après avoir été conseiller de l'ombre de François Hollande durant la campagne, Macron devient donc collaborateur officiel du président de la République. Changement de statut. Mais pas d'évolution dans sa relation à Hollande. Le jeune Macron – il a 34 ans quand il entre en fonction à l'Élysée – conserve sa liberté de parole. « Qu'on soit d'accord ou non avec ses convictions, je dois dire qu'il les a toujours défendues devant le président, nous raconte Aquilino Morelle. Ce n'est pas une carpette, pas un courtisan. En réunion, il n'hésitait pas à dire ce qu'il pensait. » Sentiment partagé par Nicolas Revel : « Emmanuel avait parfois des propos très libres vis-à-vis d'Hollande. Quand il pense un truc, il le lâche. »

Il le lâche et n'hésite pas à revenir à la charge auprès du chef de l'État qui, souvent, écarte ses conseils insistants par ces mots : « C'est bon, j'ai compris, mais je ferai comme je l'ai décidé. » Dans le film du documentariste Patrick Rotman, *Le Pouvoir*[1], on aperçoit d'ailleurs un Macron très à l'aise devant le président. Contrairement à d'autres conseillers, il conserve le tutoiement de la campagne électorale et lui parle avec une certaine familiarité. Comme lorsqu'il évoque Angela Merkel, la chancelière allemande, peu avant un sommet européen : « Elle veut danser le tango avec toi et elle pense que c'est elle qui doit mettre la jambe droite. Nous, on pense pareil. » Des propos imagés, loin de la rigidité du protocole élyséen...

1. Documentaire sorti en salle le 15 mai 2013.

Une fois nommé secrétaire général adjoint, Macron s'approprie avec brio les idées récoltées ici ou là et joue les passeurs entre le monde patronal et le président. « Macron avait transformé son bureau en antichambre du MEDEF et de l'AFEP[1], ce qui avait tendance à énerver Hollande », ironise un patron alors habitué à rendre visite à Emmanuel Macron. Curieux secrétaire général adjoint qui n'hésite pas, devant ses invités, à prendre ses distances avec son employeur sur le mode : « Votre analyse est juste, mais vous connaissez les blocages… »

Autant dire que le périmètre d'Emmanuel Macron à l'Élysée ressemble davantage à celui d'un super-conseiller spécial, à l'image jadis de Jacques Attali auprès de François Mitterrand, plutôt qu'à celui d'un conseiller technique – les « rubricards » du cabinet du président. « Entre porter des idées ou être secrétaire général adjoint, il n'a pas choisi, d'où une certaine confusion dans son rôle… » s'irrite un ancien conseiller. Le préfet Pierre-René Lemas, alors secrétaire général de l'Élysée, veille tant bien que mal à éviter les brouillages provoqués par de telles gesticulations autour du chef de l'État : « Si Hollande aime bien Macron, il n'est pas dupe de son autopromo… De toute manière, le président décide seul », commente à l'époque un proche de Hollande. Ainsi, le pacte de responsabilité, généreusement attribué par les médias à Emmanuel Macron, est initié par le président lui-même après plusieurs entrevues avec Pierre Gattaz, président du MEDEF.

« Emmanuel a dû jouer le rôle de *go-between*, mais le deal politique, c'est le président. C'est lui qui l'a imaginé,

1. MEDEF : Mouvement des entreprises de France, principale organisation patronale. AFEP : Association française des entreprises privées, qui rassemble les cent plus grosses sociétés françaises, dont celles cotées au CAC 40.

conçu et voulu », nous confirme Aquilino Morelle. « Je l'ai pas mal vu pendant la période du pacte de responsabilité, il était quand même l'éclaireur. Il y a beaucoup de dossiers où Hollande le laissait partir, y compris sur des négociations », précise de son côté le communicant Gilles Finchelstein[1]. Car, comme à son habitude, François Hollande laisse faire. Et Macron de se saisir de mandats et missions aux contours plus ou moins flous, à ses risques et périls : « Si ça ne marche pas, je vais m'en prendre une… » confie-t-il à l'époque à un ami.

Peu importe : le secrétaire général adjoint prend le risque. Car, avant de décider, le président de la République aime plus que tout disposer de plusieurs options sur la table : « Si vous avez des idées, vous m'en parlez », ordonne-t-il à ses collaborateurs. Et à force de multiplier les initiatives, Macron finit par prendre une place importante dans l'équipe élyséenne, même si ses conseils ne sont pas forcément suivis. À la fois présent sur l'ensemble des dossiers économiques et industriels, son terrain de jeux est large : « Quand vous vous occupez d'économie à l'Élysée, vous avez vocation à vous occuper de tout, remarque un conseiller. Et Macron va finir par gagner la bataille des courtisans, à acquérir de plus en plus de poids, ce qui n'était pas joué au début. » Dès les premières semaines après sa nomination, Emmanuel Macron est ainsi chargé de superviser la mise en place de la Banque publique d'investissement, un dossier auquel tient particulièrement François Hollande, l'une de ses promesses de campagne. Nicolas Revel l'admet : « Emmanuel a toujours eu un rôle à part auprès du président. »

Si Emmanuel Macron sympathise avec Aquilino Morelle, ancien conseiller de Lionel Jospin, ami de Manuel Valls et ex-directeur de campagne d'Arnaud

1. Entretien du 16 juin 2015.

Montebourg lors des primaires socialistes, c'est que, malgré leurs divergences idéologiques, les deux hommes se retrouvent sur une même envie d'agir. Les deux conseillers poussent ainsi le président à une clarification de sa ligne, à être davantage en phase avec la demande de volontarisme politique exprimée par les Français. Bref, ils militent pour que le chef de l'État sorte de sa position fétiche d'équilibriste.

Résultat, dès le début du quinquennat, l'équipe élyséenne se fracture. D'un côté, le préfet Pierre-René Lemas, de l'autre ses deux adjoints, Emmanuel Macron et Nicolas Revel, liés à Aquilino Morelle. Lemas, ami de près de quarante ans de François Hollande – tous deux sont issus de la promotion Voltaire de l'ENA –, est un haut fonctionnaire des plus classiques. Conseiller de Gaston Defferre puis de Pierre Joxe, spécialiste de la décentralisation, il a mené une carrière discrète dans la préfectorale puis dans les ministères du Logement et de l'Équipement. En 2008, il est nommé, sous Nicolas Sarkozy, directeur général de Paris Habitat, l'office public de l'habitat de la capitale, fonction qui l'amène à travailler avec Nicolas Revel… alors son supérieur hiérarchique comme directeur de cabinet de Bertrand Delanoë.

Au final, Pierre-René Lemas n'a jamais réussi à s'imposer à l'Élysée. Si l'homme a toute la confiance de François Hollande, il manque incontestablement d'envergure pour une fonction éminemment politique et stratégique, se comportant davantage comme un super-directeur de cabinet. « Revel et Macron étaient finalement "SG" dans les faits », remarque un ami proche d'Hollande. « Lemas était très respecté, mais ne décidait de rien. Il n'était pas un secrétaire général hyper-interventionniste. Ce n'était pas un Guéant ni un Villepin », décrit un ancien conseiller de l'Élysée. De fait, les deux secrétaires généraux adjoints avaient plus de pouvoir. Face à eux, Lemas, incarne la figure du préfet. Il a le sens de l'État, la droiture et l'honnêteté, mais manque d'expérience économique et internationale et d'arguments face à ses deux adjoints aux fortes personnalités. Et Macron va très rapidement se saisir de l'espace laissé vacant auprès du président. Pour le meilleur ou pour le pire : « À l'époque, l'ambiance générale à l'Élysée se résumait à un gros bordel, lâche un ancien conseiller, dépité. Il n'y avait aucune harmonie dans l'équipe. Le secrétaire général n'arrivait pas à accorder les violons. » Pour ne rien arranger, Sylvie Hubac, la directrice de cabinet de François Hollande, se retrouve rapidement en conflit avec Emmanuel Macron.

Dès qu'ils en ont l'occasion, Emmanuel Macron et Nicolas Revel s'épanchent auprès d'Aquilino Morelle, qui fait office de bureau des pleurs. Dans ce contexte fébrile, les articles de presse qui se multiplient sur l'ancien banquier de Rothschild vont attiser les tensions. Pour un (simple) secrétaire général adjoint, Macron est déjà une petite star chez les journalistes. Dès le 18 septembre 2012, *Libération* lui consacre un long portrait monté sur une double page, titré sans équivoque : « Le petit génie de l'Élysée. » Photographié pour l'occasion, l'intéressé prend la pose d'une manière décontractée, assis par terre, sans sa veste, arborant un large sourire. Sous forme de conseil « amical », Pierre-René Lemas explique le même jour, lors d'un reportage de France 2 consacré au fonctionnement de l'Élysée : « Les conseillers n'ont pas à décider. Ils donnent leur avis, ils font des analyses, des propositions, et une fois que la décision est prise, elle est mise en musique, en œuvre, en pratique, par le Premier ministre et les ministres. »

Macron enchaîne pourtant les portraits dans *Les Échos*, *Le Monde*... Devant une telle médiatisation, Hollande laisse faire dans un premier temps. Mais, conscient des tensions dans son équipe, il finit par demander à Aquilino Morelle, en charge également de la presse, de moins en faire. Consigne est donnée de ne pas répondre aux journalistes qui veulent écrire des articles sur Emmanuel Macron. Une initiative maladroite, car elle amène ceux couvrant l'Élysée à se demander s'il n'y a pas un problème au sein du cabinet du président de la République…

Si Emmanuel Macron a un talent, c'est celui de jouer avec les contraires, et les positions des uns et des autres dans ce petit théâtre, cette société de cour de la Ve République. Un hollandiste, grand admirateur du film *Marie-Antoinette* de Sofia Coppola, le surnomme « le "macaron" : sucré à l'extérieur et mou à l'intérieur ». Au royaume de la déférence, des courbettes, des bons mots (parfois présidentiels) et des coups de billard à dix bandes, dignes de l'Ancien Régime, Macron pourrait endosser le rôle du jeune abbé de cour – ami des (grands) patrons, « allié » de circonstance d'Arnaud Montebourg[1], recevant à tour de bras apprentis conseillers du prince, capitaines d'industrie ou journalistes, qu'ils soient au firmament ou même déchus. Ainsi, grâce à lui, le socialiste Julien Dray, écarté au début du quinquennat par Valérie Trierweiler, conserve un accès direct au président. Le secrétaire général adjoint prend aussi l'habitude d'accueillir à l'Élysée son ami Étienne Gernelle, pourtant patron du *Point*, qu'il convie, durant l'été 2013, à la préparation d'un séminaire gouvernemental.

Ces rencontres lui permettent d'être au cœur de multiples réseaux d'information. Et d'en référer ensuite au président : « Pour ton information, à tel conseil d'administration, il s'est passé ça… » confie souvent Macron à François Hollande. Mais le jeune homme ne s'intéresse pas qu'à l'économie. Secrétaire général adjoint, il déjeune régulièrement avec les députés « réformistes » que sont Jean-Marie Le Guen, Christophe Caresche et

1. Lire le chapitre « Montebourg : "mon ami Macron" ».

Gilles Savary. Il rencontre aussi le député Jean Glavany[1] ou le communicant Robert Zarader, ami de Hollande, avec lequel il n'hésite pas à évoquer les défauts de communication du président de la République, au plus mal dans les sondages d'opinion. Comme si cela relevait de sa compétence…

« Ce qui m'a frappé quand il était à l'Élysée, c'est qu'il savait faire de la politique », constate Gilles Finchelstein. Une impression confirmée par Cécile Duflot, l'ancienne ministre du Logement : « Il était moins formaté que d'autres conseillers dans le fonctionnement de l'État et des cabinets, il était excité par la politique[2] », se souvient-elle pour ce livre. Cet appétit l'amène d'ailleurs à vouloir nouer des relations directes avec les ministres ou secrétaires d'État, contournant régulièrement leurs directeurs de cabinet ou leurs collaborateurs respectifs. « Son jeu était d'établir un contact direct avec les ministres, de se forger un lien exclusif avec eux », se souvient un ancien conseiller du gouvernement. Ce à quoi Cécile Duflot s'est toujours refusée : « Moi, en tant que ministre, j'ai toujours considéré que j'avais des discussions politiques avec le Premier ministre, voire le président de la République. » Pas avec Macron.

L'intrusion du secrétaire général adjoint dans le Meccano gouvernemental va parfois très loin. Dès les premières discussions sur le projet de loi de finances rectificative pour l'année 2015, Emmanuel Macron prend clairement l'ascendant sur le cabinet du ministre de l'Économie et des Finances, Pierre Moscovici. « En à peine trois mois, il s'est retrouvé quasiment sous tutelle », remarque un ancien conseiller de Jean-Marc Ayrault à propos du patron de Bercy d'alors.

1. Lire le chapitre « Le grand saut ».
2. Entretien du 11 septembre 2015.

Et si Emmanuel Macron veille à ne pas trop s'exposer sur la loi bancaire alors en discussion[1], il en est tout autrement sur d'autres dossiers, comme la loi sur le logement portée par Cécile Duflot, qui prévoit des mesures provoquant l'ire des professionnels du secteur : « C'est simple, à chaque fois qu'on touchait à un lobby, on avait droit à une contre-offensive de Macron », se souvient un ancien du cabinet de la ministre du Logement. « Même si Emmanuel Macron était convaincu de la nécessité d'investir dans le logement, il relayait avec force les inquiétudes des assureurs, représentés par Bernard Spitz, le président de la Fédération française des assurances, à propos de la garantie universelle des loyers », raconte Cécile Duflot. Et qui est Bernard Spitz ? Un ancien conseiller de son mentor Michel Rocard, par ailleurs membre du Siècle, des Gracques et des *think tanks* En Temps Réel et Terra Nova, fréquentés également par Macron.

Autre dossier sur lequel le secrétaire général adjoint est intervenu au-delà de ses prérogatives de (simple) conseiller auprès du président de la République : le gaz de schiste. Soutenant Arnaud Montebourg sur ce sujet, qui souhaitait ne pas fermer totalement la porte aux producteurs, il s'est permis à de multiples reprises d'appeler les ministres de l'Écologie, Delphine Batho puis Philippe Martin, pour tenter d'imposer des autorisations d'exploitation d'huile de schiste en Île-de-France.

Enfin, dès l'automne 2013, Emmanuel Macron milite auprès de François Hollande, de même qu'Aquilino Morelle et les ministres Montebourg et Hamon, pour un changement de Premier ministre. « Emmanuel souhaitait le départ de Jean-Marc Ayrault du gouvernement, nous confirme Aquilino Morelle. De par ses fonctions, il voyait bien comment l'État ne fonctionnait pas. »

1. Lire le chapitre « Le parapluie de Hollande ».

Les deux conseillers mènent alors une véritable campagne de déstabilisation contre le chef du gouvernement, qui a annoncé vouloir mettre en place la réforme fiscale promise par François Hollande durant la campagne présidentielle : « Le projet de Jean-Marc Ayrault sur la fiscalité a été torpillé par l'Élysée, se désespère aujourd'hui un ancien conseiller de Jean-Marc Ayrault. Ils sont allés jusqu'à agiter les syndicats contre le prélèvement à la source ! Et l'un des collaborateurs de Macron, le conseiller Hervé Naerhuysen, en charge des finances publiques et de la fiscalité[1], a reçu les journalistes pour taper sur Matignon et décrédibiliser le projet du Premier ministre. » Sans pitié, les collaborateurs du président n'attendent qu'une chose : la mise à mort politique de l'ancien maire de Nantes. Pour le plus grand bonheur de Manuel Valls : « C'est bien eux qui vont tuer Ayrault à la fin », constate alors un ancien de Matignon.

À l'Élysée, le jeune conseiller proclame *urbi et orbi* son impatience de voir la concrétisation des mesures décidées. « Emmanuel, c'est un libéral. Plus réformateur que comptable. Si on le juge en comparaison avec Hollande, il avait effectivement une ligne plus volontaire. Selon lui, il aurait fallu y aller plus vite, et plus fort, et décider immédiatement des réformes structurelles », analyse Aquilino Morelle. Plus libéral, et moins comptable qu'Hollande ? Si Emmanuel Macron plaide auprès du président de la République pour engager rapidement des réformes « structurelles » sur les retraites ou le contrat de travail, il souhaite en contrepartie que la France en fasse un peu moins sur la règle des 3 % de déficit. Sa

1. Ce conseiller discret, qui aurait inspiré le CICE, est désormais directeur général adjoint du groupe PRO BTP, spécialisé dans la retraite complémentaire et l'assurance des personnes pour les entreprises et salariés du bâtiment et travaux publics.

hantise ? Les hausses d'impôts décidées dès les premières semaines du quinquennat.

« Il était pour faire tout de suite une politique économique de l'offre, pas à moitié », ajoute Morelle. Sur ce point, il se retrouve en totale osmose idéologique avec François Hollande. Leur différence ? Le jeune Macron n'a comme seul bagage que ses convictions libérales, alors que le chef de l'État doit se délester mois après mois de ses engagements de campagne et du fameux discours du Bourget contre la finance.

Peu de temps après les vœux à la presse de François Hollande en janvier 2013, où est annoncé le choc de simplification, Emmanuel Macron milite activement au sein du cabinet présidentiel pour « briser les tabous des dépenses publiques », qu'il considère comme trop élevées. Son homologue Nicolas Revel, en charge notamment des dossiers sociaux et d'éducation, obtient pourtant du chef de l'État de ne pas toucher à la promesse d'embaucher soixante mille personnes à l'Éducation nationale. De leur côté, la ministre des Affaires sociales, Marisol Touraine, et le Premier ministre, Jean-Marc Ayrault, freinent les ardeurs de Macron concernant les retraites. Le conseiller souhaite en effet que la durée de cotisation soit augmentée plus rapidement que prévu… Une proposition qui sera finalement refusée par Hollande. Car le président de la République le sait, l'activisme économique tous azimuts de Macron laisse pantois de nombreux élus socialistes : « Il manquait à l'Élysée un macroéconomiste ! se désole le député Pierre-Alain Muet, pas convaincu par la "macron-économie"[1]. Après le départ de Sandrine Duchêne, la conseillère économique, il n'y avait plus personne… »

1. Entretien en octobre 2014.

À l'été 2013, Emmanuel Macron confie sa lassitude à ses proches. Le secrétaire général adjoint multiplie les critiques à l'égard de l'inertie de la machine élyséenne. Mais il se désespère aussi des atermoiements de son champion, François Hollande. Depuis le début du quinquennat, le président a souvent davantage écouté les ministres ou les élus socialistes que son conseiller « préféré ». Contrairement à ce que laissent entendre les portraits élogieux que lui consacre la presse, son influence s'avère finalement limitée.

N'est-il pas temps, pour lui, de changer de voie ? Ou de braquet ? Et si Macron devenait, lui-même, un responsable politique capable de porter une voix différente ? Bref, le jeune homme pense déjà à quitter l'Élysée et à préparer sa sortie. « Il m'avait toujours dit qu'il ne comptait pas rester plus de deux ans au cabinet d'Hollande », nous confie un de ses amis. Mais, pour Macron, toutes les options sont sur la table. Son destin est-il lié obligatoirement à la politique ? Un tel engagement sert-il encore à quelque chose, dans le cadre de la globalisation ? Le doute l'envahit. D'autant qu'après la mise en place du CICE[1], les résultats économiques tardent à venir, ce qui augmente sa frustration et son inquiétude : malgré les premières décisions prises par le gouvernement pour soutenir l'activité, l'investissement privé ne repart décidément pas. « Je me souviens lui avoir parlé début août 2013 du contrat de génération du CICE… Je lui expliquais que les formulaires étaient très compliqués, mais il n'avait pas l'air au courant. Comme s'il s'était déjà transformé en "techno" loin des réalités vécues. Cela m'a déçu un peu… » se souvient un ami patron.

1. Le crédit d'impôt pour la compétitivité et l'emploi est un avantage fiscal qui concerne les entreprises employant des salariés et équivaut à une baisse de leurs charges sociales.

À l'automne, le trou d'air économique se confirme : « On sentait que cela se grippait. Les acteurs économiques avaient mis le frein à main. Le fond de l'air n'était pas bon. Quelque chose ne marchait pas. Nous avions le sentiment qu'il fallait trouver d'autres initiatives pour rebondir », se souvient Nicolas Revel. Alors que les nuages s'accumulent à l'horizon, Macron finit par reprendre du poil de la bête. « On est dans la vallée de la Mort. Soit vous vous arrêtez et vous êtes morts, soit vous dealez avec les Indiens », fait-il remarquer à l'équipe présidentielle.

Macron se met au travail avec l'aide de cinq collaborateurs du « pôle économique » de l'Élysée, et multiplie les séances de brainstorming. Après quelques semaines, il rend sa copie au président. Dans sa besace ? « Des propositions assez charpentées », se souvient l'un de ses anciens collaborateurs. Tout y passe : collectivités territoriales, avec la proposition de la suppression de la clause de compétence générale ; la question européenne, avec la proposition d'un parlement de la zone euro ; la question des professions réglementées que les services de Bercy avaient mise sur la table dès le début du quinquennat ; le dossier du logement, avec la proposition d'une forte relance de l'investissement public dans ce domaine. « Emmanuel avait pensé mixer de nouvelles mesures sur l'offre à un "choc de demande", grâce à la dérégulation des professions réglementées et la relance des investissements publics dans le logement », confie un ancien collaborateur. Un choc de demande[1] ? Quasiment le programme des frondeurs, de Martine Aubry et d'Arnaud Montebourg réunis ! Mais tel ne sera pas le choix du président.

1. Pour résumer, la politique de la demande est une politique économique qui vise à augmenter les investissements publics et la consommation en allégeant les impôts ou en augmentant les dépenses publiques.

En cette fin d'année 2013, les chiffres du chômage sont toujours aussi noirs. François Hollande sait qu'il doit présenter de nouvelles mesures afin de relancer l'économie. Mais il attendra le tout dernier moment pour se décider. C'est vraiment dans la dernière ligne droite, le 30 décembre au soir, que le président annonce à ses proches conseillers son choix d'alléger encore de 50 milliards d'euros les charges des entreprises. C'est le fameux « pacte de responsabilité » qu'il présentera lors de ses vœux présidentiels télévisés moins de vingt-quatre heures après. « François Hollande a choisi de se concentrer sur l'offre », regrette un ancien du pôle économique. « Macron a été extraordinairement moteur durant cette période, mais c'était loin d'être unilatéral. Le "pacte de responsabilité" fut d'abord un moment politique décidé par François Hollande qui voulait donner un signal supplémentaire à l'égard de chefs d'entreprise… » Un signal ? Peu importe l'efficacité économique ? En tout cas, dès l'annonce présidentielle officialisée, Emmanuel Macron s'attaque avec Aquilino Morelle et Nicolas Revel à la préparation des éléments de langage et des conditions de mise en œuvre d'un tel « pacte ».

Le 14 janvier 2014, lors de la cérémonie des vœux du président de la République aux acteurs économiques et sociaux, Macron sera à l'origine d'un énorme couac de communication. Suite au discours présidentiel sur la mise en œuvre du pacte, Nicolas Revel et lui improvisent un *off* avec une trentaine de journalistes. « C'est très bien pour les entrepreneurs, mais ne pensez-vous pas qu'il faudra faire la même chose pour les ménages ? » demande l'un d'entre eux. Réponse de Macron : « Évidemment, il faudra faire quelque chose pour les ménages ! » Et d'évoquer de possibles mesures d'allégements fiscaux en leur direction… Les journalistes vont transformer le conditionnel en affirmatif, annonçant que « le gouvernement envisage de possibles allégements fiscaux pour les ménages ».

Une vraie sortie de route, grâce à une information qui embrume un peu plus le message du chef de l'État. Ce dernier est furieux. Jean-Marc Ayrault également, qui réclame la tête du jeune conseiller. « Il voulait profiter de la situation pour se faire Macron. C'était de bonne guerre », souligne un conseiller. Reste que des mesures pour les ménages seront finalement annoncées dans le cadre du projet de loi de finances de 2015.

Au cours de ses dernières semaines à l'Élysée, Emmanuel Macron se lance sur le dossier du marché du travail, une de ses marottes. Et le futur ministre de l'Économie a incontestablement, à ce sujet, des convictions très tranchées et libérales[1], en dépit de son alliance avec Arnaud Montebourg…

1. Lire le chapitre « Vers le contrat unique ».

Chapitre 2

Montebourg : « mon ami Macron »

Une vraie histoire d'amour. Entre Arnaud Montebourg, le fougueux ministre du Redressement productif (puis de l'Économie), et Emmanuel Macron, le très urbain secrétaire général adjoint de l'Élysée, le contact passe cinq sur cinq au début du quinquennat. « Macron, c'est un allié ! », « Macron, c'est mon ami », ne cesse de répéter Montebourg à son équipe de conseillers à Bercy. Des propos forts. Le ministre fait dans l'affectif. Au point que lors d'un voyage commun aux États-Unis, les deux hommes rivalisent d'attentions réciproques, et multiplient les blagues au cours de leurs longs trajets en car : « Ils étaient copains comme cochons, très boute-en-train », se souvient un conseiller du ministre du Redressement productif. En son temps, Pierre Mendès France expliquait que « la démocratie est d'abord un état d'esprit ». Arnaud Montebourg attache, lui, une grande importance à l'esprit de camaraderie en politique. Et le jeune Macron, pourtant son opposé idéologique et générationnel, lui apparaît très vite comme un camarade sur qui compter à l'Élysée.

Littéralement en guerre froide avec Jean-Marc Ayrault à Matignon, et quelque peu isolé au sein de ce gouvernement pour le moins éloigné de sa ligne de « démondialisation » proclamée lors des primaires au PS, Montebourg cherche effectivement à élargir ses marges de manœuvre. Macron, pense-t-il, est un de ses soutiens au sein de l'État. C'est vrai que sur le dossier de Pétroplus[1], le conseiller élyséen est particulièrement « aidant », se souvient un ancien du cabinet Montebourg. Entre celui qui entend redresser le système productif et l'ancien banquier de chez Rothschild, les contacts sont constants. Chaque semaine, l'entourage du ministre fait parvenir des notes à Macron sur les entreprises en difficulté. « Ce fut un bon relais, un facilitateur, dans les situations où l'on cherchait un repreneur. Trouver des actionnaires, des investisseurs, il sait faire », remarque un ancien conseiller. Autres dossiers de Montebourg soutenus par Macron à l'Élysée : les trente-quatre plans de « la Nouvelle France industrielle », l'expérimentation de l'exploitation du gaz de schiste, et le soutien à Bouygues dans sa volonté de racheter SFR, dans l'idée de consolider le secteur des télécoms.

Mais les convergences du couple Montebourg-Macron ne sont que de circonstances. Quels intérêts sont susceptibles de partager l'un des leaders du Parti socialiste, critique viscéral de la mondialisation après avoir lutté à la fin des années 1990 contre les paradis fiscaux, la corruption et les trous noirs de la haute finance et le conseiller de François Hollande qui, bien qu'il s'en défende avec fougue, est l'expression même de la haute technocratie de l'État associée à ce système financier ? « Arnaud Montebourg et Emmanuel Macron ont des visions de l'économie très différentes. Concrètement, Montebourg avait des relations exécrables avec l'ultra-libéral Denis Kessler, le numéro deux du MEDEF, alors que Macron

1. En 2008, la société Pétroplus avait racheté à Shell la raffinerie de Petit-Couronne en Seine-Maritime, employant cinq cent cinquante personnes. Mais en 2012, face aux difficultés économiques, Pétroplus décide de mettre en vente la raffinerie, sans succès, amenant le site à fermer en avril 2013.

l'a décoré, se souvient un ancien conseiller. Si Montebourg s'entendait bien avec des industriels comme Gérard Mestrallet de GDF Suez, ou Jean-Louis Beffa de Saint-Gobain, Macron est adoré de Jean-Laurent Bonnafé de BNP Paribas, de Jean-Paul Chifflet du Crédit Agricole[1], ou d'Henri de Castries, d'Axa. » Justement, Jean-Louis Beffa, président d'honneur de Saint-Gobain, tempère cette vision d'un Macron acquis à la finance : « Macron apparaît moins industriel que Montebourg, mais en fait, ils sont sur des lignes assez semblables. » Et l'ancien grand patron, aujourd'hui conseiller à la banque Lazard, de nous expliquer : « Montebourg est d'abord un idéologue. Il n'a pas du tout la technicité de Macron. Et puis il a presque une vision romantique de l'entreprise »…

Le romantisme du ministre du Redressement productif va très vite être confronté au « réalisme » de Macron et à son ambiguïté : « Par rapport à Montebourg, Emmanuel est beaucoup plus pragmatique… et même beaucoup plus plastique ! » ironise un ministre. Bref, Macron, devenu expert dans l'analyse des rapports de force, est capable de changer de cheval bien plus rapidement que l'ancien ministre, manière idéale pour lui de rester le plus souvent du côté des gagnants. L'image d'un homme malléable et dur à la fois ? « Macron a passé son temps à prendre Montebourg pour un guignol », raille un autre conseiller… Car, au fil des mois, les sorties incontrôlées du ministre du Redressement productif ont particulièrement irrité l'Élysée. Conséquence : Macron, certes chargé des affaires économiques, est devenu quasiment le seul interlocuteur d'Arnaud Montebourg au « Château ». Aux yeux de François Hollande, un officier traitant idéal chargé de gérer et surtout de canaliser les frasques du ministre trublion… On est bien loin d'un « allié ».

1. Jean-Paul Chifflet a pris sa retraite en mai 2015.

À l'époque, Arnaud Montebourg revient pourtant régulièrement de ses rendez-vous avec Macron le sourire aux lèvres et boosté d'un optimisme sans faille sur le dossier en cours : « C'est ok ! » proclame-t-il souvent à l'attention de son équipe au retour d'un entretien dans le bureau du secrétaire général adjoint, rue du Faubourg-Saint-Honoré. À plusieurs reprises cependant, le cabinet de Montebourg s'aperçoit après coup que le « oui » de Macron correspond plutôt à un « oui mais… », voire à un « oui, mais non en fait… » Devenu directeur de cabinet de Montebourg après le départ de Stéphane Israël en avril 2013[1], Boris Vallaud ne cesse de rappeler à son ministre cette évidence à propos d'Emmanuel Macron : « C'est notre allié, mais il travaille pour le président de la République. » Manifestement, Arnaud Montebourg a oublié à ses dépens cette donnée, à plusieurs reprises…

C'est le cas notamment lors d'un épisode hautement symbolique pour la gauche en ce début de quinquennat : l'affaire des hauts-fourneaux de Florange. En novembre 2012, le délai pour trouver un repreneur à l'usine sidérurgique ArcelorMittal, située en Lorraine, arrive à son terme, quelques mois à peine après l'élection à la présidence de la République du candidat Hollande, qui s'était rendu sur le site afin de soutenir les salariés. Au sein du gouvernement, Arnaud Montebourg évoque alors avec force la possibilité de nationaliser provisoirement les hauts-fourneaux lorrains, une solution permettant selon lui de trouver un repreneur. Une « arme » refusée par de nombreux ministres et par le premier d'entre eux, Jean-Marc Ayrault.

Mais François Hollande donne carte blanche à Montebourg. C'est ce qu'explique ce dernier dans un documen-

1. Stéphane Israël fut le premier directeur de cabinet d'Arnaud Montebourg, avant de devenir en avril 2013 PDG d'Arianespace.

taire diffusé par Canal+[1] : « Le président de la République m'a laissé avancer, a protégé mon avancée même, témoigne deux ans et demi plus tard l'ancien ministre. C'est-à-dire qu'il a demandé à certains de mes collègues dans le gouvernement, qui n'étaient pas d'accord avec la proposition de nationalisation [...], de ne pas me critiquer publiquement. Donc de me laisser avancer. Je me suis senti soutenu, et pas seulement senti : je crois que je l'avais convaincu. » À la demande de François Hollande, le ministre du Redressement productif travaille tout le mois de novembre 2012 sur la reprise de Florange. Et Montebourg est confiant : il pense avoir trouvé un repreneur sérieux, l'industriel Bernard Serin, par ailleurs président du FC Metz.

Dès lors, un jeu de dupes va prendre le dessus, par la seule volonté présidentielle. À son habitude, François Hollande aime à disposer de plusieurs solutions pour être en mesure d'apparaître, au final, comme le seul juge... quitte à brouiller les messages. Son obsession ? Se préserver entrouverte une porte de sortie. Ainsi, jusqu'à la dernière minute, le président de la République signifie à Montebourg que toutes les options sont sur la table. Macron a laissé entendre la même chose. Jusqu'au bout, le secrétaire général adjoint de l'Élysée semble jouer la carte du bouillant ministre.

En fait, Emmanuel Macron a été chargé par le président de suivre le montage du projet du ministre du Redressement productif. Au cours de la période, les échanges entre les deux hommes sont donc nombreux, et une complicité se crée, forcément : « On ne va pas te laisser tomber », assure Emmanuel Macron au ministre, à maintes reprises. Montebourg y croit. Face à l'opposition féroce du Premier ministre Jean-Marc Ayrault et de son directeur de cabinet, Christophe Chantepy, le ministre du Redressement productif pense avoir un allié de choix à

1. *Danse avec le FN*, diffusé lundi 20 avril 2015 sur Canal +.

l'Élysée en la personne de Macron, susceptible de faire le contrepoids avec Matignon. Naïveté ? « En fait, il lui a fait croire qu'il le soutenait alors qu'il n'a fait que suivre les hésitations du président de la République », juge, amer, un ancien membre du cabinet Montebourg.

Une vision confirmée à demi-mot par Aquilino Morelle, ancien conseiller spécial de François Hollande et ancien directeur de campagne d'Arnaud Montebourg durant les primaires socialistes : « Dans les propos qu'il tenait, Emmanuel a toujours soutenu Arnaud à l'Élysée. Ce n'était pas un de ses adversaires. Donc cela pouvait donner l'impression à Arnaud qu'il était soutenu à l'Élysée. Après, le problème, c'est le président. Quel jeu a joué le chef de l'État avec son Premier ministre et le ministre de l'Économie ? Personne ne le sait exactement. Et quelle connaissance Emmanuel Macron avait-il de ce jeu ? Hollande aurait-il tenu dans l'ignorance Macron ? Peut-être ce dernier a-t-il été, lui aussi, le jouet du président ? Ou l'instrument conscient ? Ce qui est clair, c'est que Macron, lors de différentes réunions, a soutenu les hypothèses de travail du ministre de l'Économie. » Reste qu'à Élysée, si Aquilino Morelle soutient particulièrement l'hypothèse d'une nationalisation temporaire, le secrétaire général, Pierre-René Lemas, semble pour le moins dubitatif, tout comme Jean-Marc Ayrault à Matignon…

François Hollande a donc laissé prospérer l'alternative proposée par Arnaud Montebourg sur Florange. Quitte à l'évacuer au final… Dans ce contexte mouvant, « Emmanuel Macron se demandait surtout comment tout ça pouvait atterrir », se souvient un ancien du cabinet présidentiel. « Emmanuel a un peu oscillé sur ce dossier, d'où son ambiguïté », reconnaît un autre conseiller. En attendant, Montebourg s'engage publiquement, s'exprime en faveur de la nationalisation, laisse espérer une issue favorable aux salariés du site de Florange… Et personne ne le freine, ni ne lui conseille d'arrêter de monter au front ! « Montebourg ne se lance pas dans cette aventure sans croire qu'il dispose de sérieux soutiens à l'Élysée », nous assure un de ses anciens proches conseillers. « Je n'ai jamais vu Macron dire qu'il était favorable à la nationalisation. Son rôle se limitait à l'expertise », tempère aujourd'hui Stéphane Israël, ancien directeur de cabinet de Montebourg. Mais, chez d'autres ex du cabinet de Bercy, les propos se font plus accusatoires à l'égard de l'ancien secrétaire général adjoint : « Macron a fait preuve de duplicité, il est toujours sournois. Certes, il n'a jamais dit qu'ils allaient nationaliser, mais il a précipité le crash de Montebourg. »

Fin novembre, l'issue est proche. Sur ces dernières heures cruciales, deux versions circulent parmi les anciens des cabinets. Ceux qui soutiennent la première rappellent que François Hollande rencontre fin novembre une dernière fois Lakshmi Mittal, le grand patron du groupe mondial de sidérurgie, propriétaire du site de Florange, et qu'à partir de ce moment-là, l'hypothèse d'une nationalisation semble désormais écartée… au profit d'une solution négociée avec l'industriel.

À la demande de François Hollande, Jean-Marc Ayrault organise ainsi une réunion interministérielle le mercredi 28 novembre pour déterminer les derniers éléments de négociation avec le groupe Mittal. Lors des ultimes rencontres sur le dossier, les conseillers élyséens auraient fait part à Arnaud Montebourg de leurs doutes quant à un tour de table trop dépendant de l'argent public et sur le repreneur qui ne garantissait pas les emplois à long terme[1]. Le ministre est-il resté volontairement sourd à ces signaux ? Et d'ailleurs, ces alertes ont-elles été suffisamment claires ? Rien n'est moins sûr…

Car dans la seconde version, l'atterrissage est beaucoup plus rude pour le ministre. C'est lui-même qui le confie.

1. *Florange, la tragédie de la gauche*, Valérie Astruc, Elsa Freyssenet, Plon, 2013.

Au petit matin du vendredi 30 novembre, date-butoir fixée par ArcelorMittal, Arnaud Montebourg décide de descendre de son grand bureau de Bercy pour offrir des croissants aux métallos de Florange qui manifestent au pied du ministère après avoir passé la nuit sous des tentes. Les caméras de télévision sont là. Le leader de la CFDT, Édouard Martin, également. Les images resteront gravées, terrifiantes pour le pouvoir socialiste. Car devant les métallos, Arnaud Montebourg lâche : « Le sens sera de votre côté », laissant croire que l'hypothèse de la nationalisation est encore sur la table. Ajoutant toutefois : « C'est le président qui décide, et seul ! » La veille, Arnaud Montebourg avait parlé au téléphone avec Emmanuel Macron. À l'issue de la conversation, le ministre laissait exprimer sa confiance auprès de son équipe : « Le président est prêt au saut en parachute. »

Mais moins de vingt-quatre heures plus tard, toute nationalisation temporaire est écartée officiellement par Jean-Marc Ayrault lui-même, au cours d'une conférence de presse, dans laquelle le chef du gouvernement annonce la fermeture des hauts-fourneaux de Florange au profit d'une solution négociée avec ArcelorMittal, qui s'engage à investir 180 millions d'euros sur cinq ans dans le site et à ne pas réaliser de plan social. Le choc est rude : « On a le sentiment d'avoir été trahis. Nous n'étions pas au courant de la tenue de cette conférence de presse. C'est le coup de fil d'un journaliste de *Libération* qui nous apprend qu'il n'y aura pas de nationalisation. »

Aujourd'hui, Arnaud Montebourg laisse éclater sa colère sur ce qu'il décrit comme « une humiliation personnelle et une défaite politique [...] un abandon en rase campagne » : « À un moment, il faut faire des choix. Soit vous choisissez d'avoir des éloges dans le *Financial Times*, soit vous choisissez les ouvriers qui vous ont élu. Bon, moi, j'avais fait mon choix. Le Premier ministre et le président de la République ont fait le choix inverse ». Ajoutant : « Je me souviens de cette formule d'Emmanuel Macron : "On saute en parachute avec toi." La veille. Bah, j'ai sauté mais je n'avais pas de parachute et malheureusement j'avais tous les gars d'ArcelorMittal avec moi. Et on s'est fracassés tous ensemble et moi compris. Voilà ce qui s'est passé[1]. »

Mais il n'y a pas que sur Florange qu'Arnaud Montebourg s'estime « trahi » par Emmanuel Macron. Au printemps 2014, le chef de l'État et le gouvernement montent au créneau sur le dossier Alstom. Son PDG, Patrick Kron, soutenu par son principal actionnaire Bouygues, a décidé, dans la plus grande discrétion, de vendre une bonne partie de l'entreprise au géant américain General Electric. Comment un joyau industriel national comme Alstom pourrait-il être racheté par des *Yankees* ? Arnaud Montebourg, devenu le ministre de l'Économie à l'occasion du remplacement de Jean-Marc Ayrault par Manuel Valls, sonne le tocsin.

En quelques semaines, Bercy, Matignon et l'Élysée suscitent l'émergence d'une seconde offre, proposée conjointement par l'allemand Siemens et le japonais Mitsubishi. La pression monte sur General Electric (GE). Mais, en réalité, à l'Élysée, Emmanuel Macron n'est pas convaincu par les propositions d'Arnaud Montebourg. Le secrétaire général adjoint de l'Élysée est pour le moins sceptique, et n'hésite pas à ironiser sur les projets du ministre de l'Économie lors de réunions interministérielles : « Il usait beaucoup de second degré. En fait, Macron prenait clairement Montebourg pour un con », se souvient un ex-conseiller de l'ancien ministre. « De toute manière, le mariage se fera avec General Electric », confie alors Macron à un proche. La banque conseil de Bouygues, Rothschild, se fait alors un malin plaisir à transmettre des notes à son ancien associé…

1. *Danse avec le FN*, *op. cit.*

Matignon et l'Élysée sont sur la même ligne, mais sont désireux d'éviter un second Florange. Sur la thématique du « patriotisme économique », si chère à Arnaud Montebourg, Manuel Valls défendra ainsi auprès de François Hollande les décrets dit « IEF » (investissements étrangers en France), proposés par le ministre de l'Économie, alors que le président de la République y était plutôt opposé. Le 14 mai 2014, le Premier ministre signe ainsi le décret « relatif aux investissements étrangers soumis à autorisation préalable », qui doit permettre à l'État de s'opposer à la prise de contrôle d'un très grand nombre d'entreprises françaises, et pourquoi pas… Alstom. Une manière de gonfler les muscles face aux Américains.

Une nouvelle fois, le couple Macron-Montebourg ne se retrouve pas sur la même ligne. Si le premier aide des jours entiers le second à constituer l'offre Siemens-Mitsubishi, c'est pour mieux l'évacuer au final. « Sur Alstom, Macron a joué en faveur de Patrick Kron et Gaymard [la présidente de GE France], nous confie un proche du dossier. Montebourg a été obligé de plier, même s'il a sauvé les apparences. » Le choix final se fait le 19 juin, lors d'une réunion à l'Élysée autour de François Hollande. Autour de la table : le Premier ministre Manuel Valls, les ministres Ségolène Royal, Arnaud Montebourg, leurs directeurs de cabinet respectifs, et les conseillers du président Jean-Pierre Jouyet et Emmanuel Macron. Quand Montebourg prend la parole, il se fait solennel : « Nous avons deux solutions, dit-il. Celle de Mitsubishi et Siemens est la meilleure. Je souhaite utiliser le décret pour empêcher le rachat par General Electric[1]. » Une heure avant, le ministre de l'Économie avait reçu une dernière fois à Bercy Joe Kaeser, le patron de Siemens. Juste après son exposé, le silence s'installe dans la pièce.

1. « Alstom : 56 jours pour sauver l'un des fleurons de l'industrie française », Claude Askolovitch, *Vanity Fair*, novembre 2014.

Tous se tournent vers le président de la République, mais François Hollande ne dit aucun mot. C'est alors qu'Emmanuel Macron prend la parole pour critiquer la position du ministre de l'Économie : « Arnaud, nous ne sommes pas légitimes pour faire la stratégie des boîtes à leur place, et comme Kron n'achète pas ton idée… »

Alstom n'est pourtant pas n'importe quelle entreprise… Le groupe a été sauvé dix ans plus tôt par de l'argent public et vit principalement de commandes publiques. En tout cas, pour le ministre de l'Économie, les jeux sont faits. La bataille est perdue. À l'arrivée, GE a bien racheté la branche énergie d'Alstom au prix convenu à l'origine, soit 16,9 milliards de dollars (12,35 milliards d'euros), même si l'État a obtenu quelques aménagements : capitaux partagés, joint-ventures, participation au sein de la future entité GE-Alstom… De quoi sauver les apparences pour le fougueux Montebourg. Mais loin des caméras, ce dernier, devant ses collaborateurs, se laissera aller à cette confidence succincte : « Macron m'a lâché. »

Et le 27 août 2014, Emmanuel Macron finira par s'asseoir lui-même dans le fauteuil de ministre de l'Économie. Arnaud Montebourg a d'ailleurs très mal pris son remplacement au gouvernement par son ancien « ami », mais il n'en laisse rien transparaître. « C'est une bonne nouvelle pour l'industrie ! » lâche-t-il devant son équipe quand il l'apprend. Et lors de la passation de pouvoirs, il décide de prendre de la hauteur. Tout en évoquant son bilan, il souhaite bonne chance à Macron, lui donnant du « mon cher Emmanuel. » Malgré les sourires, la tension est palpable entre les deux hommes – entre le fauve politique et l'ancien banquier. Les bras croisés, l'air hautain, ce dernier écoute une dernière fois la rhétorique montebourgeoise sur le Redressement productif, et le *made in France :* « Un grand merci particulier aux commissaires au Redressement productif. Ce sont des ingénieurs des Mines, des sous-préfets, des fonctionnaires de l'ombre, qui se sont mis, sur instruction de leur ministre et du gouvernement, à se battre dans les territoires pour défendre les entreprises, trouver des solutions, et, au quotidien, concrètement, unir l'ensemble des forces productives locales autour de ce qui pouvait être sauvé. Unir les syndicats, les entrepreneurs, les actionnaires, même parfois, les banquiers. » Prononçant ces mots, Arnaud Montebourg se tourne non sans ironie vers Emmanuel Macron, l'ancien associé de chez Rothschild. « Ces feuilles de route, elles sont sur ta table et ton bureau et je souhaite… euh d'y mettre toute ton énergie, tes efforts, ta créativité, ton engagement personnel, que je sais puissants au pluriel […] l'esprit du *made in France* je sais qu'il continuera à souffler sur Bercy. »

Derrière les compliments lancés par le vieux routier du PS qu'est Montebourg, se dégagent pourtant des mises en garde et quelques piques : « Il n'y a pas l'économie en chambre qui appartiendrait à quelques experts. L'économie appartient à tous les Français », rappelle ainsi celui qui vit ses derniers moments au gouvernement. Concluant, sous forme de message personnel : « En tout cas, je me permettrai un conseil. Pour toi, la plus belle arme en politique, c'est la sincérité. Sache l'utiliser, et tu verras, les autres te suivront. Bonne chance Manu, et vive le Redressement productif de l'économie française, vive la République et vive la France. »

Et le théâtral Montebourg de tirer sa révérence, là encore avec de nombreux sous-entendus : « Finalement, si j'avais à faire une phrase de fin, je dirai : “Il faut savoir quitter la scène quand on ne sait pas jouer plus longtemps la comédie.” » Les deux hommes se lancent alors dans de grandes embrassades devant les journalistes. Commentaire acide d'un conseiller : « Montebourg avait un créneau idéologique que Macron ne supportait pas. » Et par un malheureux concours de circonstance pour le premier, Macron peut enfin monter sur scène.

Chapitre 3
L'Europe ! L'Europe !

La rencontre se déroule à l'automne 2013, dans la grande banlieue chic de Londres. Le « colloque franco-britannique », vénérable institution qui réunit régulièrement les élites des deux pays pour un séminaire de trois jours, en France ou au Royaume-Uni, reçoit différents orateurs sur plusieurs thématiques. Une édition qui a mal commencé pour l'orgueil de la délégation française. Le jeudi soir, la prestation du président de l'UMP, Jean-François Copé, qui dépeint l'avenir de l'Afrique comme sombre, est jugée particulièrement médiocre par les participants. L'ex-leader de la droite est même vertement remis à sa place par le grand patron franco-ivoirien Tidjane Thiam[1]. Les Français sont donc penauds face à leurs amis britanniques. Le vendredi soir, Emmanuel Macron débarque tout droit de l'Élysée pour écouter le fringant conservateur George Osborne, 44 ans, chancelier de l'Échiquier du gouvernement de David Cameron, l'équivalent du ministre des Finances français. Osborne, usant d'un humour grinçant, développe un réquisitoire très dur contre l'euro.

C'est le moment que choisit Emmanuel Macron pour intervenir de la salle. Dans un anglais parfait, le secrétaire

1. Tidjane Thiam était, à l'époque, dirigeant de la société d'assurances britannique Prudential. Il est aujourd'hui directeur général du Crédit Suisse.

général adjoint de la présidence se permet de contredire le ministre Osborne. Les Britanniques, souvent condescendants à l'égard de leurs amis français lors de ces colloques, en restent stupéfaits : « George, il faut que tu arrêtes avec l'euro. Tu ne fais pas l'effort de nous comprendre. Nous, Européens, on pourrait mourir pour ça, c'est notre avenir », lance un Macron particulièrement solennel. Et le conseiller de François Hollande de revenir sur la crise de l'euro de l'été 2012 et de défendre la solution de « l'union bancaire » portée par la France : « Vous ne pouvez pas comprendre ce que nous avons fait durant la crise, si vous ne prenez pas en compte que nous pourrions mourir par l'euro. C'est ce qui justifie toutes nos audaces ! » Une sortie remarquée, et très chaleureusement applaudie par le clan français, qui montre à quel point Emmanuel Macron croit encore ouvertement à la construction européenne, quand bien des responsables politiques hexagonaux préfèrent taire le sujet depuis le « non » au référendum sur le traité constitutionnel européen de 2005.

Justement, à l'Élysée, Macron a démontré à de multiples occasions son enthousiasme pour l'Europe. Auprès de François Hollande, le secrétaire général adjoint est en effet en charge des affaires économiques, et prépare les sommets internationaux. Il bénéficie de surcroît du parrainage influent de l'ancien conseiller spécial de François Mitterrand, Jacques Attali, défenseur acharné d'une Europe fédérale, qui n'a eu de cesse d'expliquer à ses différents interlocuteurs européens que son protégé Macron est l'accès idéal à l'Élysée, et qu'il ne faut pas hésiter à le solliciter. C'est notamment la suggestion qu'il s'est chargé de glisser, dès les premières semaines du quinquennat Hollande, à Herman Van Rompuy, alors président du Conseil européen. Mais dans l'autre sens, Attali présente aussi beaucoup de commissaires européens ou responsables politiques de poids sur la scène européenne à Macron. C'est ainsi que le jeune secrétaire général adjoint se retrouve très vite en contact direct avec Jean-Claude Juncker, à l'époque Premier ministre luxembourgeois et surtout président de l'Eurogroupe[1], mais aussi avec Nikolaus Meyer-Landrut, alors influent conseiller d'Angela Merkel pour les affaires européennes.

Pour négocier le douloureux dossier des finances publiques françaises, l'Élysée dépêche ainsi deux émissaires à Bruxelles : Emmanuel Macron, 34 ans, en charge des dossiers économiques… et Philippe Léglise-Costa, 45 ans, conseiller Europe. Deux hommes aux parcours pour le moins différents. Léglise-Costa, polytechnicien, ancien conseiller d'Hubert Védrine, a effectué sa carrière dans la diplomatie et rentre de Bruxelles où il a occupé le poste de numéro deux à la représentation permanente de la France, notamment sous le quinquennat de Nicolas Sarkozy. C'est un diplomate pur sucre, quand Macron est un haut fonctionnaire coulé dans le moule de l'Inspection générale des finances. Deux cultures qui vont très rapidement s'entrechoquer. Ainsi, dès juin 2012, les premières escarmouches filtrent dans la presse, qui évoque « une ambiance pas bonne ne facilitant pas le travail », voire « de très vives tensions » entre les deux hommes[2]. « Les Allemands ont perçu les bisbilles et, forcément, ce n'est pas bon. Et ce n'est pas normal d'exporter nos problèmes en pleine période de négociation très délicate », confie un diplomate français. Quelques mois auparavant, le candidat François Hollande s'était en effet engagé, devant l'opinion, à renégocier le fameux pacte budgétaire européen…

La situation est d'autant plus critique qu'à l'été 2012, se déroule un nouveau pic de crise pour la zone euro. Les

1. Jean-Claude Juncker est devenu, le 1er novembre 2014, le douzième président de la Commission européenne.

2. *Libération*, 27 juin 2012.

taux d'intérêt flambent en juillet, les situations grecque et italienne sont inquiétantes. Justement, dans les milieux financiers, et au sein de leur relais politiques, l'idée d'une sortie d'Athènes de la zone euro commence à émerger. D'édito en édito, la bible britannique des affaires, le *Financial Times,* la popularise sous la pression des investisseurs internationaux. Dans ce contexte difficile, les tiraillements multiples entre les deux conseillers de l'Élysée chargés de négocier avec les autres pays européens, et notamment l'Allemagne, font tache auprès de nos partenaires, laissant apparaître une dangereuse impression de cacophonie de la position française à Bruxelles. Mais, comme à son habitude, François Hollande laisse faire.

Car le chef de l'État semble lui-même dans l'indécision : « Léglise-Costa et Macron ont passé énormément de temps à se chamailler sur des questions de territoires, mais pendant ce temps-là, Hollande n'arbitrait pas », remarque un haut fonctionnaire européen. Résultat, entre les difficultés d'organisation à l'Élysée et le manque de réactivité de François Hollande, la situation devient très vite tendue avec l'Allemagne et les autres partenaires européens de la France, qui lui reprochent un manque de clarté dans le message qu'elle essaye de porter. « Nous n'avons jamais été mis en danger. Quand il y avait des conseils européens, les deux y allaient et tout était coordonné autour du président », tempère aujourd'hui Nicolas Revel, à l'époque secrétaire général adjoint de l'Élysée[1].

Une simple question d'organisation ? En réalité, les divergences entre Léglise-Costa et Macron sont profondes, et ne portent pas uniquement sur des questions de périmètre d'intervention. Chacun possède une vision différente du jeu européen. Léglise-Costa, diplomate traditionnel, promeut une vision peu fédéraliste et semble préférer les négociations intergouvernementales dans le

1. Entretien du 16 juillet 2015.

cadre du conseil européen. Macron, lui, milite pour un « saut fédéral ». En pleine crise de l'euro, le secrétaire général adjoint, tout comme les hauts fonctionnaires de Bercy, privilégie d'ailleurs l'Eurogroupe, où se réunissent les ministres des Finances de la zone euro. Alors qu'il s'agit de sauver la monnaie unique, les différents Trésors nationaux préfèrent se mettre d'accord dans le cadre de cette instance informelle, jugée peu légitime politiquement par Léglise-Costa et dominée par l'Allemagne. Si l'idée d'un « saut fédéral » peut apparaître séduisante sur le papier – unir les Européens dans le cadre de la globalisation –, le conseiller Europe de l'Élysée craint que les milieux financiers en profitent pour uniformiser les règles de la zone euro contre les intérêts économiques de la France, et en dehors de tout contrôle démocratique. C'est d'ailleurs toute l'ambiguïté d'une plus grande intégration européenne. Aux yeux des « européistes » comme Jacques Attali, seule une économie européenne intégrée permettrait de lever les derniers « blocages » de la société française. Bref, c'est le rêve d'une Europe fédérale qui permettrait de libéraliser encore plus profondément les économies de la zone euro. Un dessein bien éloigné de l'Europe sociale, cette Europe de la « protection » promue, officiellement, par le Parti socialiste depuis près de vingt ans… sans aucune avancée notable.

À l'Élysée, Emmanuel Macron milite justement pour que la France soit plus offensive pour imposer à ses partenaires européens des règles budgétaires plus souples, permettant la fameuse « relance » économique. Durant sa campagne électorale, Hollande s'était engagé à aller dans ce sens : c'est le désir d'une Europe qui s'intéresserait, enfin, à la croissance économique. Macron plaide en ce sens auprès du président de la République pour « renverser la table » des règles du jeu européen face à la Commission. Léglise-Costa est plus prudent. En 2013, les deux hommes vont donc de nouveau s'opposer sur la question sensible de la fameuse règle budgétaire des 3 % de déficit autorisé. Si Léglise-Costa est plus réservé, c'est qu'il sait que les négociations avec l'Allemagne ou la Commission européenne ne peuvent aboutir qu'à partir de compromis serrés… Pour lui, la crédibilité de la France est centrale vis-à-vis de ses partenaires. « Cette question des délais demandés par la France a été utilisée pour nous affaiblir au niveau européen », estime d'ailleurs un haut fonctionnaire français.

« C'est le moment de renverser la table, il faut faire de la politique, on a sauvé la zone euro, on n'a plus de problèmes sur les marchés et ce sera bien vu par tout le monde[1] », plaide au contraire Macron auprès de François Hollande. Tout le contraire des préconisations de Philippe Léglise-Costa : « On va se faire claquer par tout le monde et on n'aura pas obtenu les deux ans. Ce sera un coup énorme. Il faut que la Commission propose elle-même le délai. Sinon, il nous sera refusé[2]. »

C'est cette deuxième voie qui sera retenue. Car François Hollande craint le « saut fédéral ». Au fond, le chef de l'État n'a pas envie de revivre le grand débat de 2005. Et, malgré les gesticulations de son secrétaire général adjoint, il préfère jouer la prudence, comme le suggère son conseiller Europe. Au final, face aux atermoiements présidentiels, Macron finira par laisser la main à son rival Léglise-Costa. Aussi parce qu'après le règlement (provisoire) de la crise de la zone euro, les dossiers politiques et diplomatiques reviennent sur le devant de la scène européenne…

1. Cités par Marie Herbet, « Cacophonie au sommet de l'État sur la gestion des affaires européennes », https://www.contexte.com.

2. *Idem.*

Mais Emmanuel Macron n'a pas dit son dernier mot. L'Europe, il y croit. Il en a même la foi. Sa nomination comme ministre de l'Économie à la fin août 2014 va lui permettre de remettre le sujet sur la table. Il va en tout cas pleinement saisir cette opportunité ministérielle pour faire de nouveau entendre sa voix. Les questions économiques ne sont-elles pas de plus en plus dépendantes du cadre européen ? Macron en est persuadé : sa mission est de restaurer le rêve parmi ses concitoyens. « C'est une vieille conviction du ministre. Pour lui, c'est une évidence que les questions économiques et européennes sont liées », estime aujourd'hui un de ses conseillers au ministère.

Son arrivée à Bercy lui permet de reprendre son bâton de pèlerin. Mais cette fois-ci sur le devant de la scène, en prenant à témoin les citoyens des États de l'Union. Plus de compromis ou de demi-mesures désormais pour le ministre de l'Économie. À presque chacune de ses interventions, il n'hésite pas à parler d'Europe, malgré l'impopularité de la thématique au sein des opinions publiques. À peine arrive-t-il à Bercy qu'il déjeune trois jours plus tard avec Sigmar Gabriel, son homologue allemand, issu du SPD[1]. Depuis, les deux hommes se voient au moins une fois par mois, soit à Paris, soit à Berlin, et se contactent toutes les semaines. Macron n'est pourtant pas en charge des Affaires européennes, ni le ministre des Finances chargé, lui, d'assister aux réunions de l'Eurogroupe. Il n'hésite cependant pas à échanger aussi très régulièrement au téléphone avec Wolfgang Schäuble, le très austère titulaire allemand des Finances. « Macron fait attention à ne pas marcher sur les plates-bandes de Michel Sapin d'une manière brutale », tient à préciser un conseiller à l'Élysée. Mais dans les faits, Michel Sapin, qui se coltine les négociations budgétaires avec Bruxelles,

1. Parti social-démocrate allemand.

a bien du mal à exister sur les terrains médiatiques, et même, politiques[1].

« Comme il n'est pas directement lié aux négociations, il peut voir un peu plus loin, justifie un des collaborateurs d'Emmanuel Macron. C'est pourquoi il essaye d'avoir une approche tous azimuts et de parler à différents acteurs européens. Et le fait qu'il parle anglais simplifie aussi les choses… » Bénéficiant d'un gros réseau à Bruxelles et à Berlin, pourquoi s'en priverait-il ? Le jeune ministre de l'Économie rencontre ainsi Jean-Claude Juncker dans la plus grande discrétion plusieurs jours avant que ce dernier ne devienne président de la Commission européenne. Et multiplie les voyages dans les capitales voisines dès les premières semaines de sa prise de fonctions : Bruxelles en septembre 2014, Londres en novembre de la même année où il retrouve George Osborne, et rencontre aussi des acteurs financiers et économiques de la City – notamment le *frenchy* Xavier Rolet, PDG de la Bourse londonienne – ainsi que des entrepreneurs dans le numérique, son nouveau dada. Même scénario en Italie : il voit à cette occasion de jeunes entrepreneurs du numérique, mais aussi le président de la « caisse des dépôts » italienne, pour discuter investissements européens.

C'est justement sur ce dernier sujet qu'il multiplie les interventions publiques, accordant de nombreuses interviews aux journaux et télévisions européennes… Une stratégie médiatique, au-delà des étroites frontières tricolores, pleinement assumée par ses équipes : « Cet effort de pédagogie, il l'intègre dans sa mission politique », confie un de ses conseillers. Dans *Le Soir*, le quotidien belge francophone, Emmanuel Macron se fait ainsi le héraut de la « réforme » pour convaincre les partenaires européens : « Le “New Deal européen”, cela veut dire, pour la France, conduire des réformes pour elle-même, qu'elle

1. Lire le chapitre « À l'assaut de la forteresse Bercy ».

a trop longtemps repoussées. Ces réformes ont commencé depuis deux ans, mais nous devons les renforcer et les accélérer. Cela veut dire moderniser notre économie, la rendre plus productive, en ouvrir les accès, la débloquer. […] Je pense qu'en faisant de vraies réformes en France, nous serons parfaitement légitimes à demander de réels investissements au niveau européen[1]. » Et Macron de réclamer, dans cette interview, que l'Allemagne investisse 50 milliards d'euros sur les trois ans à venir, à la hauteur des économies que la France s'engage à réaliser de son côté… « Il ne faut pas oublier que l'Europe est un sujet politique, avant d'être un sujet économique, rappelle-t-il à cette occasion. Il est essentiel, il faut retrouver l'esprit de Delors et du rapport Delors, celui d'une Commission ambitieuse. » Encore et toujours, la revendication d'une plus grande intégration européenne. Macron tient son cap, coûte que coûte.

Cette pé-da-go-gie toute « macronienne » est également professée auprès de la Commission européenne à Bruxelles. Jusqu'à son arrivée au gouvernement, Bercy ne traduisait pas immédiatement tous ses documents en anglais. C'est désormais chose faite. Macron inscrit incontestablement son action politique dans le cadre européen. Même l'ensemble de ses interviews et prises de position sont traduites et envoyées à tous les cabinets bruxellois. Au final, cet effort de communication tous azimuts finit par payer. Bruxelles commence à reconnaître que les efforts de la France vont dans la bonne direction. En neuf mois, Macron a vu plus de cinq fois le commissaire à la Concurrence, la Danoise Margrethe Vestager. Son cabinet multiplie également les contacts avec les autres commissaires et n'oublie pas de « traiter » les parlementaires européens. Autant d'évidences qui sont en fait une nouveauté pour un ministre français !

1. *Le Soir*, 7 novembre 2014.

Emmanuel Macron profite également de sa situation d'électron libre au sein du gouvernement français pour poser des jalons politiques sur le dossier européen. C'est ce qu'il fait, début juin 2015, quand il cosigne avec Sigmar Gabriel un appel, « Pour une union solidaire et différenciée », publié dans une dizaine de journaux européens. Face à des chiffres du chômage inquiétants, les deux ministres en appellent à la création d'un budget commun à l'échelle de la zone euro. Ils estiment que le temps est venu de « réparer les défauts de construction de l'union monétaire » et de construire une « union économique et sociale » par étapes – une Europe « à la carte » –, dont l'une serait un rapprochement « de nos systèmes fiscaux et sociaux ». Un appel censé rouvrir un débat clos en 2005 par les « non » français et hollandais au traité constitutionnel. « Ma génération a le devoir de se réapproprier le sujet », aime rappeler Emmanuel Macron à ses jeunes collaborateurs. On retrouve la même solennité dans l'interview qu'il donne en pleine crise grecque au quotidien espagnol *El País* : « L'Europe vit un moment de vérité historique [...], si nous n'agissons pas rapidement, la zone euro cessera d'exister dans dix ans », s'alarme-t-il, tout en rappelant : « Depuis le non français et hollandais à la constitution européenne, nous n'avons pas fait d'avancées importantes au sein de l'Union européenne[1]. »

L'activisme européen d'Emmanuel Macron l'amène à être le premier Français invité par le ministère allemand des Affaires étrangères à s'exprimer devant mille cinq cents diplomates et chefs d'entreprise réunis, le 25 août 2015, à Berlin, dans le cadre de la conférence des ambassadeurs. Devant cet aréopage prestigieux, Macron égratigne l'Europe catholique, « dont fait partie la France », qui commet des péchés durant la semaine mais croit s'en sortir en allant à la messe le dimanche, et critique dans le même temps « l'Eu-

1. *El País*, 10 juillet 2015.

rope calviniste » qui condamne le pécheur jusqu'à la fin des temps. Et devant Angela Merkel, le ministre n'hésite pas à plaider pour un renforcement de la zone euro, quitte à réformer les traités… après les élections présidentielles en France et législatives en Allemagne prévues pour 2017[1]. Autres propositions faites aux Allemands par Macron : « Nous devons être pragmatiques et nous concentrer sur quelques secteurs clés, comme l'énergie, le capital-investissement et l'économique numérique. Comme disait Jacques Delors, personne ne tombe amoureux d'un marché unique : c'est pourquoi nous avons besoin de le compléter avec une véritable *affectio societatis.* » C'est dire si le ministre de l'Économie se voit en moine soldat de l'Europe !

Dans son grand bureau de Bercy, Emmanuel Macron nous confirme son état d'esprit, voire son militantisme pro-européen : « Depuis 2005, il y a eu une gêne sur la question européenne. La gauche en est en partie responsable, juge-t-il. D'une certaine manière, en 2005, on a clos vingt ans de politique française dans laquelle le rêve européen s'était substitué au rêve français. Ce fut l'ambiguïté de François Mitterrand qui, profitant de la réunification allemande, a projeté à raison les Français dans le rêve européen. Mais les Français se sont réveillés en 2005, constatant que cette Europe ne ressemblait plus à ce que nous avions investi précédemment. Ce "non" nous donne une responsabilité[2]. » Responsabilité, le mot claque comme un rappel salutaire alors que nos dirigeants politiques s'enferment le plus souvent dans des réponses techniques de court terme…

On sent chez Macron la volonté de dépasser les clivages suscités lors des débats de 2005, et « le choc » du

1. « À Berlin, M. Macron tance "l'Europe calviniste" », *Le Monde*, 26 août 2015.
2. Entretien du 26 août 2015.

non qui s'est ensuivi : « Ma conviction est qu'il faut refermer la parenthèse de cette décennie perdue et retrouver les fondamentaux de la construction européenne. L'inaction ne joue pas pour nous. Si on ne fait rien, si on ne crée pas les transferts nécessaires, la zone euro ne sera rien d'autre qu'une zone monétaire à taux de change unique, et amènera le centre à être encore plus fort, et les périphéries encore plus faibles. Une situation intenable ! Le statu quo, c'est en fait le choix du démantèlement. Or, il ne faut pas oublier que c'est l'Europe qui permet à la France d'exister dans la mondialisation… »

Face à ce constat alarmiste, le ministre ne se résout pas à la potion néolibérale prescrite jusqu'à présent : « La solution proposée a été d'avoir fait avancer à marche forcée certains pays vers des réformes structurelles, mais sans aucun transfert. Cette approche purement libérale se heurte aujourd'hui à des résistances de plus en plus fortes. C'est pour cela qu'il faut renouer avec la solidarité… » C'est pourquoi Emmanuel Macron en appelle au retour à un grand « débat » et à une « ambition politique » : « Nous ne serons pas la deuxième génération de gestionnaires. Nous serons les refondateurs de l'Europe – ou alors ses fossoyeurs », nous assure-t-il, critiquant au passage une bonne partie des responsables politiques français au pouvoir… Sans oublier « Jean-Luc Mélenchon, qui n'a jamais pris les armes, et sa génération a fait défaut sur l'Europe. Ma génération en paye aujourd'hui le tribut. Soit l'Europe sera forte, soit elle sera en guerre », ajoute-t-il, particulièrement convaincu des périls potentiels dans un monde « aux coups de boutoir de plus en plus brutaux ».

Visiblement, le ministre de l'Économie risque de se retrouver vite à l'étroit dans son costume actuel. Quelle sera la prochaine étape pour Emmanuel Macron ? Personne n'aurait imaginé il y a seulement un an que la question se poserait. En attendant, le jeune ministre se fait la main sur son administration.

Chapitre 4

À l'assaut de la forteresse Bercy

Cela fait à peine quinze jours qu'Emmanuel Macron a investi ses bureaux à Bercy. Au troisième étage de l'hôtel des ministres, trois niveaux en dessous de ceux de son homologue des Finances, Michel Sapin. Pour l'occasion, le jeune ministre de l'Économie, de l'Industrie, et du Numérique a décidé de rassembler tout son cabinet pour un séminaire de travail, le samedi 13 septembre 2014, permettant ainsi à l'ensemble de l'équipe de faire davantage connaissance, et au ministre de fixer ses caps, ses priorités et d'impulser sa méthode à ses collaborateurs.

Et si l'on en croit les notes d'un conseiller en notre possession, Emmanuel Macron a déjà des idées bien précises sur sa nouvelle fonction : « Je veux faire des choses, faire bouger les lignes, partir avec le sentiment du devoir accompli », explique-t-il alors à son cabinet. Dans son propos liminaire, il dresse un tableau sombre de la situation politique et économique :

« Le problème est avant tout un problème économique », martèle-t-il ensuite, décrivant une situation « sous contraintes », « avec un problème de compétitivité et de déficit », « sans croissance ». « Nous avons un rôle à jouer sur l'Europe, l'aider à desserrer l'étau budgétaire », prévient le nouveau ministre.

Particulièrement lucide, Emmanuel Macron pointe également l'enjeu de politique intérieure auquel il va être confronté dans les prochains mois à gauche avec « des gens intéressés par le débat permanent » et la nécessité d' « être responsable pour gouverner ». Il anticipe déjà les discussions à venir, notamment sur la loi qu'il va porter : « Il ne faudra pas jouer sur l'autorité, mais par l'explication et la conviction », assène-t-il à son équipe.

Face à l'urgence politique, « à l'articulation entre temps long et temps rapide », le ministre choisit l'offensive. « Le mouvement permanent et les percussions. » Agir comme « un ciment à prise rapide ». Du mouvement, mais pas à tout prix : « Il faut toujours se demander : est-ce que cela a du sens pour les gens ? » En tout cas, occuper le terrain, en multipliant les propositions : « Les cadeaux qu'on a faits sont stérilisés. Les seuls moyens de s'en sortir : accélérer le train des réformes, attirer les investisseurs étrangers, libérer les énergies et jouer sur la capacité du pays à travailler, augmenter sa capacité à produire, recréer un socle de confiance. Tout faire pour préserver, développer l'activité du pays. »

Ses méthodes ? D'abord, « mieux vaut ne pas parler quand on n'a rien à dire ». Dans son équipe, il aimerait qu'il y ait « beaucoup de transversalité dans les réunions, beaucoup d'échanges. Il ne faut pas travailler en silo ». Emmanuel Macron s'imagine peut-être dans une start-up… « Je travaille de manière collégiale[1] ! » nous assure d'ailleurs le ministre. Il ne veut pas faire non plus dans le protocolaire. Sa posture de ministre ne sera pas héritée du XXe siècle : place au tutoiement, aux contacts directs ; ses collaborateurs pourront s'adresser à lui dès qu'ils en auront besoin. « Il adore parler, y compris avec des gens qui ne sont pas d'accord avec lui. C'est un type à l'écoute, et qui est prêt à changer d'avis, remarque sur ce point l'un de ses conseillers. Sur le fonctionnement du cabinet, ça se retrouve. C'est une équipe assez jeune. Des

1. Entretien du 31 juillet 2015.

hauts fonctionnaires classiques, mais aussi des gens aux parcours différents. Il ne cherche pas des béni-oui-oui. L'organisation est horizontale, il n'y a pas de hiérarchie. »

Concernant sa future communication, Emmanuel Macron a également des préférences arrêtées. Il souhaite développer « un discours d'explication et de sens » : « Il faut expliquer ce qui est possible et ce qui n'est pas possible de faire. Expliquer comment va le monde pour emmener les gens. » Le ministre veut surtout se situer à échelle d'homme, montrer qu'il est dans une posture d'écoute, plutôt qu'être perçu en surplomb... De louables intentions difficiles à réaliser en pratique. « La strate technocratique, il faut la déserter, car elle ne parle plus aux gens. Or, ceux qui peuvent pointer les dysfonctionnements, ce sont les gens. Il faut donc entrer au maximum dans la strate du quotidien et du réel, structurer un discours sur la transformation du quotidien, montrer les impacts de nos politiques sur la vie des gens, leur montrer ce qui a changé dans leur vie. » Bref, le jeune Macron semble ne pas avoir peur de marcher sur les traces de François Mitterrand qui voulait « changer la vie » dans les années 1970... Mais chez lui, changement d'époque oblige, cela passe d'abord par « faire de la pédagogie ». Sans oublier le positionnement politique : « Il s'agit d'affirmer un réformisme économique, il faut se réapproprier cette valeur. » Le ministre de l'Économie, de l'Industrie et du Numérique se situe donc bien dans une reconquête de l'opinion à propos des réformes libérales sur le plan économique, mais avec « pé-da-go-gie » : « Il faut dire qu'on n'est pas là pour supprimer, détruire, mais libérer. Il faut dire ce qu'on ne doit pas bouger, les invariants. » Autre priorité du ministre : « Incarner l'attractivité. » Il a prévu déjà de parler de « l'économie française en dehors des frontières », et de s'adresser à « l'axe étranger France-Allemagne-Bruxelles », histoire de marcher sur les plates-bandes de ses homologues, Michel Sapin et Laurent Fabius…

À peine arrivé à Bercy, Emmanuel Macron a donc un sacré appétit, car il sait qu'il doit prendre sa place, marquer son territoire, quitte à empiéter sur les prérogatives d'autres membres du gouvernement. On ne lui fera pas de cadeau. Et puis, la politique « transversale », « horizontale », qu'il appelle de ses vœux, le nécessite. « C'est vrai qu'il n'est pas fréquent que le ministre de l'Économie réforme le Code du travail ou le Code de la construction. En fait, on peut dire que c'est un ministre de l'Économie qui occupe la plénitude de ses fonctions ! » remarque avec amusement l'un de ses collaborateurs. « Dans l'histoire de cette maison, peu de ministres ont eu des fonctions transversales. Ces dernières années, je ne vois que DSK. Et il a réussi à faire ça alors qu'il n'avait jamais été nommé ministre et qu'il avait un réel besoin de légitimité politique. Sa chance a été que ses homologues n'ont pas spécialement été moteurs sur les réformes. Et le fait que Macron s'en empare n'était pas non plus pour leur déplaire… » La grande force d'Emmanuel Macron par rapport à ses collègues, c'est en somme qu'il n'est pas encore un « professionnel de la politique », et qu'il n'a donc pas l'obsession de perdurer dans sa fonction. Dès son arrivée, il évoque déjà devant ses conseillers l'éventualité de « partir avec le sentiment du devoir accompli ! »

L'atterrissage d'Emmanuel Macron à Bercy est d'autant plus sensible qu'il s'agit d'un ministère phare. L'Économie et les Finances sont « une maison très fière », rappelle un haut fonctionnaire, à l'image des bâtiments du ministère dessinés au début des années 1980 par les architectes Paul Chemetov et Borja Huidobro. Les immeubles de Bercy sont situés à Paris sur l'emplacement de l'ancien mur des fermiers généraux érigé au XVIIIe siècle, peu de temps avant la Révolution, afin de percevoir l'octroi, une taxe qui frappait à l'époque les marchandises. Tout un symbole. Aujourd'hui, l'immeuble principal s'étend verticalement tout au long du boulevard de Bercy, entouré par une douve sèche, et enjambant le quai Rive droite de la Seine, telle une barrière de péage. Des choix architecturaux inspirés du Moyen Âge : certaines salles de réunion sont uniquement éclairées par des meurtrières modernes. Pour signifier la puissance de l'État, on ne pouvait mieux faire…

Mais cette architecture concrétise le contraire de l'esprit de « dialogue » souhaité par le ministre avec son administration. Pour ne rien arranger, « les fonctionnaires de Bercy sont très attachés à avoir un ministre qui puisse porter leur expertise et leur sentiment d'excellence », explique un autre haut fonctionnaire. Un exercice d'autant plus périlleux aujourd'hui que prendre le contrôle d'un tel appareil administratif n'est pas chose aisée dans un contexte budgétaire contraint. C'est là le vrai challenge des membres du gouvernement : imposer leurs vues à leurs administrations respectives, et s'assurer leur contrôle. Une évidence peut-être – leur mission même –, mais, dans notre monde de communication instantanée, rares sont les ministres ayant la capacité de véritablement s'imposer sur les services et les administrations de l'État pour impulser ce que les Anglo-Saxons appellent depuis longtemps les « politiques publiques ».

C'est justement cette thématique qu'Emmanuel Macron aborde, dès les premiers jours de son arrivée, avec Thierry Breton, un ancien hôte des lieux. Ministre de l'Économie, des Finances et de l'Industrie de 2005 à 2007, sous les gouvernements Raffarin et Villepin, Breton connaissait l'Emmanuel Macron de l'Inspection générale des finances où il avait nommé comme patron… Jean-Pierre Jouyet. « Quand Emmanuel Macron est devenu ministre, je lui ai fait part de mon expérience à Bercy d'une façon informelle. Ce fut une rencontre amicale à propos de cette maison, nous confirme Thierry Breton[1]. Il a d'ailleurs vu différentes personnes. » Et quels conseils l'ancien ministre donne alors à Emmanuel Macron ? « Je lui ai rappelé que la vie politique, c'était des rapports de force. Et qu'il était nécessaire de créer un rapport de force pour contraindre l'administration, notamment en prenant à partie l'opinion publique, hors des clivages politiques. C'est banal, mais compliqué à mettre en œuvre. Car, à tous niveaux, on trouve des blocages, c'est inhérent à la fonction ministérielle. » Utiliser l'opinion, le « peuple », pour peser sur ses services, il fallait y penser.

Alors, après un an à la tête de Bercy, le ministre Macron a-t-il réussi à dompter son administration ? Lors des discussions autour de la loi Macron, ce fut le sentiment de nombreux parlementaires[2], de gauche comme de droite. Mais aussi d'un grand patron comme Jean-Louis Beffa, ancien PDG de Saint-Gobain : « Il fout la trouille à ses services, car il connaît les dossiers par cœur, et il sait se saisir immédiatement de leur technicité. Résultat, il ne dépend pas de la technicité de l'administration. Il apprend très vite[3]. » Et l'industriel d'ajouter : « D'habitude, la pensée d'un ministre, c'est la pensée des services, mais lui, c'est sa pensée. » Sous-entendu, Emmanuel Macron sait tenir tête à la puissante direction du Trésor ou au corps de l'IGF, dont il est pourtant issu.

Même sentiment chez Gilles Finchelstein, de la Fondation Jean-Jaurès, et communicant Havas Worldwide : « Emmanuel a une capacité à monter et à démonter le Rubik's cube. Y compris en arbitrant contre son admi-

1. Entretien du 8 juillet 2015. Thierry Breton est désormais PDG de la société mondiale de services en informatique ATOS.
2. Lire le chapitre « Le marabout du Parlement. »
3. Entretien du 19 mai 2015.

nistration[1]. » Et un proche de François Hollande, Robert Zarader, nous assure : « Ma conviction profonde, c'est l'un des mecs les plus à gauche du gouvernement, et l'un des moins technos[2]. » Des paroles à rendre folle de rage Martine Aubry, qui a publiquement pris position contre Macron en septembre 2015. Mais guère rassurantes sur ce qu'elles donnent à percevoir de la pensée uniforme qui règne à Bercy.

« Emmanuel a, à la fois, un côté très classique de haut fonctionnaire, façon Pascal Lamy, et en même temps, il a un sens politique beaucoup plus fin. Il n'a pas de doctrine charpentée », estime l'un de ses anciens collaborateurs. Son côté *geek* se retrouve dans sa propension à déchiffrer de A à Z les dossiers qu'il doit traiter, loin des ministres habitués aux fiches préparées par leurs administrations et cabinets respectifs, ou aux fameux « éléments de langage » concoctés par leurs communicants : « Emmanuel est constamment sur votre dos, note un collaborateur. Par définition, il a un profil bizarre. Il comprend tous les aspects techniques jusqu'au micro-détail. C'est quelqu'un qui descend très profondément dans les dossiers. Une vraie éponge ! »

Interrogé sur son rapport à son administration, le ministre répond à son habitude, en théorisant : « Je considère qu'en politique, il existe aujourd'hui trois niveaux : celui du discours, qui devrait normalement donner le sens et indiquer le cap, la strate des mesures techniques, et la strate du concret, celle de la vie des gens. En réalité, cela fait des années qu'on surinvestit le deuxième niveau au détriment des deux autres, ce qui donne finalement beaucoup de pouvoir aux administrations. Je crois, au contraire, que la strate "technocratique" n'est qu'un échafaudage, mais qu'elle ne sert à rien en tant que telle si

1. Entretien du 16 juin 2015.
2. Entretien du 18 juin 2015.

l'on n'essaye pas dans le même temps de mobiliser les gens à partir d'un discours qui fait sens, et qui s'incarne dans le quotidien de tous. C'est là le rôle du responsable politique[1]. »

Si maîtriser son administration, notamment par la maîtrise technique de ses dossiers, est une chose, avoir du poids politique quand on est ministre en est une autre. Mais sur ce front-là, Emmanuel Macron a justement surutilisé le levier de l'opinion. Après les premiers couacs de son arrivée – notamment les « illettrés de Gad » –, et quelques ajustements plus tard, le ministre s'est plu à l'exercice médiatique, afin de gagner en légitimité et en poids politique au sein du gouvernement. La carte maîtresse du ministre Macron se situe pourtant ailleurs, comme on l'a vu plus haut : sa relation très directe avec le président de la République – « Emmanuel n'hésite pas à revenir régulièrement à la charge auprès de lui », s'étonne un conseiller à l'Élysée – lui permet d'obtenir des arbitrages plus précis et immédiats. Un atout majeur pour se faire respecter de son administration.

Mais il ne suffit pas d'être nommé ministre pour incarner la fonction. Disposer d'un cabinet entièrement mobilisé et efficient est également un préalable à toute action politique efficace à la tête de l'État. Dans le film documentaire d'Yves Jeuland, *Un temps de président*, on voit d'ailleurs Jean-Pierre Jouyet conseiller à son protégé : « Je pensais quand même à l'Inspection des finances être le maître. Je vais désormais envoyer les inspecteurs vers toi […]. Tu as bien vu mon SMS sur la direction du cabinet ? C'est la seule chose à laquelle je tiens, entre nous. Bon, d'accord, d'accord, parce qu'il faut toujours se souvenir comment on est là. Tu connais mon côté républicain sur ces choses-là. » Le ministre Macron

1. Entretien du 31 juillet 2015.

a ainsi pris son temps pour trouver le directeur de son équipe… Sa première idée pour ce poste peut apparaître surprenante : il envisage alors de reprendre Boris Vallaud, en charge de la fonction sous son prédécesseur Arnaud Montebourg. Les deux hommes se sont rapprochés en travaillant ensemble sur Alstom et différents dossiers portés par l'ancien ministre de l'Économie[1]. En récupérant le directeur de cabinet de Montebourg, par ailleurs mari de la ministre Najat Vallaud-Belkacem, Macron pense-t-il faire un « coup » politique ? Ou s'agit-il simplement d'une politesse entre deux anciens de la même promotion de l'ENA ? En tout cas le nouveau ministre de l'Économie semble envisager une telle option fort sérieusement. « Réfléchis bien », lance-t-il à Vallaud lors d'une première rencontre. Et il insiste. Mais après deux refus en quarante-huit heures[2], Emmanuel Macron doit trouver une autre idée.

Son choix se porte finalement sur Alexis Kohler, ancien directeur adjoint de cabinet de Pierre Moscovici, au CV bien chargé : Sciences Po, ENA, DEA de droit public, Essec… Ce haut fonctionnaire au parcours sans faute est passé par le Trésor et a travaillé pendant trois ans au Fonds monétaire international (FMI) et à la Banque internationale pour la reconstruction et le développement (BIRD). À ses côtés, comme directeur adjoint de cabinet, on trouve un autre ancien haut fonctionnaire du Trésor, Emmanuel Lacresse… qui faisait partie de la précédente équipe Montebourg. « En fait, Macron a proposé de rester à tous ceux du cabinet Montebourg qui avaient des fonctions techniques. Mais il s'est débarrassé des conseillers politiques et de tous les profils atypiques.

1. Lire le chapitre « Montebourg : “mon ami Macron” ».

2. Boris Vallaud a finalement été nommé en novembre 2014 secrétaire général adjoint de l'Élysée en remplacement de Nicolas Revel.

Au final, son cabinet est peut-être jeune, mais en réalité, c'est la technocratie qui reprend le pouvoir ! » critique un ancien conseiller de Montebourg. Et pour s'occuper de sa communication, Macron ne fait pas non plus le choix de l'originalité en puisant dans l'écurie Havas Worldwide (ex-Euro RSCG). Son directeur de communication et sa conseillère presse ont, en effet, travaillé dans l'influente agence de communication dirigée par Stéphane Fouks, ami de trente ans de Manuel Valls, et appartenant à Vincent Bolloré. Une agence omniprésente dans les cabinets ministériels socialistes, dont pourtant François Hollande s'est toujours méfié.

De l'héritage Montebourg, Macron conserve aussi les deux cellules chargées du suivi des restructurations d'entreprises en difficulté. « Il a repris le portefeuille de l'Industrie, mais il a décidé de ne pas être vraiment le ministre de l'Industrie », juge toutefois un ancien du cabinet Montebourg. De fait, le nouveau ministre de l'Économie communique peu sur les « anciens » secteurs industriels, leur préférant les innovations de l'industrie du numérique, mais « il a continué la politique de Montebourg d'interventionnisme et de discussions[1] », affirme l'avocat d'affaires Gabriel Sonier, spécialisé dans les restructurations d'entreprises. « Les dossiers n'ont pas fait l'objet d'éclats publics mais ils se sont réglés avec la médiation du ministre. Sa formation de banquier d'affaires est finalement plus efficace que la formation d'avocat de son prédécesseur. Chez lui, il y a une capacité d'écoute et de conviction que je n'ai jamais trouvée chez Montebourg, qui avait plutôt l'habitude de prendre des positions publiques avant que les choses soient faites. Ce côté coup de pub chez Montebourg a gêné un certain nombre de fois. Emmanuel, c'est tout le contraire. »

1. Entretien du 17 juillet 2015.

Mais s'il y a bien un domaine où Macron a choisi d'être omniprésent, c'est l'international. En quelques mois, le ministre de l'Économie est même devenu une « marque » à l'étranger. Les journalistes du monde entier se l'arrachent. Et le ministre se prête de bonne grâce au jeu des interviews et aux dossiers que lui consacrent des titres aussi prestigieux que *The Financial Times* ou *The Wall Street Journal.* Dans les médias internationaux, Macron intrigue, Macron plaît, Macron intéresse. « Macron, c'est une locomotive en termes d'attractivité. Il est jeune, parle anglais, et connaît le langage des décideurs économiques. Il maîtrise les 300 *keywords* (« mots-clés ») de cet univers[1] », pointe Jean-Jacques Barberis, conseiller à l'Élysée chargé notamment du financement de l'économie et du commerce extérieur. Contrairement à la plupart des responsables politiques français, Macron joue le jeu de ces relations publiques internationales. Dans un monde global de plus en plus connecté, c'est une évidence pour beaucoup d'acteurs économiques, mais souvent une *terra incognita* pour la classe politique française. Et si Macron disposait avant Bercy d'un réseau plutôt européen, son exercice ministériel lui permet d'élargir ses contacts aux États-Unis ou à d'autres grands pays de la planète. Et là, comme au niveau précédent, le ministre est capable de jouer sur plusieurs niveaux à la fois – au-delà des traditionnelles prises de contact diplomatiques.

Au fil des mois, Macron est d'ailleurs devenu le premier VRP de la « maison France ». « Pourquoi investir en France ? » demande-t-il à Londres en septembre devant une centaine de chefs d'entreprise et d'investisseurs réunis à l'ambassade de France[2]. Parce que le coût du travail y est désormais « inférieur à celui de l'Allemagne » grâce

1. Entretien du 6 juillet 2015.
2. *Le Monde*, 26 septembre 2015.

« au pacte de responsabilité », parce que le « crédit impôt recherche » y est « très attractif » et parce que le marché du travail est désormais « beaucoup plus flexible ».

Forcément, cette omniprésence dans les médias étrangers, mais aussi français, irrite au plus haut point ses camarades du gouvernement. « Formellement, il a réussi à faire disparaître Michel Sapin des radars, alors qu'administrativement, le ministre des Finances dispose de quatre cinquièmes du pouvoir à Bercy en contrôlant la plupart des administrations liées au ministère ! » s'exclame ainsi un ministre. « Il est très fort, car son omniprésence médiatique lui a permis de devenir une sorte de "Premier ministre bis", alors qu'il a en fait assez peu de pouvoir sur les administrations ou les politiques publiques. » Sauf que, dans le cadre des discussions sur sa loi, Macron a réussi le tour de force d'empiéter sur les domaines de compétences de plusieurs ministères à la fois. Au point d'énerver franchement les responsables en question : « Le travail, c'est moi ; lui, il s'occupe d'économie », avait ainsi réagi François Rebsamen, alors ministre du Travail, après un entretien de Macron en juin 2015 aux *Échos*[1], dans lequel il appelait le gouvernement à « continuer à réformer en profondeur le marché du travail ». « Il a le droit de s'exprimer, mais c'est moi qui m'occupe de ces sujets », avait répondu le même Rebsamen qui s'était bien gardé, les mois précédents, d'être présent sur le banc des ministres à l'Assemblée nationale durant les discussions sur la loi Macron. Et il n'est pas le seul « hollandais » historique à développer une jalousie intense à l'égard du jeune premier de Bercy… C'est le « ministre de tout[2] », raille également l'un d'eux. Car Emmanuel Macron est devenu très vite le chouchou de François Hollande. Et pour

1. *Les Échos*, 17 juin 2015.
2. *Libération*, 26 septembre 2015.

tous ces fidèles grognards, c'est insupportable. D'autant qu'à chaque couac ou bourde de son jeune ministre de l'Économie, le chef de l'État préfère minimiser devant ses différents interlocuteurs : « Il ne le fait pas exprès, il se forme, ce n'est pas grave », excuse-t-il souvent.

Autre élément qui suscite les jalousies au sein du gouvernement : Macron fait partie des visiteurs du soir ou du week-end du chef de l'État, ce petit cercle des ministres privilégiés, constitué de Manuel Valls, Laurent Fabius, Michel Sapin, Jean-Yves Le Drian et Stéphane Le Foll. Justement, le ministre de l'Agriculture, l'un des plus fidèles hollandais (il fut son directeur de cabinet à Solférino), n'a jamais pu supporter « matron » – le masculin de matrone ! – comme il surnomme parfois son collègue de l'Économie.

Durant les premiers mois, Le Foll, qui n'est pas du sérail et n'a jamais pu supporter les énarques, se déchaîne même en privé contre son homologue de l'Économie : « L'avenir, c'est d'être milliardaire ! C'est ça un gouvernement de gauche !? » répète-t-il sous forme de *gimmick* pour mieux exprimer son agacement à ses interlocuteurs. « Moi, j'en aurais fait le dixième, je me serais fait taper sur les doigts, lui, on lui tapote la joue », s'irrite le ministre de l'Agriculture. « Macron fait partie des gens qui sont arrivés en hélicoptère », explique-t-il aussi fréquemment, pour pointer ce nouveau venu dans l'entourage de Hollande.

À Bercy, Michel Sapin n'hésite plus, de son côté, à balancer : « Macron, c'est un con[1]. » Et Axelle Lemaire, secrétaire d'État chargée du Numérique, entretient des rapports exécrables avec son ministre de tutelle. « Elle le trouve insupportable, il la trouve nulle. Ils ne peuvent pas se voir, ne se parlent pas », rapporte ainsi un membre du

1. *Libération*, 26 septembre 2015. Michel Sapin a démenti, depuis, avoir tenu de tels propos.

gouvernement à *Libération*. Un proche de Hollande juge pourtant que toutes ces jalousies n'ont pas lieu d'être : « L'omniprésence de Macron est surtout le résultat d'une mécanique du vide autour de lui. Cette équipe gouvernementale comporte beaucoup de "trous". Seulement une douzaine de ministres tiennent la route. Ce n'est pas la *team* Jospin ! Il faut voir avec qui il est autour de la table ! »

De fait, Macron ne dispose que d'un « ami », un vrai, au gouvernement : Bernard Cazeneuve, le ministre de l'Intérieur. Si bien que les compliments à l'égard du ministre de l'Économie, il faut les chercher… à droite. Thierry Breton estime ainsi que Macron « a parfaitement intégré sa fonction de ministre », et que « même s'il n'est pas de [son] bord politique, il y a des choses qui vont dans le bon sens ». Il faut bien reconnaître que nombre de positions prises par Emmanuel Macron, telle la réforme du Code du Travail et du contrat de travail unique, enchantent surtout la droite et les milieux patronaux…

Chapitre 5

Vers le contrat unique

Il y a foule ce soir à Bercy. En ce 15 juillet 2015, le ministre de l'Économie, de l'Industrie et du Numérique reçoit ses « amis » Facebook. Pas tous, bien sûr. Quelques jours auparavant, la jeune équipe de son cabinet a lancé un groupe sur le réseau social pour inviter des « Français » à échanger avec lui « sur l'actualité économique en France et en Europe ». Le ministre tient donc salon à Bercy, plus précisément au centre de conférences (le bien nommé) Pierre-Mendès-France, au cœur du ministère, en face de l'hôtel des ministres où se situent ses bureaux. Un événement informel, non ouvert officiellement à la presse, qui réunit tout de même près de cinq cents personnes, des aficionados du ministre pour la plupart.

Manière pour Emmanuel Macron de tester sa popularité de visu, et de toucher un peu du doigt ses bons chiffres dans les sondages. On se presse donc dans la salle de réception, qui peine à contenir autant de visiteurs. La plupart ont la trentaine, des hommes en majorité, en veste de costume pour l'occasion, malgré la chaleur, bien propres sur eux, bien peignés. L'effet sélection de Facebook, sans doute. C'est la France des écoles de commerce et des instituts d'études politiques qui a répondu à l'invitation, cette France des grands centres urbains, des « CSP+ », qu'on croise habituellement dans les halls d'aéroport. Bref, de jeunes gens « dynamiques », plein d'avenir, qui n'attendent qu'à « réussir » dans la vie. On aperçoit tout de même quelques cheveux grisonnants ici ou là, quelques accents étrangers ou quelques visages colorés.

L'heure fixée pour le rendez-vous, 19 h 30, est dépassée. Le ministre tarde à venir mais les participants attendent sagement, patientant en feuilletant un dossier – rouge ! – qui présente les principales mesures de la loi Macron pour « la croissance, l'activité, et l'égalité des chances économiques ». Chacune d'entre elles est détaillée en trois points : « ce qui bloque », « ce qui a été adopté » et « quand ? », histoire de mesurer concrètement la grande œuvre macronienne dans la transformation de l'économie.

Et voilà qu'un murmure parcourt la salle : l'homme providentiel tant attendu vient d'entrer. Micro déjà à la main, le ministre contourne sur le côté le parterre des visiteurs et arrive d'un pas rapide sur la petite estrade installée pour l'occasion. Un vrai show à l'américaine ! Emmanuel Macron est détendu, en dépit d'une grosse journée. Le ton de sa voix est clair, mais il ne parle pas fort. Il préfère se rapprocher du public, tel un conférencier habitué aux ficelles de la prise de parole en public. Parler d'égal à égal, sentir les gens : « Je ne suis pas un pro de la politique. J'ai ma trajectoire. Mais en tant que ministre, j'ai toujours une frustration de ne pouvoir voir assez de "gens normaux". J'ai fait des déplacements, mais le quotidien nous rattrape. Et souvent, ces déplacements sont trop apprêtés. Et puis il y a la parole verticale des médias, ce catéchisme, cette parole sans retour. Mais j'ai envie de discussions plus directes. »

En quelques mots, Macron pose quelques règles d'échanges, et c'est parti. « Tout le défi est de savoir comment on amène à faire gagner la France dans la mondialisation. On réussit à porter quelque chose de différent, des valeurs différentes, une culture différente, un rapport géopolitique différent, mais si on reste arc-bouté sur notre ADN, le monde peut très bien continuer sans nous. » Alors, selon le professeur Macron, que faire ? « Il existe deux facilités : soit rester comme on est, soit oublier ce que nous sommes », précise-t-il, avant d'annoncer la couleur : « Nous sommes un pays mature qui a accumulé du droit, avec des régulations fortes pour ceux qui sont dans le système, ce que j'appelle les *insiders*. Mais que fait-on de ceux qui sont hors du système, les *outsiders* ? Concernant le marché du logement, on est l'un des pays qui protègent le plus les locataires, et pourtant, en proportion, nous avons plus de mal-logés qu'en Belgique ou au Canada [...]. Il faudrait toujours se demander : quels sont les dommages collatéraux des règles que l'on a créées. »

Par ces simples mots, Macron fixe le cap de la dérégulation en France, dans la plus pure tradition social-libérale. Mais, attention, le ministre de l'Économie se veut avant tout « prag-ma-tique ». Devant ces jeunes Français, pour certains des bébés entrepreneurs, il n'oublie pas de faire le service après vente de sa loi : « On a essayé de regarder cela d'une manière pratique. Comment on donne plus de droits réels aux citoyens ? Comment on donne plus de capacité aux *outsiders* du système ? » Et le ministre en profite pour faire le *teasing* de son futur texte sur le numérique : « Va s'ouvrir une nouvelle étape. Comment on aide le pays à s'adapter à la société numérique et de l'innovation, une société où tout va plus vite ? »

Devant un public acquis, Emmanuel Macron est tout à son aise, évoquant même « une révolution culturelle plus profonde ». Et le jeune ministre de dévoiler ses intentions futures : « Comment on invente un nouveau modèle ? Comment on reprend l'initiative ? » Selon lui, « le consensus de 1945 est inadapté » à la société actuelle. Macron vise explicitement le compromis social de l'après-guerre, celui inscrit à l'origine dans le programme du Conseil national de la Résistance. Il n'a peur de rien. Et surtout pas de s'attaquer à un tel symbole. En répondant à l'un des participants, il expliquera d'ailleurs : « Je n'aime pas ce terme de "modèle social", mais il faut regarder notre chance, sans naïveté de part et d'autre. »

Tout jeune ministre, Macron se permet donc de proposer un véritable droit d'inventaire. Mais il y va également de ses petites blagues et de ses messages personnels. Les participants en redemandent et multiplient les questions. En une heure et demie, tout y passe. La Grèce : « Ce pays est le symptôme des dysfonctionnements de la zone euro. Après qu'on a laissé faire les choses, les peuples ont vécu un ajustement extrêmement brutal, insoutenable d'un point de vue démocratique », reconnaît-il, sans plus s'apitoyer. Sa solution ? Plus d'Europe ! « On ne peut pas s'en sortir sans mécanismes de transfert. Il faut qu'on aide les pays les plus déséquilibrés, et il faut aller au bout de la démarche, avec un budget de la zone euro[1]. » Il ajoute, sous forme de boutade : « Sinon, la Lozère dans cinq ans, on se demandera si on la cède ou pas. Ce n'est pas qu'un problème pour la Grèce [...]. Il faut réinvestir le rêve européen. » Et Macron d'enfoncer le clou sur l'Europe : « Il faut avoir l'honnêteté de poser le débat. Le statu quo ambigu, c'est en fait choisir d'arrêter avec l'euro dans dix ans. J'ai choisi mon camp. »

Au sujet de sa réforme sur les prud'hommes, et notamment le plafonnement des indemnités en cas de licenciements abusifs, le ministre de l'Économie répond sans hésiter : « Il faut qu'on sorte de la conflictualité du droit du travail [...]. Quand vous êtes un petit patron, et que vous êtes dans l'attente d'un jugement, vous ne réembauchez pas. » Macron rappelle aussi que « ce qui donne de la visibilité rassure les entrepreneurs ». Devant un tel enthousiasme, un invité l'interroge sur l'application Uber et sur

1. Lire le chapitre « L'Europe ! L'Europe ! »

l'« ubérisation de la société », s'en félicitant par la même occasion. Décontenançant son interlocuteur, le ministre répond avec un vrai bémol sur cette soi-disant révolution : « D'abord, l'application Uber Pop est un contournement de la loi, précise-t-il. Cela ne doit pas être la jungle. Il faut plutôt se demander pourquoi Uber s'est développé à Paris. Les taxis parisiens sont moins avenants car on a raréfié l'offre. Il ne faut pas être angélique, 70 % des plaques de taxi concernent deux sociétés. [...] Moi je considère que ce n'est pas un gain si je peux me déplacer à 4 euros, mais conduit par quelqu'un qui n'a aucun droit, comme la Sécurité sociale ou la retraite, et donc qui est une espèce d'hyper-travailleur pauvre. C'est cet ensemble qu'il faut considérer. Une société du travail, ça s'organise. [...] Mais Uber a sa place en France. Après, il faut réussir à articuler l'ancien et le nouveau monde. » Et de conclure sa tirade : « Je n'adore pas l'ancien monde, mais je ne suis pas un uberolâtre. Il ne s'agit d'être naïf ni d'un côté ni de l'autre. »

Les jeunes entrepreneurs et les jeunes étudiants présents, biberonnés à l'économie du numérique et à la « dés-intermédiation » permise notamment par les réseaux sociaux et les applications de Smartphones, sont de nouveau rassurés quand ils entendent leur ministre fétiche expliquer : « Quand je finissais mes études, il y a dix ans, la majorité de mes camarades préféraient devenir fonctionnaires. Aujourd'hui, il y a une étude qui est sortie il y a un mois, maintenant la majorité veut devenir entrepreneur. Il y a quelque chose qui a bougé. Alors, je pense qu'il y a ça dans le gène français. On est une nation entrepreneuriale, on l'avait oublié. Et puis, c'est la résultante du fait que [...] le salariat de très long terme n'est plus une réalité de notre société. Il n'y a pas un jeune à qui on peut expliquer aujourd'hui “tu vas rentrer dans une entreprise et jusqu'à la fin de ta vie active, tu es sûr d'avoir un job, et tu vas monter dans la boîte”, c'est fini ! C'est un mensonge si on dit ça. Et on a la fonction publique, où il y a encore de telles perspectives, mais avec des interrogations en termes de carrière, pour les gens, de manière croissante, et une projection qui se fait quand même moins qu'elle ne se faisait naguère. » S'il voulait donner des boutons aux militants socialistes et à leur premier représentant, Jean-Christophe Cambadélis, il ne s'y prendrait pas autrement…

Mais, là encore, Emmanuel Macron joue sur le fil. Face à un interlocuteur se plaignant du manque de soutien de l'État vis-à-vis des créateurs d'entreprise, reprenant le discours victimaire des organisations patronales, il rappelle tout de même une règle capitaliste de bon sens – histoire de souligner que l'État ne peut pas tout, y compris à l'égard des « entrepreneurs » que lui-même chérit tant : « Le bon entrepreneur c'est celui qui la bonne idée, le bon produit, et le bon marché. […] Après, bien sûr, il faut tout faire pour que l'entrepreneur aille plus loin, plus fort, plus haut ! » Et de rappeler qu'au sein d'un système capitaliste, le risque zéro n'existe pas. « Moi j'ai une conviction, celui ou celle qui veut entreprendre, c'est celui ou celle que rien n'arrête. Donc c'est l'archétype de celui ou celle qui n'a pas besoin de loi. C'est politiquement très incorrect ce que je dis là, mais j'y crois très profondément, et donc il faut juste s'assurer qu'on ne lui met pas des plafonds de verre. »

Se sachant critiqué à gauche sur ses envolées « pro business », le ministre ajoute tout de même que « le milliardaire n'est pas l'archétype de la réussite individuelle ». Et d'attaquer la France du patrimoine et des positions acquises : « Nous sommes dans un pays où la rente foncière est une entrave à l'innovation. Il est aussi très difficile pour le monde politique de se réformer lui-même. »

Une heure a passé déjà. Le ministre semble éprouver du plaisir à s'exprimer. Souvent, il se place devant ses interlocuteurs les yeux dans les yeux. Il sait répondre avec pédagogie aux questions les plus techniques, évoquant tel chiffre ou tel rapport. Redoutable. L'effet de réalité est assuré. Mais contrairement à ses aînés qui se sont souvent réfugiés derrière une posture « comptable », ou de gestion de bon père de famille, Emmanuel Macron semble avoir moins de pudeurs, et cela s'entend : « Je crois profondément dans l'idéologie », confie-t-il à ses cinq cents invités avant de développer sa pensée loin du seul périmètre de ses textes de loi.

Laissons Emmanuel Macron exposer sa vision de l'action collective : « Je pense qu'on a une peur de l'idéologie, dans nos sociétés, qui s'est développée à cause des totalitarismes. Cette peur de l'idéologie, c'est l'un des fondements de ce qu'on appelle le postmodernisme en philosophie. On s'est beaucoup battu contre les totalitarismes dans les années 1970 et 1980. Et regardez bien, après l'effondrement du mur de Berlin, on n'a plus osé reconstruire des grands récits, parce que les grands récits étaient capturés par certains [...]. Et ils se sont traduits par une peur collective. Le postmodernisme, c'est l'enfermement dans les petites histoires, la technicisation de la politique, le fait que la politique devient une espèce de geste dans laquelle on règle les petits conflits. Je crois au contraire, plus encore qu'hier, qu'on a besoin d'un discours de sens. D'abord parce que, nous, nous sommes une nation politique. La France a besoin d'un discours de sens, sinon on ne mobilise pas les gens. Mais plus largement, je pense que c'est comme ça qu'on agit, qu'on arrive à projeter un collectif. [...] Notre pays, la politique contemporaine, ont besoin d'idéologie, parce que dans le monde où l'on vit, c'est ce que doivent les gouvernants (sic), parce que c'est ce qui vous projette dans le temps, c'est ce qui vous engage, c'est ce qui donne de la cohérence à votre action, et en même temps ce qui permet un vrai dialogue démocratique ; si on réduit la politique à de la technique, à la gestion technique de compromis au cas par cas, sans expliquer pourquoi on le fait, non seulement on ne mobilise pas les gens, mais on est en quelque sorte jamais débiteur de ce que l'on fait, parce qu'on explique où on va, pourquoi on fait les choses. Le besoin d'idéologie est réel, mais on a besoin d'idéologie démocratique, c'est-à-dire débattue, contestée, et dont nous sommes les dépositaires, et dont on est responsable, donc il faut qu'on puisse se faire battre sur des idéologies, mais je crois vraiment à cette dynamique et à ce besoin. J'espère que j'ai été clair, c'est une discussion qui est un peu théorique, mais elle est importante, parce qu'en tout cas, elle sous-tend pourquoi aujourd'hui, je fais ce travail, cet engagement. »

En attendant, en guise de grand récit, Emmanuel Macron en appelle à un *new deal* face au « sentiment diffus d'une société bloquée » : « Quel cap pour unifier *outsiders* et *insiders* ? » se demande-t-il. « Ce qui est difficile, c'est d'enclencher le mouvement. L'*outsider* a tout à y gagner. On passe forcément par des moments de confrontation. » Nous voilà prévenus.

C'est à peine quelques jours après cette réception qu'Emmanuel Macron nous reçoit à Bercy[1] pour ce livre. L'occasion pour lui de nous préciser ses idées sur l'emploi et le droit du travail. Il assume : « Le coût du travail en France était supérieur par rapport à celui de nos voisins. Je n'ai aucun état d'âme à vouloir tracer pour mon pays un nouveau chemin de compétitivité. J'aurais d'ailleurs voulu le faire plus vite et plus fort. » Et le ministre de souligner que « la différence entre le travail et le capital, c'est la prise de risque. Or, la force d'une économie aujourd'hui se construit sur la prise de risque. » Il se félicite par ailleurs de percevoir « une énergie d'entreprendre dans les quartiers sensibles », mais aimerait que

1. Entretien du 31 juillet 2015.

« l'administration soit davantage bienveillante à l'égard des petits et des *outsiders* ».

Comment Emmanuel Macron perçoit-il la France ? Le ministre de l'Économie dessine une nation divisée. « Il existe trois strates dans le pays. D'abord, il y a les élites politico-économiques et journalistiques en état de névrose. Elles regardent leur pays avec un prisme négatif car elles ne savent plus le voir tel qu'il est. Ensuite, la jeunesse, polarisée entre une énorme attente et un désespoir profond. Mais elle exprime souvent une véritable énergie. Je souhaite activer ces jeunes, leur permettre de se donner un avenir. Enfin, il existe une France qui pense que la mondialisation n'est qu'un risque, qu'une perte. Ce sont les zones de déclassement qui n'arrivent pas à se projeter dans ces nouveaux équilibres. Il est nécessaire de les protéger et de leur expliquer. Cela n'ira pas mieux tant qu'on n'aura pas réconcilié ces trois France. »

Dur comme fer, Emmanuel Macron croit que cette « réconciliation » passe par une flexibilisation accrue du marché du travail. « Finalement, le “macronisme”, c'est l'idée de développer des opportunités au profit de gens exclus du système », note un observateur. Cette vision d'une société divisée entre *insiders* et *outsiders* est héritée du développement aux États-Unis et en Grande-Bretagne du *workfare state*, prenant la place de l'État-providence (*welfare state*) dans ces pays à partir des années 1980 sous les néo-conservateurs Thatcher et Reagan.

Les politiques publiques imprégnées de cette conception de l'État visent notamment à remettre au travail les chômeurs par leur culpabilisation et la diminution des aides[1]. En 2011, le *think tank* Terra Nova, proche

1. Le sociologue Loïc Wacquant estime même qu'aux États-Unis, l'État-providence a laissé la place à un « État-pénitence »,

du Parti socialiste, a suscité la polémique en publiant une note intitulée « Gauche : quelle majorité électorale pour 2012 » qui, comme au temps triomphant de Tony Blair au *New Labour*, conseille au PS de s'attacher à de nouvelles « cibles » électorales : les femmes, les jeunes diplômés, les minorités et les habitants des grands centres urbains. Autant de catégories que la note rassemble sous le mot *outsiders*, par opposition aux *insiders*[1]. Au point que le PS fut accusé, à l'époque, de vouloir abandonner les ouvriers et les classes populaires…

Certes, à l'entendre, Macron souhaite « réconcilier » ces trois France. Mais quand il oppose *outsiders* et *insiders*, on a bien du mal à comprendre comment il va aboutir à cette « réconciliation ». Car c'est bien dans le but de modifier les règles du marché du travail qu'il oppose les gagnants et les perdants actuels. En réalité, l'aboutissement de cette analyse est la mise en place du contrat unique. Une évidence pour lui, bien que le ministre se garde d'affirmer publiquement sa préférence pour une telle solution.

Le contrat unique, c'est la fusion du CDD et du CDI ; un contrat de long terme, mais que l'on peut rompre plus facilement. Le rêve pour les employeurs. Concrètement, en cas de licenciement, les exigences juridiques pesant sur l'entreprise dans le cadre d'un contrat unique seraient allégées (par exemple, le juge ne pourrait vérifier l'existence d'un motif économique !). Le nouveau Prix Nobel français d'économie, Jean Tirole, fait partie des défenseurs inconditionnels du contrat unique. Et il n'est pas le seul. En 2007, Nicolas Sarkozy en fit même

---

avec l'explosion du nombre des prisonniers issus des classes populaires, suite à leur criminalisation accrue. Loïc Wacquant, *Les Prisons de la misère*, Éditions Raisons d'Agir, 1999.

1. « PS : Terra Nova nie vouloir "abandonner" les classes populaires », *Le Monde,* 13 mai 2011.

une des propositions de son programme électoral, sans finalement l'appliquer au cours de son quinquennat. Cinq ans plus tard, la Commission européenne prône, dans un rapport consacré à la zone euro, la mise en place en France de « réformes structurelles » supplémentaires, passant notamment par… une unification des contrats de travail et des licenciements plus aisés : « Pour améliorer le fonctionnement du marché du travail en France, il conviendrait de continuer à réduire sa segmentation », écrit ainsi Bruxelles, qui juge excessif le nombre de contrats de travail différents[1], et trop important le coût des licenciements individuels pour les employeurs[2].

Apparemment, deux ans plus tard, ce jugement semble totalement partagé par le gouvernement « socialiste ». En effet, alors qu'Arnaud Montebourg avait voulu porter une loi « pour la croissance et le pouvoir d'achat », promettant, lors de son discours sur le « redressement économique de la France » du 11 juillet 2014, de « restituer 6 milliards d'euros aux Français », notamment à partir d'investissements dans les infrastructures et l'énergie et d'économies dans le budget de l'État, Manuel Valls et François Hollande ont tous deux clairement fermé la porte à de telles perspectives au cours de l'été 2014, préférant axer leurs efforts sur la dérégulation du marché du travail.

1. Selon la Direction de l'animation de la recherche, des études et des statistiques (Dares), qui compile les données françaises sur l'emploi, on comptait 17,8 millions de salariés du secteur concurrentiel en France en 2012. Sur ce total, 15,4 millions étaient en CDI et 1,8 million en CDD. Pourtant, si on regarde non plus le stock, mais les flux, le constat s'inverse totalement : l'immense majorité des intentions d'embauche se font en CDD : pour 2012, 49 % des intentions d'embauche concernaient des CDD, 43 % des intérim et seulement 9 % des CDI. *Le Monde,* 24 novembre 2014.

2. « Le contrat de travail unique n'est pas pour demain », Dominique Albertini, *Libération*, 1er juin 2012.

C'est un épisode peu connu, et pourtant révélateur, de la duplicité politique de François Hollande : sa décision de museler Montebourg est en réalité prise le 15 août 2014, quand son Premier ministre Manuel Valls le rejoint à déjeuner au fort de Brégançon. Ce jour-là, alors que les caméras immortalisent la rencontre, les deux hommes conviennent d'imposer au fougueux ministre de l'Économie d'intégrer dans sa propre loi un volet de libéralisation du droit du travail. Une manière symbolique de faire avaler, une nouvelle fois, son chapeau à Arnaud Montebourg. « C'était vraiment le couperet ! » s'exclame un ancien conseiller de ce dernier. « Au cours de l'été, nous avions déjà eu la machine de Bercy contre nous, et notamment le Trésor, qui critiquait notre volet sur l'investissement, et maintenant, le couple à la tête de l'exécutif voulait nous imposer de déréguler le marché du travail, contre toutes nos convictions. »

Comme le rapporte *Libération*[1] à l'époque, Hollande et Valls évoquent alors la possibilité d'une augmentation de la TVA pour combler le manque à gagner dans les caisses de l'État. Dans un mail envoyé notamment au cabinet d'Arnaud Montebourg, Matignon demande à Bercy d'« explorer » la piste d'une hausse du « taux normal » de TVA : celui à 20 %, qui concerne les biens et services. En mars 2012, durant la campagne, Hollande avait pourtant dénoncé le relèvement de la TVA annoncé par Sarkozy, jugé « inopportun, injuste, infondé et improvisé ». Une proposition mise sur la table mais qui ne sera finalement pas retenue…

Dans ce mail, le couple exécutif insiste aussi sur la « nécessité de faire davantage en réformes structurelles », comme le souhaite Bruxelles. Sur le logement notamment, « y compris les mesures de la loi Duflot, que l'on

1. « La TVA dans l'ombre de la crise ministérielle », Lilian Alemagna, *Libération*, 26 août 2014.

n'appliquera pas et que l'on annoncera clairement pour lever l'attentisme », est-il écrit… Ou en libéralisant le travail le dimanche – une mesure portée jusqu'à présent par Laurent Fabius, chargé du Tourisme en plus des Affaires étrangères –, « voire certaines mesures [sur le] marché du travail », afin d'aller plus loin que la loi « sur la sécurisation de l'emploi » de 2013 ! Matignon demande même d'agir « au maximum » par voie d'ordonnances pour faire passer le projet de loi « croissance et pouvoir d'achat » dont Montebourg avait la responsabilité. Une préfiguration du 49.3 du mois de février suivant ? À l'aune de ce mail, on comprend en tout cas bien mieux pourquoi, à partir de la loi Montebourg, un volet sur le marché du travail a été ajouté à la future loi Macron. « Le Code du travail est devenu la nouvelle frontière de ce gouvernement en manque de solutions pour relancer la machine économique, c'est désespérant ! » témoigne toujours notre ancien conseiller d'Arnaud Montebourg.

Dans ce contexte, le jeune ministre Macron, particulièrement zélé, s'est appliqué à rendre la copie la plus en phase avec les nouvelles injonctions de François Hollande et de Manuel Valls pour libéraliser le marché du travail. Des demandes également relayées, on l'a vu, par la Commission de Bruxelles ou par le lobby des investisseurs étrangers. « Le projet de la loi Montebourg était un caillou brut, pas abouti. Nous devions répondre à deux demandes : faire le tri dans les dispositifs prévus, et ajouter un volet concernant le travail », nous confirme un conseiller d'Emmanuel Macron. « Ce nouveau volet a été construit par nos soins, notamment sur l'épargne salariale dans les PME ou l'actionnariat salarié. » Mais ce que ne nous dit pas le collaborateur du ministre, c'est que lors des discussions interministérielles, qui se déroulent à l'automne 2014, sur le futur texte sur « la croissance, l'activité, et l'égalité des chances économiques », Emmanuel Macron et son cabinet ont particulièrement insisté auprès de Matignon et de l'Élysée pour y intégrer la réforme du contrat unique. « Le ministre a souhaité aller sur le contrat unique. Ses collaborateurs ont essayé de nous convaincre », nous confirme d'ailleurs Boris Vallaud, alors secrétaire général adjoint de François Hollande à l'Élysée[1].

Si Macron ne s'est jamais affirmé publiquement pour le contrat unique, il en est donc manifestement un promoteur zélé au sein même du gouvernement. Devant l'énormité d'une telle mesure, et notamment ses conséquences politiques, Boris Vallaud tient toutefois à minimiser la portée du débat entre le ministre et ses collègues à ce sujet : « La règle dans le travail gouvernemental, c'est qu'il n'y a pas de tabou. » En effet, à l'époque, les discussions ont lieu également avec le ministre du Travail, François Rebsamen, qui est plutôt opposé à l'instauration du contrat unique : « C'est vrai que les patrons ont peur d'embaucher en CDI, mais nous avons considéré, au final, que le contrat unique ne pouvait fonctionner qu'en période de croissance économique. C'était la position du ministre du Travail, et le président de la République était plutôt sur cette ligne, expose le conseiller. Donc, oui, Emmanuel Macron porte des idées, mais après, il voit bien quels sont les rapports de force politiques. »

Peut-être, mais comme il en avait pris l'habitude quand il était secrétaire général adjoint de l'Élysée, le ministre de l'Économie remonte plusieurs fois au créneau auprès de François Hollande et de Manuel Valls pour défendre l'instauration du contrat unique. « Je ne pense pas qu'Emmanuel Macron soit un ayatollah du contrat unique. C'est une question d'efficacité. C'est pourquoi, au printemps, lors de la discussion de la loi au Parlement, son cabinet était au taquet sur la question des plafonnements des indemnités, car l'effet aurait été très rapide et

1. Entretien du 25 juin 2015.

du même ordre », nous expose, de son côté, Jean-Jacques Barberis, alors conseiller aux Affaires économiques et financières à l'Élysée[1]. D'ailleurs, le Premier ministre ne semble pas être totalement insensible à l'activisme de son ministre de l'Économie sur le contrat unique. Dans un entretien à *L'Obs*[2] en octobre 2014, Manuel Valls explique ainsi : « Le fonctionnement du marché du travail n'est pas satisfaisant car il ne crée pas assez d'emplois, il génère des inégalités importantes entre, d'une part, des salariés très protégés en CDI et, d'autre part, des salariés très précaires en CDD et en intérim. C'est là-dessus qu'il faut agir. » Et, concernant plus explicitement le contrat unique, le Premier ministre parle alors d'« une idée intéressante », tout en la renvoyant aux négociations entre partenaires sociaux. Quelques mois après, en mars 2015, François Hollande, lui-même, évoquera à son tour le contrat unique : « Ça pourrait être une formule[3] », lâche-t-il, l'air de rien, devant un panel de lecteurs du *Parisien* qui l'interviewait.

C'est, finalement, dans ce contexte plus global de discussions interministérielles sur la libéralisation du marché du travail qu'il faudrait replacer les déclarations fracassantes du ministre de l'Économie sur le statut des fonctionnaires qui ne serait plus, à l'en croire, ni « adéquat », ni « justifié ». Alors que la commission Attali s'était déjà attaquée en 2007 à la fonction publique en proposant la mise en place d'agences autonomes – hors du statut traditionnel des fonctionnaires – pour assurer certaines missions de services publics, sur le modèle britannique et néerlandais, la sortie d'Emmanuel Macron sur les fonctionnaires est loin de constituer une « provocation » isolée et incontrôlée. C'est bien l'état d'esprit du ministre… et

1. Entretien du 6 juillet 2015.
2. *L'Obs*, 23 octobre 2014.
3. *Le Parisien*, 4 mars 2015.

même de l'exécutif. Jacques Attali rappelle d'ailleurs à propos de la loi Macron : « En réalité, Emmanuel sait que c'est le millième de ce qu'il faut faire. L'essentiel des réformes sur l'État doit se faire au niveau de l'école, la formation, le logement. Il en est conscient[1]. » Concernant le contrat unique au moins, Macron a l'air d'en être totalement conscient. Le grand patronat lui en sait gré mais, contre toute attente, le jeune ministre n'a rien d'un naïf à l'égard du capitalisme d'entreprise…

1. Entretien du 20 juillet 2015.

Chapitre 6
Grands patrons contrariés

C'était leur chouchou. À l'Élysée, Emmanuel Macron le leur rendait bien : le secrétaire général adjoint de François Hollande les recevait, écoutait leurs doléances, les flattait. Câlinothérapie à toute occasion. À l'époque, l'ancienne patronne du Medef, Laurence Parisot, se félicitait d'un tel atout pour les milieux économiques français : « Emmanuel nous comprend. Le langage est commun. On n'a pas besoin de dictionnaire pour savoir ce que l'un et l'autre veulent dire. » Mais, depuis qu'il est devenu ministre de l'Économie, changement de programme. Pour les grands patrons du CAC 40, l'atterrissage est rude. Ils ne reconnaissent plus « leur » Macron !

« Ils pensaient avoir un employé du grand capital, et ils trouvent un mec qui leur parle haut et fort, s'amuse une figure du capitalisme français. Résultat, ils sont complètement ambivalents à son égard. Ils se situent désormais entre la fascination et la crainte. » Car, dorénavant, le « gentil » Macron se permet toutes les franchises. L'heure n'est plus aux courbettes. Les patrons ont un ministre devant eux, et pas n'importe lequel : celui de Bercy. La déconvenue est d'autant plus forte qu'ils avaient applaudi des deux mains le départ de l'imprévisible Arnaud Montebourg.

Pour ne rien arranger, face aux seigneurs du CAC 40, Emmanuel Macron ne lâche jamais le morceau. « Les patrons ne lui font pas peur[1] », remarque l'un de ses soutiens, Jean-Louis Beffa, ancien PDG de Saint-Gobain. « Quand il a besoin d'être ferme, il l'est, se félicite, de son côté, son ami Serge Weinberg, PDG du groupe pharmaceutique Sanofi-Aventis. Emmanuel n'est pas un Bisounours. Son principal actif est son sens de l'indépendance. Il ne joue pas au ministre, je ne le vois pas changer. »

Comme lors de cette soirée du 23 avril 2015 organisée par la *Revue des deux mondes* au palace George-V, près des Champs-Élysées à Paris : le ministre de l'Économie y est l'invité d'honneur, mais cela ne l'empêche pas de faire valoir son point de vue. Chaque mois, cette revue intellectuelle quasi bicentenaire reçoit un responsable politique. Elle est désormais la propriété de Marc Ladreit de Lacharrière, patron de Fimalac, grand mécène et président de la Fondation Culture & Diversité, qui vise à promouvoir la jeunesse des quartiers populaires. Cet homme respecté et puissant du CAC 40 cultive les amitiés à droite comme à gauche, de Jacques Chirac à François Hollande, en passant par Martine Aubry et Gérard Longuet. Mais Ladreit de Lacharrière est également administrateur de Renault, et à ce titre, très opposé à l'un des projets du ministre de l'Économie : que l'État actionnaire puisse disposer de droits de vote double au conseil d'administration du groupe automobile, comme la loi lui en donne désormais la possibilité[2].

1. Entretien du 19 mai 2015.

2. Depuis la loi « Florange » du 29 mars 2014 « visant à reconquérir l'économie réelle », le droit de vote double est généralisé dans les sociétés cotées. Ce droit est accordé aux actionnaires qui détiennent des titres depuis au moins deux ans. Par cette mesure, le gouvernement a voulu encourager l'investissement de long terme en récompensant les actionnaires les plus stables, petits porteurs, institutionnels français, actionnaires familiaux et historiques et… l'État actionnaire.

Le PDG de Renault, Carlos Ghosn, comme l'ensemble des administrateurs du groupe automobile – notamment Thierry Desmarest, PDG de Total, l'une des plus grosses rémunérations du CAC 40, et Franck Riboud, président du conseil d'administration de Danone –, sont bien évidemment vent debout contre une telle perspective, et le font savoir haut et fort dans le tout-Paris, mais aussi auprès de leurs partenaires japonais de Nissan qui composent la moitié du groupe mondial d'automobile[1]. « Leur objectif était notamment que l'État actionnaire se tienne loin de leurs rémunérations », analyse aujourd'hui un haut fonctionnaire de Bercy. « Mais il n'y a aucune raison pour que l'État soit l'actionnaire le moins bien traité. Ça rétablit le juste ordre des choses », se justifie un collaborateur d'Emmanuel Macron.

C'est justement ce que le ministre va dire aux concernés. Dans l'ambiance chic et mondaine du George-V, propice à toutes les connivences, Macron ose réaffirmer sa position face à Marc Ladreit de Lacharrière : « J'irai jusqu'au bout ! » balance le ministre à son hôte sous les regards médusés de ses invités, dont Louis Schweitzer, l'ancien patron de Renault, nommé en 2014 commissaire général à l'investissement. Surpris d'un tel affront, Lacharrière se raidit, visiblement agacé – son visage se fait soudainement grimaçant –, peu habitué à être traité d'une telle manière. Macron le remet à sa place sans prendre beaucoup de pincettes. Et en public ! « Qu'un responsable politique assume ses choix dans un endroit comme le George-V alors que ce n'est pas son terrain, faut le faire ! » s'extasie l'un des participants.

1. Depuis mars 1999, Renault a racheté une partie du constructeur japonais Nissan, permettant de constituer le groupe mondial Renault-Nissan, à partir de participations croisées.

Des grimaces, pour les administrateurs et le patron de Renault, il y en aura d'autres. La leçon de choses prodiguée par le ministre n'est pas terminée.

Deux jours plus tard, Emmanuel Macron publie une longue tribune dans *Le Monde*, dans laquelle il appelle à « retrouver l'esprit industriel du capitalisme[1] » : « La France est [...] entrée dans une ère de capitalisme naïf qui a conduit à privilégier les intérêts d'actionnaires aux stratégies de court terme : c'est pour eux le cours de Bourse quotidien qui compte, et donc la spéculation qui motive, décrit d'abord le ministre. C'est une folie économique, mais c'est surtout un suicide industriel, assène-t-il. Une stratégie de développement industriel se construit sur un horizon de cinq à dix ans, pas sur une échéance trimestrielle. » Face à ce sombre diagnostic, le docteur Macron délivre son ordonnance : « Nous avons besoin d'un capitalisme de long terme, qui accompagne nos entreprises dans leurs investissements et dans leur transformation. [...] Mais il n'y aura pas de réindustrialisation sans transformation du capitalisme français. »

Pour cela, le ministre souhaite actionner trois « leviers » : d'abord, « inciter plus fortement les Français à investir dans nos entreprises » pour « faire des salariés et des épargnants français les détenteurs de notre capital productif » ; ensuite, « remobiliser les investisseurs institutionnels pour le financement de notre économie » notamment « en réorientant les fonds des caisses de retraite vers la détention d'actions françaises et en associant d'autres investisseurs à leurs côtés ». Afin de lutter contre des marchés obsédés par le court terme, Macron souhaite donc faire de la France un pays d'actionnaires... Quelle (riche) idée !

1. « Retrouver l'esprit industriel du capitalisme », Emmanuel Macron, *Le Monde*, 25 avril 2013.

Enfin, selon le ministre, « l'intérêt général économique nécessite de favoriser les acteurs qui portent intrinsèquement une vision de long terme – les actionnaires familiaux, les actionnaires salariés, les actionnaires publics et les fonds longs ». D'où sa volonté d'imposer le droit de vote double dans les sociétés dont l'État est actionnaire. « Ce dispositif de droits de vote double permettra à nos entreprises de se concentrer sur leur avenir et de faire de vrais choix industriels », affirme-t-il dans sa tribune, avant de conclure : « Nous devons façonner un capitalisme à l'image de nos ambitions : construire un environnement économique et financier propice, retrouver le sens du long terme, financer l'économie réelle, réindustrialiser notre pays. Il faut pour cela être volontaire, et donc accepter que l'économie de marché soit un rapport de force sur lequel nous avons les moyens de peser. C'est ce que mon expérience m'a appris, et c'est le sens de mon action aujourd'hui. »

Justement, quand Macron a une idée qui lui tient à cœur, il peut déployer des trésors de ténacité, imposer un vrai rapport de force. « Pour être crédible, l'État doit savoir faire respecter ses droits. Il faut en finir avec cet État actionnaire honteux d'être présent autour de la table[1] », déclare-t-il à la presse. Ainsi, pour contrer le grand patron Carlos Ghosn, le ministre de l'Économie choisit une méthode *Blitzkrieg* en décidant dans le plus grand secret une montée provisoire de l'État dans le capital de Renault. « C'est un vrai coup de banquier d'affaires ! » admire Jean-Louis Beffa.

Une semaine avant l'assemblée générale de Renault du 30 avril, Macron ordonne ainsi à l'Agence des participations de l'État (APE) d'acheter pour quatorze millions d'actions Renault, soit 4,7 % du capital du groupe automobile. Ce qui permet à l'État de disposer de la

1. *Le Point*, 21 mai 2015.

minorité de blocage (23,2 %) le temps de l'assemblée générale. Un coup de maître. Furieux, Carlos Ghosn, le tout-puissant patron de Renault-Nissan, est finalement contraint de battre en retraite… « Macron s'est acheté un peu d'image de gauche à bas prix ! » commente l'un de ses soutiens sur la place de Paris.

« À première vue, Emmanuel Macron apparaît moins industriel qu'Arnaud Montebourg. En réalité, ils sont sur des lignes assez semblables, estime pour sa part Jean-Louis Beffa. Avec l'avantage pour Macron de connaître à la fois la micro- et la macro-économie, et le monde de l'entreprise. Montebourg était d'abord idéologue. Il n'avait pas la technicité de Macron. » Si l'on en croit Beffa, qui a conseillé également l'ancien ministre du Redressement productif au début du quinquennat, ce qui différencierait Macron de Montebourg ne serait qu'une question de méthode…

Pas sûr que ces collègues grands patrons partagent un tel diagnostic. Parmi les déçus, Stéphane Richard, le PDG d'Orange, croyait lui aussi que le jeune Macron, qu'il qualifiait affectueusement de « petit frère », allait lui rendre service dès sa « mise en fonction » à Bercy. Le patron de l'opérateur téléphonique ne se félicitait-il pas, en 2012, dans *Challenges*[1] : « Emmanuel Macron est notre relais, notre porte d'entrée auprès du président » ? Trois ans plus tard, l'heure n'est plus à l'enthousiasme. Alors que Stéphane Richard souhaite céder rapidement sa filiale Dailymotion de partage vidéo sur le Net au groupe chinois PCCW, le ministre Macron lui demande expressément, début avril 2015, de mettre en concurrence plusieurs offres… Comment une pépite du numérique comme Daily-

1. *Challenges*, 30 septembre 2012. Dans ce même article, un autre ponte du CAC 40 expliquait : « Je l'ai vu à l'œuvre chez Rothschild, il va rassurer tout le monde. »

motion pourrait-elle être rachetée par un groupe chinois ? À première vue, le discours est différent de celui de son prédécesseur Arnaud Montebourg qui, en 2013, avait bloqué la vente de Dailymotion à l'américain Yahoo ! au nom du « patriotisme économique ». Au final, l'intention est pourtant la même. Et c'est Vivendi, appartenant désormais au magnat breton Vincent Bolloré, qui remporte la mise. Pour un meilleur prix pour Orange et l'État actionnaire.

L'histoire aurait pu en rester là, mais ce n'est pas le seul dossier où Stéphane Richard aura maille à partir avec Macron : en mai, dans un entretien aux *Échos*, le ministre de l'Économie estime que le secteur des télécoms en France, qui compte quatre opérateurs (Bouygues Telecom, Free, Numéricable-SFR et Orange), « a atteint un point d'équilibre ». En clair, pas question pour Bercy d'accepter des opérations de concentration dans le secteur aux dépens des consommateurs : « L'heure n'est pas à la concentration entre opérateurs, mais à l'investissement, insiste alors Emmanuel Macron. La concentration, c'est moins d'équipements, moins de réseaux et moins d'emplois[1]. » Il ne faut pas un mois pour que Stéphane Richard réplique à son « petit frère » : « La taille du marché français plaide plutôt pour un marché à trois opérateurs convergents[2]. »

Autre personnalité du monde des affaires à être déçue par le ministre : l'ancienne PDG d'Areva, Anne Lauvergeon – qui avait travaillé avec Emmanuel Macron à la commission Attali et continue à suivre de près la politique énergétique. Elle pensait que le ministre serait sensible à ses arguments pour maintenir le groupe nucléaire en

1. *Les Échos*, 22 mai 2015.

2. Intervention de Stéphane Richard lors d'un colloque prospectif sur les marchés du numérique, organisé à Paris le mardi 16 juin 2015 par le cabinet de consultants Idate.

l'état, malgré ses nombreuses difficultés. Et voilà que Macron, après avoir pourtant écarté de la présidence de Thales[1] Henri Proglio, l'ennemi juré de Lauvergeon, ancien PDG d'EDF, décide de soutenir ses services de Bercy qui proposent un scénario de démantèlement du groupe Areva, avec le rachat de sa filiale réacteurs Areva NP par… EDF.

Là encore, la comparaison avec son flamboyant prédécesseur n'est jamais très loin chez nos interlocuteurs : « En petit comité, Emmanuel Macron peut être très dur[2], assure Laurent Bigorgne, de l'Institut Montaigne. Tout le contraire de Montebourg ! Une fois le rideau tiré, Macron n'hésite pas à rappeler les uns et les autres à leurs engagements d'une manière très franche. » L'avocat d'affaires, Jean-Michel Darrois, partage ce sentiment : « Emmanuel est tout à fait capable d'engueuler les grands patrons en tête à tête. Comme il a toujours l'air gentil quand il se met en colère, ça a plus de force[3] ! » L'ancien conseiller à l'Élysée, Aquilino Morelle, souligne, quant à lui, que Macron « a une prédilection de banquier d'affaires pour les Meccano industriels. Et comme il connaît de l'intérieur le capitalisme, il ne s'en laisse pas compter… Il pense en effet qu'à certains moments, l'État a des prérogatives et doit les exercer. »

Habitués à avoir comme interlocuteurs des ministres distants et peu au fait de leurs dossiers, les chefs d'entreprise sont déstabilisés par le niveau technique du ministre de l'Économie. Comme lors des discussions entre l'État et les concessionnaires d'autoroutes pour fixer un nouveau niveau de contribution : en venant au ministère de l'Écologie en avril 2015 pour rencontrer les ministres Ségolène Royal et Emmanuel Macron dans la dernière ligne droite

1. Lire le chapitre « Bataille contre Proglio ».
2. Entretien du 1er juillet 2015.
3. Entretien du 9 juillet 2015.

des négociations, les patrons des sociétés d'autoroute (Vinci, Eiffage, Sanef, APRR...) ne s'attendent pas à discuter « TRI » (taux de rentabilité interne) », ou « coût moyen pondéré du capital », « taux de risque », et « paramètre d'indexation »... Des éléments mis très directement sur la table par Macron. L'enjeu ? Alors que les parties en présence se sont préalablement mises d'accord sur l'idée d'1 milliard d'euros de contribution reversé à l'État sur une période de vingt ans, toute la question est de savoir à quel taux d'actualisation annuel seront soumis les patrons de société, en fonction de l'inflation et de potentiels risques futurs. Et, finalement, Emmanuel Macron réussira à convaincre les patrons d'autoroute qu'ils devront payer un peu plus chaque année... pour répondre à ces variables économiques et permettre à l'État de récupérer réellement, au final, une enveloppe globale d'1 milliard d'euros. Mais, quel beau cadeau tout de même pour les sociétés d'autoroute : fortes de leurs nouveaux contrats, elles voient la perspective d'une nationalisation, un temps évoquée, définitivement écartée[1] !

« Emmanuel Macron, contrairement à Arnaud Montebourg, voit la grosse vague qui arrive et il prend son surf pour la surfer... » s'irrite un banquier parisien proche de l'ancien ministre de l'Économie. Exemple : alors que le ministre de l'Économie a suivi de près, au printemps 2015, le rachat du groupe franco-américain Alcatel-Lucent par le finlandais Nokia, dans l'esprit de créer un géant européen, en s'assurant notamment auprès de Michel Combes, le directeur général du groupe, que les centres de recherche restent en France[2], il a semblé totalement pris de court par l'annonce, fin août, des rémunérations

1. *Le Monde*, 9 avril 2015.

2. *Le Point*, 21 mai 2015. Cela n'empêche pas, malheureusement, la France de perdre le contrôle d'une société stratégique

dispendieuses de ce même directeur général en partance pour présider Numéricable-SFR.

En effet, après seulement deux ans de présence à la tête d'Alcatel-Lucent, et dix mille jobs supprimés, Michel Combes devait toucher, à son départ, l'équivalent de 13,7 millions d'euros sur trois ans, via des actions, des stock-options et une clause de non-concurrence ! Même le Medef, dans un rapport confidentiel, avait jugé très durement ce système. Et alors que le tout-Paris des affaires était au courant depuis le printemps des gracieux émoluments de Combes prévus pour son départ, le ministre Macron n'a su réagir que fin août, au moment où la presse révèle le scandale, s'indignant alors comme l'ensemble de la classe politique... Manque de clairvoyance ? D'anticipation sur la perception des Français d'un tel parachute doré ? Macron a en tout cas manqué de sens politique sur ce dossier, semblant impuissant face à la caste des grands patrons transnationaux se goinfrant sur le dos des peuples. Et ce n'est pas la petite reculade d'Alcatel-Lucent qui y changera quelque chose... Car, finalement, devant le tollé général, l'ex-patron d'Alcatel-Lucent ne touchera « que » 7,9 millions d'euros... Ce qui fait toujours plus de cinq cents années de Smic cumulées.

Autre déconvenue pour Emmanuel Macron : à peine est-il nommé ministre de l'Économie que le patron de GDF Suez (devenu Engie), Gérard Mestrallet, décide d'accélérer les conditions de sa future succession, en imposant en octobre Isabelle Kocher comme numéro deux du groupe, la positionnant, de fait, comme sa véritable « dauphine ». Une décision jugée opaque par Macron qui aurait souhaité ouvrir la succession du groupe GDF Suez à des candidatures externes.

---

spécialisée notamment dans la pose des câbles internationaux pour l'Internet.

En réalité, Isabelle Kocher, ex-conseillère pour les affaires industrielles de Lionel Jospin à Matignon, a bénéficié de soutiens de poids : Jean-Pierre Jouyet lui-même, ancien également du cabinet Jospin, et Éric Ghebali, directeur du développement international chez Suez Environnement, homme d'affaires mondain, époux de la productrice et animatrice de télévision Daniela Lumbroso, et soutien… de François Hollande durant la campagne de 2012[1]. Des relations qui comptent à Paris. Mais Macron n'est pas fait de ce bois-là. Contrairement aux habitudes, il considère d'abord les dossiers d'un point de vue industriel et de management. Désormais ministre, il n'a que faire de ce système des « cartes de visite ». Il a d'autant plus de mal à digérer l'épisode qu'il a été mis devant le fait accompli, alors qu'il attache une grande importance aux nominations – et à leur transparence – au sein des groupes dont l'État est actionnaire[2].

« Dans ce capitalisme des connivences, on a trop souvent considéré l'État actionnaire uniquement sous l'angle de la gestion des copains et des carnets d'adresses, juge devant nous Emmanuel Macron[3]. Il faut que l'État soit beaucoup plus stratège. Et même si on connaît les gens, il faut ouvrir les processus de nomination, et développer une politique de transparence. » Un franc-parler qui détonne face au « capitalisme des connivences » qui règne en France. À celui-ci, Emmanuel Macron préfère celui des vrais entrepreneurs, des innovateurs, des start-up. Il nous cite des noms d'industriels d'ETI (entreprise à taille

1. Proche de Pierre Bergé, Éric Ghebali est un compagnon de route du PS : ancien secrétaire général de SOS Racisme, il fut membre du conseil national du parti, avant d'être candidat malheureux aux législatives de 1993, puis inquiété par la juge d'instruction Eva Joly dans le cadre de l'affaire Elf-Aquitaine, avant de bénéficier d'un non-lieu en 2006.

2. Lire le chapitre « Bataille contre Proglio ».

3. Entretien du 31 juillet 2015.

intermédiaire) peu connus du grand public, mais qu'il souhaite « faire monter ». Côté grands groupes, Macron s'intéresse aux « patrons qui ont gardé une adhésion à la cause nationale ». Car, regrette-t-il, « beaucoup des grands patrons sont tombés dans le cynisme alors qu'ils doivent tout à l'État. Ils illustrent la trahison des clercs. Or le redressement d'un pays ne peut pas marcher sans élites exemplaires. Et eux, comme d'autres, doivent avoir un rôle civique, et une responsabilité d'ordre politique. Je le crois profondément. Cette responsabilité ne peut pas être l'exclusivité d'une caste politique. » Macron s'irrite également de « certains patrons qui vous enseignent la vertu libérale quand ça les arrange ». Dans cette optique de réorientation, il souhaite avancer « sur un chemin de crête » : selon lui, « la grande erreur de Montebourg, indépendamment de son talent, a été d'avoir créé de l'imprédictibilité pour les acteurs du monde économique. Moi, je ne crois pas que l'on change le monde économique en étant dans une posture de défiance ».

Emmanuel Macron n'hésite pas à affirmer qu'il trouve intéressant le point de vue et le travail d'un Vincent Bolloré – un nom qui divise pourtant entre ses activités en Afrique et ses investissements récents dans les médias – ou, plus jeune, d'un Alexandre Bompard, patron de la FNAC, qui a d'ailleurs profité des décrets fixant les zones touristiques internationales à Paris, permettant à la plupart de ses magasins d'ouvrir le dimanche – un cadeau de Bercy selon certains. Mais Macron n'a que faire de ces soupçons : ce qui l'intéresse, assure-t-il, ce sont les projets industriels et économiques avant toute chose. Et, contrairement à l'épisode de GDF Suez, le ministre de l'Économie a démontré les mois suivants, dans le cadre du remplacement de Jean-Bernard Lévy à la tête de Thales, qu'il savait faire fortement entendre son point de vue. Au risque de se faire des ennemis parmi ces puissants du CAC 40.

Chapitre 7
Bataille contre Proglio

La scène se déroule le 5 novembre 2014, au siège de Dassault Aviation, à Saint-Cloud, lors d'une cérémonie pour le lancement du drone de combat franco-britannique. Le gratin du monde de la défense, qui regroupe autour d'intérêts convergents autant les hauts militaires que les industriels, est réuni. Charles Edelstenne, le puissant directeur général du groupe Dassault, fronce les sourcils en apercevant Jean-Bernard Lévy. Ce dernier est alors encore PDG de Thales, la société d'électronique et d'armement dont Dassault est le deuxième actionnaire après l'État, mais, quelques jours plus tôt, c'est lui que François Hollande a choisi, à la surprise générale, pour remplacer Henri Proglio à la tête d'EDF. Ce 5 novembre, Lévy et Edelstenne n'ont aucunement envie de se saluer. Le patron de Dassault amorce néanmoins une approche et balance :

— Eh bien, dites-moi, ça s'est fait vite, cette affaire…

— Oui, ça s'est fait vite, réplique Lévy sans plus de mots.

— Vraiment très vite, cingle Edelstenne en tournant les talons.

L'échange illustre alors le désarroi et la colère qui dominent chez Dassault. Le puissant groupe – qui compte dans ses actifs le journal favori de la droite, *Le Figaro* – a mal pris d'avoir été mis devant le fait accompli par l'État. Car, ni le ministre de l'Économie, Emmanuel Macron, ni le secrétaire général de l'Élysée, Jean-Pierre Jouyet, obéissant aux ordres présidentiels, n'ont pris la peine d'informer le deuxième actionnaire de Thales de leur volonté de leur enlever Jean-Bernard Lévy afin de le nommer à EDF. Pas plus que de lui trouver un successeur. « C'est un comportement extrêmement discourtois de l'État », commente un familier des dossiers industriels.

En réalité, l'objectif suivi par Macron et Jouyet était d'évincer Henri Proglio. Ils ont adopté « la stratégie du secret » tant l'influent Proglio est l'homme de tous les réseaux, proche de nombreux politiques de tous bords. L'intéressé est par ailleurs administrateur de Dassault Aviation et membre du comité des sages de la famille Dassault, l'instance chargée de conseiller, voire d'arbitrer, entre les héritiers lors de la prochaine succession du magnat de l'aéronautique, 93 ans… En d'autres termes, Emmanuel Macron comme Jean-Pierre Jouyet craignaient que des fuites au sein du groupe ne fassent une fois de plus capoter l'opération.

Et c'est peu dire qu'Henri Proglio ne s'y attend pas. Plusieurs semaines durant, ses proches ont mené une campagne médiatique afin de vanter sa grande œuvre à la tête d'EDF. À peine quelques heures avant un rendez-vous crucial, le 15 octobre 2014 à Bercy, des journalistes spéculent encore sur sa possible victoire : « Avec un tel bilan positif à la tête d'EDF, qui pourrait réellement le remplacer ? » se demandent-ils en substance… Ce jour-là, le grand patron a donc rendez-vous à Bercy, à 7 heures pétantes, avec le ministre de l'Économie, Emmanuel Macron. Depuis un mois, il n'a reçu aucun signe de l'exécutif concernant le renouvellement de son mandat à la tête d'EDF, qui expire le 22 novembre suivant. Aucun signe, mais il va à Canossa avec l'assurance qui lui est coutumière.

Quand Proglio entre dans le grand bureau qui domine la Seine, au troisième étage de l'hôtel des ministres, il comprend vite que son heure a sonné. Le ministre de l'Économie, d'habitude si souriant, ne lui oppose désormais qu'un visage froid et déterminé. À peine s'est-il assis dans l'un des fauteuils en cuir sombre, que Macron lui assène la nouvelle : « L'État a décidé de vous remplacer à la tête d'EDF par Jean-Bernard Lévy. » Les mots claquent aux oreilles d'Henri Proglio, dont le visage se crispe instantanément. Face à son ministre de tutelle, le patron d'EDF, tel un poisson qui se débattrait pour trouver de l'oxygène, réplique immédiatement, exprimant fortement son mécontentement. « Ce fut viril », se souvient un membre du cabinet. Dans l'esprit de Proglio, le rendez-vous se résume à une exécution sommaire. Un licenciement sec, sans autre considération. Lui faire ça, à lui ? Alors que le tout-Paris est à ses pieds ? À peine vingt minutes plus tard, Henri Proglio a été licencié. Il se dirige vers la sortie du ministère en empruntant l'allée Jean-Monnet. Ses pas sont lourds, ses chaussures cognent contre le gravier blanc. Il n'a pas dit son dernier mot.

Preuve que le secret était bien gardé, même Jean-Yves Le Drian, le ministre de la Défense, n'a pas été tenu au courant de ce débarquement façon *Blitzkrieg*. En ce début novembre, François Hollande, malgré le lobbying intense de plusieurs de ses proches – de l'avocat Jean-Pierre Mignard, qui travaille pour Proglio et EDF, au président de l'Assemblée nationale, Claude Bartolone, en passant par l'ancien maire de Nantes, Jean-Marc Ayrault –, a réussi à « couper la tête » de ce patron à la réputation sulfureuse, proche de la Sarkozie, après avoir été chiraquien. Un homme craint, avec un entregent sans pareil. Après avoir travaillé à la Compagnie générale des eaux, devenue Veolia, il connaît tous les secrets des élus de la République.

Voilà peut-être pourquoi, moins de deux mois plus tard, le conseil d'administration de Thales envisage, à la veille de Noël, de le nommer président de l'entreprise de défense – certes « non exécutif » – en tandem avec Patrice Caine, un homme de la maison promu directeur général. Pour Henri Proglio, Thales, soixante-cinq mille salariés de par le monde, et 14,2 milliards d'euros de chiffre d'affaires, est un joli cadeau de Noël. D'autant qu'il s'agit d'un groupe hautement stratégique spécialisé dans l'armement (officiellement 60 % de son activité), et contrôlé conjointement par l'État et le groupe Dassault (avec 26,6 % et 25,5 % respectivement du capital). Thales est par ailleurs actionnaire à 35 % de la DCNS, ex-DCN, qui construit notamment les sous-marins nucléaires français. On est donc bien loin d'un « lot de consolation », comme certains journalistes l'évoquent alors, encore moins d'un placard doré…

Justement, comment comprendre que François Hollande ait accepté cette nomination après avoir souhaité, contre ses plus proches amis, son débarquement d'EDF ? Comment justifier que ce chassé-croisé entre EDF et Thales en pleine période des fêtes n'ait suscité que la seule indignation politique d'Alain Rousset ? Le président socialiste de la région Aquitaine avait pourtant trouvé les mots justes : « Quelle image donne-t-on ? […] Il n'y a qu'en France qu'on a ce jeu de chaises musicales. C'est insensé. » Et l'élu socialiste de dénoncer « un jeu de combine entre les grands corps de l'État qui se partagent les postes, […] ça donne une image dramatique ».

L'histoire de ce rebondissement, et d'un psychodrame qui agita pendant plusieurs semaines les plus hautes autorités de l'État, commence en réalité le 16 octobre 2014. Après avoir été écarté de ce dossier sensible, ultra-délicat même, Emmanuel Macron réussira à reprendre la main, apportant ainsi aux yeux de ceux qui en doutaient encore la preuve d'un sens politique inattendu…

Dès le lendemain donc de son débarquement d'EDF par le ministre de l'Économie, Henri Proglio appelle son « ami » Serge Dassault. Dans une brève conversation téléphonique, il lui demande alors carrément la présidence de Thales ou bien celle de Veolia, deux entreprises dans lesquelles le groupe Dassault a des prises de participation… Mais, ce jour-là, le vieux père Dassault écarte poliment cette offre de service. Car, contrairement à la légende parisienne, les relations entre les deux hommes ne sont plus au beau fixe depuis qu'Henri Proglio a demandé à Serge Dassault d'investir dans Veolia. Une opération qui s'est révélée fort mauvaise. Dassault a la rancune tenace.

Convaincu que Proglio est hors circuit, fin octobre, Jean-Pierre Jouyet, le secrétaire général de l'Élysée, explique à François Hollande que le successeur de Jean-Bernard Lévy à la tête de Thales sera choisi en interne. Macron partage la même analyse. Deux candidats officiels sont même auditionnés par le comité de sélection : Pierre-Éric Pommellet, un industriel d'une cinquantaine d'années qui s'occupe notamment du programme Rafale à Thales, soutenu par le groupe Dassault ; Patrice Caine, bras droit de Jean-Bernard Lévy, adoubé par le puissant corps des Mines.

Caine bénéficie de l'appui de l'État. « J'ai présenté deux fois votre dossier au président », lui explique ainsi Jouyet lors d'un premier rendez-vous. Le 8 décembre, il rencontre même le président par l'entremise de Jean-Bernard Lévy, qui profite de la cérémonie de sa décoration à l'Élysée pour faire les présentations. Quelques jours plus tard, le 15 décembre, Emmanuel Macron reçoit à dîner plusieurs grands patrons à Bercy, dont Lévy. Les deux hommes sont proches, et évoquent alors le dossier Thales…

Car Dassault bloque la candidature de Patrice Caine, considéré par le groupe aéronautique comme « trop politiquement marqué à gauche », selon un salarié. Une quinzaine d'années auparavant, sous le gouvernement de Lionel Jospin, Patrice Caine n'avait-il pas été conseiller de Christian Pierret, secrétaire d'État à l'Industrie, puis de Laurent Fabius, ministre de l'Économie ?

Mais ce n'est pas qu'une question d'hommes. Les enjeux autour de la future présidence de Thales sont aussi industriels. Depuis plusieurs années, l'avionneur souhaite renforcer son contrôle sur l'entreprise : « Dassault veut faire de Thales son Valeo, le fournisseur de Renault et de Peugeot. Il ne faut pas oublier que 35 % des composants des avions Rafale, une bonne part de l'électronique, est justement produit par Thales », analyse un expert du secteur de l'armement. Or, au sein de l'État, Bercy préférerait que Thales conserve sa position centrale dans le complexe militaro-industriel français. Sur ce dossier, le cabinet d'Emmanuel Macron comme l'Agence des participations de l'État (APE) semblent être sur la même longueur d'onde… Bref, Caine bénéficie de soutiens de poids au cœur de l'État : les services de Bercy, et notamment l'APE, Jean-Pierre Jouyet à l'Élysée, et Jean-Yves Le Drian à la Défense.

À cette époque, Emmanuel Macron ne voit donc rien à y redire… Patrice Caine, un candidat choisi en interne, n'est-il pas la meilleure garantie, estime-t-il, de sécuriser la présidence de Thales ? Loin d'être naïf, le ministre de l'Économie connaît la rumeur qui enfle dans le petit Paris des affaires : Henri Proglio, sèchement congédié d'EDF, n'a-t-il pas évoqué à plusieurs reprises son intérêt pour le poste ? Ne s'en est-il pas clairement ouvert, sans succès, auprès de Serge Dassault lui-même ? Cette rumeur prend de l'ampleur parmi les habitués du CAC 40, au fur et à mesure que la situation du côté de Thales se bloque. Car, malgré ses soutiens, en cette fin d'année 2014, pour le groupe Dassault, Patrice Caine, le candidat de l'État, c'est toujours non.

Au cours du mois de novembre, la situation commence à se tendre particulièrement, puisque, en l'absence d'accord sur la gouvernance de Thales au bout de trois mois, le pacte d'actionnaires peut sauter. Or, ce pacte est le seul verrou qui empêche le groupe Dassault de monter dans le capital de l'entreprise de Défense au-dessus de l'État… Et si l'État perdait le contrôle d'une entreprise si stratégique ? Se retrouvant dans une réelle impasse, l'État et Dassault conviennent, pour gagner du temps, pour « temporiser », et peut-être trouver un terrain d'entente, de nommer Philippe Logak, jusqu'alors secrétaire général de Thales, comme PDG intérimaire.

Malgré la situation de blocage, Emmanuel Macron laisse le dossier aux mains de son directeur de cabinet, Alexis Kohler, et surtout, de l'Élysée, où son ancien camarade de l'ENA, Boris Vallaud, récemment nommé secrétaire général adjoint auprès de Jean-Pierre Jouyet, a repris la question. Pourquoi le ministre de l'Économie devrait-il s'en inquiéter ? Boris Vallaud, ancien directeur de cabinet de Montebourg, connaît bien les dossiers industriels.

Cet énarque, par ailleurs mari de Najat Vallaud-Belkacem, n'est pas non plus un bleu sur les questions industrielles de défense : né au Liban, fils de l'historien Pierre Vallaud, il est le filleul d'Antoine Sfeir, le médiatique directeur des *Cahiers de l'Orient* habitué des plateaux de télé, mais surtout consultant dans la zone Moyen-Orient (Antoine Sfeir Consultants) où Thales a de nombreux intérêts commerciaux…

Tout s'accélère à la mi-décembre. Certes, à Bercy, Emmanuel Macron reste encore spectateur. Mais alors que les soutiens de Patrice Caine semblaient jusqu'à présent être sûrs de leur force – en dépit du blocage du groupe Dassault –, la panique commence à les gagner. Ils craignent que la tension entre Dassault et l'État compromette la candidature de leur poulain. D'autant que Serge Dassault, lors d'un déjeuner, n'hésite pas à exprimer sa préférence pour Pierre-Éric Pommellet, voire pour Philippe Logak. Le PDG intérimaire, ancien de la direction générale de l'Armement, et conseiller d'État, ne compte pas lui-même faire de la figuration.

Le scénario d'un troisième homme apparaît. « Logak a pris la grosse tête. Il signe ses courriers avec le titre de PDG sans mettre "intérimaire", et met sa bio sur le site Internet du groupe… » raille un acteur du dossier. Le cabinet d'Emmanuel Macron, déjà en prise à un stress certain sur ce dossier, ne goûte guère l'activisme du nouveau venu. Logak mène même une campagne tellement bruyante qu'il est convoqué à Bercy où on lui signifie sèchement de rester à sa place. Mais l'avertissement ne suffit pas : l'intéressé commence à passer quelques coups de fil auprès d'éventuels collaborateurs…

Pendant ce temps, les soutiens de Caine, notamment son père, Yves, officiellement intermédiaire en Arabie Saoudite dans le secteur du bâtiment, et son frère Stéphane, tous deux proches d'Henri Proglio, se réunissent chaque soir en « conseil de guerre », selon l'un de leurs proches. « Ils apparaissent tout d'un coup d'une très grande nervosité, poursuit ce dernier. Mon sentiment est que Dassault a utilisé Logak pour obliger l'État à entrer dans la négociation. »

Le mardi 16 décembre, une rencontre a lieu entre deux hommes qui se connaissent bien : le Premier ministre, Manuel Valls, et Serge Dassault, dont les terres politiques voisinent dans l'Essonne. Lors de cette rencontre, le duo se met d'accord, contre toute attente, sur un binôme Pierre-Éric Pommellet-Philippe Logak. Sauf que ni Manuel Valls ni Serge Dassault ne sont en mesure d'imposer une telle solution… D'autant que, juste après le rendez-vous, ce dernier s'envole pour l'île Maurice, où il passe chaque année ses vacances. L'échange entre les deux hommes, censé rester confidentiel mais rapidement ébruité parmi les candidats en lice et leurs équipes, provoque en tout cas un véritable séisme.

C'est à ce moment-là, profitant du peu d'activisme d'Emmanuel Macron sur le dossier Thales durant cette période, qu'entre en jeu Jean-Yves Le Drian. Dirigé par Cédric Lewandowski, le cabinet du ministre de la Défense est marqué des trois points maçonniques et de la « galaxie Roussely », du nom de François Roussely, ancien patron d'EDF et ex-directeur de cabinet d'Alain Richard, ministre de la Défense sous le gouvernement Jospin. Les réseaux de l'ancien ministre Pierre Joxe.

François Roussely, qui fut jusqu'en mai 2015 vice-président du Crédit Suisse en Europe, est très proche… d'Henri Proglio. Lewandowski, charismatique directeur de cabinet, fut également conseiller d'Alain Richard, sous le gouvernement Jospin. Tout comme… Stéphane Caine, frère de Patrice. Dans ce si petit monde, les relations sont discrètes, mais solides.

Peu connue des milieux d'affaires parisiens et des grands patrons du CAC 40, la famille Caine joue pourtant un rôle crucial dans l'enchaînement des événements autour de Thales. Jusqu'à présent, Patrice Caine, 44 ans, était chargé dans le groupe de la mise en œuvre d'un programme d'amélioration de la compétitivité de l'entreprise.

Mais les éléments les plus intéressants de sa biographie sont à trouver du côté de sa famille… Une famille issue des grands corps d'État et habituée des cabinets ministériels. Son frère, Stéphane, un autre ingénieur X-Mines, ancien directeur des marchés industriels de Veolia Environnement, et PDG de Proxiserve, est un proche de… Henri Proglio, qui l'avait recruté en 1999.

Ce n'est pas tout : leur père, Yves Caine, qui, selon une source proche du dossier « a joué l'intermédiaire entre Proglio et son fils Patrice dans le cadre de la dernière nomination à Thales », est l'ancien directeur général de la Sofinfra, la filiale de la Sofresa chargée de suivre les projets de construction liés aux contrats de cette société française para-publique au cœur des dossiers d'armement entre la France et l'Arabie Saoudite. La Sofresa (devenue Odas) orchestrait entre la France et l'Arabie Saoudite les ventes d'armes de l'État, encaissait les commissions, et les redistribuait aux intermédiaires, notamment dans l'affaire du contrat « Sawari II », sur laquelle les juges Renaud van Ruymbeke et Roger Le Loire ont enquêté : la vente de frégates entre Paris et Riyad, dans laquelle l'intermédiaire franco-libanais Ziad Takieddine a joué un rôle.

Aujourd'hui, Yves Caine dirige le cabinet BTP Conseil International, avec son associé, Patrick Gimel, qui est l'un des responsables de la section des Républicains d'Arabie Saoudite, et dirige une société d'intermédiation, Occident Orient Overseas, présente à Riyad. Une structure qui a pour clients Dassault Aviation et Veolia. Yves Caine est également connu de la gauche pour avoir travaillé pour Bouygues dans les années 1970, où « il s'occupait notamment des relations avec le PS avant 1981 », selon une source. Voilà peut-être pourquoi l'homme a été promu officier de la Légion d'honneur en 2002 par… Alain Richard, alors ministre de la Défense.

En tout cas, Yves Caine – le père, donc –, parfois appelé en Arabie Saoudite « le shérif », est un homme précieux au moment même où les gros contrats d'armement semblent se multiplier entre la France et l'Arabie Saoudite, partenaire privilégié par François Hollande au Moyen-Orient. Ainsi, à l'automne 2013, Jean-Yves Le Drian a signé un contrat d'1,3 milliard d'euros, concernant la fourniture d'installations et la construction d'ouvrages destinés au carénage des navires de guerre de Jeddah. L'opération sera pilotée par l'Odas, comme l'autre marché d'envergure signé en novembre 2014 entre l'Arabie Saoudite et la France : la livraison d'armes françaises pour le Liban, grâce à un don saoudien d'un montant de 2,3 milliards d'euros. Une somme qui devrait principalement bénéficier à… Thales.

Dans ces conditions, on comprend mieux l'activisme du cabinet de Jean-Yves Le Drian pour imposer Patrice Caine à la tête de Thales : « C'est à la Défense que le tandem Proglio-Caine s'est décidé », nous confirme un cadre de Thales. Un conseiller ministériel est tout aussi formel : « C'est même la Défense qui a introduit le nom de Proglio dans les discussions. Proglio a été proposé par le cabinet de Le Drian qui a su convaincre le groupe Dassault, en tout cas Charles Edelstenne, et qui a ensuite expliqué au sein de l'État que c'était à la demande de l'industriel. » Des propos lourds de sens pour Jean-Yves Le Drian, qui « s'est énormément exposé » dans toute cette affaire, selon un de nos interlocuteurs. C'est d'ailleurs lui seul qui va défendre cette solution à l'Élysée. Contre l'avis de son collègue du gouvernement Emmanuel Macron.

Ainsi, contrairement au *storytelling* qui sera ensuite servi aux journalistes, ou plus grave, au sein même de l'État, jusqu'au président de la République lui-même, l'arrivée d'Henri Proglio à la tête de Thales n'a pas été imposée par le groupe Dassault, mais bien par le cabinet de Jean-Yves Le Drian, qui a mis Bercy et le cabinet d'Emmanuel Macron devant le fait accompli. En réalité, dans toute cette histoire, Proglio est davantage un faire-valoir qui va permettre de débloquer l'impasse entre l'État et Dassault que le sujet principal. En proposant le nom de l'ancien PDG d'EDF, le ministre de la Défense permet en fait d'imposer *in extremis* Patrice Caine au groupe Dassault, qui n'en voulait pas au départ.

À l'Élysée, face à ce déblocage inespéré, personne n'ose lever le ton, malgré l'incohérence du choix de celui qui a été débarqué quelques semaines plus tôt d'EDF par François Hollande lui-même… Une incongruité qui va provoquer l'ire d'Emmanuel Macron, peu habitué à ces conciliabules ministériels, où la raison d'État se confond souvent avec petites compromissions personnelles et intérêts partagés…

Le jeune ministre ne veut pas se résoudre au compromis qui se dessine entre l'État et Dassault, aboutissant au final au retour d'Henri Proglio par la grande porte. Et comme à son habitude, quand il a une idée en tête, Emmanuel Macron n'est pas près de lâcher le dossier. Plusieurs questions le taraudent : comment le président de la République peut-il accepter une telle solution, alors qu'il s'était engagé durant sa propre campagne présidentielle à mettre à l'écart Henri Proglio ? Le candidat socialiste n'avait-il pas déclaré : « J'ai deux noms sur ma liste noire : Bernard Squarcini [alors directeur du renseignement intérieur] et Henri Proglio » ? Comment François Hollande peut-il finalement prendre le risque d'un tel compromis, alors que même Serge Dassault semble s'y être opposé initialement ? Habitué aux coups de bluff dans les dossiers industriels dont il avait la charge comme banquier d'affaires chez Rothschild, Emmanuel Macron reprend le dossier personnellement, pour faire entendre sa voix et pousser ses pions… Car, à ses yeux, il est hors de question que le si décrié Henri Proglio récupère la présidence, certes officiellement « non exécutive », d'un groupe de défense comme Thales.

L'idée d'un tandem Proglio-Caine se concrétise en quelques heures, entre le 17 décembre et le 18 décembre 2014. La rencontre entre Serge Dassault et Manuel Valls aura servi de détonateur. Pour les réseaux Caine-Proglio, c'est maintenant ou jamais. Le cabinet d'Emmanuel Macron est, au commencement, totalement court-circuité, mais il exprimera ensuite fortement son désaccord. Jean-Yves Le Drian, et son directeur de cabinet Cédric Lewandowski, proposent l'idée du tandem à l'Élysée, en expliquant avoir trouvé un compromis avec le groupe

Dassault, en tout cas avec son homme fort, Charles Edelstenne, grâce à la présence d'Henri Proglio.

Finalement consulté, le ministre de l'Économie, Emmanuel Macron, fait alors entendre sa désapprobation auprès de François Hollande. Sans succès. Les arguments du cabinet de la Défense – et sa méthode commando, contournant dans un premier temps Bercy – semblent avoir porté davantage auprès des oreilles présidentielles : l'enjeu n'est-il pas d'imposer, quel qu'en soit le prix, Patrice Caine à la tête de Thales ? À l'Élysée, à ce moment-là, on est loin de penser que le retour d'Henri Proglio à la tête d'une grande entreprise publique suscitera autant d'émotion et d'incompréhension dans les milieux d'affaires et économiques…

Quand *Marianne* évoque, dans deux articles publiés sur son site Internet les 22 et 23 décembre, les liens de la famille Caine avec Henri Proglio, chez certains jeunes conseillers ministériels, ou hauts fonctionnaires à Bercy, la stupéfaction est totale. « Personne au sein de l'appareil d'État n'avait vu les liens avec la famille Caine », reconnaît l'un d'eux. « On peut se demander si Caine n'a pas servi, au final, de cheval de Troie à Proglio… » accuse un autre. À moins que cela ne soit l'inverse…

En réalité, analyse simplement un proche de Patrice Caine : « Il y a eu une véritable convergence entre la famille Caine et les réseaux EDF et socialistes, qui a profité à Proglio. » Pour tenter de comprendre l'issue finale des discussions, plusieurs de nos interlocuteurs n'hésitent pas, alors, à évoquer « un chantage » exercé sur les plus hautes instances de l'État. « Chantage », un mot lourd de conséquences. « Le père Caine a mis tout le monde d'accord, soit en parlant du passé, soit en parlant du futur », confie, laconique, une source proche du dossier. Yves Caine est-il détenteur de secrets ?

Mais pour le cabinet Le Drian, peu importent les polémiques de couloirs et les rumeurs des dîners parisiens, car l'arbitrage concernant le tandem Proglio-Caine a bien été remporté auprès de l'Élysée et du président lui-même. L'annonce est faite discrètement durant le week-end qui suit. Une simple brève dans *Le Figaro* reprise par l'AFP. Dans la précipitation, la nomination surprise doit être entérinée par un conseil d'administration extraordinaire de Thales le mardi 23 décembre, à quelques heures du réveillon de Noël. Mais c'est sans compter l'action d'Emmanuel Macron qui, une fois la surprise passée, ne se satisfait pas d'un tel scénario.

Alors que le ministère de la Défense défend l'option Proglio à l'Élysée et à Matignon, affirmant qu'il s'agit d'une solution « consensuelle » chez Dassault, Bercy s'aperçoit, au cours du week-end du 20 décembre, que Dassault ne souhaite pas qu'un de ses représentants au conseil d'administration de Thales cède sa place à Proglio. « Nous avons fait ça pour rendre service, ce n'est pas notre candidat… » explique alors un responsable du groupe.

Côté gouvernemental, la gêne et la polyphonie ne sont pas moindres. Si François Hollande et Manuel Valls ont, semble-t-il, arbitré dans un premier temps en faveur de la solution Proglio-Caine défendue par Le Drian, chacun se renvoie la balle dans les jours qui suivent. Le Premier ministre, conscient de l'image désastreuse d'une telle nomination, prétend même en privé que c'est « chez Macron que ça s'est décidé ». À l'Élysée, un proche conseiller du président de la République botte en touche, expliquant : « Hollande a dit sur ce dossier : "C'est à Valls de décider." » Une fléchette empoisonnée quand on sait que les réseaux Valls ont été particulièrement actifs pour aider Henri Proglio, par l'entremise notamment du communicant Stéphane Fouks et du criminologue Alain Bauer, ancien grand maître du Grand Orient de France, proches de Cédric Lewandowski, des soutiens de toujours de l'ancien PDG d'EDF.

Dans cette confusion familiale, industrielle et politique, certains conseillers ont tenté *a posteriori* d'arrondir les angles et se risquent à expliquer que l'État « a sauvé la face », rappelant qu'Henri Proglio ne serait nommé que président « non exécutif »... L'affirmation n'a guère de sens lorsque l'on connaît l'homme, véritable *control freak.* L'intéressé n'a d'ailleurs pas caché son intention d'avoir la haute main sur la stratégie et l'international, voire sur le renseignement. Comme un vrai patron...

Bien décidé à éjecter le gêneur des radars de Thales, Emmanuel Macron va profiter de cette gêne gouvernementale et présidentielle. La première contre-offensive se déroule très rapidement durant ce week-end du 20 décembre. Apprenant que le groupe Dassault ne souhaite pas qu'un de ses représentants au conseil d'administration de Thales cède la place à Henri Proglio, Emmanuel Macron, par l'intermédiaire de son cabinet, va empêcher dans un premier temps que l'intéressé accède au poste promis en refusant que l'un des représentants de l'État lui remette son siège. Une situation de blocage qui amène Thales à reporter *sine die* le conseil d'administration extraordinaire, qui devait entériner la solution du tandem Proglio-Caine à la tête de Thales, avant ratification par une assemblée générale.

Face à cette première anicroche sérieuse, des discussions « viriles » s'engagent au téléphone entre Emmanuel Macron, Jean-Yves Le Drian, et l'Élysée tout au long de la journée du dimanche. Face à la mauvaise volonté manifeste de Bercy, la Défense est loin de vouloir abandonner la partie, fort de l'arbitrage présidentiel que le ministère a réussi à emporter. Cédric Lewandowski va alors trouver une solution avec le groupe Dassault : Henri Proglio sera nommé représentant au conseil d'administration de Thales, grâce à l'effacement d'un des représentants dits « indépendants ».

Lors du conseil d'administration du 23 décembre, qui a finalement lieu, Proglio devient simple administrateur « indépendant », et plus important encore, Patrice Caine est nommé PDG à la place de Philippe Logak. Si Proglio n'est pas encore élu président, c'est donc déjà une victoire pour les pro-Caine : « Et comme Proglio n'obtient plus de mandat de l'État pour entrer au conseil d'administration, Macron n'a plus d'argument », souffle alors un observateur.

Emmanuel Macron ne s'avoue pas pour autant vaincu, d'autant qu'il a réussi tout de même à imposer – le diable est dans les détails – que la dissociation des fonctions à la tête de Thales – présidence et direction générale – ne soit décidée que lors de la future assemblée générale, alors qu'elle aurait dû être entérinée dès le 23 décembre… Pour gagner du temps, le ministre de l'Économie soulève également un autre point important : Henri Proglio, 65 ans, a atteint la limite d'âge pour pouvoir être nommé à la tête de Thales. Un changement de statut est donc nécessaire, comme la convocation d'une assemblée générale extraordinaire.

En janvier, si les dés semblent jetés, rien n'est encore complètement joué. Emmanuel Macron se lance dès lors dans une belle prise de judo. Son cabinet va très vite déceler un problème : le pacte d'actionnaires qui lie l'État à Dassault pourrait voler en éclats suite à la nomination de Proglio au conseil d'administration de Thales.

L'analyse est technique mais essentielle. Dans ce pacte, l'équilibre entre les deux actionnaires de référence est conditionné au rôle prépondérant que conserve l'État pour nommer les dirigeants de l'entreprise… Or, Henri Proglio est entré au conseil d'administration par le désistement d'un représentant dit « indépendant ». Une situation qui, de l'avis de tous les spécialistes, pourrait déstabiliser l'ensemble. Il suffirait en effet qu'un actionnaire porte réclamation auprès de l'Autorité des marchés financiers (AMF) pour que le processus soit totalement bloqué. Les anti-Proglio, et notamment Emmanuel Macron au gouvernement, parient donc sur un éventuel coup de théâtre, avec une décision de l'AMF qui remettrait en question l'ensemble de l'édifice. Sur ce dernier point, Bercy joue pourtant prudemment. Emmanuel Macron veille à ne pas alerter de lui-même l'Autorité des marchés financiers du point soulevé par son cabinet, alors qu'il n'est pas couvert explicitement sur ce dossier par l'Élysée. Reprenant à son compte la pratique de François Hollande, le jeune ministre va donc laisser faire les choses…

C'est d'abord une longue enquête publiée dans *Marianne* le 23 janvier, intitulée « Affaire Proglio : un hold-up presque parfait », qui évoque au grand jour ce risque de déséquilibre, et annonce que l'AMF pourrait bloquer le processus. Il suffira ensuite de quatre jours pour que l'Autorité des marchés financiers tire officiellement la sonnette d'alarme. D'autant qu'Henri Proglio se trouve être membre du « comité de sages » chargé d'organiser la succession de Serge Dassault. Du coup, l'État et Dassault risquaient de se retrouver avec cinq sièges chacun au conseil d'administration. Autrement dit, l'État risquait de ne plus bénéficier d'un « rôle prépondérant » et de perdre le contrôle d'une entreprise stratégique de défense.

Suite à ce deuxième coup de théâtre, l'idée est avancée de faire entrer deux administrateurs supplémentaires au conseil d'administration : un (vrai) indépendant et un représentant de l'État, qui obtiendrait donc, selon ce scénario, six sièges. C'est ce qu'annonce Thales dans un communiqué le 27 janvier[1]. En attendant, l'assemblée générale, qui devait avoir lieu le 4 février, est reportée.

1. Le communiqué assure que « l'État et Dassault Aviation ont estimé que la mise en œuvre effective de la dissociation des fonctions de président et de directeur général […] nécessitait au préalable la nomination de deux administrateurs ». L'objectif est « de

L'ex-PDG d'EDF n'a pas fini de mordre la poussière sur ce dossier. Face à lui, Emmanuel Macron marque des points. Patiemment, mais sûrement. Après l'opération commando du ministère de la Défense fin décembre, l'occupant de Bercy s'amuse à jouer la montre – comme pour mieux étouffer ses adversaires. Un autre sujet est alors évoqué par son ministère : le salaire d'Henri Proglio comme futur président « non exécutif » de Thales. La question est soulevée par l'APE, l'Agence des participations de l'État, rattachée à Bercy, chargée de gérer les investissements financiers de l'État dans différentes entreprises. L'APE a indiqué que le tandem Proglio-Caine devait se partager l'ancien salaire de Jean-Bernard Lévy à la tête de Thales, qui cumulait lui les fonctions de président et de directeur général (PDG). En 2013, sa rémunération globale était de 1 067 900 euros. Henri Proglio, en tant que président, aurait souhaité un salaire de 400 000 euros, alors que l'APE lui propose « seulement » 140 000 euros… La presse dévoile la nouvelle. De quoi susciter un mécontentement supplémentaire pour le principal intéressé. Sans compter que son bureau dans la nouvelle tour de Thales à la Défense comporte un nombre de mètres carrés bien moins important que celui de Patrice Caine. Réduit à comparer les surfaces des espaces respectifs des uns et des autres, Proglio voit son aventure chez Thales de plus en plus « tourner au dîner de cons », selon un proche de l'ex-PDG d'EDF.

D'autant que plus les semaines passent, et plus la question de l'organisation d'une assemblée générale extraordinaire est repoussée par la direction de Thales. En attendant, Henri Proglio, s'il s'est installé à deux pas de Patrice Caine, n'est toujours qu'administrateur « indépendant ». Son entourage fait passer le message dans le tout-Paris : l'ex-PDG d'EDF attend sa future nomination

---

pérenniser la prédominance de l'État au sein du concert [contrat] le liant […] à Dassault Aviation ».

avec sérénité. Mieux, il commence à prendre ses aises dans sa nouvelle maison, à nouer des contacts ici ou là. De son côté, Emmanuel Macron gagne en assurance, comme s'il avait enfin obtenu le feu vert de l'Élysée pour écarter Henri Proglio de Thales.

Bercy commence alors à faire sonner la grosse caisse contre l'ex-PDG d'EDF. Les angles d'attaque ? D'abord, ses rémunérations multiples. Depuis quatre ans, Henri Proglio touche chaque année la retraite chapeau à laquelle il a droit comme ancien PDG de Veolia. Et il y a surtout ce qui ressemble à de vrais conflits d'intérêts – c'est du moins l'analyse de Macron. Si les proches de l'ex-PDG d'EDF et ses avocats ne cessent de clamer qu'il n'y aurait aucun risque « sur un plan juridique », le cabinet d'Emmanuel Macron passe à l'offensive auprès de l'Élysée et en fait « une question de souveraineté nationale ». En cause ? Henri Proglio cumule plusieurs contrats de conseil auprès de différentes entreprises étrangères et multiplie les jetons de présence dans les conseils d'administration du CAC 40. Depuis son départ d'EDF, il conseille ainsi l'américain General Electric mais travaille aussi avec les Russes Gazprom et surtout Rosatom, conglomérat du nucléaire civil et militaire… Macron assène alors ouvertement la question à ses différents interlocuteurs : ce mélange des genres est-il compatible avec la présidence d'un groupe de défense tricolore ?

À quelques jours de l'assemblée générale annuelle du groupe, qui doit se tenir le 13 mai, la situation personnelle d'Henri Proglio à la tête de Thales est de plus en plus incertaine. D'autant plus que, depuis décembre, la situation a particulièrement évolué pour Dassault, qui a réussi, contre toute attente, à vendre son avion Rafale à l'Inde, l'Égypte et au Qatar. Alors qu'en France, les mauvaises langues avaient enterré depuis longtemps le fleuron du groupe, l'action de Jean-Yves Le Drian, ainsi que celle de François Hollande auront été déterminantes, selon tous les observateurs, pour exporter l'avion de chasse. Autant dire qu'entre Dassault et l'Élysée, les relations n'ont jamais été aussi bonnes depuis 2012. Et la perspective de voir confirmer Patrice Caine comme PDG à la tête de Thales, sans l'aide d'Henri Proglio, commence à devenir de plus en plus sérieuse.

Voilà peut-être pourquoi, entre l'opposition de plus en plus franche d'Emmanuel Macron, et l'acceptation par le groupe Dassault de Patrice Caine comme PDG de Thales, Henri Proglio décide théâtralement de jeter l'éponge. Comme un dernier coup de théâtre dans ce dossier à plusieurs bandes. Ainsi, le 12 mai, un jour avant l'assemblée générale annuelle de Thales, qui devait introniser le tandem Proglio-Caine à sa tête, l'ex-PDG d'EDF donne une interview pour le moins inhabituelle au *Monde* dans laquelle il renonce à briguer le poste.

« Je suis sali depuis des semaines par une campagne alimentée par Bercy. À un moment, je dis : ça suffit ! » explique Henri Proglio dans l'interview. L'intéressé annonce vouloir « dire sa vérité », après six mois de silence : « Depuis des mois, je n'ai eu aucun contact avec Bercy. Une fois de plus, je désapprouve la méthode. Je reproche à ceux qui sont aux responsabilités de manquer de courage et de respect. Je vous rappelle que l'État a attendu la veille de mon renouvellement chez EDF pour me prévenir à 7 heures du matin qu'il avait changé d'avis et que je devais partir ! Comme Bercy me parle par voie de presse, je fais de même. Il faut arrêter de me prendre pour un guignol, un espion, un goinfre, un traître… J'en ai assez du soupçon, de l'humiliation. »

Henri Proglio n'est pas à une contradiction près : dénonçant d'abord un règlement de comptes politicien – « Depuis que l'ancien président m'a nommé à la tête d'EDF, on me dit sarkozyste. Je défie quiconque de réussir à me classer politiquement, je suis avant tout un homme d'entreprise » –, l'ancien PDG d'EDF dénonce avec force les initiatives prises par Emmanuel Macron, coupable à ses yeux de jouer un jeu personnel au sein du CAC 40 : « Bercy fonctionne aujourd'hui comme un *hedge fund* [« fonds spéculatif »], plus soucieux du cours de Bourse que des salariés. Tout cela me fait de la peine pour les équipes de Thales. »

Dans toute cette « affaire Thales », Emmanuel Macron aura incontestablement pris ses galons de ministre. Car, aux yeux des patrons du CAC 40, tenir tête à un homme tel qu'Henri Proglio vaut toutes les médailles militaires, tant l'homme est particulièrement craint. Bien plus que n'importe quel autre grand patron dans cet univers habituellement si feutré.

À cette occasion, l'*establishment* économique et politique parisien aura donc réellement découvert que, derrière le « gentil Macron », se cache un ministre inflexible, capable de s'extraire des pressions de toutes sortes : « Il m'a vraiment impressionné. Je peux dire aujourd'hui qu'il a de sacrées couilles ! » nous confie ainsi l'une de ses proches relations, habituée à donner au ministre de petits conseils. Contrairement à bien d'autres de ses collègues du gouvernement ou du Parti socialiste, Emmanuel Macron n'est pour l'instant lié à aucune considération locale. Par sa jeunesse, il échappe aux vieilles solidarités et aux arrangements entre amis. Il n'a que faire des petits secrets de la République, ceux-là mêmes qui font trembler bien d'autres responsables politiques à la seule évocation du nom d'Henri Proglio. Mais il va apprendre rapidement à tirer profit de la fréquentation des élus.

Chapitre 8
Le marabout du Parlement

C'est un geste de vieux briscard de l'Assemblée nationale. La gifle assénée au micro pour ponctuer une intervention dans l'hémicycle. « Et Emmanuel le fait déjà très bien », se réjouit-on à l'Élysée où François Hollande a suivi, derrière son écran, l'entrée dans la cour des grands de « bébé Macron », comme aiment à le caricaturer *Les Guignols de l'Info*. « Le président a observé avec une grande attention les premiers pas d'Emmanuel à l'Assemblée. Car pour lui, c'est au Parlement qu'on fait vraiment ses preuves », confie un conseiller du chef de l'État.

En ce début d'année 2015, les journalistes s'enthousiasment à grand renfort d'articles louangeurs : le ministre de l'Économie, un bleu en politique, serait-il en passe de réussir le pari de faire voter sa loi « pour la croissance, l'activité, et l'égalité des chances » beaucoup plus facilement qu'on ne l'imagine ? « Il y a eu parfois des attaques partisanes, des postures, mais les débats ont incontestablement fait avancer les choses, se félicite en ce début de février Emmanuel Macron[1]. J'ai apprécié l'exercice du travail parlementaire. Car c'était un travail de fond pour améliorer le texte. » Et quel texte ! « Un texte de microéconomie, des réformes sectorielles pour donner une dynamique », se congratule alors le jeune impétrant de Bercy.

1. Entretien du 9 février 2015 réalisé pour le journal *Marianne*.

De quoi réjouir les tenants de la « réforme ». La plupart d'entre eux se félicitent du travail effectué par Emmanuel Macron avec les parlementaires, son vrai baptême du feu comme ministre et responsable politique. Il est loin le temps des petites manœuvres à l'abri des lambris élyséens. Place à la représentation nationale, au feu des questions et au jeu des petites phrases. Le petit théâtre politique en somme.

Ouf ! Pour « maître » Minc aussi, l'examen de passage est réussi. Le conseiller des grands patrons ne tarit pas d'éloges sur son poulain, n'hésitant pas à jouer de la métaphore sexuelle : « Le jour où il est nommé ministre, la suite de son parcours va dépendre de deux dépucelages : le médiatique et le parlementaire. Sur les deux, il a gagné ! » Et quelle est la clé de cette victoire ? La bienveillance, assure Alain Minc. « Là où il m'a bluffé, c'est son travail au Parlement. Y passer ses nuits et effacer les divergences idéologiques par la gentillesse, c'est un coup génial[1] ! » De son côté, le communicant d'Havas Worldwide, Gilles Finchelstein, directeur général de la Fondation Jean-Jaurès, n'en revient pas lui non plus : « Il a marabouté les parlementaires ! s'exclame le *spin doctor* français[2]. Il était attendu sur ce débat-là, et son choix d'y aller complètement, d'accepter de prendre les arguments pour ce qu'ils sont, et non pas d'où ils viennent, et de passer un temps fou au Parlement, a tranché par rapport à tous les autres responsables politiques. »

La volonté de Macron de jouer le « dialogue » avec les parlementaires n'est pas qu'un pur opportunisme tacticien. Au contraire, le ministre en est convaincu depuis longtemps[3] : le Parlement mérite d'être revalorisé dans le Meccano institutionnel de la Ve République. Il doit

1. Entretien du 28 mai 2015.
2. Entretien du 16 juin 2015.
3. Lire le chapitre « Pérégrinations politiques avant décollage ».

redevenir la véritable instance du débat. Un message reçu cinq sur cinq par les parlementaires, y compris chez les « frondeurs » de la majorité.

C'était pourtant mal parti. Tout commence par un couac. Au matin du 7 janvier 2015, triste jour de la tuerie de *Charlie Hebdo*, le ministre de l'Économie Emmanuel Macron s'affiche à la une des *Échos*. « Les jeunes Français doivent avoir envie de devenir milliardaires », clame-t-il dans le quotidien économique qui appartient au milliardaire Bernard Arnault, le patron du groupe de luxe LVMH, revêtu du costume à rayures blanches propre aux grands banquiers. Tout un symbole. Certes, les propos du ministre sont quelque peu nuancés. En réalité, il a répondu à une question sur l'économie du Web, expliquant qu'il fallait « des jeunes Français qui aient envie de devenir milliardaires » car « l'économie du Net est une économie de superstars ». Mais le mal est fait. Une sortie qui provoque, quelques heures avant le drame de *Charlie,* un tollé à gauche. Rencontré ce matin-là, Christophe Borgel, le monsieur « élections » au PS, et député de la Haute-Garonne, peu connu pour son gauchisme, n'est pas à l'aise : « Je l'ai connu plus adroit », concède-t-il.

Plus adroit ? Emmanuel Macron perçoit-il l'énormité de ce qu'il vient de dire ? A-t-il voulu agiter le chiffon rouge de la provocation ? Ses déclarations sont en tout cas du grain à moudre pour tous ceux, et ils sont nombreux – Martine Aubry, Cécile Duflot, les « frondeurs » socialistes… –, qui souhaitent alors ferrailler contre le ministre de l'Économie et sa loi : tous veulent se payer le jeune premier du gouvernement, le préféré d'Hollande, dans la perspective des départementales et du congrès du PS de juin 2015.

L'unité nationale a ralenti ces ardeurs. « La malheureuse quinzaine de janvier a changé le cours des choses », reconnaît le député Denys Robiliard[1], député de Loir-et-Cher, l'un des meneurs de la fronde. En coulisses, Macron a également bénéficié d'une formation politique accélérée. Parmi « ses parrains », le président de groupe socialiste, Bruno Le Roux, qui a inventé une arme fatale pour le protéger contre les « frondeurs » : nommer toute une batterie de rapporteurs de la loi situés bien à gauche du PS. « Ils ont essayé de faire un coup ! » fulmine encore aujourd'hui l'ancien ministre de l'Éducation, Benoît Hamon[2]. Des rapporteurs comme Robiliard, donc, qui a rangé ses critiques au placard depuis qu'il est devenu rapporteur de la loi Macron sur le volet de la justice prud'homale, mais aussi Cécile Untermaier, proche d'Arnaud Montebourg, Stéphane Travert, proche d'Henri Emmanuelli, tout comme Richard Ferrand, rapporteur général du texte… Placés devant leurs nouvelles responsabilités, tous ont mis de l'eau dans leur vin : « À notre niveau, on essaie de faire bouger les lignes, se justifie alors Denys Robiliard. Je suis avocat, et j'ai eu un angle d'approche extrêmement pragmatique sur la justice des prud'hommes qui ne va pas bien. Ensemble, on a essayé de trouver des remèdes. »

Pragmatique donc. Un mot que ne renierait pas Emmanuel Macron. « Tous ceux qui pouvaient s'opposer à cette loi se sont trouvés désarmés », reconnaît également Richard Ferrand[3]. « Avec le président de la commission et les rapporteurs, nous sommes devenus très copains. Ils ont réalisé un travail extrêmement honnête sur le texte. Ils ont été d'un énorme apport », peut alors se féliciter, sans rire, Emmanuel Macron. « Dès le début, il a pris conscience de sa faiblesse, le fait qu'il n'était pas élu. Il a compris

1. Entretien du 9 février 2015.
2. Entretien du 29 août 2015.
3. Entretien du 9 février 2015.

que sa légitimité, il devait la conquérir à l'Assemblée nationale », reconnaît un collaborateur socialiste.

Certes, ses détracteurs qualifient la loi sur « la croissance, l'activité et l'égalité des chances » de loi « fourre-tout ». Ce « monument extrêmement important que personne ne connaît en son entier », comme la députée Cécile Untermaier[1] préfère la qualifier, traite en effet autant de la question des transports en autocar que du permis de conduire, de la justice prud'homale, des professions du droit ou encore du travail dominical... Mais c'est bien à l'Assemblée nationale que le banquier de chez Rothschild s'est mué en véritable homme politique, essayant de convaincre jusqu'à ses détracteurs.

Coaché par Bruno Le Roux, mais également par son ami Julien Dray, qui a l'oreille du président, Macron a joué les élèves appliqués, que cela soit en commission spéciale, « une sorte de conclave », s'amuse-t-il, ou dans l'hémicycle. Présent matin, midi et soir au Palais Bourbon, se restaurant à la buvette de l'Assemblée, le jeune ministre de 37 ans n'a pas ménagé sa peine pour défendre « sa » loi. « Sur toute la durée de la commission, il est resté tout le temps, soit quatre-vingt-quatre heures de discussions. On n'a jamais vu ça ! s'étonne Denys Robiliard. Il est doué d'une grande capacité d'écoute. Sur des problèmes techniques, on a pu trouver des solutions. Nous avons déposé près de cinq cents amendements ! » De son côté, Cécile Untermaier estime : « On a eu un ministre à l'écoute et qui n'était pas dans la main de sa haute administration. Je suis peut-être plus à gauche que lui, et encore je n'en sais rien, mais il a su se dégager de ces hauts fonctionnaires, et c'est suffisamment rare pour être souligné. » À tel point qu'à l'Assemblée, les députés n'hésitent plus à louer ce travail de « coproduction » de la loi, si rare sous la Ve République : « Tous les parle-

1. Entretien du 12 septembre 2015.

mentaires ont vécu cette manière de travailler comme une grande marque de respect, note Richard Ferrand. Les collègues se sont sentis utiles et écoutés. Rien ne pourra être tout à fait comme auparavant ! Les députés ont envie de continuer comme ça ! »

À l'époque président de la commission des Affaires économiques de l'Assemblée nationale, l'ancien député François Brottes[1] garde rétrospectivement le même sentiment : « Un ministre comme Macron a tellement bien considéré la commission qu'il a pris goût à l'échange. Il ne se contentait pas de réponses lapidaires, et prenait vraiment le temps. Pour quelqu'un qui n'a jamais été parlementaire, il a été exemplaire. Il a vraiment réussi un tour de force alors que les discussions sur le texte auraient pu être très sportives ! » Dès le départ des débats en commission, le député conseille ainsi au jeune ministre d'être très à l'écoute, de « répondre avec un certain ton », et surtout de ne négliger personne. Conseils suivis à la lettre par Emmanuel Macron, comme nous le raconte François Brottes : « Prenez la députée Jacqueline Fraysse, du Front de Gauche ; idéologiquement, elle est à des années-lumière de Macron, et, pourtant, elle a été respectée par le ministre au cours des débats. Résultat, à plusieurs reprises, elle a retiré des amendements car le ministre avait pris le temps de lui répondre. » À l'inverse, les échanges avec la députée Karine Berger sont particulièrement rugueux en commission spéciale : « Il peut discuter sur des arguments valables mais qu'il ne partage pas forcément, mais quand il a le sentiment qu'on lui raconte une connerie, il peut le dire aussi très franchement », estime Brottes. Les nombreux échanges continuent en séance. Résultat, après plusieurs semaines de discussions, plus de dix mille sept cent cinquante-six amendements sont déposés, et deux mille trois cent vingt-neuf adoptés ! « De la confrontation naît la lumière », se félicite-t-il.

1. Entretien du 23 juillet 2015.

À force de brosser dans le sens du poil les parlementaires et de trouver du « plaisir » – rapporte encore François Brottes –, à dialoguer avec eux, le jeune premier finit par s'attirer les foudres de ses collègues du gouvernement. Le ministre de l'Économie avait en effet réclamé auprès de Claude Bartolone une semaine de débat supplémentaire. Quand elle l'apprend, Marylise Lebranchu, sa collègue de la Décentralisation et de la Fonction publique, qui doit porter la loi cruciale de la réforme territoriale, pousse une « gueulante » auprès de Matignon et de l'Élysée. Résultat, Macron ne décrochera pas le nombre de jours qu'il espérait… Pour calmer les esprits, lors de sa conférence de presse, François Hollande appelle le Parlement à voter les lois « beaucoup plus vite ». Et de rappeler ironiquement que le projet de loi de son protégé « n'est pas la loi du siècle » ! Il fallait oser…

Certains ministres accusent surtout Macron d'avoir trop négocié et trop cédé face aux parlementaires, notamment sur les professions réglementées qui se sont fortement mobilisées contre le texte : « On nous avait annoncé la nuit du 4 Août contre les privilèges. On est arrivé, au final, à un texte particulièrement transformé par les différentes corporations », ironise ainsi Christiane Taubira devant quelques proches. Face à ces critiques, la réplique du jeune ministre fuse, cinglante : « Ceux qui regardent du balcon, au loin, sont plutôt des jaloux. Leurs critiques sont à prendre avec plus de précautions. » Des jaloux ? Peut-être aussi des ministres simplement excédés d'avoir été mis à l'écart de nombreuses décisions autour du texte par le cabinet d'Emmanuel Macron. Au point que l'équipe de François Rebsamen, le ministre du Travail d'alors, a dû « s'inviter » à des réunions à l'Assemblée nationale, auxquelles elle n'était même pas conviée par Bercy… De son côté, la ministre de la Justice n'a pas de mots assez durs contre son jeune collègue de l'Économie, furieuse d'avoir été mise devant le fait accompli à de nombreuses reprises. « Si la chancellerie avait été à la manœuvre, il ne se serait rien passé », reconnaît néanmoins un conseiller du gouvernement. Bref, si Macron « dialogue » à l'envi avec les parlementaires, il la joue plutôt solo côté gouvernement…

En attendant, le ministre de l'Économie peut se féliciter d'avoir divisé, au moins un temps, les frondeurs et la gauche du PS : « Au départ, nous avions effectivement défini une stratégie collective : ne pas entrer dans le jeu des amendements et des négociations, car cela risquait de brouiller notre position… » soupire alors Jérôme Guedj[1], l'ancien président du conseil général de l'Essonne, reçu à Bercy en décembre avec ses collègues Marie-Noëlle Lienemann et Emmanuel Maurel, tous issus de Maintenant la gauche, courant de la gauche du PS.

Une stratégie rendue inopérante par le « dialogue » impulsé par Emmanuel Macron, qui semble convaincre jusque dans les rangs des plus réticents au PS. Au point qu'au fur et à mesure que les jours passent, tous se demandent combien de temps encore l'arbre à palabres qu'est le jeune ministre aura raison de la fronde… « Sa loi comportait un certain nombre d'épouvantails. Mais il voulait bien discuter à la seule condition que j'accepte de la voter ! » s'étrangle Cécile Duflot[2]. Personne alors n'imagine que l'issue des discussions se terminera par un 49.3[3]. « Cette loi est une nouvelle défaite culturelle pour la gauche. Ce n'est pas le grand soir libéral, mais une succession de petits matins blêmes », se désole Jérôme Guedj. De son côté, Macron, décidément toujours sympa, consolerait presque les « frondeurs » de cette occasion

1. Entretien du 10 février 2015.
2. Entretien du 11 septembre 2015.
3. Lire le chapitre « Manuel Valls l'a tué ! »

ratée : « À la lumière des discussions que j'ai pu avoir avec nombre d'entre eux, j'ai pu constater que ce n'était pas la loi qu'ils avaient en ligne de mire, mais plus globalement la politique macroéconomique. C'est vrai que tout n'a pas été bien fait depuis 2012 », reconnaît-il, avant de leur accorder, un comble, une excuse que l'on délivre plutôt à la jeunesse : « Ils ont tout de même tendance à oublier les contraintes que nous avions. » On le voit, Macron ne s'attend pas du tout, à ce moment-là, à ce que le gouvernement dégaine l'arme fatale du 49.3…

Une situation d'autant plus étonnante alors qu'Arnaud Montebourg lui-même n'a pas souhaité émettre des critiques à l'égard d'Emmanuel Macron et de sa loi – qui était également à l'origine un peu la sienne… « Il m'a dit : "Je n'ai pas du tout envie de taper dessus. J'aurais même voulu aller plus loin !" » explique Cécile Untermaier. Dans le viseur de Montebourg : les « rentes » des fameuses professions dites « réglementées ». Les manifestations des avocats et des notaires auront eu raison des propositions les plus agressives du texte à l'égard de leurs privilèges. À une exception près : Emmanuel Macron n'a pas craint de s'attaquer aux avocats au Conseil d'État et à la Cour de cassation. Une caste d'intouchables depuis l'Ancien Régime… « Il a accepté des amendements à ce sujet, même Pascal Cherki [situé à la gauche du PS] était bluffé », se félicite Cécile Untermaier.

Depuis, le député frondeur Denys Robiliard tempère son enthousiasme, et tient à justifier son expérience : « Quand on est rapporteur, on a beaucoup plus d'informations, on a un accès direct aux ministères. Mais la règle du jeu est qu'on ne flingue pas le projet, on ne met pas le gouvernement en minorité. En tout cas, je pensais qu'on pouvait changer les choses. Et il y a eu effectivement des évolutions importantes, toutes obtenues par négociation technique et politique[1]. » Mais, ajoute-t-il, « quand Le Roux ou Valls me citent, ils m'utilisent comme caution de gauche ».

Le désenchantement de Robiliard provient notamment de la décision unilatérale du gouvernement de plafonner les indemnités prud'homales versées en cas de licenciement « sans cause réelle et sérieuse », c'est-à-dire en cas de licenciement abusif. Début juin, Manuel Valls sort du chapeau son plan TPE et PME, proposant à cette occasion le fameux plafonnement… Une manière de permettre à de potentiels (petits ou grands) employeurs de retrouver une « visibilité ». Dans les faits, les salariés à l'avenir qui auront subi un licenciement abusif n'auront plus grand intérêt à dépenser leur temps et leur argent à réclamer leur dû aux prud'hommes. « Le plafonnement des indemnités produit les effets du contrat unique », regrette le député Denys Robiliard, dans le civil avocat spécialiste en droit du travail.

Un véritable *casus belli* à gauche et au PS. Très vite, Matignon décide de refiler la patate chaude à Emmanuel Macron, et lui intime l'ordre d'intégrer cette dernière mesure à la « loi pour la croissance, l'activité, et l'égalité des chances », déjà passée à l'Assemblée en première lecture par le 49.3. Manuel Valls insiste néanmoins sur le fait que ce plafonnement drastique sera « bordé » par deux critères : l'ancienneté et la taille de l'entreprise.

Cette décision façon *Blitzkrieg* suscite l'incompréhension, et même l'opposition feutrée des rapporteurs du texte. « Cette disposition le déséquilibrait incontestablement[2] », regrette Richard Ferrand. « Sur le droit du travail, en première lecture, je peux tout assumer. En seconde lecture, il y a des dispositifs imposés par le gouvernement sur lesquels je ne suis pas d'accord, dont

1. Entretien du 16 juillet 2015.
2. Entretien du 1er août 2015.

le plafonnement des dommages et intérêts », reconnaît aujourd'hui Denys Robiliard. Un sentiment proche de celui de Cécile Untermaier : « Emmanuel Macron s'est vu imposer cet amendement. Il est resté dans la loyauté vis-à-vis du gouvernement. Mais il a fait en sorte de l'améliorer avec nous, même si nous n'étions pas convaincus d'un point de vue politique et économique. » Mais est-il si sûr que le ministre de l'Économie se soit vu imposer cette mesure forcément impopulaire à gauche ? En réalité, s'il ne partage pas la manière de faire, toute en nuance, du Premier ministre, Emmanuel Macron considère ce plafonnement nécessaire : « Depuis longtemps, la mesure était dans les têtes du cabinet Macron. Elle a été inspirée par son équipe à Bercy. Même si l'idée, au final, a été développée par Valls dans son plan TPE », note un conseiller ministériel. Comme souvent, Macron se positionne en fonction de ses interlocuteurs.

« Il n'est pas naïf, juge Denys Robiliard. Je ne sais pas s'il joue aux échecs, mais en tout cas, il voit plus loin que son adversaire. Lui avance. Je ne sais pas non plus jusqu'où, mais il cherche à aller le plus loin possible. Il sait où il veut aller, mais il ne va pas forcément vous le dire », ajoute l'ancien rapporteur, quelque peu amer. Emmanuel Macron a d'ailleurs tout fait en faveur de sa loi. Lors du passage au Sénat, il a ainsi multiplié les contacts avec les parlementaires de l'UDI et même de l'UMP. Et plusieurs sénateurs de nous avouer que certains amendements déposés par la droite ont été, en fait, rédigés par le cabinet d'Emmanuel Macron à Bercy…

Pour autant, le lundi suivant la présentation de son plan TPE-PME, c'est Manuel Valls lui-même qui tient à mettre les points sur les « i ». Le 8 juin, le Premier ministre invite alors à dîner à Matignon l'ensemble des rapporteurs du texte, mais également Bruno Le Roux, le chef du groupe socialiste à l'Assemblée nationale et les ministres Emmanuel Macron et François Rebsamen.

« Je souhaite que ce volet de mon plan [le plafonnement] soit inséré dans la loi pour la croissance, l'activité et l'égalité des chances », assène alors, d'un ton martial, le chef du gouvernement. Mais, à son grand étonnement, les rapporteurs lui expriment fortement leur désaccord. Alors qu'il doit rapidement rejoindre l'Élysée pour le dîner en l'honneur de la présidente du Chili, Michelle Bachelet, en visite d'État en France, Valls est contraint de se rasseoir pour « discuter » avec les rapporteurs de la loi qui multiplient les arguments contre le plafonnement. « Quand on se marie, on ne calcule pas le prix d'un éventuel divorce. C'est une drôle de conception de l'entreprise », ose Richard Ferrand. La comparaison nuptiale a le don d'énerver encore un peu plus le chef du gouvernement… qui finit par quitter la table, laissant ses ministres assurer le service après-vente.

Dans les jours suivants, Emmanuel Macron décide de revenir à sa méthode, employée en début d'année, de concertation tous azimuts. Lors des discussions, les rapporteurs Richard Ferrand et Denys Robiliard font valoir leurs arguments. « Mettre en place un tel plafonnement, c'est comme instaurer des abus "pré-tarifés", critique Richard Ferrand. C'est comme si on mettait en place une gestion prévisionnelle des pratiques abusives au sein même de l'entreprise ! Si le but est de désinhiber les patrons pour qu'ils embauchent, il vaudrait mieux jouer sur une redéfinition de ce qu'on appelle "cause réelle et sérieuse". Ce qui nous aurait permis d'alléger les dommages pour des questions formalistes, tout en continuant à lutter contre les faits du prince, mais nous n'avions pas le temps d'aller plus loin alors que Matignon voulait aller vite. » Selon le député, le droit du travail est en effet extrêmement formaliste et handicape les TPE qui, par manque d'expertise dans le domaine, peuvent se retrouver à payer des dommages et intérêts pour n'avoir pas respecté les formes… Les grandes sociétés, disposant de services de ressources humaines sont, elles, dans une tout autre situation.

Face à ces critiques, Macron, le conciliateur, finit par trouver un compromis auprès des rapporteurs, en proposant au cours du mois de juin une refonte du tableau initial proposé par le gouvernement concernant le barème des plafonnements. De quoi provoquer l'ire de Manuel Valls : apprenant l'initiative de son ministre de l'Économie alors qu'il est en voyage à l'étranger, le chef du gouvernement lui passe dare-dare un coup de fil d'engueulade. Entre Matignon et Bercy, il y a décidément de l'eau dans le gaz… Reste qu'au cours de l'été 2015, le Conseil constitutionnel censurera finalement cette disposition de plafonnement au motif qu'elle contrevient au principe d'égalité. Cécile Untermaier s'en réjouit sous forme d'avertissement : « Tout ce qu'on ne voulait pas, et qui fut pourtant imposé par le gouvernement, a été invalidé par le Conseil constitutionnel. Ce qui devrait amener à la conclusion suivante : il faut davantage écouter le Parlement. » Justement, n'est-ce pas là le style Macron face aux coups de menton habituels de Valls ? « Je ne connaissais pas du tout le Parlement. J'ai mené ce débat avec beaucoup de naïveté sans doute, mais je ne regrette rien, nous confie d'ailleurs le ministre. J'ai rencontré des personnalités, des femmes et des hommes convaincus et de bonne volonté. Et je pense au final que nous avons fait un travail honnête[1]. » Une méthode qui sera néanmoins balayée par la volonté politique du Premier ministre…

1. Entretien du 26 août 2015.

Chapitre 9
« Manuel Valls l'a tué ! »

Fin novembre 2014, Matignon. À l'évocation du nom du ministre de l'Économie, un conseiller de Manuel Valls se montre bienveillant quand nous l'interrogeons : « Il fait son apprentissage. Nous essayons de le protéger. » Une attention non dénuée de condescendance, histoire de rappeler que le « PM[1] » reste le patron de la majorité. À quelques semaines du passage de la loi « croissance, activité et égalité des chances » au Parlement, le Premier ministre garde en effet un œil attentif sur les premiers pas du remplaçant d'Arnaud Montebourg à Bercy. « Un ministre fragile », s'inquiète-t-il. À Matignon, on n'hésite pas à déplorer, *off the record*, les premières gaffes du débutant Macron : sa sortie malheureuse sur les « illettrés de Gad », et l'interview donnée au *Point* remettant en cause, sans complexe, les 35 heures. Un acquis du gouvernement de Lionel Jospin… dont Manuel Valls a été le conseiller en communication. Un « marqueur de gauche », un « totem » dirait Macron, bien utile à quelques mois d'un congrès du Parti socialiste qui s'annonce pour le moins mouvementé pour l'hôte de Matignon, minoritaire dans sa propre famille politique.

1. Dans le jargon des cabinets, et plus largement des étudiants de Sciences Po, l'acronyme PM est utilisé pour « Premier ministre », quand le sigle PR est utilisé pour « président de la République ».

Rue de Varenne, la tension est donc palpable. En cette fin d'automne, Manuel Valls patine. On le sent comme déconnecté. À peine quelques mois après son arrivée à Matignon, le Premier ministre semble déjà à la peine. Comme essoufflé. Sa grande interview à *L'Obs*, dans laquelle il explique qu'« il faut en finir avec la gauche passéiste », et que « la gauche peut mourir », fait un flop. Dans la perspective de la prochaine présidentielle, la presse continue pourtant de spéculer sur son éventuel départ du gouvernement. Aux yeux des commentateurs, Valls, le social-libéral, apparaît toujours comme la meilleure alternative à un Hollande démonétisé. Une spéculation habituelle à la mi-quinquennat... Les gazettes s'amusent déjà à tester différents castings pour 2017. Les journalistes politiques, comme les Français, ne cessent de bâiller à l'évocation d'un match retour Hollande-Sarkozy.

Mais Valls l'assure à qui veut le croire : Ve République oblige, pas question pour lui de quitter Matignon avant d'avoir pu accomplir son devoir envers les Français. En attendant, semaine après semaine, François Hollande s'amuse de voir son nouveau ministre de l'Économie, un trentenaire fringant, ringardiser allègrement son Premier ministre, déjà quinquagénaire, au rayon « plus libéral que moi tu meurs ». D'un coup, Valls n'est plus le seul à vouloir « transgresser » à gauche. Alors que l'ancien maire d'Évry pensait avoir la voie libre sur le créneau du blairisme à la française depuis la sortie de route inopinée de Dominique Strauss-Kahn, voilà qu'un certain Emmanuel Macron se pointe sur la scène politico-médiatique... Sans compter qu'une nouvelle fois, François Hollande, roi de la fameuse « synthèse » à la sauce Solférino, peut se replacer au centre du PS. Son objectif : devenir le seul recours de la gauche en 2017.

Dans les jeux de pouvoir au plus haut sommet de l'État, les apparences sont parfois trompeuses, comme nous l'expose un proche conseiller de Jean-Marc Ayrault, l'ancien Premier ministre : « En réalité, quand Valls a poussé Macron au printemps 2014 en voulant le nommer secrétaire d'État au Budget, et qu'Hollande a refusé, c'était déjà le baiser de la mort : c'était une manière pour lui de tuer l'hypothèse d'un Macron au gouvernement. Car Valls sait très bien qu'il vieillit et qu'il n'a pas intérêt à mettre dans le jeu un homme de 35 ans aux yeux de velours et plaisant aux femmes et même aux hommes ! » Et notre interlocuteur d'insister : « Manuel Valls sait bien que Macron le ringardise. Car son image de Premier ministre est fragile. La Ve République conserve toujours une part de perversité. Il joue donc une partie compliquée. Ainsi, lors du deuxième remaniement, fin août 2014, quand Jean-Pierre Jouyet propose à François Hollande de mettre Macron au gouvernement, c'était une manière redoutable d'encadrer Manuel Valls, en l'attaquant par la droite et sur son côté "moderne". Nommer Macron au gouvernement, c'était une vraie petite bombe pour Valls. »

Une lecture digne d'un scénario de la série américaine *House of Cards,* mais sans les cadavres dans le placard…

Janvier 2015. Manuel Valls impressionne la presse et les parlementaires lors de son discours post-attentats au perchoir de l'Assemblée nationale. Le Premier ministre incarne alors la République ferme, tout en proposant une certaine vision de la société française. L'ambiance est à « l'unité nationale ». Le temps politique est comme suspendu. Les guéguerres politiciennes laissent la place aux drapeaux bleu-blanc-rouge, on entonne *La Marseillaise.* Valls jubile : comme Hollande, les circonstances l'élèvent au rang d'un véritable homme d'État. Le poids des responsabilités le galvanise.

Dans ce tableau de concorde nationale, un élément le chagrine pourtant : Emmanuel Macron réussit mieux que prévu à l'Assemblée nationale. Bien sûr, le Premier ministre ne montre jamais ouvertement son agacement. Officiellement, il le soutient totalement. Mais Macron a le don de l'irriter. À peine nommé ministre et après quelques premiers réglages, passant ses nuits à l'Assemblée, répondant à toutes les questions, jouant le jeu de la « pédagogie », ce dernier réussit sur tous les tableaux : la majorité se sent valorisée par tant d'égards, les parlementaires sont charmés et la presse multiplie les louanges.

Pour Matignon, c'en est trop : il est temps de reprendre la main, tant à Macron qu'à Hollande. C'est ainsi qu'en février 2015, Manuel Valls va bander ses muscles pour rappeler son existence à l'opinion et, bien sûr, à son ministre. Officiellement, pourtant, leurs relations sont au beau fixe. Un vrai tandem. Quoi de plus normal alors que, sur le plan idéologique, l'un et l'autre se retrouvent souvent sur la même ligne ? Valls-Macron, les deux « grands réformateurs », salue à l'unisson la presse économique…

Mais en coulisses, les deux hommes n'ont pas la même vision du « débat ». De son côté, le Premier ministre milite pour passer en force sur la loi défendue par son ministre de l'Économie. Depuis plusieurs semaines, Valls évoque en petit comité l'idée d'utiliser l'arme fatale du 49.3[1]. L'inverse de la stratégie Macron fondée sur le dialogue et la « force de conviction ». Le ministre de l'Économie ambitionne de trouver une majorité de consensus, dépassant les clivages traditionnels. Au moins espère-t-il endormir les plus hostiles dans son propre camp. Des

1. Cet article de la Constitution permet au gouvernement de forcer le Parlement à adopter un texte de loi sans vote.

heures de présence et de discussion lui permettront même d'espérer la réalisation d'un tel dessein.

Un espoir vite douché par… Manuel Valls. Alors que le débat parlementaire sur la loi Macron s'éternise à l'Assemblée, Matignon se décide de passer à l'offensive quelques jours avant le vote solennel du texte, finalement prévu le mardi 17 février, après plusieurs reports. Une offensive discrète, mais bien réelle. D'abord, lors du dernier jour de discussion du texte, Manuel Valls n'a rien trouvé de mieux que de se déplacer auprès d'Emmanuel Macron sur le banc des ministres. Tel un maître d'école surveillant un examen, il reste silencieux.

En apparence, la présence du Premier ministre dans l'hémicycle semble un signal fort, un soutien de poids. Mais en réalité, il s'agit d'un parrainage encombrant. Que le Premier ministre vienne en personne au Palais Bourbon pour le vote d'une loi qu'il ne présente pas lui-même est effectivement une manière de donner un bon coup de pression sur la majorité. Utile ou contre-productif ? « C'est une manière pour Manuel Valls de se mettre davantage en valeur, mais en instaurant un climat plus tendu », nous confie un collaborateur d'Emmanuel Macron quelques jours avant le vote solennel de la loi « croissance, activité, et égalité des chances ». « Et pas du tout la stratégie de dialogue que nous avons essayé de mettre en place depuis le début. »

Le jeu de rôle est rodé : d'un côté, moi Manuel Valls, le grand réformateur, de l'autre les « frondeurs » représentant le camp de l'immobilisme… Officiellement pourtant, Matignon et Bercy sont alors sur la même longueur d'onde, bien qu'en coulisses, leurs stratégies semblent diverger sérieusement. Une faille importante dans l'art de la guerre : deux chefs d'état-major sur un même champ de bataille n'ont jamais fait bon ménage.

Jusqu'alors, l'ambiance au Palais Bourbon était plutôt étonnamment détendue[1] : « Je crois utile de rappeler que chaque article de la loi a été voté par l'Assemblée nationale, nous précise ainsi le rapporteur général de la loi Macron, le député Richard Ferrand. Ce n'est qu'au moment du vote solennel qu'il y a eu un doute. D'ailleurs, quand le 49.3 était utilisé naguère, notamment sous Michel Rocard, c'était parce que le débat parlementaire s'enlisait, empêchant le vote des articles. Ce n'est pas le cas ici[2]. » La preuve : le dimanche 15 février, au petit matin, à 5 h 54 précises, le projet de loi est « adopté » dans sa totalité, chaque article ayant été voté jusque-là par l'Assemblée nationale sans blocage majeur.

Esprit du 11 janvier, loi fourre-tout, sondages d'opinion favorables au gouvernement, presse quasi unanime sur l'action du chef de l'État… De nombreux éléments expliquent qu'en ce début février, les députés frondeurs ne sont incontestablement pas en situation de dynamique politique. Affirmer alors le contraire n'est qu'un prétexte pour dissimuler un jeu autrement plus complexe. Ainsi, tout juste une semaine avant le vote solennel de la loi, lors de la traditionnelle réunion des parlementaires frondeurs qui se tient à l'Assemblée, la quasi-totalité des présents annonce son intention de s'abstenir le mardi suivant. Aucun n'ose en appeler au vote contre. À ce moment-là, les frondeurs ne pensent donc pas peser le poids nécessaire pour bloquer le vote de la loi. Ne disposant d'aucun réel rapport de force, la fronde socialiste préfère jouer la prudence, comme anesthésiée, reconnaissant même au ministre de l'Économie une certaine ouverture d'esprit, voire l'intérêt de certaines dispositions de sa loi : « On assiste alors à une prise de distance sans opposition forte,

1. Lire le chapitre « Le marabout du Parlement ».
2. Entretien du 1er août 2015.

analyse après coup un parlementaire socialiste légitimiste. Car si les frondeurs estiment que certaines dispositions sont trop libérales et ne veulent pas y faire allégeance, ils considèrent d'autres propositions intéressantes et méritant d'être adoptées… »

Dès lors, une bien drôle de guerre va s'engager, sur fond de tactiques socialistes à quelques mois du congrès du Parti, dans un mélange de confusion et de précipitation. À tel point que les frondeurs historiques sont même les premiers étonnés de l'utilisation du 49.3 par l'exécutif lors du fameux mardi 17 février. Pourquoi, en effet, dégainer l'arme atomique alors qu'un vote consensuel ou presque semblait acquis ? « C'est une séquence assez étonnante. Moi, je ne m'y attendais pas », nous confie le député Pierre-Alain Muet, ancien conseiller économique de Lionel Jospin, qui fut l'un des rares à avoir annoncé très tôt vouloir voter contre le texte.

Tout a, en fait, commencé à cause de l'arrivée inopinée, dans le jeu, de Benoît Hamon, une des figures de la gauche du PS. Depuis le début des débats sur la loi, l'ancien ministre de l'Éducation nationale brille plutôt par son absence à l'Assemblée, ou, du moins, n'a-t-il pas fait valoir ses arguments avec force. Pourtant, à quelques jours de la clôture des discussions, changement d'humeur sans doute, Hamon se donne la peine de se déplacer plus longuement dans l'hémicycle. Entre Hamon et Valls, le ministre Macron se retrouve donc très entouré…

Samedi 14 février, Benoît Hamon prend la parole et s'interroge sur l'absence de compensations suffisantes accordées aux salariés acceptant de travailler le dimanche. Cela commence dans l'hémicycle. Puis, vers 3 heures du matin, une discussion s'enclenche à la buvette de l'Assemblée nationale entre l'ex-ministre et le rapporteur général, Richard Ferrand, en présence d'Emmanuel Macron. « Quand même, ça serait mieux s'il y avait un montant de compensation salariale fixé par la loi pour ceux qui travaillent le dimanche », explique Hamon. Ajoutant : « Ça serait mieux symboliquement, ça m'aiderait. »

Devant cette demande de dernière minute, Richard Ferrand est perplexe : « Mais comment pourrait-on faire entre les grandes surfaces et les petits commerçants ? » s'interroge le rapporteur général. Emmanuel Macron ajoute à son tour que la CFDT serait hostile à toute idée « d'un plancher qui deviendrait vite un plafond ». Le syndicat n'en a rien dit officiellement, mais Macron évoque parfois, devant ses interlocuteurs, le résultat de ses discussions informelles avec Laurent Berger, le secrétaire général d'un syndicat qui a toujours préféré à la loi le jeu des négociations sociales[1]. Aujourd'hui, Benoît Hamon nous assure pourtant que « Laurent Berger n'était pas contre ma proposition[2] ».

Ce soir-là, en tout cas, Ferrand perd patience. « Tu joues contre le camp des salariés. On voit bien que tu n'as jamais géré une boîte ! » balance-t-il à l'ancien ministre de l'Éducation nationale. « Tu ne vas quand même pas remettre le couvert maintenant ! En commission spéciale, tu es venu tout au plus une demi-heure sur plus de deux cents heures de débat ! Arrête de nous embêter ! » Et de rappeler : « La disposition sur le travail du dimanche est vraiment bordurée par le texte de loi. On a bétonné le système ; si les salariés et leur direction ne trouvent pas un accord, l'ouverture le dimanche n'est pas possible. Pas d'accord, pas d'ouverture. » Mais Benoît Hamon n'en

1. Tout au long des discussions sur son projet de loi, le ministre de l'Économie a veillé très régulièrement, par des contacts informels, à prendre la température de la CFDT, seul syndicat à ses yeux capables d'assumer des « réformes ».

2. Entretien du 29 août 2015. Contactée, la direction de la CFDT n'a pas souhaité faire de commentaires.

démord pas. « Moi, j'étais pour un compromis », nous assure-t-il. Pour le leader de la gauche du PS, le rapport de force est tellement dégradé dans les entreprises – en défaveur des salariés et des organisations syndicales – qu'il est nécessaire de fixer un cadre précis au préalable. Pour autant, face à Ferrand et à Macron, l'ancien ministre en reste au stade des interrogations. À ce moment-là, il n'est pas question, pour lui, de faire un chantage au vote.

Pour avancer dans le débat, le ministre de l'Économie, toujours prompt à argumenter avec ses contradicteurs, annonce alors à Hamon qu'il va en référer à Matignon… « On en reparle demain », répond l'ancien ministre de l'Éducation nationale. Le calme est revenu. Après quelques échanges, les trois hommes se quittent bons amis : « Dimanche, je vais à une émission, et je dirai du bien de votre travail ! » lance Hamon en partant. « C'est gentil de ta part », lui répond Ferrand.

Sauf qu'au cours de la journée de dimanche, Benoît Hamon ne reçoit aucun appel. Selon plusieurs interlocuteurs, Matignon aurait exclu fermement auprès de Bercy toute ouverture à l'égard des frondeurs : « On ne me rappelle pas, se souvient Benoît Hamon. Je comprends qu'il n'y aura pas d'amendement. C'est une vraie erreur politique. Ils ont sous-estimé mon degré de résolution sur le sujet. Ils n'ont pas anticipé ma force d'entraînement. Mais Valls veut montrer qu'il a une majorité qui lui permettra de se passer des frondeurs. La démonstration qu'il veut faire est que la loi est capable de passer avec les voix de l'UDI. »

À moins que ce ne fût le pari d'Emmanuel Macron lui-même… contrecarré par Matignon. À peine quelques heures après la discussion nocturne à l'Assemblée nationale, Benoît Hamon annonce finalement, lors du Grand Jury RTL de 19 heures, qu'il votera contre le texte : « Le gouvernement n'a pas souhaité qu'il y ait ces compensations minimums, déclare-t-il au micro de la radio de la rue Bayard. Je le regrette parce que cela aurait permis non seulement de protéger les salariés mais aussi de rassembler les socialistes. » Une référence à ces derniers qui ne doit rien au hasard : en s'opposant d'une manière frontale à la loi Macron, « Benoît s'est repositionné comme le plus à gauche d'entre nous, analyse Richard Ferrand. Dès le lendemain, *Le Monde* a d'ailleurs expliqué que la gauche du parti avait retrouvé son leader ».

Benoît Hamon, à quelques mois du congrès, cherche à restaurer son assise à la gauche du parti, alors qu'il est très critiqué par de nombreux camarades pour être entré au gouvernement et avoir ensuite soutenu Manuel Valls. Car, au PS, ceux qui s'opposent à la ligne gouvernementale sont loin de constituer un bloc homogène. Premièrement, les parlementaires frondeurs ne sont pas tous issus de la gauche traditionnelle du parti. Deuxièmement, la gauche du PS est divisée en plusieurs courants, eux-mêmes dirigés par différents leaders, qui ne partagent pas tous les mêmes objectifs, ni les mêmes ambitions.

Dans ces conditions, l'ex-ministre de l'Éducation, fragilisé par son expérience gouvernementale, joue les équilibristes : dès le lendemain de l'émission à RTL, il ressent le besoin d'expliquer les raisons de son opposition soudaine à la loi dans une lettre envoyée par mail à l'ensemble des députés socialistes : « Je regrette, en ce qui me concerne, que l'esprit de compromis n'ait pas soufflé jusqu'à nous [pour] permettre d'adopter une mesure modeste mais légitime de protection des salariés qui désormais seront plus nombreux à travailler le dimanche. La décision d'adopter une mesure de compensation minimum n'aurait pas bouleversé la nature de ce texte. Mais elle aurait apporté une garantie aux salariés et rassemblé les socialistes. […] Mardi, je voterai sans hostilité personnelle mais selon ma conviction, contre la loi "pour la croissance, l'activité et l'égalité des chances économiques". »

« En s'opposant à la loi, il a fait un coup », raille aujourd'hui Richard Ferrand. En *off*, un autre parlementaire pointe davantage la responsabilité de Manuel Valls dans la crispation du week-end : « Valls a mis la pression dans la dernière ligne droite. En fait, en montant sur ses grands chevaux, il a permis à Hamon de sortir du bois. Et après, il a refusé tout compromis, alors que Macron, comme à son habitude, cherchait plutôt à trouver un accord. » De son côté, un responsable socialiste estime que Macron est également coupable d'avoir jeté de l'huile sur le feu en restant inflexible sur la question du travail du dimanche : « Macron n'a pas ouvert de porte à Hamon. Il devait comprendre que l'ancien ministre de l'Éducation cherchait le prétexte à voter contre. Or il n'a pas su apporter de réponse. En politique, on ferme toujours l'angle d'attaque potentiel d'un adversaire en reprenant une partie de sa position. Macron ne l'a semble-t-il pas fait ici… »

En tout cas, comme souvent depuis le début du quinquennat, les quinquagénaires Valls et Hamon se sont fait chacun la courte échelle. Mais l'offensive dominicale de Benoît Hamon contre la loi Macron n'explique pas à elle seule l'utilisation du 49.3 deux jours plus tard.

Lundi soir, le ministre de l'Économie et ses collaborateurs, ainsi que Bruno Le Roux à l'Assemblée nationale, le chef du groupe socialiste, sont même plutôt détendus. Tout le week-end, et toute la journée, ils ont battu le rappel des différents députés socialistes, et leurs derniers décomptes les rassurent. Malgré les incertitudes concernant certains, la loi passerait dans tous les cas à six voix. Ainsi, en dépit de la tension soudaine suscitée par Hamon – et Valls –, tous pensent à cet instant que le texte devrait être adopté comme prévu. Après plusieurs heures de dur labeur, Macron souffle un peu.

Le coup inattendu de l'ancien ministre de l'Éducation nationale a néanmoins pour principale conséquence de voir l'ensemble des députés frondeurs, par un effet d'entraînement, annoncer vouloir désormais voter contre la loi Macron. Finie l'abstention circonspecte, place à l'action ! À quelques heures du vote, l'ensemble des leaders de la gauche du parti se retrouve obligé de réitérer ses critiques contre le texte, de peur de se faire doubler sur sa gauche par ses camarades… La tension monte donc d'un cran, mais sa mobilisation ne suffit pas pour tout faire basculer.

Tout se cristallise finalement dans la dernière ligne droite, lors de ce fameux mardi 17 février. Une journée bien particulière. Ce matin-là, même les frondeurs ne sont pas persuadés qu'ils arriveront à faire basculer le vote en défaveur de la loi. En début de journée, l'incertitude plane donc sur l'issue du vote, malgré l'opposition de Benoît Hamon.

Les choses se précipitent à partir de la réunion du groupe socialiste de l'Assemblée nationale qui doit se tenir à 11 heures. Pour l'occasion, Manuel Valls arrive au Palais Bourbon accompagné, dans sa voiture, d'Emmanuel Macron. Tout un symbole. Le Premier ministre est bien décidé à reprendre la main dans les moindres détails. Et Macron, respectueux de la bienséance gouvernementale, s'y soumet.

Comme convenu au préalable, c'est Bruno Le Roux, chef de groupe, qui entame la discussion devant les députés socialistes rassemblés. « Bruno a fait une présentation pour une fois réussie. Pertinente, équilibrée, et même chaleureuse », se souvient un député. À sa suite, les frondeurs, notamment Christian Paul ou Pascal Cherki, prennent la parole pour exprimer leur opposition au texte. Le rapporteur général, Richard Ferrand, entame ensuite devant l'assistance le bilan du travail effectué à l'Assemblée. Au préalable, le député avait convenu avec Emmanuel Macron que le ministre de l'Économie prendrait la parole lors de cette réunion, puis lors des questions au gouvernement en début d'après-midi, pour lever les dernières ambiguïtés sur certains points de la loi. Informé, Bruno Le Roux en était d'accord. Mais le déroulement de la réunion ne va pas se passer comme prévu…

À 11 h 30, au lieu d'Emmanuel Macron, la parole est donnée, à sa demande expresse, à Manuel Valls. Le ministre de l'Économie laisse faire le chef du gouvernement, sans broncher. Mais il a perdu son sourire habituel. Un signe qui ne trompe pas.

Dès les premières minutes de son intervention, le Premier ministre sort de ses gonds. Son ton est martial, ses yeux ulcérés, et son visage rougi par la tension. Sous les yeux penauds d'Emmanuel Macron, Manuel Valls se met à recadrer vertement les députés de la majorité. Tout le monde en prend pour son grade. Frondeurs comme non frondeurs. La colère le submerge. Il dénonce alors les « irresponsables » qui ont décidé de voter contre la loi, et qualifie les abstentionnistes de « lâches ». Une mise au point qui frôle l'insulte : « Il engueulait tout le monde. Avec des noms d'oiseau ! s'indigne des mois après un parlementaire non frondeur présent à la réunion. J'ai même vu certaines femmes députés, celles qui ont été élues à l'Assemblée nationale après avoir donné tant au Parti socialiste dans le cadre de mandats locaux, se mettre à pleurer ! C'était violent et infect. »

La tirade énervée du Premier ministre dure près d'une vingtaine de minutes. Et à peine termine-t-il son envolée colérique qu'il se lève de la tribune, et prend la porte de sortie, avec à sa suite Emmanuel Macron, toujours silencieux, le regard dans le vide, essayant de faire bonne figure. En quelques minutes, le Premier ministre a réussi à mettre à plat tout son travail de « dialogue » avec les différentes sensibilités de la majorité. « Après avoir assisté à cette réunion, on ne peut que se dire que, de toutes les façons, Manuel Valls avait décidé d'utiliser le 49.3 pour siffler la fin de la récréation. Et qu'il a créé toutes les conditions pour que le 49.3 soit nécessaire. »

À la sortie de la réunion, les députés socialistes sont estomaqués. Tant de mépris à leur égard les laisse presque perplexes. Mais la plupart sont tout simplement excédés d'avoir été traités comme des petits enfants à qui on ordonne de faire leurs devoirs. Après des mois de chantage exercé par l'exécutif sur le mode de la dissolution, c'en est trop. Ce sont même les non frondeurs qui sont le plus éberlués d'un tel comportement. Eux à qui on oublie de dire merci pour leur loyauté indéfectible, y compris quand leurs convictions intimes sont mises à mal par la politique menée par ce gouvernement social-libéral qui ne dit pas son nom.

Dans les heures qui suivent, la confusion se mêle à l'incompréhension dans les rangs des députés socialistes. Certains non frondeurs veulent désormais s'abstenir. D'autres, qui avaient l'intention de voter contre, se dégonflent, mais n'osent pas l'exprimer. D'autres encore – comme la députée Karine Berger – ne veulent plus répondre à Bruno Le Roux. « Je ne sais pas ce que je vais faire ! » répond-elle à Bruno Le Roux. « Une dizaine de députés ont refusé de donner le sens de leur vote. Une attitude immature », fulmine François Brottes[1]. Du côté de Bruno Le Roux, et de Jean-Christophe Cambadélis également présent à la réunion du matin, l'inquiétude commence à monter. La débandade se profile.

L'énormité du couac est telle qu'ils se disent que les conséquences, pour eux et le PS, à quelques mois du congrès, risquent d'être importantes… En réalité, le premier secrétaire du parti avait commencé, dès lundi matin,

1. Entretien du 23 juillet 2015.

à soumettre l'idée d'un 49.3 préventif. Seule manière, estime-t-il, de limiter la victoire autoritaire de Manuel Valls.

Au bureau national qui se déroule à 13 heures, le premier secrétaire prend la température de ses camarades. Le projet de loi Macron peut-il vraiment être rejeté par l'Assemblée nationale ? À Solférino, l'inquiétude est perceptible, d'autant qu'un Conseil des ministres extraordinaire est désormais annoncé à 14 h 30, un geste fort dans la direction du 49.3 : une telle convocation est un préalable juridique nécessaire à l'utilisation de l'arme fatale. « En fait, Cambadélis s'est dit qu'il valait mieux que Valls remporte une victoire à la Pyrrhus en imposant la loi Macron *via* un 49.3, souffle un responsable du Parti socialiste. Mais Valls ne pourra pas réellement capitaliser sur son acte d'autorité. Et le seul perdant, Macron, n'a aucun poids dans les jeux du PS. »

Ces considérations semblent au jeune ministre de l'Économie presque superfétatoires devant la mise en place d'une telle politique du pire au plus haut niveau de l'État. Décidément, on est loin de la « pédagogie » et de la « force de conviction », déclamées presque mécaniquement par Emmanuel Macron. Lui qui voulait apparaître différent aux yeux de l'opinion, est tout d'un coup renvoyé dans ses cordes et à ce qu'il exècre le plus : la politique bassement politicienne.

Mais n'est-ce pas là sa principale faiblesse politique ? Celle de ne pas se résoudre à jouer avec les rapports de force existants au sein des différentes institutions qui font (encore) loi ? N'est-ce pas un aveu de naïveté ? Un péché de jeunesse ? Macron est-il véritablement prêt au jeu des concessions, et autres compromis, nécessaires à l'exercice du pouvoir ? Sa volonté exprimée d'apparaître au-dessus des partis est en tout cas particulièrement mise à mal en ce 17 février.

D'autres font moins preuve de coquetterie, tel Arnaud Montebourg. Au cours du week-end, l'ancien ministre de l'Économie avait assuré à l'une de ses proches, la députée Cécile Untermeier, par ailleurs un des rapporteurs de la loi Macron, qu'il ne comptait pas s'exprimer contre le projet de loi. Si Montebourg compte peu de forces au sein du PS, et encore moins à l'Assemblée, son poids médiatique, sa verve symbolique, sont alors redoutés par le cabinet de son successeur. Dans la tête des Français, la fameuse loi Macron n'est-elle pas initiée à l'origine par l'équipe Montebourg ? Ne reprend-elle pas, au moins pour une petite partie, comme Emmanuel Macron s'est attaché à le rappeler, son combat contre les rentes ?

Le risque de voir Montebourg s'opposer avec force à la loi Macron est alors véritable. Pourtant, devant la faiblesse de la fronde, l'ancien ministre préfère rester discret. Il répond même à la députée Untermeier, manière pour lui de la rassurer définitivement : « Si on me questionne sur la loi, je dirai que je l'approuve. » Justement, mardi matin, *Le Parisien* publie un article qui rapporte, selon des sources « proches » de Montebourg, le soutien de l'ancien ministre à la loi de son successeur… Officiellement, entre les deux hommes, le respect est mutuel. Pas question de déterrer de nouvelles haches de guerre. Pourtant, après l'exercice théâtral de Manuel Valls lors de la réunion de groupe à l'Assemblée, Montebourg sent le vent tourner. En voyage aux États-Unis, il apprend à son réveil qu'un Conseil des ministres extraordinaire est convoqué, et décide à 13 h 45 de tweeter contre la loi, en contestant la véracité du papier du *Parisien*…

C'est dans cette ambiance trouble qu'Emmanuel Macron intervient comme prévu dans l'hémicycle, lors des questions au gouvernement, en début d'après-midi. Le ministre se prête à l'exercice, mais au fond de lui, il sait que « les carottes sont cuites », comme le confie un de ses proches. Comme à son habitude, il essaye pourtant de ne rien laisser transparaître et de faire bonne figure. Un nouveau comptage des intentions de vote est prévu juste après, en milieu d'après-midi. Mais l'espoir n'est plus de mise. Quoi qu'il s'en défende, Manuel Valls veut passer en force. « À partir du moment où ils ont compris qu'Hamon irait jusqu'au bout, ils n'ont pas cherché à être conciliants et dans la recherche de la solution », reconnaît un député légitimiste.

Les questions au gouvernement se terminent vers 16 heures. Alors que l'hémicycle se vide, une courte réunion improvisée se déroule au salon Delacroix de l'Assemblée nationale. Autour de la table : le ministre Emmanuel Macron, Manuel Valls, Bruno Le Roux, François Brottes, Richard Ferrand, mais également Claude Bartolone, le président de l'Assemblée nationale, et le député Christophe Borgel, monsieur « élections » au PS, bras droit de Jean-Christophe Cambadélis, et proche de Manuel Valls. À 16 heures et 5 minutes, le Premier ministre demande d'un ton sec et peu aimable : « Où en sont les derniers pointages ? » D'une voix peu rassurée, Bruno Le Roux lui répond : « Ça passe à six ou sept voix… » Les députés proches de Karine Berger refusent toujours de donner leur position – on apprendra le lendemain qu'ils n'avaient en aucune manière l'intention de voter contre ou de s'abstenir…

Préposé au comptage côté PS, Christophe Borgel estime, pour sa part, que la prise de risque est trop importante. Un sentiment partagé à Matignon par Yves Colmou, conseiller politique de Manuel Valls, et par un autre de ses proches, Jean-Marie Le Guen, ministre des Relations avec le Parlement. Le Premier ministre explique alors que, même à une dizaine de voix positives près, François Hollande et lui ont décidé d'utiliser le 49.3. Manuel Valls reçoit alors un coup de téléphone – à l'autre bout du fil, vraisemblablement le président de la République. Quelques secondes d'échanges plus tard, le Premier ministre, silencieux, prend le parapheur déposé sur la table, signe l'engagement de responsabilité de son gouvernement et s'empresse de le donner à Claude Bartolone. La saisine officielle du 49.3 est enclenchée. Il est 16 h 15.

Macron encaisse enfin. Son visage habituellement jovial est désormais dépité : « Il a pris un coup sur la tête, nous confie un proche. Mettez-vous à sa place. Il était comme un marathonien à qui on aurait fait un croche-patte à 10 mètres de l'arrivée. »

Le Premier ministre Manuel Valls a donc décidé de recourir à l'article 49.3 de la Constitution. Un outil largement « disproportionné par rapport à la portée réelle du texte », s'étouffe un ministre du gouvernement. Le soir même, sur TF1, l'hôte de Matignon reprend les accents guerriers et volontaires qu'on lui a connus les précédents jours. Martial : « Il en va de l'intérêt du pays, et ce que les Français attendent, c'est que le gouvernement agisse, ne perde pas du temps dans des débats stériles. » Sympa pour le ministre de l'Économie, Emmanuel Macron, qui n'a pas ménagé ses peines durant des jours et nuits entières pour « convaincre dans le dialogue ».

Au même moment, ce dernier tente de continuer à faire bonne figure au journal de France 2. Inlassablement, face à David Pujadas, il réexplique l'intérêt de sa loi pour la vie quotidienne des Français. Mais son discours apparaît ce soir-là mécanique. On le sent fatigué. Son visage est étonnamment pâle. Pour autant, tel un ministre déjà aguerri, il ne dit rien de ses frustrations. Surtout, bon petit soldat, Macron ne sort aucun mot déplacé contre le Premier ministre. Ni même n'affiche de prise de distance. La solidarité gouvernementale comme couverture protectrice. Le boxeur Macron a pris une sacrée droite, mais il réussit encore à se tenir debout sur le ring. Le meilleur atout d'un ministre, comme celui d'un boxeur, n'est-il pas sa capacité à encaisser…

Côté PS, ce 49.3 a le goût des grandes manœuvres d'avant congrès. Un routier de la gauche du parti commente le soir même : « En apparence, le 49.3 affaiblit Valls. Mais, en réalité, il fait d'une pierre deux coups. Il a voulu tuer Macron qu'il voyait déjà débarquer à Matignon dans quelques mois… Et il a fait un acte d'autorité avant le congrès du PS. » Manuel Valls n'a-t-il pas confié à des proches, à propos du premier secrétaire : « Il va gagner son congrès, mais après, il verra qui commande » ?

En tout cas, les soutiens de François Hollande sont apparus dépassés par l'offensive du Premier ministre. Conséquence : Macron, le chouchou du président de la République, s'est retrouvé bien seul sur le champ de bataille, maréchal démuni de généraux. Le Roux n'a pas réussi à tenir ses députés : l'épisode avec Karine Berger est particulièrement révélateur. Le vendredi précédant le vote solennel, Macron s'était d'ailleurs retrouvé dans le bureau du chef de groupe socialiste pour faire un point sur le comptage : « Ça, c'est un coup de fil ! » lançait alors Le Roux pensant résoudre ainsi chaque nouvelle difficulté. Le président du groupe PS à l'Assemblée a-t-il péché par excès de confiance ?

Autre fait intriguant : le ministre des Relations avec le Parlement, Jean-Marie Le Guen, qu'on moque généralement sur les bancs de l'hémicycle comme « le ministre des tensions » avec les élus, tellement il ne fait pas dans la nuance, ne fut guère présent pour soutenir la loi. À sa décharge, Macron avait occupé tout l'espace durant des semaines. Voilà peut-être la faute de ce dernier : s'être laissé isoler en portant, seul, la totalité du projet de loi.

Pour ne rien arranger, l'entraîneur préféré de Macron, Julien Dray, a assisté, impuissant, au spectacle, cloué au lit durant plusieurs jours par une grippe carabinée. Visiteur du soir de François Hollande, Dray n'a pas pu, comme à son habitude, jouer la courroie de transmission informelle entre l'Élysée et l'ensemble des sensibilités de la gauche du PS. Dray n'a pas pu, non plus, informer dans les moindres détails son ministre préféré de la situation. Quelque temps après ce mardi 17 février, si funeste pour Emmanuel Macron, François Hollande ose demander à l'un de ses proches : « Comment expliques-tu ce 49.3 ? »

Dépendant de soutiens aléatoires – Le Roux, Le Guen, Borgel, ou Cambadélis –, Emmanuel Macron n'a pas pu anticiper, et n'a pas su réagir, au rouleau compresseur Valls. En politique, la maîtrise du temps est pourtant essentielle.

« Au bout du compte, à qui profite le crime ? » se demande un élu socialiste. À Hamon qui se retrouvait en mauvaise posture depuis sa sortie non souhaitée du gouvernement… Et à Valls, qui « voulait reprendre le volant au chouchou », comme l'analyse un député. « Qui prend deux claques dans cette histoire ? Le ministre de l'Économie », s'amuse un de ses collègues. « C'est l'amicale des jeunes rocardiens[1] qui se sont entendus sur le dos de Macron », sourit un autre. « La sortie d'Hamon a bien arrangé Valls », conclut un quatrième. Valls-Hamon 1, Macron 0. La suite au prochain round.

1. Avant d'être à la gauche du PS, Benoît Hamon a commencé à militer au sein du courant rocardien du Parti socialiste. Jeune militant, il fut membre des clubs Forum, c'est-à-dire les jeunes rocardiens, présidés alors par un certain… Manuel Valls.

III

Le hold-up de la République

2015-2017

« Je vous ai compris et je vous aime. »

Emmanuel MACRON,
Toulon, 2017.

Chapitre 1
Le grand saut

« Aujourd'hui, je ne veux pas être député en 2017. » Emmanuel Macron lâche cette phrase fin septembre 2015 lors d'un débat à Paris organisé par le quotidien *Le Monde*[1]. Il ajoute : « Je me poserai la question à ce moment-là. » À y regarder de près, le ministre de l'Économie n'exclut donc en aucun cas de se présenter un jour. Il précise simplement que ce n'est pas le bon moment pour lui de se poser une telle question. Autrement dit, il n'a que faire de devoir affirmer ses « ambitions » dans le petit jeu politicien, quand il a pour l'heure une mission à remplir comme ministre. La machine médiatique s'est pourtant emballée ce jour-là, notamment au sujet d'une autre expression employée par le résident de Bercy : le fait d'être député serait, selon lui, « le cursus d'un ancien temps ». Immédiatement, plusieurs élus de la République s'en sont offusqués dans la presse : Macron exprime son mépris à leur égard comme à l'encontre des électeurs. Une nouvelle gaffe ? L'ambigu a-t-il encore frappé ? En vérité, le ministre se montre nuancé : « Beaucoup de gens disent ça, ou vous le présentent comme tel : pour être dans la vie politique, pour peser au parti, pour être qui ministre, qui Premier ministre, qui président de la République, il faut être député, mais ça, c'est le *cursus honorum* d'un ancien temps. Moi je crois que si on

1. *Le Monde*, 29 septembre 2015.

croit à la vitalité de la vie démocratique, d'abord on peut avoir des discussions politiques sans être élu. » En latin, *cursus honorum* signifie « la carrière des honneurs », ou « course des honneurs », c'est-à-dire l'ordre d'accès aux magistratures publiques sous la Rome antique. Ce qu'affirme donc Macron, c'est qu'il ne souhaite pas se situer dans la perspective d'une carrière politique traditionnelle, où chaque élection – avant celle qui compte le plus sous la Ve République, la présidentielle – serait un passage obligé pour acquérir le droit d'atteindre les plus hautes fonctions.

Comme nous l'exposions en introduction à cet ouvrage, Emmanuel Macron semble gêné par l'idée même de « carrière politique », alors qu'il a coché méthodiquement toutes les cases pour arriver là où il est, c'est-à-dire au rang de ministre qui compte – et qui dérange – au gouvernement, et qu'il accumule les attributs du pouvoir… Au milieu de l'été 2015, bien avant les polémiques de la rentrée, il nous précisait sa pensée à ce sujet : « Je ne me projette pas durablement comme un homme politique. Je ne souhaite pas passer la totalité de ma vie professionnelle dans le champ politique. Pour être efficace, comprendre le pays et ses évolutions, il faut avoir plusieurs vies, plusieurs expériences. Face à un système particulièrement fatigué, essoufflé, il est important de rester libre. Soit vous êtes totalement dans le système, soit vous essayez d'être libre par rapport au système. Il faut se donner une durée : pas plus de dix à quinze ans en politique. Je ne me vois pas à 60 ans faire de la politique. Il ne faut pas essayer de durer, mais de faire[1]. » Quand nous le rencontrons de nouveau, fin août, juste avant son intervention devant le MEDEF, avant que s'ouvrent les universités d'été du PS, il persiste et signe : « Aussi fou que cela puisse paraître, je n'ai pas de tactique pour les coups

1. Entretien du 31 juillet 2015.

d'après. Si je commence à entrer dans ce jeu, à ménager l'avenir, je commets une erreur, car je perds ma liberté. Pour les professionnels de la vie politique, le parcours est assez borné : trouver une circonscription en 2017, essayer de monter dans un parti, c'est ce qu'ont fait et font encore beaucoup de responsables politiques. Or, je ne pense pas qu'une "carrière politique" puisse se construire aujourd'hui de la même manière qu'il y a trente ans, en suivant toujours les mêmes étapes. Un tel destin amène à se couper des gens et des réalités concrètes car on finit par ne plus penser qu'à soi. Pour l'instant, j'essaye de faire le mieux les choses à mon poste, et de réussir. Pour, à la fois, faire bouger les lignes idéologiques et obtenir des résultats. Après, on verra… Je veux dans tous les cas conserver le même degré de liberté, de sincérité, et d'efficacité. C'est ça qui me rend heureux. Et j'ai besoin d'être heureux pour faire bien ce que je fais[1]. »

Dans son exposé lors du débat organisé par *Le Monde*, Emmanuel Macron explique également que les partis « se sont repliés sur eux-mêmes » et ne sont plus dans la « production d'idées[2] ». Devant nous, il critique « le monde politique qui a un rapport patrimonial au monde des idées ». C'est justement pour cette raison qu'il considère que « le Parti socialiste vit une période intéressante avec la décrue du socialisme municipal. Comme sous Léon Blum ou Pierre Mendès France. Ensuite, le molletisme[3] le reconstruit ». Macron voit donc, dans la faiblesse électorale du PS, une occasion pour rebattre les cartes idéologiques de ce parti ou même de ce pays : « Ces intérêts coalisés n'ont pas intérêt au mouvement. Ils exigent

1. Entretien du 26 août 2015.
2. *Le Monde*, 29 septembre 2015.
3. Référence à Guy Mollet, dirigeant de la SFIO, président du Conseil sous la IVe République, l'équivalent du Premier ministre de la Ve République.

de la prudence, des précautions. Or, ces préventions sont souvent le paravent de l'absence d'idées et de l'immobilisme. Comme la droite, une certaine gauche est devenue conservatrice dans notre pays. » C'est justement cela qui choque le « peuple de gauche » : le fait qu'Emmanuel Macron considère qu'il n'a pas à être obligatoirement élu pour faire bouger les lignes idéologiques. Alors que la traditionnelle opposition droite-gauche est fragilisée par les « contraintes » de Bruxelles et de la globalisation financière, devenant presque illisible aux yeux de plus en plus d'électeurs, la trajectoire d'Emmanuel Macron nous renseigne sur la réduction du champ des possibles en politique. « Le grand vide ouvre la voie à ceux qui, tel Emmanuel Macron, tentent de suivre, dans l'urgence et dans un tout autre contexte, l'exemple de la rénovation blairiste[1] », estime justement François Bazin, l'ancien éditorialiste politique du *Nouvel Observateur*.

Voilà toute l'ambiguïté d'Emmanuel Macron : en appeler à la démocratie, tout en croyant à une avant-garde éclairée. Un « gouvernement des meilleurs », un « cercle de la raison » représenté par le passé par la Fondation Saint-Simon, ou par l'idée de l'Europe des « petits pas » de Jean Monnet. Or, on l'a vu, Emmanuel Macron prend aussi ses distances avec cette tradition politique, en appelant au « débat » et à mettre tout sur la table[2], tout en essayant de concilier horizontalité et verticalité politique : « Je suis pour une nouvelle forme d'action et de participation démocratique, mais dans le même temps, je suis partisan d'une certaine forme de verticalité. Je ne suis pas partisan d'une horizontalité complète. À un moment donné, il faut quelqu'un pour trancher et décider. Il faut quelqu'un pour arrêter le "cycle de la violence", qui est

1. « Comment Macron compte devenir roi », sur le blog de François Bazin, « Dire la Suite », 1er septembre 2015.

2. Lire le chapitre « L'Europe ! L'Europe ! »

l'une des composantes de la démocratie[1]. » Voici une réflexion d'homme ayant déjà particulièrement réfléchi au pouvoir et à l'art de gouverner… Comme si telle était sa nature : « Si je suis convaincu de sa sincérité quand il se dit de gauche, je ne suis pas sûr pour autant qu'Emmanuel ait une vision très égalitaire de la société, nous confie l'un de ses amis grands patrons. Il croit que le fait de passer les filtres de la méritocratie donne à la fois un droit et une charge de "fabriquer des décisions", que les gens plus doués que d'autres doivent exercer des responsabilités. Et justement, son parcours l'amène à penser qu'il est le "meilleur", et qu'il doit donc être à la hauteur de sa responsabilité. C'est vraiment son sentiment. »

En démocratie pourtant, seule l'expression de la volonté populaire – la souveraineté du peuple –, qui passe notamment par les élections, octroie une réelle légitimité politique. Ce n'est pas le moindre des paradoxes de François Hollande que de s'être entiché d'Emmanuel Macron, son chouchou, alors qu'il a toujours répété, durant de nombreuses années, qu'il privilégiait la légitimité du combat électoral. « Il y a une question mystérieuse chez Emmanuel, constate l'ancien capitaine d'industrie de Saint-Gobain, Jean-Louis Beffa. Je l'ai souvent entendu dire : "On peut être un homme politique sans passer par une circonscription." Car je lui demandais : "Quand vas-tu t'y mettre ?"[2] »

Bien qu'il s'en défende, l'épreuve de l'élection titille Emmanuel Macron, comme on l'a vu au Touquet, quelques mois avant les municipales, même si ce fut modestement. Mais également quand l'intéressé conseille François Hollande à l'Élysée, s'apercevant que le président de la République accorde toujours plus d'importance, et de

1. Entretien du 31 juillet 2015.
2. Entretien du 19 mai 2015.

poids, aux avis professés par les élus – qu'ils proviennent d'ailleurs de la polytechnicienne Karine Berger, députée des Hautes-Alpes, ou d'un proche collaborateur comme Bernard Poignant, ancien maire de Quimper – qu'à ses propres analyses, fussent-elles « brillantes ». Gaspard Gantzer, conseiller en communication de François Hollande, et par ailleurs ami d'Emmanuel Macron, nous assure : « Emmanuel a toujours voulu faire de la politique, et il a toujours eu envie d'être élu. Son objectif n'est pas de devenir riche et célèbre. Malheureusement, le PS est construit aujourd'hui contre des gens comme lui. Mais il faut voir comme il adore les gens ! Tu le lâches dans un marché, il est parfait[1] ! »

Au début du quinquennat, Emmanuel Macron a d'ailleurs, semble-t-il, fait savoir, par articles interposés, qu'il était intéressé par la circonscription des Hautes-Pyrénées, celle de Jean Glavany depuis 1993, dans laquelle l'ancien chef de cabinet de François Mitterrand, et ex-directeur de campagne de Lionel Jospin, fut réélu à 67 % lors des dernières élections[2]… Du moins, son nom était régulièrement cité au sujet de cette circonscription, où se situe la petite ville de Bagnères-de-Bigorre, d'où est originaire une partie de sa famille – du côté de sa mère, les « Noguès ». Jean Glavany se souvient : « Au début du quinquennat, Emmanuel avait dit dans plusieurs articles qu'il était intéressé par la politique. Il citait alors toujours deux circonscriptions, celle d'Amiens et la mienne ! Alors que je ne le connaissais pas et qu'il ne m'en avait pas parlé. Je lui ai envoyé un mot à l'Élysée où je lui ai écrit : "Si c'est vrai, rencontrons-nous !"[3] » Ni une ni deux, Macron invite Glavany à

1. Entretien du 13 mai 2015.

2. « Emmanuel Macron est à la recherche active d'une circonscription pour 2017 », Le Lab Europe 1, 23 janvier 2014.

3. Entretien du 15 septembre 2015.

dîner. Entre la poire et le fromage, il lui assure n'avoir aucune ambition particulière, tout en reconnaissant avoir laissé entendre qu'il était intéressé par sa circonscription. Question de Glavany : « Est-ce que c'est vrai que tu veux t'orienter en politique ? » Affirmatif, répond en substance le secrétaire général adjoint de l'Élysée, tout en expliquant à son interlocuteur qu'il peut entrer en politique « directement », sans passer par la case élection. Réplique immédiate de Glavany : « Effectivement on peut rester deux, trois, quatre ans ministre, mais ça ne dure pas. L'élection est un rendez-vous qui sera devant toi tôt ou tard. »

Depuis, les deux hommes n'en ont plus jamais rediscuté, malgré les invitations de Glavany : « Je sais qu'il vient régulièrement skier dans le coin, et je lui ai dit qu'on pourrait en reparler. Mais je n'ai pas l'intention de quitter ma circonscription en 2017, et même si je décidais d'arrêter, il y a des élus et des militants de Hautes-Pyrénées qui pensent déjà l'après. Ce n'est pas si simple… » Et le député d'ajouter : « Dans l'histoire de la République, des gens sont entrés au gouvernement sans être élus, comme Bernard Kouchner ou Christine Lagarde, mais ça ne dure qu'un temps. En politique, on ne peut agir qu'avec la légitimité du suffrage. » C'est également ce que pense le député de Haute-Garonne, Christophe Borgel, par ailleurs monsieur « élections » au PS et spécialiste de la carte électorale : « Quand Emmanuel est devenu ministre, je suis allé le rencontrer à Bercy. Et je lui ai posé la question de savoir s'il était intéressé par une circonscription, car son nom avait été cité à plusieurs reprises dans la presse à ce propos. Et là, immédiatement, il m'a répliqué : "Ce n'est pas mon sujet." Cette partie de la conversation n'a pas duré plus de trois minutes, et c'est la seule fois que je lui en ai parlé[1]… »

1. Entretien du 4 octobre 2015.

On retrouve ces hésitations dans le rapport qu'Emmanuel Macron entretient avec le PS. Militant éclair il y a près de dix ans dans ce parti[1], le ministre de l'Économie s'est toujours gardé de s'y engager plus fortement. Au fond de lui, il prend le PS pour un astre mort. Un obstacle même aux « réformes » qui lui tiennent tant à cœur. Au point qu'entre lui et une bonne partie des socialistes, c'est le désamour total. Plus les semaines passent, et plus les polémiques s'enchaînent. Trente-cinq heures, fonctionnaires, dérégulation du marché du travail… Les sujets de désaccords ne manquent pas. « Il a brûlé ses vaisseaux vis-à-vis du PS », constate l'un de ses proches. D'ailleurs, entre le ministre de l'Économie et le premier secrétaire, Jean-Christophe Cambadélis, les *casus belli* sont nombreux : « Macron a de l'ambition, mais il n'a pas mis un nom sur son ambition. On ne sait pas si, à cette étape, c'est d'être président de la République comme le dit Jacques Attali, ou président de Rothschild ou de Lazard, voire de lancer son propre fonds de pension. Il a décidé de ne se fermer aucune porte[2] », ironise « Camba ». Qui conclut : « Dominique de Villepin a l'habitude de dire : "Personne ne me comprend car je ne suis pas élu." On pourrait appliquer le même raisonnement à Macron. » À bon entendeur…

Qu'est-ce qui fait courir Emmanuel Macron, selon le premier des socialistes ? « Macron est de ceux qui pensent au-dessus des partis en invoquant l'intérêt du pays. C'est un modernisateur, sûr de sa bonne foi, analyse Jean-Christophe Cambadélis. Il est de ceux qui estiment qu'on ne peut pas réformer si on pense aux intérêts électoraux. Finalement, il est de ceux qui veulent faire le bonheur de la France malgré elle. C'est ce que j'appelle le bolchevisme libéral. Et il n'est pas le seul ! Dans cette optique,

1. Lire le chapitre « Un CV magique ».
2. Entretien du 17 avril 2015.

le libéralisme a besoin d'une dictature, d'un absolutisme éclairé. Emmanuel Macron est vraiment pour le bien du pays, mais il est convaincu que celui-ci vit dans le passé et ne comprend pas qu'il va mourir… » Mais alors, Emmanuel Macron est-il de gauche ? « Il est de gauche, car il croit dans le mouvement et dans le progrès, répond le premier secrétaire du PS. C'est un progressiste dans le domaine de la société contre les conservateurs. » Finalement, n'est-ce pas là, la définition d'un social-libéral à la sauce Tony Blair ? « Plus Schröder que Blair », tranche Cambadélis. Droitier en économie, et généreux vis-à-vis de la société ? Mais est-ce le moment dans un pays en crise ? Jean-Christophe Cambadélis continue le décryptage du personnage : « Son point de vue, ce n'est pas le socialisme. C'est la modernisation industrielle. Il pourrait dire la même chose du point de vue des salariés. Mais il part de l'entreprise, car elle est créatrice de richesse. Il y a comme une incompréhension avec les socialistes. » C'est peu dire.

En décembre 2014, quelques jours avant les fêtes de Noël, Emmanuel Macron reçoit à Bercy les socialistes Marie-Noëlle Lienemann, Jérôme Guedj et Emmanuel Maurel, tous trois représentants du courant Maintenant la gauche, situé à la gauche du parti, pour discuter de son projet de loi. La rencontre tourne au dialogue de sourds. « Tu vas prendre des décisions orthogonales à la gauche. Ce sont des signaux défavorables à notre électorat à la veille des élections départementales », lui disent en substance les trois élus. « Tu te rends compte du risque que tu fais prendre aux camarades ? », ajoutent-ils. Interloqué, Macron répond du tac au tac : « Mais où est le problème ? »

« C'est à ça que l'on voit qu'il n'est pas au parti », commente, amer, un élu socialiste. Cette incompréhension, Julien Dray aimerait bien l'atténuer, voire la faire disparaître, malgré les oppositions idéologiques évidentes. L'élu proche de Macron et de Hollande tente ainsi de faire passer des messages, veillant à arrondir les angles, à mettre du liant. Il essaye de convaincre la sénatrice de Paris, Marie-Noëlle Lienemann, d'entamer un dialogue avec le ministre de l'Économie : « Vous l'enfermez dans une image, alors qu'on peut lui apporter des choses », assure-t-il. Mais la gauche du parti et les frondeurs ne veulent rien entendre : Macron n'est pas socialiste, il n'est donc pas de gauche.

Une situation renforcée par le fait que le ministre de l'Économie ne donne « aucun gage de gauche au PS », note un interlocuteur. « Le parti, il s'en fout, ce n'est pas son truc[1] », constate d'ailleurs Julien Dray. « Je vais prendre une image : les Français ne comprennent rien au football américain avec des pom-pom girls. Macron ne comprend rien au PS de la même manière », abonde Jean-Christophe Cambadélis. « Ça palabre, ce n'est pas sa langue… Mais je ne dis pas qu'il ne va pas apprendre… » Encore faudrait-il qu'il en ait l'envie.

Pour autant, la relation entre Macron et le PS est plus complexe qu'un désamour, façon « je t'aime, moi non plus ». En réalité, tant que François Hollande est au pouvoir, chacun a besoin de l'autre pour exister : « Macron est un pur produit des frondeurs », estime un élu socialiste.

Le ministre de l'Économie se retrouve, bien malgré lui, dans le jeu des équilibres qui traversent le PS. Ce jeu qu'affectionne au plus haut point le président de la République : « Hollande veut tenir à la fois Macron et Filoche[2] ! » s'exclame un ministre.

Et si Jean-Christophe Cambadélis adore attaquer Emmanuel Macron, c'est qu'il a trouvé là, à peu de frais,

1. Entretien du 6 mai 2015.

2. Gérard Filoche, figure de la gauche du parti, est un ancien inspecteur du travail, issu de la gauche trotskiste. Il a rejoint le PS en 1994.

un bouc émissaire idéal pour maintenir la cohésion de son parti en mal de boussole… Un jeu de rôle décrit par Jean Glavany : « Qu'Emmanuel soit plus social-libéral que les frondeurs, assurément, mais DSK ? À d'autres époques, tous allaient derrière lui sans crier au scandale. En fait, tout cela m'amuse… » Au final, au sein du PS, les militants et élus oscillent entre rejet et mépris : « Même s'il est attaqué, les mecs ne veulent pas le tuer, car ils ne le considèrent pas réellement comme un adversaire », commente un observateur.

L'affrontement se joue sur un autre terrain, moins au PS que du côté de l'exécutif. Un combat dantesque, encore en devenir, que seuls de rares initiés ont su décrypter depuis plusieurs mois. Le 49.3 en était le signal précurseur[1].

La vérité, c'est que rien ne va plus entre les deux figures du social-libéralisme en France : depuis que le premier est devenu ministre, Emmanuel Macron et Manuel Valls sont entrés en guerre froide. Officiellement, tout va bien. Leurs communicants tentent de faire croire aux journalistes que les deux hommes sont sur la même longueur d'onde. Entre les deux fils spirituels de Michel Rocard, comment en serait-il autrement ? Oui, mais voilà, dans la plus pure tradition de la Ve République, les relations entre le président de la République et son Premier ministre ne sont pas au beau fixe : « Et comme Emmanuel est la meilleure carte du président, ça complique les choses dans le trio qui s'est formé. Macron est finalement moins proche de Valls que je ne le souhaiterais », confie un proche du Premier ministre.

Devant la loyauté indéfectible d'Emmanuel Macron à l'égard de François Hollande, les supporters de Manuel Valls se trouvent désarmés : « Avec Emmanuel, Valls pensait piquer un mec à Hollande et qu'il allait faire une

1. Lire le chapitre « Manuel Valls l'a tué ! »

prise, analyse un ministre. Mais, en fait, il a commis une grosse erreur, car il a sous-estimé la relation entre Hollande et Macron. » Les conseillers officiels et officieux du Premier ministre doivent rattraper le coup par tous les moyens : « Pour qu'il n'y ait pas d'erreur, c'est bien chez nous que ça s'est décidé [la nomination d'Emmanuel Macron au gouvernement] », rappelle ainsi régulièrement Yves Colmou à ses interlocuteurs. Et le discret Alain Bauer est allé jusqu'à rencontrer l'homme d'affaires Henry Hermand, premier soutien d'Emmanuel Macron, pour tenter de rétablir le dialogue avec le ministre de l'Économie, et lui (ré)expliquer la balance des pouvoirs si particulière de la Ve République entre un président et son Premier ministre. C'est dire s'il y a le feu au lac à Matignon.

Il y a un an pourtant, personne ne s'attendait à un tel scénario. Les éditorialistes glosaient sur « l'axe Valls-Macron », sur la « clarification idéologique » que représentait la nomination d'Emmanuel Macron à l'Économie. À l'époque, les commentateurs ne pariaient pas un kopeck sur le retour (relatif) du président de la République : « Hollande a toujours fait comme cela. Il adore mettre les gens en concurrence », souffle un de ses proches amis. En jouant la carte Macron, Hollande a trouvé sa carte maîtresse pour affaiblir son Premier ministre. D'un coup, le « social-libéral » Manuel Valls est devenu ringard. Pire : vieux. Du poison lent.

Pourtant, dès son arrivée au gouvernement, Emmanuel Macron veille à apparaître très discipliné à l'égard du chef du gouvernement. Mais le temps a joué contre le Premier ministre et la perversité de la Ve République a fait le reste. Coincé à Matignon, Manuel Valls a dû résoudre une équation impossible : apparaître loyal à l'égard du président de la République, tout en composant avec sa majorité et les frondeurs. Résultat, libre comme l'air, le ministre de l'Économie est apparu comme le « vrai » modernisateur : « Macron commence à devenir comme Valls en son temps, une espèce de chouchou des modernistes de tout poil, constate un poids lourd du PS. Il apparaît comme celui qui fait bouger les choses, celui qui veut libérer les carcans. »

Au fil des mois, Macron ne cesse de gagner du poids politique au sein du gouvernement. Comme la nature a horreur du vide, le ministre de l'Économie a pris la place du grand réformateur de l'exécutif que le Premier ministre a bien été obligé de lui laisser. En privé, lui-même n'hésite plus à tacler le Premier ministre qu'il qualifie, avec un certain mépris, de « communicant ». Un ami des deux hommes s'en inquiète : « Tu ne peux pas te dire rocardien et trouver que Valls ne l'est pas », a-t-il expliqué au jeune ambitieux. En tout cas, devant l'« ascension stratosphérique » d'Emmanuel Macron, cette irrésistible montée qui s'accompagne de bons sondages d'opinion, Manuel Valls semble impuissant : « Macron fait à Valls ce que Valls a fait à Ayrault », lâche un responsable socialiste. « Valls est aujourd'hui à bout de souffle. C'est comme un canard sans tête. Il est mort, mais il ne le sait pas encore. Même s'il voit bien que Macron est un gros caillou. »

D'autant qu'Emmanuel Macron joue sur plusieurs tableaux. Son discours économique ne concerne pas uniquement la réduction des déficits. Le jeune ministre de l'Économie souhaite « libérer les énergies ». En s'attaquant au dossier du marché du travail, il s'attache à parler d'abord à la jeunesse, aux *outsiders*, et pas uniquement aux chefs d'entreprise. Pour compléter son tableau de chasse, ses proches le poussent à réclamer un ministère régalien lors d'un prochain remaniement. Et si Emmanuel Macron devenait ministre de l'Intérieur ? Ou s'emparait du ministère des Affaires étrangères, lui qui est déjà un habitué des longs vols en avion ?

Mais que pense Emmanuel Macron de tout cela ? Il ne s'est guère exprimé sur tout un tas de débats qui font pourtant le *buzz* dans les médias. Lui qui affirme que « le libéralisme est de gauche[1] », cultive, là encore, sa différence. Que pense-t-il du modèle républicain à la française, si souvent proclamé par le Premier ministre ? « Je ne me retrouve pas dans le discours moral sur les valeurs de la République, nous expose-t-il. La République a toujours avancé en actes. Quand elle n'arrive pas à offrir des solutions concrètes, elle se transforme vite en une abstraction qui a tendance à exclure et peut apparaître comme n'étant plus à la hauteur de ses promesses[2]. » Lui qui a fréquenté les jésuites de la Providence, quel est son rapport au religieux, à la laïcité ? « Je ne suis pas un laïcard obsessionnel, confie-t-il. Je souhaite une laïcité ouverte qui accorde plus de place à l'individu. Il s'agit pour moi de mettre au cœur de la politique, sur ce sujet comme sur beaucoup d'autres, l'autonomie des individus. À mes yeux, la finalité de l'aventure républicaine est de lutter contre l'asservissement de l'individu. L'idée de République signifie bien plus que l'investissement dans certaines valeurs, c'est d'abord un projet émancipateur[3]. » Finalement, sur cette thématique, Emmanuel Macron semble se rapprocher d'un Alain Juppé qui désire retrouver la « concorde nationale », plutôt que d'un Manuel Valls qui multiplie les rappels aux « valeurs de la République ». Le ministre a d'ailleurs rencontré le jeune économiste Robin Rivaton, proche d'Alain Juppé.

Emmanuel Macron a des idées, et compte le faire savoir. Le jeune ministre, qui s'était approché des Gracques en 2007, cette association informelle de hauts fonctionnaires qui poussaient en coulisses à une alliance entre socialistes et centristes, dont Jean-Pierre Jouyet fut l'un des fers de lance, multiplie les contacts. Il a

1. *Le Monde*, 29 septembre 2015.
2. Entretien du 31 juillet 2015.
3. Entretien du 26 août 2015.

ainsi rencontré l'ancien grand patron du Crédit Lyonnais, Jean Peyrelevade, proche de François Bayrou. Les deux hommes ont dû évoquer la fâcheuse question qui taraude bon nombre de « réformateurs » dans notre pays : comment constituer un espace au centre de l'échiquier politique pour soutenir les idées « libérales » ?

Une chose ne trompe pas : du haut de son bureau à Bercy, le ministre consulte à tour de bras. Et pas uniquement des (petits ou grands) patrons ou des économistes. Il y a aussi des intellectuels, des acteurs de la société civile, des jeunes *start-upers*, des communicants… Incontestablement, il tisse sa toile. « Emmanuel Macron continue à recevoir beaucoup de monde pour tester ses idées et sa manière de faire de la politique[1] », nous confirme Henry Hermand, son soutien de toujours. Ces derniers mois, il a par exemple rencontré le géographe Christophe Guilluy, auteur des *Fractures françaises*[2] et de *La France périphérique : comment on a sacrifié les classes populaires*[3], deux ouvrages qui visent à démontrer que les élites politiques ont oublié ces dernières années une France périurbaine aux revenus modestes et aux conditions parfois précaires. Si le ministre ne partage pas l'ensemble des analyses de l'auteur, c'est bien lui qui a sollicité le rendez-vous avec le géographe…

Cela démontre qu'Emmanuel Macron ne s'enthousiasme pas uniquement pour les cours de Bourse, comme certaines caricatures pourraient le laisser penser, mais qu'il s'intéresse à la France en tant que telle… Un groupe informel se réunit d'ailleurs régulièrement auprès de lui dans ses bureaux, le soir ou les week-ends, pour des séances de *brainstorming*. L'écrivain et ancien conseiller de François Mitterrand, Erik Orsenna,

1. Entretien du 26 août 2015.
2. François Bourin éditeur, 2010.
3. Flammarion, 2014.

ancien membre de la commission Attali, en fait partie, tout comme le journaliste des *Échos*, Éric Le Boucher, lui aussi un ancien de la commission pour la libération de la croissance française, ou le philosophe Olivier Mongin, de la revue *Esprit*, ou bien encore le communicant Gilles Finchelstein, qui détaille des enquêtes d'opinion réalisées pour l'occasion… « Finalement, son passage comme banquier chez Rothschild est plus un atout qu'un handicap[1] », nous assurait d'ailleurs Finchelstein en juin 2015. « Les Français n'aiment pas les banquiers, mais ils aiment bien avoir un ministre de l'Économie qui connaît la chose économique, alors qu'en général, ils ont une faible estime des responsables politiques. Ça lui donne une singularité. C'est comme lorsque l'on faisait des enquêtes qualitatives sur Dominique Strauss-Kahn, c'était ambivalent mais rassurant : Macron sait comment faire. »

« Emmanuel Macron incarne un socialisme moderne dans le cadre européen[2] », se félicite d'ailleurs l'homme d'affaires Henry Hermand, son premier soutien parmi les héritiers de la « deuxième gauche », qui n'apprécie guère les hésitations de François Hollande depuis le début du quinquennat : « Le président est pris dans une contradiction, critique-t-il. Il a besoin de rabibocher la gauche en vue de l'élection présidentielle. Mais on ne peut pas associer tout et son contraire. Pour Macron, on n'a fait qu'une partie des réformes, il lui faut continuer et en même temps réhabiliter la valeur travail et la réussite individuelle. » Pour réaliser ce dessein réformiste, Henry Hermand avait eu l'idée de constituer un grand *think tank* européen à partir de Terra Nova. Il pensait à Pascal Lamy, l'ancien directeur général de l'OMC (Organisation mondiale du commerce), pour en prendre sa tête. Mais le

1. Entretien du 16 juin 2015.
2. Entretien du 26 août 2015.

projet échoue. À l'époque, Emmanuel Macron participait aux réflexions. Une alliance des « progressistes » pour l'instant en *stand-by*...

Alors, Emmanuel Macron pourrait-il réussir là où les deux François, Bayrou et Hollande, ont échoué ? Là n'est pas la question estime, de son côté, Olivier Mongin : « Son avenir, il faut qu'il l'invente[1]. » Encore faudrait-il qu'il puisse prendre le temps pour réfléchir dans son emploi du temps ultra-chargé de ministre... C'est bien la question qui taraude le philosophe d'*Esprit* : « Est-ce qu'il a le temps de travailler ? S'il veut rester en politique, il doit opérer un décalage. C'est sûr que l'année passée à Bercy lui donne des envies. Il doit continuer à s'ouvrir. Car Hollande est en train de se refermer sur le PS. Dans cette fiction de l'union de la gauche, Macron est perdant. » En son temps, le « professeur » Dominique Strauss-Kahn était capable de « faire de la pédagogie », « d'interpréter le monde ». Emmanuel Macron aurait ce créneau devant lui, mais encore faut-il qu'il en ait le temps... « J'assume deux choses qui ne sont pas à la mode : le secret et le temps pour réfléchir. Et le secret pour sa vie. Car on construit les choses à l'ombre[2] », nous explique le ministre. « C'est un type extrêmement intéressant, cela serait bien que ça ne finisse pas en Waterloo du devenir politique en France », confie l'un de ses amis.

Un chemin d'autant plus difficile que le ministre de l'Économie souhaite, coûte que coûte, cultiver sa différence de positionnement : « Je ne me vois pas à 60 ans faire de la politique. Nos concitoyens n'attendent pas cela[3] », assène-t-il. « Il existe un besoin de régénérer la politique. Je ne suis pas dans la gestion d'une rente

1. Entretien du 2 septembre 2015.
2. Entretien du 31 juillet 2015.
3. Entretien du 31 juillet 2015.

politique. Je ne gère pas le coup d'après, mais j'essaye d'associer idéologie, réflexion et action. C'est mon ambition. » On l'a compris, Emmanuel Macron aimerait arriver à Matignon ou à l'Élysée, sans passer par la case député.

« Tout se joue en cette rentrée », assure un de ses proches. Une éventuelle Bérézina de la gauche, et du PS en particulier, aux élections régionales pourrait changer la donne. « Il ne peut pas être lié à l'échec de la gauche traditionnelle, s'inquiète Henry Hermand. Il s'agit pour lui de participer à l'élaboration d'une gauche débarrassée de ses archaïsmes pour les nouvelles générations. » Emmanuel Macron pourrait-il être un recours ? Si rapidement ? L'inertie politique en France n'amène pas à envisager un tel scénario, mais « Macron veut être libre de saisir toutes les opportunités », assure le vieil homme. « Et il accueillerait tous ceux qui viendraient le soutenir. »

Dans cette optique, Emmanuel Macron aurait-il eu l'ambition de se présenter au-devant des Français, sans passer par la case du Parlement ? « S'il n'est pas député, c'est fini. Il devient Attali, sans le talent d'Attali », s'inquiète un de ses soutiens. « Mais sa force est justement de ne pas être issu du PS », estime le communicant Robert Zarader. « Il n'est pas contraint pas le parti, par le jeu des motions, par celui des écuries, il n'a pas des gens à servir. C'est un avantage, mais c'est aussi un inconvénient, car il n'a pas de troupes à mobiliser. » Un ami du ministre abonde dans ce sens : « Il a un grand réseau, mais après pour faire de la politique il faut un maillage territorial. Il faut des gens, et cela prend du temps. » Constituer un parti ? Un courant au sein du PS ? Ou un mouvement plus large ? Toutes les options sont sur la table du ministre de l'Économie. Du moins, du côté de ses proches, qui placent tous leurs espoirs en lui.

C'est en tout cas pour cette raison qu'Emmanuel Macron s'intéresse beaucoup aux potentialités du numérique. La force des réseaux sociaux du type Facebook ou Twitter est de pouvoir mobiliser rapidement un grand nombre, de pouvoir toucher directement les gens sans intermédiaires, de pouvoir les convaincre. En juillet 2015, on l'a vu, Emmanuel Macron s'est d'ailleurs essayé à l'exercice en invitant à Bercy cinq cents de ses amis Facebook pour discuter avec eux[1].

De ce pouvoir nouveau du monde numérique, Emmanuel Macron s'est ouvert avec l'un de ses représentants les plus fameux en France, le milliardaire Xavier Niel, fondateur de Free. « À l'été 2014, il est parti faire un voyage dans la Silicon Valley en Californie. Il en a profité pour rencontrer des dirigeants de start-up. J'ai déjeuné à cette occasion avec lui et sa femme à Los Angeles, nous raconte Xavier Niel. Il m'a posé de nombreuses questions sur l'économie du numérique. Il voulait également visiter l'école informatique que j'ai créée à Paris[2]. Dix jours après, alors qu'il était nommé ministre, il a quand même pris le temps de m'envoyer un SMS pour me demander de nouveau une visite de l'école. Et sans presse ni télé, il est venu un dimanche après-midi quelques jours après, avec sa femme, durant près de deux heures ! Il m'a également demandé de voir des jeunes talents. "Fais-les-moi rencontrer", m'a-t-il dit[3]. » Xavier Niel organise pour le ministre de l'Économie des rendez-vous : Emmanuel Macron rencontre ainsi, à Paris, les patrons d'Uber ou d'Airbnb. « Qu'on le déplore ou non, le modèle de la start-up peut amener à une juste redistribution. Aujourd'hui, dans l'économie du numérique, n'importe quel jeune peut créer Google. C'est dur, très dur même, mais cela peut marcher avec du travail et des capacités. Or, en France, on a un capitalisme insuffisant, c'est un capitalisme de copinage et d'héritage. On est d'ailleurs

1. Lire le chapitre « Vers le contrat unique ».
2. C'est l'école « 42 », une école d'informatique gratuite sans condition de diplôme.
3. Entretien du 1er octobre 2015.

en dernière position de l'OCDE pour l'ascension sociale. C'est toutes ces énergies qu'il faut libérer », analyse Niel.

Libérer les énergies ? C'est bien le projet d'Emmanuel Macron, et pourquoi pas autour de sa personne : « Il y a un an, je n'aurais pas su vous répondre, mais je pense qu'il a envie d'y aller », nous confie un de ses soutiens. Mais à partir de quelle stratégie ? Quelle structure ? « Il faut penser à l'après-PS, explique un autre proche. C'est un parti qui n'est pas en mesure de réformer. Il faut changer le centre de gravité de la politique française. Sa réflexion sur la manière de faire de la politique en dehors des partis vient télescoper sa réflexion sur le numérique. » Déjà, le groupe des Jeunes avec Macron s'est lancé, avec un site Internet. « Il y a une demande pour son positionnement politique et sa méthode. C'est logique, les gens qui ont le goût de la politique sont aujourd'hui un peu orphelins, remarque son ami Marc Ferracci. Depuis un an à Bercy, il s'épanouit beaucoup plus qu'à l'Élysée. Il prend du plaisir à rencontrer les gens, à serrer des pinces, à convaincre. Et il prend du plaisir au combat, même si ce n'est pas forcément son moteur premier. À un moment ou à un autre, il tentera d'être élu. »

Attendre et prendre le risque de vous faire oublier ? Ou y aller maintenant et prendre le risque de mettre le doigt dans un système politique à bout de souffle ? « La date ne dépend pas de lui, mais d'Hollande et de Valls », analyse un observateur de la vie politique. « Il sait très bien qu'il y a un jeu à trois. Valls-Hollande, et Valls-Macron. À ce jeu-là, il y aura deux morts. » C'est tout le jeu imprévisible de la politique. À l'été 2014, Emmanuel Macron déjeunait avec Xavier Niel à Los Angeles. L'empereur de la téléphonie et de l'économie numérique lui demandait s'il comptait revenir en politique : « Jamais ! » jurait l'ancien secrétaire général adjoint. « Je suis sûr que tu feras encore de la politique », assurait alors sa femme Brigitte. Mais Macron lui-même le sait-il déjà ?

Chapitre 2
Face aux rumeurs

Désormais lancé en pleine campagne présidentielle, Emmanuel Macron n'arrive pas à se séparer d'un sparadrap qui lui colle à la peau. Il s'agit d'une rumeur tenace à son endroit : selon les chuchotements, son mariage avec Brigitte Auzière serait « arrangé », pour « la façade », car Macron serait en réalité… homosexuel ! Cela fait déjà plusieurs mois que la rumeur court dans les dîners en ville à Paris et dans les salles de rédaction, mais, en ce début de février 2017, le bruit se propage désormais sur les réseaux sociaux. À Paris comme en province, plus d'un taxi s'amuse aussi à relayer la « nouvelle » : « Oh, vous savez, il fait ce qu'il veut. On s'en fout. Les Français choisissent un président pour ses compétences, pas pour ce qu'il fait dans son lit… », évoque l'un d'eux à Lyon, alors que le candidat vient de donner un meeting dans la capitale des Gaules, dirigée par son ami, le socialiste Gérard Collomb.

C'est justement de retour à Paris que le candidat Macron décide de rompre le silence au sujet de cette rumeur qui a envahi les petites et grandes conversations depuis qu'il s'est lancé à l'assaut de la présidentielle. Il profite d'une réunion publique organisée à l'origine pour galvaniser ses militants dans la capitale au théâtre Bobino, près de la gare Montparnasse, pour « mettre les pieds dans le plat », selon sa propre formule. Une rencontre imprévue dans son agenda… Et une intervention sur scène pour le moins improvisée si l'on en juge par les visages surpris et pour le moins gênés de ses proches à ses côtés – notamment l'ex-strauss-kahnien Benjamin Griveaux et le député Richard Ferrand alors présents – quand le candidat se met à évoquer « celles et ceux qui voudraient faire courir l'idée que je suis duplice, que j'ai des vies cachées ou autre chose ».

D'un coup, un silence parcourt la salle, remplie pourtant de Jeunes avec Macron, ce mouvement de jeunesse lancé dès juin 2015 par quelques anciens de l'UNEF, jusqu'à présent pour le moins bruyants et joyeux. Car à ces mots, chacun se met à tendre l'oreille. Et Macron d'enchaîner avec un regard facétieux : « D'abord, c'est désagréable pour Brigitte. » Les premiers rires, certes un peu gênés, fusent du public. Et il ajoute, savourant la surprise suscitée : « Je vous rassure, comme elle partage toute ma vie, du soir au matin, elle se demande simplement comment physiquement je pourrais. » Effet assuré : les rires se déploient aux quatre coins de la salle de music-hall.

Se prenant au jeu de ce véritable « one-man-show » improvisé, Macron se met à enchaîner les blagues autour de sa femme Brigitte. Il n'hésite pas à faire allusion au « Penelopegate » qui plombe depuis quelques jours la campagne de son concurrent Les Républicains, François Fillon : « Heureusement, je ne l'ai jamais rémunérée pour cela. » De plus belle, la salle rigole. L'ambiance se détend. Et Macron de faire référence à la performance technique effectuée la veille par son concurrent de gauche, Jean-Luc Mélenchon, dont le meeting à Lyon était dédoublé en direct à Paris grâce à son hologramme : « Elle pourrait apporter un témoignage du fait que je ne peux pas me dédoubler, sauf si mon hologramme a fonctionné… » Avant de conclure, en mettant effectivement les pieds dans le plat : « Si dans les dîners en ville, si dans les boucles de mails, on vous dit que j'ai une double vie avec Mathieu Gallet [le PDG de Radio France] ou qui que ce soit d'autre, c'est mon hologramme qui soudain m'a échappé, mais ça ne peut pas être moi ! »

Depuis plusieurs mois, le tout-Paris politique et médiatique n'a que cette histoire à la bouche : le couple formé avec Brigitte ne serait qu'une couverture, et Macron aurait en réalité une relation avec le jeune PDG de Radio France. Pour les commentateurs de salon, c'est une affaire entendue. À leurs yeux, les deux hommes se ressemblent : mêmes costumes cintrés, mêmes sourires de jeunes premiers, quasiment le même âge, la même ambition. Ces ressemblances signent là, selon eux, la véracité des rumeurs, car dans leur vision étriquée et homophobe, l'homosexualité n'est-elle pas le désir de l'identique ? Macron, Gallet. Un vrai fantasme pour les journalistes, les politiques et autres courtisans toujours à l'affût des derniers potins. Étranges obsessions d'une France du pouvoir en manque de repères.

Certes, mais en évoquant publiquement la rumeur d'une liaison qu'on lui prête avec le PDG de Radio France, Emmanuel Macron braque sur Mathieu Gallet des projecteurs dont ce dernier se serait bien passé. Le candidat, soudain empressé de tordre le cou aux racontars une bonne fois pour toutes, n'a en effet pas pris la peine, au préalable, de prévenir le PDG de Radio France de son initiative. Il attendra seulement le lendemain matin pour l'appeler au téléphone. Une courtoisie quelque peu tardive. Quand il s'agit de sa personne, Macron oublie parfois les politesses. Seule compte l'efficacité.

Dans ce registre, le candidat n'est d'ailleurs pas mécontent de son opération impromptue, lui qui aime tant l'art des contre-pieds de communication. Dans l'immédiat, peu lui importe la prise de risque que constitue une telle confidence publique. Pourtant, quand il prend le micro et se lance dans ce show un brin croquignolet, il ne sait pas quelles en seront les conséquences. Étrange pour un homme qui aime tant tout contrôler. D'autant qu'en pleine campagne électorale le moindre faux pas peut coûter très cher.

Heureusement pour lui, dans les premières heures qui suivent l'opération Bobino, les journalistes politiques, notamment à la télévision ou dans les matinales des radios, ont bien du mal à traiter ce sujet qu'ils estimaient jusqu'alors « faire partie de la vie privée », selon l'expression consacrée, quitte à relayer la rumeur dans leurs petits cercles en dehors du regard du public ou de leurs lecteurs… Désormais, leur petit « secret » est aujourd'hui mis au-devant de la scène. Et par le principal concerné. Alors comment traiter cette « information » ? C'est l'éditorialiste de *Challenges*, Bruno Roger-Petit (BRP) qui les sauve du malaise naissant, en leur proposant « l'angle » idéal : dans son article publié le lendemain sur le site Internet du magazine économique, ce journaliste proche d'Emmanuel Macron va expliquer que ce dernier a eu raison de tordre de cette manière la rumeur, car il ne s'agissait rien de moins que de s'affronter à une tentative de déstabilisation venant de la Russie ! La séquence dramatisation et victimisation peut s'enclencher, au grand bénéfice du candidat. Cette rumeur « a contribué pour partie à la construction du personnage Macron que dénoncent souvent ses adversaires, tout en esquive et faux-semblant », analyse ainsi le docte éditorialiste. Lequel n'oublie pas d'asséner dans son article « la » clé d'explication, dont tout commentateur en mal de commentaires va vite s'emparer : « L'opération de communication Macron est inséparable de l'irruption brutale de l'ombre de la Russie, *via* Sputnik et Russia Today dans l'élection présidentielle française. L'affaire a été éclipsée, ce lundi, par le dernier rebondissement du feuilleton Fillon, et pourtant elle pèse. Deux médias russes, liés au pouvoir Poutine, ont fait savoir qu'ils détenaient des informations susceptibles de nuire au candidat

Macron, informations tirées pour l'essentiel des propos (qu'il faut bien se résigner à qualifier de délirants) d'un député français Les Républicains. » En effet, interrogé par l'agence de presse russe Sputnik, Nicolas Dhuicq, élu proche de François Fillon et soutien de La Manif pour tous, avait assuré quatre jours plus tôt : « Il y a un très riche lobby gay derrière lui, ça veut tout dire. » Ajoutant : « Les détails controversés de sa vie personnelle et ses liens [...] vont bientôt devenir publics. »

À l'heure des *fake news* et de l'Amérique de Trump, l'argument de la déstabilisation russe avancée par BRP fait mouche. Le soir même, l'émission *C dans l'air* sur France 5 se demande si Macron est dans « l'œil de Moscou » ! Étrange pour un candidat qui, quatre mois plus tôt, dans son livre témoignage, *Révolution*, annonçait vouloir « nourrir un partenariat utile » avec la Russie, souhaitait « un rééquilibrage de notre relation » avec les États-Unis, et ambitionnait de « travailler avec les Russes pour stabiliser leur relation avec l'Ukraine et permettre que soient levées progressivement les sanctions de part et d'autre ». Alors que le présidentiable Macron écrit noir sur blanc sa future doctrine diplomatique, qu'il a parfois l'habitude de qualifier de « gaullo-mitterrandienne », le candidat Macron va désormais laisser dire, et même affirmer lui-même, qu'il est l'objet d'une déstabilisation de la Russie. Dans les jours qui ont précédé son show à Bobino, c'est pourtant bien l'extrême droite française et les soutiens de François Fillon, notamment La Manif pour tous, qui ont commencé à diffuser massivement la fameuse rumeur sur les réseaux sociaux... Cela explique sûrement davantage pourquoi le candidat est soudainement sorti de son silence en pleine campagne.

En attendant, Macron fait coup double. Car il s'est également posé en victime de Vladimir Poutine, s'attirant à lui à la fois la sympathie des associations LGBT et de toute une partie de la gauche alors qu'aucun candidat dans cette élection ne fait de la Russie l'ennemi numéro un de la France comme le souhaiteraient pourtant certains commentateurs… « Désormais, tout signal qui sera émis, de l'intérieur ou de Russie, touchant à la vie privée du candidat Macron, sera considéré comme manipulation, suspect par nature, coupable par définition, condamné par raison », conclut le spécialiste en communication Bruno Roger-Petit. Des « éléments de langage » qui seront relayés immédiatement. Suite au fameux show de Bobino, les soutiens et les proches de Macron, soulagés que la rumeur soit enfin « retournée », peuvent ainsi louer en *off* « l'humour » de leur candidat, et même « sa modernité », pour avoir combattu les on-dit de cette manière. Comme si toute cette histoire ne l'avait jamais atteint intimement…

En réalité, le sujet obsède le couple Macron depuis plusieurs mois. Quand ils apprennent, dès la fin 2015, que « la rumeur » court dans le tout-Paris, ils décident de faire front. Chaque dîner du couple à Bercy est l'occasion pour eux d'aborder le sujet auprès des convives invités. « Vous savez, on dit qu'Emmanuel est homosexuel… mais c'est totalement faux ! », s'indigne régulièrement Brigitte Macron qui semble particulièrement affectée. Elle s'en ouvre régulièrement auprès de ses proches. Toute occasion est bonne. Comme lorsqu'un soir elle raccompagne à l'ascenseur du ministère de l'Économie un écrivain venu dîner avec le couple : « La rumeur est relayée par les milieux gays vous savez… » se désespère-t-elle.

De son côté, quand Macron reçoit en privé des éditorialistes de la place de Paris ou des patrons de presse pour préparer son envol, alors qu'il vient de lancer son mouvement En Marche ! en avril 2016, il n'oublie jamais d'évoquer « la rumeur » dans ces conciliabules politiques. C'est plus fort que lui : il est obligé d'en parler. Ses interlocuteurs l'écoutent alors, mi-amusés, mi-gênés, constatant que le jeune politique ne prend pas les choses à la légère… « Vous savez, comme Mitterrand, j'ai le cuir tanné », confie-t-il à l'un d'eux. « Ils croient m'affaiblir, mais je tiendrai », lance-t-il à un autre. Théâtral.

Cette posture dans un cadre privé finit par être contre-productive, car elle relance de plus belle la rumeur : « Il a l'air vraiment de mal le prendre, il en a parlé plus de vingt minutes ! Si c'est faux, je ne vois pas pourquoi il prend autant de temps pour évoquer ça. Tout le monde s'en fout. On est en 2016 ! » témoigne ainsi l'un de ses invités. Effectivement, comme si le fait d'être affublé aujourd'hui d'un tel qualificatif – homosexuel, gay – valait l'opprobre public ! Un malaise qui sera renforcé quand Brigitte et son mari trouveront utile de multiplier les couvertures de journaux *people* comme *Paris Match*. Étrange paradoxe pour un homme qui aime plus que tout jouer de sa supposée « modernité ». Pourquoi exposer de cette manière son couple ? Mais, surtout, pourquoi a-t-il attendu autant de temps pour évoquer avec « humour » cette rumeur ? En réalité, ce qui gêne le plus Emmanuel Macron, c'est qu'il puisse être suspecté de « double vie » comme il dit, de falsification, de mensonge. Aux yeux des Français, c'est sûrement ce qui pourrait lui être le plus dommageable. Cette rumeur touche aussi un nerf sensible chez Emmanuel Macron : son couple. Après les épreuves qu'il a connues à Amiens, le fait que l'on puisse douter de son amour pour Brigitte le met hors de lui : « Si vous touchez à Brigitte, vous touchez à lui. C'est un couple fusionnel », assure ainsi l'un de ses proches.

Quatre mois plus tôt, Macron avait d'ailleurs profité d'un débat organisé par Mediapart pour essayer d'éteindre, déjà, l'incendie de la rumeur : « Je n'ai pas de double vie, et je tiens plus que tout à ma vie familiale et maritale », avait-il expliqué aux journalistes du site Internet. Ajoutant : « Je le dis très simplement… Que ceux qui s'amusent à faire ça se fatiguent. Moi, en tout cas, je ne changerai pas de vie pour eux. » Et d'accuser au passage ceux qui, « à gauche et à droite », colportent « toutes ces rumeurs » dans les dîners en ville. À la même époque, les proches d'Emmanuel Macron, jusqu'à présent très discrets, se mettent à évoquer la question en *off* avec les journalistes politiques qui se préparent à couvrir la campagne présidentielle. C'est ainsi que l'un de ses proches amis, sans avoir été sollicité sur le sujet, nous confie de lui-même qu'Emmanuel Macron « est bien hétérosexuel » ! Diantre !

Cela fait pourtant plus d'un an que la rumeur est relayée par les ennemis politiques d'Emmanuel Macron. Quand celui-ci n'était pas encore candidat à la présidentielle, mais qu'il était redouté par tous. Plus l'ancien secrétaire général adjoint de François Hollande collectionnait les bons sondages, plus il était abonné aux *covers* des magazines, et plus la rumeur enflait. En mai 2016, au détour d'un article du *Point*, signé par Anna Cabana, Nicolas Sarkozy confie alors à propos de son nouveau rival : « Que voulez-vous que j'en pense ? Il est cynique, un peu homme, un peu femme, c'est la mode du moment. Androgyne. Ce qui vous plaît chez Macron, c'est que vous aimez toujours ceux qui ne vous obligent pas à choisir. »

Des mots qui provoqueront la fureur de l'intéressé. Une première contre-attaque est décidée. Dans les semaines qui suivent, l'équipe Macron distille des *off* visant deux fidèles de l'ancien chef de l'État, soupçonnés de diffuser la rumeur auprès des journalistes : le sénateur de droite, Pierre Charon, et le banquier d'affaires Philippe Villin, ancien directeur général du *Figaro*, par ailleurs ouvertement gay, qui multiplie les déjeuners au sujet d'Emmanuel Macron auprès de toute la presse. À chaque jour son « ACM », son « Action contre Macron », « Mon hygiène de vie », confie-t-il quelques semaines plus tard au *Monde*. Le quotidien estime que l'homme d'affaires « est de ceux qui ont répandu auprès des nombreux élus qui le consultent ce qu'il appelle sans gêne le "Macron *fake*"[1] ». Lors de l'hommage national rendu à Michel Rocard le 7 juillet 2016, Macron aura finalement l'occasion de dire ce qu'il en pense directement à Nicolas Sarkozy… D'homme à homme. « Tout cela doit cesser », explique-t-il en substance. Mais cette mise en garde ne suffira pas. La rumeur reprendra de plus belle. Au gouvernement, Ségolène Royal, admirative du parcours de Macron, y va de son avertissement : « Tu ne mesures pas la dureté de la politique », lance-t-elle à son cadet.

Pourtant, à l'origine, la rumeur d'une liaison entre Macron et Gallet s'est d'abord propagée dans le milieu de l'audiovisuel. Au printemps 2015, Radio France est paralysée par une longue grève. Un an plus tôt, Mathieu Gallet avait été nommé, à la surprise générale, à la tête du groupe public de radio par les membres du Conseil supérieur de l'audiovisuel (CSA) à l'unanimité. Ancien conseiller de Frédéric Mitterrand à la rue de Valois, le jeune président du groupe public de radio – 37 ans à l'époque – avait, de surcroît, la fâcheuse caractéristique de ne pas être énarque… Au sein du pouvoir et dans le monde des médias, sa nomination avait suscité de nombreuses jalousies.

Alors, un an plus tard, en pleine élection du nouveau président de France Télévisions, tous les moyens sont bons pour affaiblir Olivier Schrameck, le président du CSA, et influer sur le choix du futur taulier de la télé publique. Deux ans avant la présidentielle, le poste est l'objet de toutes les attentions. Et puis, France Télé, c'est chaque année 1 milliard d'euros d'achats de programmes. De quoi susciter toutes les convoitises.

Les nombreux réseaux autour de la télévision publique, les hauts fonctionnaires de la culture, les francs-maçons

1. « Drôle de guerre contre Macron », Raphaëlle Bacqué, Ariane Chemin, *Le Monde*, 14 novembre 2016.

de la télévision, les amis politiques des producteurs s'activent ainsi en coulisses pour influencer les membres du régulateur de l'audiovisuel. Et attaquer Gallet, c'est viser Schrameck. Dans ce contexte difficile, le PDG de Radio France bénéficie pourtant du soutien inespéré de Bercy. Un rapport de l'Inspection générale des finances le blanchit face aux accusations dont il est l'objet concernant des dépenses présentées comme dispendieuses par *Le Canard enchaîné* pour la rénovation de son bureau. Il n'en faut pas plus pour que la rumeur trouve un mobile idéal : si le patron des radios publiques bénéficie de l'aide du ministère de l'Économie, *via* l'IGF et l'APE (Agence des participations de l'État), c'est bien évidemment parce qu'il connaît très bien le ministre de l'Économie…

Quelques semaines plus tard, à l'automne, la rumeur prend toutefois une ampleur inédite au fur et à mesure que la tension monte entre Emmanuel Macron et un certain… Manuel Valls. En effet, plusieurs proches du Premier ministre n'hésitent plus à relayer les on-dit. Avec plus ou moins de subtilités. « Macron est un hyper-égocentrique. Et puis, il y a quand même des soupçons d'homosexualité autour de lui… », nous confie l'un d'eux à cette période. « Macron n'a qu'un seul défaut, c'est qu'il est homo, et que les Français ne sont pas prêts à élire un président homo », assure un autre, jouant les convaincus. On notera au passage l'ouverture d'esprit de nos décideurs ! Sur l'homosexualité, comme sur d'autres sujets, la classe politique française ne brille pas par son avant-gardisme !

De son côté, Macron n'est pas dupe. Car ils sont nombreux, parmi ses proches et ses nouveaux soutiens, à lui rapporter les détails de cette véritable « campagne » lancée pour le déstabiliser. D'autant qu'une autre rumeur vient se rajouter à la première : le ministre de l'Économie aurait eu une aventure au cours de l'été avec l'un de ses gardes du corps, issu du service de la protection (SDLP)… Un bruit qui court bien sûr du côté des policiers, des services de renseignements et de la place Beauvau, sans qu'aucun fait ne vienne l'étayer.

Dans le milieu politico-médiatique, ils sont pourtant nombreux à y croire. Et tous continuent de relayer ces bruits sur Macron. En invoquant sa supposée homosexualité, ils se persuadent qu'il s'agit là de son vrai talon d'Achille : « Il ne pourra jamais gagner ! La vérité sur son couple va éclater un jour ou l'autre ! », s'exclame ainsi un responsable socialiste. Comme un parfum de scandale à la DSK… Ironie, les compagnons de route de l'ancien patron du FMI ne seront pas les derniers à diffuser de tels « éléments de langage ».

Cette obsession collective – cette rumeur – qui s'est emparée de « l'ancien monde » de la politique va finalement devenir, en à peine quelques mois, le seul argument des ennemis de Macron pour contrer son ascension. Comme si, sur l'ensemble de l'arc politique, au sein du PS comme chez Les Républicains, aucune idée politique, aucun projet alternatif, ne pèse réellement face Emmanuel Macron. Comme si tous étaient en réalité d'accord avec sa volonté d'imposer le néolibéralisme aux Français. Comme si tous, derrière leurs petits théâtres respectifs, avaient intégré le *There Is No Alternative* de Thatcher...

Chapitre 3
Guérilla psychologique

Automne 2015. À Matignon, c'est la panique. Si Manuel Valls ne tarissait pas d'éloges sur Emmanuel Macron au moment de sa nomination un an plus tôt, le chef du gouvernement n'arrive désormais plus à supporter son ministre de l'Économie qui cache, il est vrai, de moins en moins ses ambitions politiques. Après l'épisode du premier 49.3[1], le clan Valls, dans un premier temps, avait pourtant veillé à ne pas répondre à toutes les provocations de son jeune ministre. Dans les *off* distillés par les « vallsistes » aux journalistes politiques, il n'est alors pas question d'admettre qu'une rivalité est naissante entre les deux tenants d'une ligne « sociale-libérale » au gouvernement. Pas question en effet de rendre Emmanuel Macron plus important qu'il n'est. Pas question de le mettre sur un pied d'égalité avec Manuel Valls, responsable politique d'une tout autre envergure ! Finalement, cette « stratégie » du mépris sera un échec patent. Car elle permettra à Emmanuel Macron de lancer son aventure sans trop de coups à contrer. Du moins, dans un premier temps…

Tout change en cette rentrée politique. La guerre entre Valls et Macron apparaît désormais au grand jour. Le 27 août, à l'université d'été du Medef, le ministre Macron fait un discours pour le moins offensif : « La gauche n'est

1. *Des paroles et des actes*, France 2, 24 septembre 2015.

pas exempte de critiques particulières. Elle a pu croire à un moment, il y a longtemps, que la politique se faisait contre les entreprises, ou au moins sans, qu'il suffisait de décréter et légiférer pour que les choses changent. Qu'il n'était pas nécessaire de connaître le monde de l'entreprise pour prétendre le régenter, que la France pourrait aller mieux en travaillant moins. C'était des fausses idées. » Remettre en cause de cette manière l'une des réformes les plus emblématiques du gouvernement Jospin – les 35 heures – suscite un tollé immédiat. Présent à l'université d'été des socialistes à La Rochelle, Manuel Valls recadre alors sans ménagement son ministre. Dès lors, les hostilités entre les deux hommes vont aller *crescendo*…

« Emmanuel, tu n'as pas fait ça ? » Manuel Valls, tout sourire, fait mine de plaisanter quand David Pujadas le questionne en direct à la télévision sur les dernières déclarations de son ministre de l'Économie relatives au statut des fonctionnaires[1]. C'est pourtant un recadrage en bonne et due forme. En mode paternaliste. Quand il s'agit d'évoquer son turbulent subordonné, le Premier ministre ne prend désormais plus de pincettes. En privé, il l'appelle même le « microbe », et sonne, lui-même, la charge. Informé de toute part des préparatifs de moins en moins discrets de son ministre, Manuel Valls a finalement compris qu'Emmanuel Macron était en train de lui voler la vedette et de mettre en péril son ambition pour 2022, voire pour 2017. Entre le quinqua et son cadet de quinze ans, une vraie guerre psychologique va s'installer. C'est à celui qui imposera son tempo. Et à ce petit jeu, Macron va démontrer un certain talent.

Il faut dire, « le maître des horloges », tel qu'il se qualifie parfois lui-même, a le grand avantage d'être libre comme l'air, de ne pas avoir une majorité turbulente à gérer… Dans

1. Lire le chapitre « Manuel Valls l'a tué ! ».

les mois qui suivent, Manuel Valls va ainsi avoir de plus en plus de mal à contenir ses nerfs face au jeune Macron. Comme lors de ses vœux à la presse en janvier 2016, alors que l'un des journalistes lui pose une question sur son ministre de l'Économie, le Premier ministre se lance dans une grande tirade d'une dizaine de minutes, dans laquelle il assène cette phrase lancée sous la forme d'un scud pour son subordonné : « Dans la vie politique, il faut mettre de côté un certain narcissisme, un certain égocentrisme, pour se concentrer essentiellement à l'intérêt général. »

Justement, à un peu plus d'un an de la présidentielle, les rumeurs commencent à se diffuser sur les ambitions d'Emmanuel Macron. Et si le talentueux ministre de l'Économie, petit préféré de François Hollande, grillait la politesse à tout le monde ? En ce début de janvier 2016, Valls n'est pas le seul à s'inquiéter. « Macron n'est qu'une chimère. » C'est en ces termes bien peu élogieux que l'un des intimes du président de la République qualifie celui qui a été longtemps présenté comme le « chouchou » du chef de l'État. Notre interlocuteur, un proche parmi les proches du président, expliquait six mois auparavant que « le petit Macron [était] bien ». Le même flingue désormais à tout-va : « un acteur de cinéma », « un pseudo-intellectuel qui présente seulement un vernis intellectuel ». Dernière sentence, peut-être la plus cruelle : « un ultra-narcissique incapable de porter un projet collectif ».

La panique gagne les plus hautes sphères de l'État : et si « Monsieur Macron » comme l'appelle Martine Aubry, ce jeune homme si pressé qui caracole en tête des sondages, était tenté par l'élection présidentielle, dès 2017 ? Un scénario encore improbable il y a quelques mois, mais qui est aujourd'hui dans toutes les têtes. Emmanuel Macron, tout juste 38 ans, compte désormais dans le paysage politique français. Il multiplie déjà les bons sondages, véritables pierres philosophales de la politique des temps modernes. Bref, courtisan, puis outsider, l'homme est clairement devenu un joueur sérieux. Au point de susciter la crainte de l'exécutif, d'Alain Juppé ou de François Bayrou. À l'Élysée comme à Matignon, les membres des cabinets expriment leur irritation devant la multiplication des articles de presse qui sont consacrés au turbulent ministre : « Macron ne peut pas avoir laissé cette hyper-médiatisation sans en être à l'origine », souffle notamment un conseiller.

C'est dans ce contexte qu'en janvier 2016, à la faveur de sondages très favorables, la rumeur de son départ du gouvernement a enflé dans toutes les rédactions. « Et si le ministre de l'Économie claquait la porte ? » se demandait ainsi *Le Parisien*[1], à propos du prochain remaniement gouvernemental. Le moment de faire entendre une différence que le ministre expose déjà en privé. Devant ses proches, il avoue son aversion pour le volet sur la « déchéance de nationalité » de la révision constitutionnelle voulue par François Hollande, et plus globalement pour le tournant sécuritaire du 16 novembre après les attentats. Ses fidèles le poussent donc au départ. Sans attendre. « Son intérêt n'est pas de rester dans ce gouvernement jusqu'au-boutiste. Tout son parcours montre qu'il n'est pas prêt à sacrifier ses convictions pour un poste », veut croire le philosophe Olivier Mongin[2]. À moins qu'il ne s'agisse que d'une stratégie destinée à faire monter les enchères pour décrocher un ministère à sa « juste mesure », comme un grand Bercy, rassemblant l'Économie et les Finances, ou une fonction régalienne, comme les Affaires étrangères, décryptent les contempteurs. On se rassure comme on peut…

Dans le même moment, tout à son habituelle ambiguïté, Macron laisse entendre qu'il œuvre toujours à « faire bouger les lignes idéologiques à gauche ». Le dimanche 16 au soir, il était ainsi à l'Élysée pour un tête-à-tête avec

1. *Le Parisien*, 17 janvier 2016.
2. Entretien du 19 janvier 2016.

François Hollande autour des différents projets du président dans le domaine économique et social. Avant les fêtes, le social-libéral était passé à l'offensive auprès de l'Élysée et de Matignon sur les « réformes » économiques qu'il appelle de ses vœux. C'est ainsi que les 16 et 24 décembre, il avait envoyé deux courriers au chef de l'État, puis au Premier ministre, pour leur soumettre un « choc de nouvelles réformes économiques ». En ce mois de janvier, François Hollande en a repris quelques-unes, mais pas les plus explosives. Dès cette époque, Macron proposait dans ses missives de faire exploser le cadre traditionnel du dialogue social. Il envisageait ainsi de faire passer une revendication vieille comme le patronat : promouvoir les négociations en entreprise sur les accords nationaux entre syndicats. Autre point soulevé par le ministre : déréguler plus encore le marché du travail !

Si Macron n'est pas écouté autant qu'il le souhaiterait sur les questions économiques et sociales, son positionnement sur les sujets régaliens peut-il le réconcilier avec une partie de la gauche ? Pas sûr. Pourtant, les bases idéologiques, prélude à une éventuelle candidature présidentielle, se mettent lentement en place. En tout cas, en coulisses, le ministre multiplie les signaux en ce sens : « Je vais accélérer en 2016 ! » répond-il par SMS à un ancien collaborateur qui lui présentait ses vœux. Quelques jours plus tôt, il précise même sa méthode à un proche : « il s'agit d'attendre le moment opportun ».

« S'il ne se déclare pas dans les trois mois, il est foutu », estime pourtant l'un de ses plus indéfectibles fidèles, l'industriel Henry Hermand, 91 ans, qui souhaite ardemment qu'il se présente dès 2017. Ce soutien de toujours de la « deuxième gauche » martèle : « C'est vrai, je souhaite désormais qu'il sorte de l'ambiguïté sur ses intentions[1]. » Comprendre : qu'il se présente, et vite ! De son côté,

1. Entretien du 19 janvier 2016.

Alain Minc, qui en réalité soutient Alain Juppé, compare désormais Macron à Dominique de Villepin et regrette que tant de personnes le poussent à « cette connerie ». « Si Macron se lance dès 2017, soit c'est un adolescent immature, soit c'est un génie[1] ! », commente Minc avec un certain agacement. « Il ne peut pas être lié à l'échec de la gauche, estime de son côté Henry Hermand. Il s'agit de reconstituer une gauche avec une nouvelle génération. Macron veut être libre de saisir toutes les opportunités. Et il accueillerait tous ceux qui viendraient le soutenir. » Dans cette optique, Emmanuel Macron réfléchit déjà à se présenter au-devant des Français sans passer par la case du Parlement. « Sa force est de ne pas être issu du PS », estime le communicant Robert Zarader[2].

À l'époque, ils sont pourtant très peu à considérer ouvertement que Macron pourrait avoir toutes ses chances pour 2017. Tout le monde y pense, mais personne ne prend encore le jeune ministre de l'Économie totalement au sérieux. Au PS, comme du côté du gouvernement, aucune figure politique n'ose remettre en cause la candidature naturelle d'un certain François Hollande. En réalité, toutes les conditions politiques sont déjà réunies pour que le vent du « dégagisme » se lève… « La situation est tellement plastique qu'Emmanuel Macron peut réussir un coup de poker, estime alors le politologue Gaël Brustier[3]. Les vieux clivages sont en train d'exploser. Même certains militants de la gauche du PS pourraient se laisser tenter par Macron contre Hollande et Valls. Il ne faut pas oublier qu'avec vingt mecs efficaces Montebourg a fait 17 % à la dernière primaire. Avec trois cents mecs efficaces dans toute la France, tout est possible. »

1. *Id.*
2. Entretien du 20 janvier 2016.
3. *Id.*

Tout est possible. Slogan de campagne de Nicolas Sarkozy en 2007, cette formule semble bien correspondre à l'état d'esprit d'Emmanuel Macron un peu plus d'un an avant la présidentielle. Son visage juvénile fait en tout cas exploser les ventes des magazines. *Paris Match*, *Elle*, *Le Point*… Tous ces journaux multiplient souvent par deux leurs ventes en kiosques quand ils mettent en *cover* le ministre de l'Économie. Un signal d'alerte pour l'ancien président de la République qui avait été habitué dans la presse ou dans l'édition à de tels scores avant sa victoire de 2007. C'est pour cette raison que sa garde rapprochée n'hésite plus à multiplier les critiques à l'égard du protégé de François Hollande. « Pour moi, Macron est un imposteur qui ne vend que du vent. Il fait en sorte de plaire à tout le monde par un positionnement attrape-tout », assure le banquier d'affaires Philippe Villin[1], quelques jours après le lancement d'En Marche !, le mouvement d'Emmanuel Macron. Après le temps des rumeurs, est venu celui des coups bas. Moins d'un mois après, Mediapart et *Le Canard enchaîné* révèlent ainsi que le fisc a réévalué le patrimoine d'Emmanuel Macron, et que le couple est désormais assujetti à l'impôt de solidarité sur la fortune (ISF). Pas du meilleur effet pour celui qui rêve alors de plus en plus de présidentielle : « Je ne suis dupe de rien, sachez-le », avait-il répondu devant la presse, soupçonnant son collègue des finances Michel Sapin d'avoir sorti l'affaire. « Il n'y a pas de coïncidence dans la vie, en tout cas moi, je n'y crois pas. Bon courage à ceux qui tentent de me fragiliser, cela ne m'arrêtera pas, cela ne fait que conforter ma détermination à renouveler l'offre politique. »

Une détermination qui commence à faire perdre la tête à beaucoup. À la même époque, Macron a ainsi la conviction d'être surveillé par ses ennemis. On l'a en effet informé que des détectives espionneraient ses

1. Entretien du 21 janvier 2016.

faits et gestes, ainsi que ceux de sa femme Brigitte. En privé, Macron soupçonne certains commanditaires de ces « officines » qu'en son temps Nicolas Sarkozy avait vilipendées dans sa bataille contre Dominique de Villepin.

En attendant, prenant exemple justement sur les soutiens de Nicolas Sarkozy, les amis de Manuel Valls lancent de plus en plus ouvertement l'offensive contre Emmanuel Macron. Comme le communicant Stéphane Fouks, vice-président de la puissante agence Havas et ami personnel du Premier ministre : « On voit bien dans les "qualis" [ces enquêtes menées à base d'entretiens qualitatifs] que, pour les Français, il n'est pas fini, il est comme un gâteau pas cuit », balance-t-il à propos de Macron au *Monde*[1]. Fouks qui, un an plus tôt, aimait pourtant se présenter comme un « ami d'Emmanuel ». Depuis, les deux hommes se sont expliqués en privé : « Cela s'est passé d'une manière virile », témoigne une ancienne collaboratrice d'Emmanuel Macron. La rupture daterait du début 2015. Quand Fouks soutenait un autre de ses amis, le patron Henri Proglio, pour accéder à la présidence de Thales, après avoir été congédié de son poste de PDG d'EDF par un certain… Emmanuel Macron. Aujourd'hui, Fouks défend un autre de ses amis, Manuel Valls, qui joue son avenir politique : « Aucun journaliste n'a posé à Emmanuel Macron la question : "Qu'est-ce que vous ferez si François Hollande se présente ?" Ce jour-là, il devient Brutus », persifle le communicant aux journalistes du quotidien du soir. Il n'est plus question d'épargner le protégé de François Hollande. Voilà pourquoi Macron va devoir « choisir le moment opportun » pour se lancer dans la bataille de 2017.

1. « Drôle de guerre contre Macron », Raphaëlle Bacqué, Ariane Chemin, art. cité. Par ailleurs, lire le chapitre « Bataille contre Proglio ».

Chapitre 4
Les trahisons en marche

C'est un moment fondateur qui se déroule au Conseil économique, social et environnemental (CESE), installé avenue d'Iéna dans le XVIe arrondissement de Paris. À peine une semaine après les terribles attentats du 13 novembre 2015, Emmanuel Macron y prononce un discours dans lequel il délivre pour la première fois sa vision de la France. Le ministre est invité à la cinquième université des Gracques, ce groupe politique qui milite depuis 2007 pour un rapprochement entre le centre gauche et le centre droit, sur une base libérale en économie. Le matin même, il s'était déplacé place de la République avec Sigmar Gabriel, son homologue allemand, pour marquer une minute de silence. Prenant place au cœur de l'hémicycle du CESE, Emmanuel Macron va alors profiter de cette tribune pour préciser sa doctrine politique et faire valoir ses différences face à une telle situation de crise : « On se tromperait en pensant que ce n'est qu'un ennemi lointain qui nous a frappés. Ce sont des Françaises et des Français, ce sont des Européens qui nous ont attaqués. Cela aussi, il faut le regarder en face », commence-t-il.

Alors que le pays est encore sous le choc, Macron promeut une lecture globale des récents événements, et pas seulement sécuritaire : « Il y a un terreau que nous avons laissé constituer, et ce terreau, c'est notre responsabilité. Alors si la sécurité, la violence légitime de l'État, est évidemment la première réponse à apporter à ce qui s'est passé vendredi dernier – et notre devoir absolu, parce que c'est le mandat premier de l'État –, notre responsabilité est aussi d'accepter l'idée que nous avons une part de responsabilité, parce que ce totalitarisme se nourrit de la défiance que nous avons laissé s'installer dans la société [...]. Nous devons reconnaître que lorsque nous avons accepté de ne pas voir, nous avons enfermé certains de nos concitoyens dans leurs propres difficultés, dans les murs qui s'étaient créés autour d'eux. » Le jeune ministre évoque alors sa volonté de transformer la société pour permettre davantage de « mobilité sociale », et de pointer de nouveau « la responsabilité des élites », lesquelles devraient « accepter de laisser la place à d'autres, d'arrêter, de passer le relais, de laisser les plus jeunes, les plus en difficulté parfois dire et faire, changer cette société en l'ouvrant ». Et Macron d'insister : « Nous sommes une société – et je le dis ici puisque nous sommes les premiers coupables collectivement –, nous sommes une société de plus en plus endogame, nous sommes une société où les élites se ressemblent de plus en plus, nous sommes une société où nous avons construit la capacité à fermer la porte. » Un discours qui tranche avec celui que le chef de l'État a prononcé à Versailles lors du Congrès extraordinaire convoqué trois jours après les attentats. Sur fond d'unité nationale, François Hollande avait présenté son intention d'adopter la déchéance de nationalité.

En ces circonstances particulières, Macron n'hésite pas à faire entendre une autre musique, moins martiale, davantage « pragmatique », explique-t-il en privé. Son discours passe pourtant assez inaperçu. Peu de journalistes sont présents à cette rencontre des Gracques, l'heure n'est pas encore au retour du débat politique. Le combat contre le terrorisme occupe les télés, radios et magazines, sature l'espace médiatique. Cela fait pourtant plusieurs semaines déjà que Macron réfléchit aux solutions « globales » à apporter aux Français, loin de ses attributions de ministre de l'Économie. « À cette époque, le mouvement des Gracques, où l'on retrouve beaucoup d'anciens strauss-kahniens, qui jusque-là étaient partagés entre Manuel Valls et Emmanuel Macron, finit par devenir totalement pro-Macron. C'est le cas par exemple de François Villeroy de Galhau, ancien directeur de cabinet de Dominique Strauss-Kahn à Bercy, ou d'Éric Lombard, alors PDG de la filière française de l'assureur italien Generali », nous assure l'un des membres.

À Bercy, Macron rencontre alors à tour de bras[1]. Intellos, responsables associatifs, représentants religieux, stars du show-biz, comme Johnny Hallyday ou Line Renaud… Ils sont nombreux à se presser pour rencontrer le ministre « qui monte » au gouvernement. Soit à son bureau en journée, soit dans son appartement privé de Bercy le soir. Parfois, les Macron vont jusqu'à enchaîner deux dîners. Les personnels du ministère ont aussi l'occasion d'apercevoir d'autres visiteurs, comme le grand patron Xavier Niel, le secrétaire général de l'Élysée Jean-Pierre Jouyet, ou encore… l'ancien ministre et l'ancien patron du FMI, Dominique Strauss-Kahn.

Une activité qui finit par alerter ses collègues ministres de Bercy, notamment Michel Sapin, qui a la haute main sur les finances, et qui n'hésite pas à tirer la sonnette d'alarme auprès de François Hollande sur le lancement apparent de la start-up Macron. Mais à l'automne 2015, le président de la République ne semble pas encore inquiet : « Macron n'est pas quelqu'un qui cherche à se faire une existence politique au détriment du gouvernement. Il peut avoir de la maladresse, mais

1. Lire le chapitre « Le grand saut ».

pas de perversité [...]. C'est un garçon gentil. Il n'est pas duplice[1] », déclare-t-il aux journalistes du *Monde*, Gérard Davet et Fabrice Lhomme. Pourtant, en 2016, en seulement huit mois, le ministre de l'Économie utilisera à lui seul 80 % de l'enveloppe annuelle des frais de représentation accordée à son ministère par le Budget[2].

Autre signe qui ne trompe pas : son cabinet ministériel comporte alors un nombre important de collaborateurs. Les services de Bercy en compteront jusqu'à vingt-huit ! « Chaque jour, on en apercevait des nouveaux, nous raconte un ancien du cabinet de Sapin. On les voyait notamment à l'heure du déjeuner, quand les collaborateurs des différents cabinets se retrouvaient à la "popote", la cantine de l'hôtel des ministres. Et je peux vous assurer qu'ils ne faisaient pas que s'occuper des missions du ministre de l'Économie, il y en avait qui s'occupait du futur lancement d'En Marche ! »

À l'automne 2015, le conseiller en communication de Macron, le jeune Ismaël Emelien, qui a travaillé auparavant avec le politologue Gilles Finchelstein à l'agence de communication Havas, réactive d'ailleurs pour son ministre ses réseaux strauss-kahniens. Tous sont passés par la prestigieuse école de commerce HEC : Benjamin Griveaux, Cédric O et Stanislas Guérini. Dix ans plus tôt, tous ont préparé la candidature de DSK à la primaire interne du PS de 2006. Ils se retrouvaient alors des soirs durant dans un appartement de la rue de la Planche dans le très chic VIIe arrondissement parisien.

Au cabinet de Macron, en plus d'Emelien, ces nouveaux arrivants dans la *team* Macron connaissent éga-

1. Gérard Davet et Fabrice Lhomme, *Un président ne devrait pas dire ça...*, Stock, 2016.

2. Marion L'Hour et Frédéric Says, *Dans l'enfer de Bercy, enquête sur les secrets du ministère des Finances*, Lattès, 2017.

lement deux anciens des équipes DSK : l'attachée de presse Sibeth Ndiaye et le conseiller parlementaire Stéphane Séjourné. Ce dernier a commencé à militer chez les jeunes socialistes dans les réseaux qui soutenaient, là aussi dix ans plus tôt, les ambitions de l'ancien ministre de l'Économie de Lionel Jospin, autour de Jean-Christophe Cambadélis. Le jeune Séjourné était ainsi en 2006 le leader de la « bande de Poitiers », des étudiants du MJS à la fac de droit qui se mobilisaient contre le projet du contrat première embauche (CPE) du gouvernement Villepin. Dans cette bande, on retrouve Sacha Houlié et Pierre Person, qui refont surface, eux aussi, en créant, dès juin 2015, le mouvement Les Jeunes avec Macron, pourtant présenté à l'époque par le cabinet du ministre comme une initiative totalement « indépendante »... Un mouvement de jeunes est une condition *sine qua non* pour tout bon candidat à la présidentielle.

Si Hollande continue de croire à la bonne foi de son ministre de l'Économie, Manuel Valls, lui aussi alerté, finit par comprendre les objectifs cachés de son subordonné. Début janvier 2016, le Premier ministre relit ainsi, avant publication, une interview que Macron a donnée au *Monde* dans laquelle il prend ses distances avec le projet de déchéance de nationalité. Valls va alors exiger des corrections de Bercy. Et Macron finit par mettre de l'eau dans son vin. Les lecteurs du *Monde* découvriront ainsi une version édulcorée de l'interview du ministre dans laquelle il prend désormais la défense – certes mollement – de la réforme controversée voulue par le président de la République suite aux attentats. « C'est ce soir-là que je me rends compte qu'il part », confiera Valls bien plus tard[1].

1. Cécile Amar, *La Fabrique du président*, Fayard, 2017.

À cette période, la tension entre les deux hommes monte d'un cran[1]. L'Élysée ne cache plus ses intentions de procéder bientôt à un remaniement gouvernemental. Dans la majorité, des voix s'élèvent pour remplacer Valls à la tête du gouvernement. Et plusieurs proches du chef de l'État font ouvertement campagne pour que Macron entre à Matignon, bien que le ministre de l'Économie ne leur ait rien demandé. Parmi eux, les socialistes Julien Dray et François Rebsamen, mais aussi les communicants Robert Zarader et Philippe Grangeon. Cette initiative irrite au plus haut point l'actuel locataire des lieux. « Si Macron avait été nommé à Matignon, l'histoire aurait été différente », veut croire aujourd'hui un proche du chef de l'État.

Car malgré ces appels du pied, François Hollande préfère ne prendre aucun risque et garde finalement son Premier ministre. Un peu plus d'un an avant la présidentielle, son remaniement du 11 février 2016 est un flop politique et médiatique. Voulant donner l'impression qu'il est encore capable de rassembler la gauche, le chef de l'État rappelle son fidèle Jean-Marc Ayrault pour prendre le Quai d'Orsay, fait entrer des écologistes pro-Valls, et même le radical Jean-Michel Baylet… Quel souffle !

Ces décisions présidentielles amènent Macron à subir une nouvelle déconvenue : si l'ambitieux garde son poste à l'Économie, il recule dans l'ordre protocolaire du gouvernement. Quelques semaines plus tôt, il avait appris qu'il ne pourrait finalement pas porter sa fameuse loi sur les « nouvelles opportunités économiques », dite loi NOE. « Valls a réussi à instiller l'idée que c'est une loi fourre-tout, il réussit à en convaincre Hollande », nous explique un conseiller du président. Les proches de Macron en profitent pour évoquer en *off* la « déception » de leur

1. Lire le chapitre « Guérilla psychologique ».

champion, manière subtile de préparer son envol, élaboré secrètement depuis quelques mois… C'est d'ailleurs à la fin février 2016 que son équipe dépose discrètement les statuts de l'association de financement pour sa future campagne électorale.

Entre Hollande, Valls et Macron, commence un jeu de dupes autour de la loi Travail. « Un vrai concours de quéquettes, se lamente aujourd'hui un proche de l'ancien président. Se retrouvant en concurrence sur leur créneau "pro-business", les deux vont alimenter une sorte de surenchère sur le contenu de la loi auprès de Hollande. Au final, nous allons mettre en œuvre une "stratégie du choc" voulue par Macron et Valls. » Cette loi Travail qui va empoisonner la dernière année du quinquennat Hollande à coups de 49.3.

Début février, une réunion avait été organisée à l'Élysée pour arbitrer entre plusieurs versions de la loi. Autour du président, la ministre du Travail Myriam El Khomri, le ministre des Finances Michel Sapin, le ministre de l'Économie Emmanuel Macron et le Premier ministre Manuel Valls. La ministre présente le texte qui comporte plusieurs mesures chocs, comme le plafonnement des indemnités prud'homales ou la possibilité pour les multinationales de licencier en France même lorsqu'elles sont bénéficiaires à l'international. Hollande se tourne vers Michel Sapin : « Qu'est-ce tu en penses ? » Le vieux compagnon de route du président, par ailleurs ancien ministre du Travail, fait la moue : « Quand il y a un choc, il y a un contre-choc, ce n'est pas le bon moment », répond-il. À ces mots, Manuel Valls, tout rouge, explose : « Tu es le ministre des entreprises maintenant ! Et le fait de ne pas avancer sur ces sujets n'est pas bon pour l'économie française. » Hollande hésite un petit moment avant d'annoncer : « Écoutez, allons-y comme ça. » Et le président demande : « Et qui appelle Laurent Berger [secrétaire général de la CFDT] ? » Sapin intervient :

« Sur un sujet aussi important, tu devrais le faire. » Mais Hollande préfère refiler la patate chaude à son Premier ministre : « Tu ne veux pas le faire Manuel ? » Finalement, à l'issue de cette réunion, personne n'appellera Laurent Berger.

Une première mouture du texte est alors envoyée au Conseil d'État. Après une fuite dans *Le Parisien*, c'est le tollé. La CFDT, syndicat pourtant proche des positions économiques de l'exécutif, s'oppose immédiatement à la loi comme les autres centrales syndicales. Les syndicalistes sont outrés de ne pas avoir été consultés en amont. Une seconde réunion à l'Élysée sera finalement organisée pour corriger le tir. Et des amendements seront envoyés en urgence au Conseil d'État pour modifier plusieurs éléments.

Il est trop tard. Au fil des jours, la contestation prend de l'ampleur. Les manifestations s'enchaînent. La majorité se divise entre frondeurs et légitimistes. Pour le couple exécutif, c'est la catastrophe. À Bercy, Macron contemple le désastre. Alors que le ministre de l'Économie avait pesé sur le contenu de la loi Travail dans les premières réunions interministérielles pour qu'une version maximaliste soit adoptée par le gouvernement, dans la droite ligne de ses conceptions néolibérales sur le marché du travail[1], il est curieusement absent du débat public et laisse Myriam El Khomri et Manuel Valls porter la loi en première ligne. « La fusée est partie de travers, mais celui qui l'a fait partir, c'est Macron », balance un ancien du gouvernement.

Majorité, frondeurs, 49.3… Le ministre de l'Économie est en réalité déjà loin. Tout début avril, il participe à l'Élysée à un déjeuner pour préparer la candidature Hollande à la présidentielle. Autour de la table, Macron,

1. Lire le chapitre « Vers le contrat unique ».

d'habitude si prolixe, demeure silencieux. Ce n'est qu'à la fin qu'il s'entretient avec le président. En aparté. « Je vais lancer mon mouvement », lui annonce-t-il. « Cela pourra t'être utile, et puis l'adhésion pourra permettre la double appartenance avec le PS », ajoute-t-il. Hollande apparaît enthousiaste.

Le 6 avril, à Amiens, les équipes du ministre organisent une réunion publique rassemblant plusieurs centaines d'invités. À la tribune, Macron annonce le lancement d'En Marche ! Un mouvement « qui ne sera pas à droite, qui ne sera pas à gauche », précise le ministre à la tribune. « Ce coming out politique le libère après des semaines de non-dits successifs », commente l'un de ses amis. La start-up politique de Macron se met en tout cas en marche. Visiblement. Un clip est même réalisé pour l'occasion par l'agence de pub Jésus et Gabriel, dirigée par un de ses proches, Adrien Taquet. Un clip qui ressemble furieusement à un clip de campagne… à partir d'images américaines. Le soir même, les commentateurs politiques remarquent que les initiales du mouvement sont celles du ministre…

Tout reste à faire pourtant. Car Macron s'est surtout entouré de communicants pour lancer son mouvement, comme le déplore alors l'un de ses soutiens : « Il y a trop de communicants autour de lui. C'est une démarche trop verticale qui part du haut vers le bas. Et puis, il aura besoin d'autres personnes capables d'anticiper les coups, plutôt que de théoriser la "bienveillance". Au sein de son équipe, il lui manque un avocat du diable. » Justement, cela fait des semaines que Macron se cherche des conseillers politiques rompus au combat électoral. Son entourage essaye même de démarcher des anciens collaborateurs d'Arnaud Montebourg. Sans succès. Mais Emmanuel Macron peut tout de même avoir le sourire au regard des premiers chiffres d'adhésion à son mouvement : en trois jours, treize mille personnes y ont adhéré gratuitement.

En attendant, un micro-local parisien rassemble stagiaires et bénévoles, et la petite entreprise macronienne est aussi une aventure familiale. À Amiens, c'est le neveu de sa propre femme, Jean-Alexandre Trogneux, installé comme chocolatier dans la capitale picarde, qui a géré bénévolement une partie des invitations à la « rencontre citoyenne » organisée pour le lancement du mouvement. Pour muscler son corpus politique, Macron envisage de lancer une « boîte à idées » qui serait animée par Laurent Bigorgne, directeur général de l'Institut Montaigne, le *think tank* libéral du grand patron Claude Bébéar, et de Thierry Pech, directeur d'un autre *think tank*, Terra Nova, en partie financé par l'industriel Henry Hermand. Et pour compléter le dispositif, l'équipe d'Emmanuel Macron compte surtout sur la constitution des groupes locaux du mouvement. D'où l'annonce d'une « grande marche » à travers la France. En réalité, une campagne directement inspirée des techniques de Barack Obama en 2008 : porte-à-porte intensif, utilisation des bases de données et des technologies les plus avancées pour aller au plus près des citoyens. Macron est conseillé par le trio Guillaume Liegey, Arthur Muller et Vincent Pons, trois têtes bien faites passées par les universités de Harvard et du Massachusetts Institute of Technology, et qui avait aidé François Hollande en 2012… Manière pour Macron de prendre la température sur le « terrain ».

Pour François Hollande l'alerte est sérieuse. Ses soutiens historiques lui font part de leurs doutes sur la loyauté de son ministre préféré. « Tu devrais quand même faire attention… », lui conseille Stéphane Le Foll ou Michel Sapin. Mais le président ne voit rien, ou plutôt ne veut rien voir. « Il n'a jamais voulu voir car il avait une vraie tendresse pour Emmanuel. Et il avait tendance à tout lui passer », soupire un hollandais historique. Souvent, derrière ces alertes, Hollande voyait des jalousies personnelles. Car Macron, jeune, attire la lumière. Certes.

Mais, au-delà de ces analyses psychologiques, le chef de l'État sous-estime surtout son protégé. Politiquement, il ne croit pas en ses chances. Comment pourrait-il en être autrement ? Macron n'a pas de parti ! Autant dire que, pour l'ancien premier secrétaire du PS, c'est tout simplement de la science-fiction : « À ce moment-là, le président pense en fait que Macron veut y aller, mais qu'il ne pourra pas le faire, qu'il n'a pas assez de relais, pas d'organisation politique… analyse l'un de ses proches. Et puis, à l'époque, les obsessions du débat public, c'était le FN, l'Islam, l'identité… On était loin de la “bienveillance” à la sauce Macron… »

Justement, sur le plan politique, le jeune ministre de l'Économie est bien plus retors que ses sourires et attentions diverses ne peuvent le laisser penser. Très tôt, il analyse que François Hollande n'aura pas la force politique de se représenter. Que son Parti socialiste est déjà l'ombre de lui-même. Et que sa majorité est en cours d'implosion. L'habileté de Macron est à la fois d'avoir anticipé cette situation plus vite que certains de ses concurrents, notamment Arnaud Montebourg ou Manuel Valls, mais aussi de susciter, en même temps, l'empêchement de François Hollande. Tout simplement, en prenant la lumière. Et il comprend avant beaucoup d'autres que les partis traditionnels de droite comme de gauche sont massivement rejetés par les Français après dix ans de « sarko-hollandisme » comme aime alors le décrier Arnaud Montebourg. Pas question pour lui de passer par les primaires qui se préparent autour du PS. Emmanuel Macron préfère affirmer sa « liberté », manière subtile de se distancier du bilan du quinquennat auquel il a pourtant participé à l'Élysée et au gouvernement…

Une semaine après le lancement du mouvement de son ministre, Hollande se décide toutefois à contre-attaquer sur France 2 : « Entre nous, ce n'est pas simplement une question de hiérarchie – il sait ce qu'il me doit –, mais une question de loyauté personnelle et politique », lance face aux caméras le chef de l'État. Un message clair, qui n'est pas sans rappeler la sentence chiraquienne à l'égard de Nicolas Sarkozy : « Je décide, il exécute. » Mais Hollande rajoute une dimension affective à son rappel à l'ordre. Comme si Macron allait avoir des scrupules, comme s'il n'avait pas déjà pris sa décision.

Quelques jours plus tard, son jeune ministre ose d'ailleurs lui répondre dans la presse régionale : « J'ai une loyauté personnelle envers François Hollande. Je lui dois de m'avoir fait confiance et de m'avoir nommé au gouvernement. En même temps, lorsqu'un président nomme quelqu'un ministre, il le fait parce qu'il pense que c'est bon pour son pays, pas pour en faire son obligé[1]. » Un « en même temps » pour le moins ambigu. Au Château, Hollande est furieux. « Il est alors à deux doigts de le virer, assure un ancien collaborateur. Mais, en fait, il a la conviction qu'il cherche à se faire virer. Et il est toujours très difficile de démissionner pour un ministre. Valls n'osera d'ailleurs jamais le faire. » Le président confie à un proche : « C'est à lui de prendre ses responsabilités. S'il endosse le costume du traître, il est mal. »

En attendant, face à l'emballement suscité par sa réponse au président, Macron rétropédale en expliquant que sa phrase a été « sortie de son contexte ». Depuis Varsovie, où il est en voyage, il ajoute : « Certains et certaines voudraient utiliser le moindre mot, la moindre initiative pour fragiliser le président de la République. Ça m'est insupportable et je considère que notre pays n'a pas besoin de cela [...]. Qu'on commente, qu'on observe, mais de grâce, qu'on n'affaiblisse pas le président de la République, qu'on ne m'utilise pas pour l'attaquer, c'est indigne. »

1. *Le Dauphiné libéré*, 22 avril 2016.

Décidément, Macron ose tout ! Un mois après, il vient à Orléans comme invité d'honneur des fêtes de Jeanne d'Arc, multipliant les bains de foule et les *selfies*, devant les caméras. Et alors que les observateurs commencent à scruter le moindre indice de ses ambitions politiques après la formation de son mouvement En Marche !, Macron prononce un discours sur Jeanne d'Arc sous forme d'autoportrait. En toute simplicité : « Comme une flèche [...] sa trajectoire est nette, Jeanne fend le système, elle brusque l'injustice qui devait l'enfermer [...]. Voilà pourquoi les Français ont besoin de Jeanne d'Arc car elle nous dit que le destin n'est pas écrit. »

Malgré l'évidence, Hollande continue d'assurer à ses visiteurs du soir : « Je pense qu'il est loyal. » Le président de la République a également le sentiment que tout cela pourrait se retourner à son profit dans la perspective de la présidentielle. Il pense qu'avec Macron il peut convaincre les électeurs du centre de voter pour lui : « Avec lui, je rajoute une dent au râteau. Cela me permet de couvrir un spectre large », confie-t-il à Michel Sapin. « Oui, mais à la fin, tu vas prendre le râteau dans la figure », répond alors son ministre. Mais Hollande a déjà trop joué avec la carte Macron pour affaiblir son Premier ministre. Dans la guerre secrète qu'il mène contre l'hôte de Matignon, Macron lui est devenu indispensable.

Mais il n'y a pas que François Hollande qui ne veut pas voir. Les professionnels de la politique, de droite comme de gauche, affichent leur mépris. Comment oser prétendre décrocher la plus haute fonction de la République sans avoir été élu ? Et puis, Macron n'est-il pas la créature de François Hollande ? Son collaborateur ? Ne prépare-t-il pas, en fin de compte, la future campagne du président ? En multipliant les *off* à ce sujet auprès des journalistes, les ministres et les députés hollandais essaient de s'en convaincre. Les amis de Manuel Valls, comme certains à droite, font courir le bruit que tout cela n'est qu'une opération téléguidée par l'Élysée, pour décrédibiliser la tentative de « rupture » initiée par Emmanuel Macron. Tout est bon pour l'en empêcher. En dehors de Nicolas Sarkozy et Manuel Valls, tout le personnel politique traditionnel sous-estime encore Emmanuel Macron. Lancé dans la présidentielle dès février 2016, Jean-Luc Mélenchon, héraut du « populisme de gauche », ne perçoit pas encore le danger : « Votre Macron, il va faire Pschitt ! »

Devant cette irrésistible montée, Manuel Valls semble impuissant. Le Premier ministre est littéralement embourbé dans la loi Travail. Les manifestations s'enchaînent, comme les 49.3. C'est le moment que Macron choisit pour accélérer. En juin 2016, il n'hésite plus à dire en *off* à ses interlocuteurs – éditorialistes, patrons de presse qu'il reçoit à Bercy – que sa décision est prise pour 2017 : « Je vais y aller ! » lance-t-il à plusieurs d'entre eux.

Toutefois, le jeune ministre hésite encore sur la meilleure manière de sortir du gouvernement. Son obsession : ne pas apparaître aux yeux de l'opinion publique comme le Brutus de François Hollande. Fin juin, il envisage ainsi sérieusement d'aller au clash avec le chef du gouvernement pour contester le projet d'interdiction d'une manifestation contre la loi Travail. L'équipe Macron prépare dans le secret le plus absolu un communiqué dans lequel le ministre fustige une telle décision de l'exécutif : « L'interdiction de la manifestation, une première depuis le triste épisode de la manifestation de Charonne interdite en 1961 à Paris, lui aurait donné l'occasion de prendre clairement ses distances avec l'autoritarisme de Manuel Valls et de François Hollande, et lui aurait permis de se rapprocher de la gauche du PS… », analyse un de ses soutiens. Si le communiqué avait été publié, Macron aurait profité de la crise gouvernementale pour sortir avec les honneurs. Mais, le 23 juin, la CGT est finalement autorisée à défiler à Bastille, et ce plan qui aurait été une manière pour l'ancien banquier de Rothschild de se « gauchiser » tombe à l'eau.

Un coup à gauche, un coup à droite. Et même au centre. Macron commence à dérouler sa stratégie gaullienne. Il profite ainsi d'une étape du tour de France au Tourmalet, dans ses Pyrénées familiales, pour dîner à Pau avec le leader centriste François Bayrou. Pour une fois, la magie n'opère pas. Le Béarnais ne voit pas d'un bon œil les ambitions du ministre qui pourrait l'empêcher, lui-même, de concourir une quatrième fois à la présidentielle…

Peu importe. Le 12 juillet, Macron rassemble ses partisans à la Mutualité à Paris, une salle mythique pour la gauche politique et militante. Après un meeting très long qui ressemble parfois davantage à une présentation *corporate* d'une grande multinationale, Macron conclut pour une fois sans ambiguïtés : « Ce mouvement, nous le porterons ensemble jusqu'à 2017, et jusqu'à la victoire ! » Des « Macron président ! » fusent du public. Les deux mille spectateurs sont chauffés à blanc. Le soir même, au dîner de la majorité à l'Élysée, Valls réclame sa tête à Hollande : « Ça suffit, il faut le virer ! », exhorte le Premier ministre. Mais le chef de l'État ne bouge pas. Une nouvelle fois, il ne veut pas risquer de victimiser son ministre et attend plutôt qu'il fasse une faute. Quelques jours plus tard, c'est le favori de la droite, Alain Juppé, qui opte pour un ton paternaliste : « Il est ministre de l'Économie, et l'économie française n'est pas au beau fixe. Si j'étais à sa place, je me consacrerais à 150 % au rôle de ministre de l'Économie […]. Je ne passerais pas mon temps à mettre des peaux de banane sous les pieds du président de la République ou du Premier ministre. » Le terrible attentat du 14 Juillet à Nice va finalement reporter à la rentrée politique la sortie du ministre…

Au cours de l'été, le couple Macron, en vacances à Biarritz, se laisse photographier sur la plage par *Paris*

Match, qui leur consacre la couverture. Le futur candidat à la présidentielle a décidé de ne rien laisser au hasard. Sa stratégie inclura également la presse *people*. C'est dans ce cadre que Xavier Niel lui fait rencontrer Michèle Marchand, alias « Mimi », la patronne de l'agence photo Bestimage, spécialisée dans le *people*. Car Macron sait que son couple est un atout fatal. Son histoire avec Brigitte va finalement lui servir pour se faire connaître encore plus et assurer son *storytelling* auprès du grand public. En réalité, en s'exposant de la sorte, le jeune premier joue les sondages contre François Hollande. En quelques photos, il le ringardise.

Tout va s'accélérer de nouveau à la fin août. Deux ouvrages journalistiques construits à partir d'entretiens avec le chef de l'État viennent d'être publiés. Les petites phrases présidentielles font déjà le tour des chaînes d'info. Dans les gazettes, on compte le nombre de rendez-vous accordés par Hollande à des journalistes. Sur Twitter, les internautes expriment leur irritation. Est-ce le rôle d'un président de parler autant à des journalistes ? N'a-t-il pas d'autres affaires plus urgentes à traiter ? Un malaise qui se répand jusque parmi les plus proches du président de la République. À l'hôtel de Brienne, son camarade Jean-Yves Le Drian, tout-puissant ministre de la Défense au cours du quinquennat, ne cache plus sa colère auprès de ses conseillers quand il découvre que *Le Monde* a publié un document secret-défense pour agrémenter l'un des articles des journalistes Gérard Davet et Fabrice Lhomme, qui doivent, eux aussi, publier un livre deux mois après, qui doit s'intituler *Un président ne devrait pas dire ça...* Parmi les hollandais du premier cercle, Le Drian n'est pas le seul à exprimer ses doutes quant au chef de l'État et à son avenir politique. Tous guettent les hésitations de François Hollande. Tous se posent les mêmes questions jusqu'à l'obsession : « Est-il prêt à se représenter en

2017 ? », « Le veut-il au moins ? » Dans la torpeur de cette fin d'été, Hollande est seul.

Celui qui l'a très bien compris, c'est Emmanuel Macron. Alors qu'il avait envisagé de partir à la mi-septembre, à l'occasion des journées des réformateurs européens à Lyon, il décide d'accélérer le tempo pour profiter de la faiblesse présidentielle. Le lundi 29 août, le ministre est reçu à l'Élysée par Hollande. Les deux hommes se jaugent par périphrases et allusions. Le chef de l'État évoque les difficultés pour une gauche divisée de se présenter à la présidentielle. Mais face à Hollande, Macron ne dit pas encore explicitement qu'il a décidé de démissionner ! Le soir, à Colomiers, près de Toulouse, les socialistes font leur rentrée. Ayant eu vent du rendez-vous entre Macron et Hollande, Jean-Christophe Cambadélis, le patron des socialistes, ose un *off* avec des journalistes sur les ambitions présidentielles du jeune impétrant, histoire de lui savonner sa sortie. Lors de son discours, Manuel Valls décide de son côté de sortir l'artillerie lourde en se plaçant pour la première fois comme une alternative à Hollande : « Il faut de la responsabilité, de la loyauté – elle ne m'entrave pas. »

Mais pour les deux têtes de l'exécutif, il est déjà trop tard (même s'ils ne le savent pas encore) : le lendemain, Macron envoie un SMS : « Je vais venir te voir pour te présenter ma démission. » « Humainement, Hollande est stupéfié ! Jusqu'au bout, il a pensé qu'il ne serait pas capable d'y aller, qu'il n'oserait pas ! » confie un proche du président. De retour à Bercy pour sa conférence de presse de départ, il dit à plusieurs personnes qui le saluent pour son départ : « Ça s'est bien passé avec le président. » Abasourdi, Hollande confie le soir même devant ses proches, lors du traditionnel dîner de la majorité à l'Élysée : « Il m'a trahi avec méthode. »

Au cours des semaines qui vont suivre, le trio infernal va s'affronter jusqu'à la mort à coups de petites phrases, de *off* plus ou moins organisés, et de campagnes de communication plus ou moins préméditées. En septembre, Macron devient une cible de choix. Les amis du président de la République le surnomment « Brutus ». Valls le taxe de « populisme *light* » et l'accuse de vouloir « détruire la gauche ». Cambadélis, qui a la lourde tâche de maintenir son parti à flot, qualifie la démission de Macron de « Kinder Surprise pour convenance personnelle ». De jour en jour, les « petites phrases » à l'encontre de l'ancien ministre de l'Économie deviennent un véritable concours Lépine. Gérard Collomb, le maire de Lyon, l'un de ses plus fidèles soutiens, n'hésite pas à user de la métaphore animalière : « Il y a une vraie chasse qui est faite au Macron », ironise-t-il, pas mécontent que son champion agace autant. Bayrou ne cesse d'ailleurs de répéter à ses amis centristes que Macron est un « hologramme », critiquant son manque d'expérience : « Peut-être dans quinze ans, quand il aura vécu ce qu'il doit [vivre], Macron sera prêt, mais pour l'instant il n'y a rien. » Suite à ces déclarations tonitruantes, l'ancien député européen centriste, Jean-Louis Bourlanges, juge dans *Le Point* : « De la part de Bayrou, c'est une vraie perte de sang-froid. Il se sent menacé, et ça se voit. » Et il n'est pas le seul. Car si Macron suscite autant d'inquiétudes de part et d'autre de l'échiquier politique, c'est que les sondages d'opinion qui se succèdent montrent qu'il ratisse de tous les côtés. Bénéficiant donc d'un matelas confortable de bonnes appréciations dans les enquêtes d'opinion, Macron veut insinuer l'idée dans la tête des Français, et notamment dans celle des sympathisants socialistes, qu'il reste la meilleure carte à jouer face à la droite, et non Hollande. Cambadélis, dont le cauchemar serait un PS écrasé par l'étau formé de Macron et de Mélenchon, dénonce avec force « une campagne d'empêchement du président Hollande ». « Le problème sera posé à Emmanuel Macron : faire perdre le président et la gauche ou élargir la majorité du président », menace « Camba » qui utilise aussi le chiffon rouge de l'exclusion du parti auprès de la trentaine de parlementaires socialistes tentés par l'ancien ministre de l'Économie. Peu importe, Macron est persuadé qu'Hollande, qu'il surnomme « Tartemolle », ne pourra pas se représenter.

Commence en effet une « campagne d'empêchement » lancée par… Manuel Valls. Le Premier ministre et ses amis vont s'emparer de la sortie du fameux livre *Un président ne devrait pas dire ça…* à la mi-octobre pour pilonner le président de la République. Pour Matignon, la guerre est désormais ouverte, il s'agit d'empêcher Hollande de se représenter pour pouvoir mener plus directement la bataille contre Macron. « On savait que Valls avait décidé de saisir sa chance avant 2016, mais on ne savait pas comment. En fait, il a pris appui sur le livre pour en faire un coup politique dans le cadre d'une stratégie de harcèlement, et les médias sont tombés dans le piège », analyse un proche de la première heure de François Hollande.

La scène se déroule une semaine à peine après la sortie du livre de Gérard Davet et Fabrice Lhomme, lors du traditionnel dîner de la majorité, rassemblant à l'Élysée les poids lourds du PS. Autour du président de la République sont alors présents Manuel Valls, Jean-Christophe Cambadélis, mais également Stéphane Le Foll, ministre et porte-parole du gouvernement, Didier Guillaume et Bruno Le Roux, les responsables des groupes PS au Sénat et à l'Assemblée. De son côté, Claude Bartolone, le président de l'Assemblée nationale, a préféré bouder la rencontre, très vexé des propos du chef de l'État dans le livre. Et il n'est pas le seul. François Hollande vient de recevoir la dernière livraison du *Canard enchaîné* qui rapporte les propos offensifs de son Premier ministre qui qualifie le livre de « catastrophe » et de « suicide politique ». « Ton comportement est en tout point inacceptable », réagit ce soir-là François Hollande, recadrant rudement Manuel Valls. « Tu sais les entourages… », commence à répondre l'intéressé. « Ton entourage n'a qu'à arrêter d'organiser un putsch », coupe brutalement le président de la République. « Ce n'est quand même pas nous qui avons écrit le livre », balance alors le Premier ministre. Devant la colère du président, même le placide Cambadélis ira de son tacle à l'égard du chef du gouvernement : « Manuel, tu vas attendre 2022 ton tour, ça te fera du bien. »

Dans les jours qui suivent, Valls continue pourtant de s'épancher auprès des journalistes. À l'un d'eux, du *Monde*, il évoque sa « colère » personnelle. Et ce faisant, assure-t-il, le messager des militants du PS, il décrit leur « honte », semblant planter là l'un des derniers clous du cercueil politique de François Hollande. Au même moment, dans la coulisse, il s'applique méthodiquement à câliner un par un tous ceux que le président rudoie dans ledit ouvrage, à commencer par Claude Bartolone. Les proches de Hollande, comme Michel Sapin ou Jean-Yves Le Drian, sont obligés de reconnaître du bout des lèvres que, oui, si Hollande n'y allait pas, Manuel Valls serait leur candidat de substitution. L'entourage de François Hollande rase les murs. À ceux qui s'inquiètent devant lui, le président réclame de la patience : « Il faut laisser dégorger les escargots », leur répond-il. « François Hollande sait depuis longtemps qu'il va avoir une explication avec son Premier ministre. Le moment est venu », estime un conseiller du soir du président.

Au cours du mois de novembre, Hollande montre des signes d'hésitation. Macron, lui, n'hésite pas. Il annonce sa candidature le 16 novembre, dans un centre d'apprentissage à Bobigny en Seine-Saint-Denis. Seule éclaircie pour Hollande : quelques jours après, de très bons chiffres indiquent une amélioration de l'emploi. Mais à l'un de ses proches, il dit : « La baisse du chômage n'est pas la condition, c'est la situation de la gauche. Or, la gauche est divisée. » Sa décision est prise, il ne se présentera pas à la présidentielle, mais reste silencieux. À Matignon, Valls n'en peut plus d'attendre.

Ce lundi 28 novembre, comme chaque semaine, le Premier ministre est attendu à l'Élysée à 12 h 30 pour un tête-à-tête avec François Hollande. Exceptionnellement, une demi-heure plus tôt, le chef du gouvernement a un autre rendez-vous, avec le premier secrétaire du PS Jean-Christophe Cambadélis. Il l'accueille dans son bureau à midi, au premier étage de l'Hôtel Matignon. Valls lui déclare aussi sec son intention de démissionner pour annoncer sa candidature à la primaire de la gauche fin janvier. Pour justifier sa décision, le chef du gouvernement évoque une nouvelle fois « la colère » des élus socialistes à l'encontre de François Hollande depuis la publication de son livre de confidences, l'image brisée du président dans l'opinion, et le besoin d'« autorité » et d'« incarnation » qui remonterait, selon lui, des tréfonds du pays. Jean-Christophe Cambadélis le met en garde contre le rapport de force au sein du parti qui lui serait défavorable. Il en appelle surtout à son « sens de l'État » pour ne pas commettre l'irréparable. Ébranlé par la réaction du premier secrétaire du PS, Manuel Valls n'en reste pas moins décidé à remettre sa démission à François Hollande lorsqu'il arrive à l'Élysée. Avant de quitter Matignon, le Premier ministre convoque d'ailleurs son cabinet restreint pour le début d'après-midi. Il a prévu d'officialiser son départ à ce moment-là devant son cercle de proches, à son retour de l'Élysée.

Valls passe la Seine pour se rendre chez son supérieur. À l'Élysée, changement de rive, de décor, et de ton. Il retrouve d'abord Hollande pour un bref tête-à-tête d'un quart d'heure dans son bureau, au premier étage du Château. L'accueil est frisquet. « Je ne me présenterai pas contre toi à la primaire », l'assure Valls. « Ce n'est pas ce que j'avais compris en lisant ton interview », réplique Hollande. La veille, dans le *JDD*, Valls semblait bien agiter sa candidature quelques heures après que Claude Bartolone a souhaité que les deux têtes de l'exécutif se mesurent à la primaire. Alors que Hollande se trouvait à des milliers de kilomètres de là, retenu au sommet de la francophonie de Madagascar, Valls avait déclenché un incroyable bras de fer. À la lecture de cet entretien dominical, plusieurs proches du président l'ont assailli pour lui réclamer la tête de l'insolent et son remplacement par Bernard Cazeneuve à Matignon. François Hollande n'y songe pas un instant. À Matignon, Valls est ligoté, pas question de le virer ou de lui rendre sa liberté. C'est pourquoi ce lundi, quand son second précise sa pensée, Hollande comprend aussitôt ce qu'il a en tête. « Il ne peut y avoir d'affrontement institutionnel. Je ne me présenterai pas en tant que Premier ministre », insiste Valls[1]. C'est donc qu'il s'apprête à partir…

Pour l'en empêcher, le président change d'attitude lors de leur déjeuner qui commence vers 13 heures, au rez-de-chaussée du Château. Après avoir disserté sur les conséquences de la désignation de François Fillon comme champion de la droite, François Hollande reprend l'antienne du « sens de l'État » qui doit animer le couple exécutif pour faire face à des circonstances « historiques » difficiles. Puis il évoque longuement l'état du pays, la faiblesse de la gauche et ses profondes divisions. « Qui est le plus à même de la rassembler ? » s'interroge-t-il à voix haute. Le chef de l'État fait assaut de lucidité, il reconnaît volontiers l'extrême difficulté de la situation. Bref, serein, apaisé, il laisse clairement entendre à son hôte qu'il ne sera pas candidat à la présidentielle. François Hollande ne le dit pas explicitement, ce n'est

1. *Marianne*, 2 décembre 2016.

pas son genre. Mais il énumère avec tant de force tous les obstacles, nombreux, divers, insurmontables, qui se dressent sur sa route que son retrait apparaît comme une issue logique. Il conclut d'ailleurs en glissant à Valls que s'il n'y va pas, ce sera son tour, « évidemment ». Le Premier ministre est saisi. Il ne s'attendait pas à un tel aveu de faiblesse. François Hollande bluffe-t-il à ce moment-là ? C'est possible. Manuel Valls n'est pas dupe. Il connaît l'animal, tout en silence et en allusions. Mais il remballe sa démission pour choisir de lui faire confiance. Une fois encore. Pas le choix. Ce serait trop bête de tout gâcher en déclenchant une crise institutionnelle si le chef de l'État confirme dans quelques jours qu'il ne se présente pas. Manuel Valls est condamné à la patience, quelques jours encore, convaincu que son tour viendra bientôt. « Il ne peut y avoir et il n'y aura jamais de crise institutionnelle », déclare-t-il officiellement à l'AFP après son rendez-vous à l'Élysée. Quatre jours après, François Hollande annonce effectivement à la télévision sa décision de ne pas se présenter. À la grande surprise de tout le microcosme politique et médiatique : « Si les proches du président avaient compris qu'il était prêt à ne pas y aller, ils ne l'auraient pas critiqué de la sorte… », regrette l'un des collaborateurs de François Hollande, qui ajoute : « Macron sera lavé de trahison par Valls. Au final, Valls sera un très bon directeur de campagne de Macron. C'est Valls qui trahit et qui empêche Hollande. Valls permet à Macron de l'emporter à gauche. »

Car Macron ne s'est jamais présenté tout au long de 2016 comme le rival de Hollande, il a préféré se choisir Valls comme adversaire. Le jeune ambitieux a ainsi utilisé le Premier ministre comme « repoussoir » pour s'attirer la sympathie des sympathisants du PS, quand il veillait à être dans « la bienveillance » à l'égard de Hollande, préférant jouer la montre avec lui. Le chef de l'État l'apprendra à ses dépens : en politique, les sourires et les poignées de main, en apparence francs, peuvent néanmoins servir à tuer : « Quand on lui demande les raisons pour lesquelles il n'y est pas allé, Hollande répond aujourd'hui : "les frondeurs, Macron, et Valls" », nous explique un ancien secrétaire d'État. À l'époque, le président pense jusqu'à l'affaire Fillon que la droite va l'emporter. Trahi par les siens, Hollande garde une amertume particulière à l'égard de son ancien ministre de l'Économie. Son protégé. Son préféré. Il ne s'était donc jamais attendu à cela de lui : « Il n'a pas de limites, tout en étant dans les codes. C'est là son ambivalence[1]. » L'ancien Premier ministre, Bernard Cazeneuve, qui était son ami, dit désormais de lui : « Un concentré rare de déloyauté et d'immaturité[2]. » Au final, Macron a osé, et il a gagné.

1. Cécile Amar, *La Fabrique du président*, *op. cit.*

2. François Bazin, *Rien ne s'est passé comme prévu*, Robert Laffont, 2017.

Chapitre 5

Un missionnaire en campagne

Un mois avant le premier tour, Macron dîne avec quelques conseillers pour préparer son premier débat à la télévision. Les sondages le portent aux nues. Le moral du candidat centriste « révolutionnaire » est au beau fixe. Quels obstacles peut-il encore affronter d'ici le premier tour ? François Bayrou l'a rallié le mois précédent, Alain Juppé a fini par renoncer à être le plan B de la droite, François Fillon subit semaine après semaine les révélations du *Canard enchaîné*. Une chance insolente. Dans les couloirs du pouvoir, les bureaux des hauts fonctionnaires de Bercy ou même au Medef, il ne fait plus guère de doutes : sauf accident de dernière minute, Emmanuel Macron sera le prochain monarque.

Jusqu'alors, l'intéressé préférait rester prudent, même en privé. Ce soir-là pourtant, le jeune homme pressé fend l'armure devant ses conseillers. Alors que l'un d'eux évoque « l'après » en empruntant le conditionnel – « si vous arrivez au pouvoir… vous devriez… » –, Macron préfère l'interrompre, et affirme sur un ton solennel : « Il n'y a plus de doutes, nous serons aux responsabilités. » Comme une certitude s'incarnant dans tout son corps. Si la campagne est loin d'être terminée, l'ancien ministre de François Hollande a l'impression d'avoir sauté les plus gros obstacles, d'avoir déjoué la « comédie humaine » du pouvoir, cette comédie qu'il aimait tant observer, disséquer, quand il était encore dans l'ombre. Mais n'est pas François Mitterrand qui veut et une présidentielle n'est pas n'importe quelle élection. Dans le cadre de la Ve République, c'est « l'élection ». Celle qui porte au pouvoir suprême « l'élu » du peuple. Peu importe la folie de l'entreprise, Macron est convaincu qu'il est taillé pour le poste. Il a foi en sa destinée.

En octobre 2016, il expliquait d'ailleurs au *Point* : « Nous sommes travaillés par un désir de transcendance. Je me méfie de ceux qui n'ont foi en rien. » Un mois plus tard, alors qu'il vient d'annoncer sa candidature à la présidentielle, le candidat choisit d'aller se recueillir sur la tombe des rois de France, en la basilique de Saint-Denis. Emmanuel Macron n'a-t-il pas connu une « période mystique » à son adolescence au point de demander à se faire baptiser à 12 ans[1] ? Macron, le *true believer*. Il croit à la libéralisation économique et à la dérégulation du marché du travail. Il croit à l'Europe.

Sur scène, en meeting, le personnage Macron mettra pourtant un peu de temps à fendre l'armure en public. Ses premières prestations à la Mutualité à Paris, ou à Strasbourg, Montpellier, ou au Mans, en octobre, sont poussives et ressemblent davantage à des conférences données devant des étudiants à Sciences Po. Le charisme n'est pas encore au rendez-vous. Une stratégie pourtant assumée par le candidat lui-même qui en dévoilera les raisons à *Envoyé spécial* dans un documentaire de Bertrand Delais : « Les journalistes politiques n'étaient pas habitués à me suivre. Et on leur servait quelque chose qui était totalement nouveau pour eux. C'est-à-dire des meetings qui duraient trois ou quatre heures. On laissait la parole à des militants. Ce qui était très important, c'est que le mouvement a senti dans cette phase-là "c'est à vous". On assume de ne pas parler aux médias politiques.

1. Lire le chapitre « Une vie à Amiens ».

Il y a eu beaucoup de frustrations, on nous a attaqués. Mais ça a donné une énergie au mouvement. Les gens ont compris qu'on les considérait[1]. »

Voilà pour l'horizontalité. Mais c'est vraiment lors de son premier grand meeting à la porte de Versailles, le 10 décembre 2016, devant près de dix mille fidèles « marcheurs » venus de toute la France par leurs propres moyens, que le candidat réussit enfin à se transfigurer. Après plus deux heures de discours, le primo-candidat se retrouve à hurler à la foule, les bras en croix, la tête tournée vers le ciel : « Votre responsabilité est d'aller partout en France pour porter ce programme ! Et pour gagner ! Ce que je veux c'est que vous partout, vous alliez le faire gagner. Parce que c'est notre projet ! Vive la République, vive la France ! »

Ce meeting est en tout cas un véritable coup de force, à peine une semaine après la rencontre ratée de la « Belle Alliance populaire » du PS qui n'avait rassemblé que deux mille personnes à La Villette. « C'est son Bourget ! C'est son Villepinte ! », s'enthousiasme alors l'un de ses soutiens. Sur le fond, Macron se présente comme « le candidat du travail », et annonce une première proposition « choc » : transférer les cotisations maladie et les cotisations chômage sur la CSG. Concernant le Code du travail, il explique également vouloir donner la priorité au contrat plutôt qu'à la loi : « Libérer l'accès au travail, c'est libérer le dialogue social au plus près de l'entreprise et du terrain[2]. » Enfin, alors que de nombreux « mar-

1. Bertrand Delais, « Macron, en marche vers l'Élysée », documentaire diffusé dans *Envoyé spécial* le 11 mai 2017.

2. Emmanuel Macron préfère rester dans le flou, tout en annonçant clairement un projet de dérégulation en profondeur du marché du travail, comme il l'a annoncé plus tôt au Mans : « Ne revenons pas sur le CDI, mais revenons sur l'ensemble des normes. » Il souhaite ainsi développer la négociation pour toutes ces normes – et pas uniquement la question du temps de travail – « au niveau

cheurs » font tournoyer des drapeaux européens dans le public, Macron affirme son désir européen : « Nous, les amis, nous aimons l'Europe, nous voulons l'Europe. »

Le croyant Macron ne détaille pas les raisons de cet amour, en dehors de cette évidence : « Face aux risques de la mondialisation, seule l'Europe peut nous protéger. » Des mots qui pèseront lourd dans les territoires du Grand Ouest français, notamment en Bretagne, ces régions du « catholicisme zombie » – comme les ont présentées les démographes Emmanuel Todd et Hervé Le Bras[1] – devenues, au fil du temps les fiefs du PS… Ces régions qui résistent mieux à la globalisation et gardent foi dans l'Europe (leur population avait voté « oui » à Maastricht) face aux territoires en crise du grand Bassin parisien et de l'Est… Macron parle donc à la France des Girondins plutôt qu'à celle des Jacobins. Macron suscite de l'adhésion chez les gagnants de la mondialisation, plutôt que chez ses perdants.

Pour autant, si le candidat « christique » est véritablement en mission dans cette campagne, n'hésitant pas à faire de l'Europe l'une de ses thématiques, près de douze ans après le « non » au référendum sur le traité constitutionnel européen, le candidat semble peu se soucier de la gauche institutionnelle au moment où le PS se mobilise autour de ses primaires. Comme d'autres socialistes, Arnaud Montebourg se rassure en qualifiant Macron de « candidat des médias ». Mais Macron, l'ancien ministre de François Hollande, ne se situe déjà plus comme un homme « de gauche », il ratisse large. Et depuis la rentrée politique, il a déjà engrangé de nombreux soutiens, sur l'ensemble de l'arc politique : en particulier, le très

des entreprises ou des branches ». Emmanuel Macron avait alors confié qu'il fallait aller beaucoup plus loin que la loi El Khomri (loi qu'il a largement inspirée)…

1. *Le Mystère français*, Seuil, 2013.

libéral Pascal Lamy, l'ancien directeur de l'Organisation mondiale du commerce, Hubert Védrine, l'ancien ministre des Affaires étrangères de Lionel Jospin qui l'a d'ailleurs aidé à écrire son livre *Révolution* sur les sujets internationaux, mais également Renaud Dutreil, l'ancien ministre de Jacques Chirac qui a rallié En Marche, tout comme Nicole Bricq, l'ancienne ministre de Jean-Marc Ayrault. L'écologiste et européiste Daniel Cohn-Bendit lui a également apporté son soutien public, et Macron échange aussi avec le Républicain Frédéric Lefebvre ou la députée européenne centriste Sylvie Goulard, tout en multipliant les discussions avec les membres de l'UDI, dont Jean-Christophe Lagarde, ou du Modem. À sa demande, Macron avait également rencontré à deux reprises Ségolène Royal en décembre. En prônant la « révolution démocratique », Macron n'a-t-il pas repris l'un de ses slogans de 2007 ? Ségolène Royal qui s'était battue, bien avant lui, contre l'appareil du PS, pour imposer sa candidature à la présidentielle, et qui jouit encore d'une grande popularité. Potentiellement, une belle prise de guerre. Mais malgré ses attentions répétées, jamais Royal ne se ralliera avant le premier tour.

Les primaires du PS, Macron préfère s'en gausser, évoquer « des concours de vachettes ». « Et il est rare que la vachette qui gagne le concours de l'après-midi triomphe à la corrida[1] », ajoute-t-il. En privé, il se délecte des déboires de son ennemi Manuel Valls, dont la campagne patine, et qui affirme désormais vouloir supprimer le 49.3… Mais le jeune impétrant ne veut pas montrer davantage d'intérêt à l'échéance socialiste. Sollicité par de nombreux titres de presse, il décline également les propositions de débat avec Jean-Luc Mélenchon – son équipe et lui-même considèrent que son électorat et celui de Mélenchon sont irrémédiablement distincts… –, bien

1. *Envoyé spécial*, le 11 mai 2017.

qu'il sache utiliser, au moment opportun, l'insoumis contre les forces traditionnelles du bipartisme. Comme il le théorise déjà en privé : « Il y a trois offres politiques qui font advenir la disparition des deux grands partis sous leur forme actuelle : Marine Le Pen, Jean-Luc Mélenchon et moi-même. Deux éléments de radicalité, de bouscule du paysage, par une forme de chaos et des extrêmes. Et une force centrale qui nous bouscule par le progressisme[1]. » À l'époque, le leader de la France insoumise ne disait d'ailleurs pas autre chose, en affirmant publiquement lors de l'un de ses meetings, à propos du PS : « Il y a un petit air de panique, c'est comme le casse-noix, faut que ça serre des deux bords : Macron et Mélenchon. Et au milieu, ça fait de l'huile. » En marge d'un déplacement, Macron admet d'ailleurs en *off* à quelques journalistes : « Si le paysage politique était fort, je ne serais pas là. Je suis la conséquence de la faiblesse générale du système. »

Au premier abord, la victoire de Benoît Hamon à la primaire du PS apparaît comme une bonne nouvelle pour Macron. Mais est-ce si sûr ? Le soir même, le maire de Lyon, Gérard Collomb, confie son souhait de préserver le positionnement central de son champion : « Notre souci, c'est que les ralliements viennent de partout, et donc aussi de la droite. Nous allons y veiller. » En Marche ! prévient que le mouvement « ne sera pas l'usine à recycler du PS ». Pas question de procéder à des ralliements collectifs. L'idée d'annoncer les premières investitures pour les futures législatives est remise à plus tard. « Le fait que Valls ait été éjecté de la campagne n'est pas forcément une bonne chose, car Macron pourrait se retrouver à être le seul à porter le bilan du gouvernement », craint l'un des membres de l'équipe.

1. *Id.*

Macron veille surtout à préserver son image « antisystème ». Or, voilà que le mécène Pierre Bergé, copropriétaire du *Monde*, annonce son soutien, comme l'ancien ministre de Sarkozy, Bernard Kouchner, et le conseiller des grands patrons, Alain Minc. Dans l'entourage du candidat, on ne s'empresse pas de commenter… Au sein d'En Marche !, une liste de noms est même évoquée, celle des « ralliements inévitables mais nuisibles pour le candidat » ! Macron préfère ainsi décliner toute participation au Sidaction début mars, malgré les relances insistantes de ses amis Pierre Bergé et Line Renaud, les deux parrains historiques de l'association de lutte contre le sida. Trop « show-biz ». Dès l'automne 2016, les communicants d'En Marche ! avaient également conseillé à leur champion de moins mettre en avant sa femme Brigitte dans les meetings, sur la base d'enquêtes d'opinion. Un véritable *casus belli* entre le candidat et ses conseillers. Mais la ferveur des supporters à l'égard de la future première dame lors des déplacements finit par imposer cette dernière en toutes occasions…

Reste que, dans une campagne électorale, si l'image et la popularité d'un candidat comptent pour beaucoup dans le résultat final, cela n'est pas suffisant. Vierge de tout passé politique, le jeune candidat doit encore cristalliser la sympathie à son endroit : « Les sondages d'Emmanuel Macron sont quand même très fragiles. Tout peut basculer », nous confie un macronien à la fin janvier. Les intentions de vote recueillies alors à travers toutes les enquêtes d'opinion démontrent l'extrême volatilité du vote Macron. Cette situation l'amène à godiller entre ses concurrents : « La stratégie de la deuxième place va se faire en fonction des sondages à droite et à gauche », assume l'un de ses proches. Dans ce contexte, l'incertitude autour des candidats de droite, avec les déboires de Fillon après les révélations du *Canard enchaîné*, ne lui facilite pas la tâche : « Il est urgent d'attendre de savoir si François Fillon reste le candidat de la droite ou s'il y a un plan B comme Xavier Bertrand », souffle l'un de ses conseillers. En fonction de l'avancée de la campagne et de la cartographie politique finale, l'équilibriste Macron va donc piocher plus ou moins à droite ou à gauche. Une politique à coups de sondages qui n'a rien de très innovant…

Alors, en attendant d'y voir plus clair, Macron joue au télévangéliste. Dans ses discours, il n'hésite pas à emprunter au champ lexical religieux, évoquant « l'amour », « l'espérance », « la réconciliation »… Comme lors de son meeting de Lyon le 4 février, où il se positionne clairement comme le principal adversaire de la candidate d'extrême droite. Pariant sur le « vote utile », le candidat d'En Marche ! essaye d'incarner une France ouverte, une France debout, une France sûre d'elle-même dans la globalisation pourtant si déstabilisante pour les cadres sociaux traditionnels. Afin de rassembler les « progressistes », Emmanuel Macron n'hésite pas à emprunter à la campagne « La France unie » de François Mitterrand en 1988 : « Aujourd'hui mes amis, ce n'est pas une démonstration de force. Parce que la force, ça ne sert pas à grand-chose. C'est une démonstration d'envie, l'envie de porter un projet ensemble, l'envie de dépasser nos frontières. » Une référence que l'on retrouve jusqu'au moindre détail : il déclame ainsi ses paroles à partir d'un pupitre sobre, où apparaissent les couleurs tricolores sur une bande centrale, comme celui que Mitterrand utilisait au début de son second septennat. À cette occasion, Macron cite aussi une figure lyonnaise, Édouard Herriot, en appelant aux « radicaux, de droite et de gauche », sur la laïcité, mais aussi « les centristes » et leur « attachement européen indéfectible », et même « les gaullistes » : « Ne portent-ils pas dans leurs gènes cette volonté de rassemblement, cette volonté de ne céder à aucune chapelle, et cette incompatibilité avec le conservatisme, la haine de l'autre ou les clivages ? » Il ose même : « C'est un vaste programme, comme disait le Général, mais ça n'empêche pas d'avancer et de marcher. »

Pour autant, les médias commencent à s'impatienter de ne pas avoir sous la main un programme en bonne et due forme. Les journalistes en charge des rubriques de *fact checking* le réclament pourtant haut et fort. Ses adversaires politiques également. « Mais pourquoi se précipiter maintenant ? répond alors l'un de ses soutiens. Emmanuel gère son temps avec intelligence, car, après les programmes, les médias vont lui poser la question de son Premier ministre et de son équipe gouvernementale… » Mais comme la nature médiatique a horreur du vide, les commentateurs, en l'absence d'un programme précis, vont faire leur miel des déclarations intempestives de l'ancien ministre de l'Économie. « Ce n'est plus le gentil outsider, c'est un présidentiable sérieux, et les éditorialistes ne laissent plus rien passer », constate alors l'un de ses conseillers. Et c'est là que les ennuis commencent réellement pour Emmanuel Macron…

Au cours de ce mois de février de tous les dangers, il multiplie ainsi les sorties de route. Une interview au *JDD* provoque les sarcasmes des internautes sur les réseaux sociaux. « La politique, c'est mystique », confie le candidat à la journaliste Anna Cabana, expliquant qu'il « ne sépare pas Dieu du reste » et « fai[t] le lien entre la transcendance et l'immanence ». « À force d'être entouré par des fans, y compris dans sa propre équipe, Macron a fini par prendre le melon… » ironise un ancien soutien écarté.

« On est dans une phase de la campagne qui se durcit, il faut qu'on apprenne à riposter, à porter le fer sur les failles des adversaires, plutôt que de tendre la joue gauche… » confie l'un des membres de l'équipe. Le novice Macron, théoricien de « la bienveillance », semble pourtant l'oublier, comme l'illustrent deux autres déclarations tonitruantes. La première a lieu en Algérie lors d'une émission télévisée en direct, où il explique que la colonisation a été « un crime contre l'humanité ». Si la condamnation d'un tel héritage de notre histoire est attendue, et nécessaire, de la part d'un candidat se présentant comme « progressiste », l'expression utilisée apparaît à beaucoup comme très maladroite et réveille d'anciennes blessures.

Emmanuel Macron avait pourtant préparé son voyage en Algérie consciencieusement, allant jusqu'à rencontrer avant son départ durant deux longues heures l'historien Benjamin Stora, spécialisé sur la guerre d'Algérie et le fait colonial, et proche de François Hollande. Lors de cette rencontre, l'intellectuel lui avait prudemment conseillé de rester dans la droite ligne diplomatique des deux derniers quinquennats. « Malheureusement, Emmanuel se laisse fréquemment emporter par son verbe et son raisonnement », explique l'un de ses proches. Macron aurait-il été influencé par les écrits de son mentor intellectuel, le philosophe chrétien Paul Ricœur, qui écrivit en 1947 une condamnation très dure de la colonisation ? Ou bien a-t-il voulu envoyer un signal à sa gauche en revenant définitivement sur ses propos de novembre dernier où il expliquait au *Point* qu'« il y a eu des éléments de civilisation et des éléments de barbarie » dans la colonisation ? En déplacement à Toulon, le candidat se fait fortement chahuter par les associations de pieds-noirs. En guise de réponse, il leur lance en meeting un énigmatique « Je vous ai compris et je vous aime », faisant écho au « je vous ai compris ! » du général de Gaulle. Pas forcément du meilleur effet.

Et comme si cela ne suffisait pas, au même moment, *L'Obs* publie une interview dans laquelle Emmanuel Macron explique que les militants réactionnaires de La Manif pour tous ont été « humiliés » au cours du quinquennat… Vu de la gauche, c'est bien plus qu'une maladresse : cette déclaration constitue une véritable faute politique, car elle brouille totalement son positionnement

« progressiste », le ramenant aux pires réflexes d'un François Hollande, quand ce dernier expliquait en plein débat sur le mariage pour tous que les maires avaient bien sûr leur « liberté de conscience ».

Mais, cette déclaration signe, là encore, la volonté du candidat d'orienter sa campagne à droite depuis l'élimination de son principal adversaire à gauche, Manuel Valls. Attaqué sur son « angélisme » au sujet des questions sécuritaires, il promeut désormais dans ses meetings la « tolérance zéro » vis-à-vis des délinquants, expression empruntée… à un certain Nicolas Sarkozy. Afin de muscler son discours sécuritaire dans les mois qui ont précédé la campagne, Macron avait d'ailleurs eu l'occasion de parler au politologue Laurent Bouvet, proche de Manuel Valls, et théoricien de « l'insécurité culturelle ». Dans l'interview de *L'Obs*, l'ancien ministre de l'Économie revendique aussi de parler avec Éric Zemmour et Philippe de Villiers. Macron montre ainsi qu'il préfère dialoguer avec des figures de la droite dure plutôt qu'avec des syndicalistes de la CGT ou du mouvement social…

À force pourtant de vouloir plaire à tout le monde, de ratisser large, d'être « de droite et de gauche », Emmanuel Macron finit par se prendre au jeu de ses propres ambiguïtés politiques. Une attitude qui se paye cash. Après une semaine de polémiques, Macron accuse une baisse de cinq points dans un sondage, repassant derrière François Fillon ! Et si les précieuses pythies du « vote utile » se retournaient d'un coup contre leur propre créature ? Une tenace impression de flottement envahit en tout cas sa campagne : « S'il perd… il aura perdu dans les quinze jours qui auront suivi le meeting de Lyon début février… » reconnaît alors l'un de ses conseillers.

Est-ce le fruit de la Providence ? Emmanuel Macron est sauvé de cette mauvaise passe par le ralliement d'un allié de poids, le triple candidat à la présidentielle François

Bayrou, le mercredi 22 février. La surprise est totale. « Parce que le risque est immense, parce que les Français sont désorientés et souvent désespérés, j'ai décidé de faire à Emmanuel Macron une offre d'alliance », déclare le maire de Pau en direct du siège de son parti ce 22 février dans l'après-midi. Quelques heures plus tôt, certaines chaînes d'info annonçaient encore que François Bayrou était sur le point de déclarer sa candidature ! Le coup de théâtre s'est joué en coulisses et dans le plus grand secret. Du fait de l'effet de surprise, l'impact médiatique est maximal.

En réalité, le rapprochement entre les deux hommes se réalise au cours de l'hiver. Alors qu'il n'avait pas ménagé « l'hologramme » Macron toute l'année précédente, Bayrou commence à se résoudre peu à peu à ne pas se lancer lui-même dans la course à la présidentielle. Début janvier, le leader politique est assailli par le doute. Lors d'un déjeuner avec quelques journalistes, il lâche : « Si je m'allie avec Macron, on fait sauter la banque ! » Dans son entourage, ils sont nombreux à lui conseiller d'abandonner une candidature. À l'UDI ou même dans son propre parti, au Modem, Macron fait l'unanimité. À force d'attentions à l'égard de centristes de toutes obédiences, l'ancien ministre de Hollande a fini par engranger les soutiens. Du moins officieusement. Bayrou se sait isolé. Macron lui a grillé la politesse et a réussi son OPA sur le centre.

Alors, s'il ne négocie rien en direct avec le candidat d'En Marche !, le centriste se met toutefois à dialoguer avec Gérard Collomb, le maire de Lyon. C'est avec ce dernier que des pourparlers vont s'engager. Entre janvier et février, les deux hommes se rencontrent ainsi près de cinq fois, dans le secret le plus total, la plupart du temps au Sénat dans le bureau de Jacqueline Gourault, la vice-présidente Modem de la Haute Assemblée. À l'époque, l'inquiétude de François Bayrou est de devoir se fondre dans la future majorité présidentielle. Il est tout bonnement hors de question pour lui de dissoudre sa formation politique, le Mouvement démocrate (Modem), créé en 2007. Après plusieurs allers-retours, il obtient finalement d'En Marche !, *via* Gérard Collomb, un futur groupe parlementaire dans la future Assemblée nationale, et négocie le quart des investitures totales, soit cent quarante-quatre circonscriptions très précisément… D'où « l'offre d'alliance » le jour J. Mais cet « accord » en bonne et due forme ne sera jamais formalisé par écrit. « Entre gens honorables, taper dans la main, ça suffit », explique Bayrou à certains proches qui s'en inquiètent.

Pour le Béarnais, c'est un bon deal. Car, dans l'esprit du patron du Modem, son ralliement pèse six points dans les sondages et amène Macron, alors à 18 % dans les sondages, … à 24 %. Certes, des petits calculs, mais dans les jours qui suivent le ralliement du centriste, le candidat d'En Marche ! prend bien la tête des intentions de vote. Pour Macron, c'est un avantage certain dans la campagne, permettant de convaincre les électeurs indécis ou tentés par le « vote utile ». Un « effet Bayrou » qui sera décisif dans sa victoire.

Une semaine avant cette « offre d'alliance », les deux hommes s'étaient rencontrés en tête à tête, mais Macron restait encore persuadé que l'homme du centre voulait surtout « faire monter les enchères ». La négociation était en fait en train d'aboutir avec Gérard Collomb. Mais ce n'est que le matin même du 22 février, vers 11 heures, que le Béarnais appelle le candidat Macron, alors en visite à Londres : « Je vais intervenir dans l'après-midi. J'ai quatre exigences. Réfléchissez bien, c'est du sérieux », lui lance alors le patron du Modem. Lors de son allocution, Bayrou propose ainsi une « vraie alternance », une « loi de moralisation », une « exigence sociale », et le respect du « pluralisme ». Deux heures après, Macron acceptera toutes ces conditions, *via* un communiqué envoyé à l'AFP, puis en appelant Bayrou. Le lendemain, les deux hommes se retrouvent devant les caméras dans un restaurant du Palais de Tokyo situé face à la tour Eiffel dans le XVIe arrondissement de Paris. « C'est un truc bizarre vous savez, président de la République. Un truc bizarre… », confie alors étrangement Bayrou à son cadet. Et d'ajouter : « Vous n'avez pas l'âge qu'il faut, mais ça ne fait rien. Si vous pouvez réussir là où j'ai failli, là où je ne suis pas arrivé, je vous aiderai. » Un brin paternaliste. Mais Macron, tout sourire, s'en moque : il a les images dont il avait besoin pour faire les gros titres des 20 heures à la télé. De nouveau en forme dans les sondages, le candidat dégaine alors dans les jours qui suivent une nouvelle proposition choc : la suppression de la taxe d'habitation pour 80 % des Français. Une nouvelle mesure qui se veut sociale, après qu'il a proposé, début janvier, le remboursement à 100 % des lunettes, des soins dentaires et des aides auditives. Dans les deux cas, les équipes d'En Marche ! parleront des financements de ces « cadeaux » plus tard…

Vient alors une nouvelle phase de ralliements. Le ministre de la Défense, Jean-Yves Le Drian annonce officiellement son soutien. Puis, le 29 mars, Manuel Valls affirme vouloir voter Emmanuel Macron, dès le premier tour de la présidentielle, pour ne « prendre aucun risque face à l'extrême droite ». À gauche, c'est un véritable tollé, et notamment au PS. Le candidat officiel du PS, Benoît Hamon, n'a alors pas de mots assez durs à son encontre.

Si Valls a décidé de rallier Macron si tôt, c'est qu'il envisage de constituer un groupe de députés amis à l'Assemblée nationale afin de jouer un rôle pivot dans la future majorité présidentielle. En privé, il explique ainsi à ses partisans vouloir faire ensuite le même coup à Macron « que Chirac en 1976 avec Giscard ». Une perspective guère réjouissante pour l'ancien ministre de l'Économie qui, tenu au courant des sombres desseins de son ancien patron, exprime alors publiquement une certaine distance à l'égard de cette initiative, expliquant, par exemple, qu'il n'avait pas « fondé une maison d'hôtes ». Devant cette fin de non-recevoir, Valls se retrouve particulièrement isolé, perdant sur tous les tableaux. Il n'a d'ailleurs pas manqué de dire ce qu'il en pensait à Macron lui-même, lors d'une conversation téléphonique : « Je vais me venger ! » a-t-il lancé au candidat à la suite de son demi-ralliement.

Pourtant, en cette fin mars, l'équipe de campagne d'En Marche ! a d'autres soucis. D'abord, leur champion se fait griller la vedette par Jean-Luc Mélenchon lors des débats télévisés. De jour en jour, la dynamique de la France insoumise prend de l'ampleur. Le tribun s'impose à gauche et rassemble des foules de plus en plus importantes lors de ses meetings. Une partie du « peuple de gauche » trouve en lui un exutoire, mais aussi une alternative… Par SMS, François Hollande conseille même à Macron de « rester de gauche » alors que sa campagne et son programme se sont droitisés au fil des semaines. De nouveau, s'instaure un débat dans l'équipe de Macron sur la ligne à tenir : faut-il « gauchir » la campagne ou, au contraire, continuer droit dans ses bottes ? Si le député Richard Ferrand comme d'autres anciens socialistes sont soucieux de parler à la gauche dans son ensemble, Macron pense au contraire que la campagne se jouera… à droite.

Car, dans le même temps, Marine Le Pen reste bien haut dans les sondages, et François Fillon, malgré les révélations qui se succèdent dans la presse, ne décroche toujours pas, voire remonte un peu dans les intentions de vote. Comme revigoré après l'abandon d'Alain Juppé pour porter un plan B à droite, l'ancien Premier ministre de Nicolas Sarkozy a ainsi trouvé un nouvel angle d'attaque en dénonçant « Emmanuel Hollande » à chaque fois qu'il en a l'occasion. Alors, le 17 avril, une semaine avant le premier tour, Macron gonfle les muscles dans la toute dernière ligne droite de sa campagne en rassemblant près de vingt mille sympathisants à Bercy : « Entendez-vous le murmure du printemps ? » lance à la salle le candidat, totalement habité.

Pourtant, au sein de son équipe, l'inquiétude est palpable parmi les jeunes conseillers, des trentenaires et des quarantenaires qui, pour la plupart, n'ont jamais participé à une campagne présidentielle. Au vu des derniers sondages qui mettent dans un mouchoir de poche les quatre favoris de la campagne (Macron, Mélenchon, Fillon et Le Pen…), ils sont nombreux alors à craindre une élimination dès le premier tour : « En fait, quatre semaines avant le premier tour, il y a eu une énorme peur au sein de la "Macronie" car Fillon remontait dans les sondages. L'obsession Fillon était réelle. Les gens de l'équipe craignaient un second tour Le Pen – Fillon ! Deux, trois jours avant le premier tour, ils pensent quasiment tous qu'ils arriveront en troisième position, la plus mauvaise place. » Au point qu'à quelques heures du premier tour il n'y a presque rien de prévu pour l'entre-deux tours. L'équipe n'a alors aucune stratégie pour la suite, ni même anticipé la logistique nécessaire : aucun grand meeting n'est prévu. Même pour le 1er Mai, les décisions finales ne se prendront que trois jours avant l'échéance… Une improvisation qui explique en grande partie le flottement et les cafouillages au début de la campagne de second tour. « Emmanuel est seul dans la pampa ! » enrage alors Brigitte Macron, furieuse de voir si peu d'émulation dans l'équipe de campagne censée entourer, conseiller et protéger son mari.

Résultat, alors qu'il remporte la première place avec 24,01 % des suffrages lors du premier tour, le candidat Macron commet une première erreur de communication en invitant, dès le dimanche soir, certains de ses soutiens et son équipe dans une brasserie parisienne, La Rotonde, à Montparnasse. À l'extérieur, les caméras sont braquées sur ce spectacle d'autosatisfaction. Devant leur écran, certains téléspectateurs sont médusés devant une telle insouciance alors que le Front national vient aussi d'accéder au second tour de la présidentielle. Avec des chiffres records : près de 7,7 millions de voix rassemblées. Mais, à En Marche !, le soulagement est tel qu'on ne perçoit pas immédiatement l'erreur de com'.

On est d'ailleurs loin de l'épisode du Fouquet's de Sarkozy. À l'étage de la brasserie, les plus proches sont là : des membres des familles de Brigitte et d'Emmanuel, notamment sa mère, le journaliste Bruno-Roger Petit, le futur secrétaire général de l'Élysée, Alexis Kohler, et surtout des grands élus, comme les sénateurs François Patriat et Jacques Mézard, le maire de Lyon Gérard Collomb, le député Richard Ferrand, le président de la commission des investitures d'En Marche ! Jean-Paul Delevoye, l'ancien député européen Daniel Cohn-Bendit. Quelques *people* également, comme Line Renaud ou Pierre Arditi. Quand Macron arrive enfin, il enfile son dîner en une vingtaine de minutes. La discussion s'enclenche très vite sur son prochain objectif. Pas le débat de l'entre-deux tours avec Marine Le Pen, ni même la campagne du second tour. Non, les législatives et la stratégie pour éradiquer à la fois le PS et Les Républicains. Mézard lui conseille pourtant de se concentrer, à cette heure, sur ce qui est à ses yeux l'essentiel : « Tu dois aller à la rencontre des électeurs qui se sentent abandonnés. » Mais ce soir-là, l'espace de quelques heures, Macron semble ivre de lui-même après sa qualification.

Un sentiment de victoire sans partage alors que selon un sondage d'Opinion Way, 46 % de ses électeurs l'ont choisi par défaut. Face à la menace Le Pen, et au repoussoir Fillon, le « vote utile » a joué à plein. Macron se targuait pourtant de mener une campagne pour susciter

« l'adhésion » à son projet : « Le défi n'est pas d'aller voter contre qui que ce soit, le défi est d'ouvrir une nouvelle page », déclarait-il ainsi à la porte de Versailles, le soir du premier tour, écartant alors toute stratégie d'« union nationale ».

Face aux polémiques médiatiques sur le début de sa campagne de second tour, le candidat se ressaisit pourtant très vite et décide d'aller à la rencontre des salariés de Whirlpool à Amiens. Un autre moment décisif de sa campagne, si l'on en croit Emmanuel Macron lui-même : « Si à ce moment-là, je décide de ne pas aller à Whirlpool, je perds la campagne de second tour, et donc je peux perdre la présidentielle, j'en suis convaincu… En tout cas, je peux perdre cette campagne, donc la légitimité que j'aurais eue derrière[1]… » Et il ajoute : « La question, c'est est-ce qu'il a peur ou pas du peuple ? Est-ce qu'il est prêt à aller à la confrontation, à aller parler avec les gens du peuple ? Cette colère, on ne peut la traiter qu'en y mettant les mains. Si on n'y va pas soi-même, les gens considèrent qu'on les méprise. »

Au même moment pourtant, Macron est déjà entièrement mobilisé sur le combat des législatives. Dans les jours qui suivent le premier tour, plusieurs émissaires plus ou moins mandatés par l'intéressé sollicitent ainsi le Républicain Xavier Bertrand, pour le tester sur le poste de Premier ministre. En choisissant le président de la Région des Hauts-de-France, Emmanuel Macron espère frapper un grand coup et fracturer la droite durablement, lui permettant d'imposer plus facilement une majorité à l'Assemblée nationale. Les deux hommes se connaissent, ils ont déjà travaillé ensemble sur des dossiers industriels. En privé, le parler cash de Bertrand n'est pourtant pas forcément du goût d'un Macron tout en rondeur. Et puis, ne serait-il pas un rival potentiel pour 2022 ?

1. *Envoyé spécial*, réf. citée.

Mais Bertrand, malgré son positionnement bien à droite, a également le profil d'un républicain. Il mettra ainsi à peine deux jours à annoncer son intention de voter pour Emmanuel Macron face à Marine Le Pen quand d'autres dans son camp auront bien du mal à le faire…

Jean-Pierre Jouyet, qui le connaît bien, lui confie : « Tu es le meilleur choix pour Matignon ! » À En Marche ! certains conseillers aimeraient d'ailleurs le voir en invité spécial du prochain meeting de leur champion le 1er Mai. C'est pourquoi, trois jours avant, dans la journée de vendredi, Alexis Kohler finit par le contacter sur son téléphone et lui laisse un message. Bertrand le rappelle dans la soirée. « Qu'est-ce que vous avez l'intention de faire ? » lui demande Kohler, qui ajoute : « Nous avons besoin de gens qui s'engagent dès maintenant. » Le futur secrétaire général de l'Élysée évoque alors clairement le poste de Matignon. « Je ne suis pas demandeur », lui répond Bertrand, qui préfère décliner la proposition : « Trop de différences sur le fond. » En réalité, il a déjà fait part de ses exigences politiques à différents émissaires macroniens sur la possibilité d'une telle nomination. D'abord, au préalable, pouvoir aboutir à un accord sur le modèle des coalitions à l'allemande, sur fond d'union nationale. Mais Macron ne s'inscrit pas dans cette logique et souhaite plutôt imposer son projet en excluant tout compromis.

Justement, en économie, Xavier Bertrand est opposé à une hausse de la CSG, notamment pour les retraités, et le fait savoir aux macroniens. Enfin, l'homme de droite explique vouloir avoir d'autres garanties : pouvoir choisir son équipe à Matignon, et surtout, son ministre de l'Intérieur, alors qu'il est sur une ligne dure sur l'utilisation des fichiers S dans la lutte contre le terrorisme. Macron lui apparaît également beaucoup trop « tendre » sur toutes ces questions régaliennes et de sécurité. Bref, c'est non.

Finalement, le meeting du 1er Mai du futur président aura lieu porte de la Villette à Paris dans un hangar impersonnel situé dans un parc-expo coincé entre une voie de chemin de fer et le périphérique. L'équipe fait alors avec les moyens du bord. Seules surprises au programme : Ségolène Royal s'y invite en assistant au discours au premier rang, et le candidat annonce sa volonté de réformer partiellement la directive européenne sur les travailleurs détachés. Une énième concession à la France qui souffre à trois jours de son débat télévisé avec Marine Le Pen. Car, sur le fond, Macron n'était pas très favorable jusqu'alors à formuler une telle proposition…

Il sera de toute manière le prochain président de la République. Mais il lui reste encore à rassembler le plus largement autour de sa personne pour imposer ensuite sa future majorité à un pays profondément divisé. Un sacré pari. Face aux difficultés à venir, Macron démontre pourtant une détermination sans faille : « En fait, au cours de cette campagne, il n'a jamais été surpris de rien. Il a totalement été possédé par son destin, assure l'un de ses très proches. C'est en réalité une esthétique de droite : il est vraiment convaincu qu'un homme seul peut changer le pays. C'est la grande différence avec Mélenchon, qui souhaite d'abord incarner un rapport de force, celui instauré par le peuple lui-même. Chez le tribun de gauche, la question de son destin ne se pose pas, au contraire d'Emmanuel. » Un destin qu'il partage avec sa femme. Lors de son discours le soir du premier tour, n'a-t-il pas ainsi remercié celle-ci : « À Brigitte sans laquelle je ne serais pas moi » ? À ses mots, l'un de ses soutiens se demande : « Macron est-il pilote ou copilote de son destin ? »

Chapitre 6
Un président en command-car

Depuis sa victoire, le jeune Macron aime jouer avec les symboles : le soir du second tour, il arrive, seul, dans la cour du Louvre au son de l'*Ode à la joie*, l'hymne européen ; puis, le jour de son investiture, il remonte les Champs-Élysées, adoptant une attitude martiale à bord d'un command-car, ce véhicule militaire pour officiers ; et, un peu plus tôt, dans les salons dorés du palais présidentiel, il n'hésite pas à donner des petites tapes amicales sur la nuque et la joue de certains de ses soutiens, les socialistes François Patriat et Gérard Collomb, en larmes, ainsi qu'au turbulent François Bayrou, comme un Napoléon pouvait le faire quand il passait en revue ses fidèles grognards. Autant de signes forts qui permettent surtout à Macron d'imposer symboliquement, par petites touches, son autorité suprême, à 39 ans à peine. « La politique, c'est un geste », confie d'ailleurs l'intéressé[1].

Emmanuel Macron, comme à son habitude, maîtrise déjà tous les codes du pouvoir de la Ve République. Le « chef », comme l'appelaient, au cours de la campagne, ses conseillers, décide seul, cloisonne énormément, cultive le secret. Tout est sous son contrôle. Depuis le second tour, le nouveau président s'est ainsi procuré un téléphone supplémentaire, qui lui permet de communiquer avec son

1. Bertrand Delais, « Macron, en marche vers l'Élysée », documentaire diffusé dans *Envoyé spécial* le 11 mai 2017.

tout premier cercle. Le nouveau chef de l'État compte rester « maître des horloges », présider pour « le temps long », en se distanciant, coûte que coûte de « l'immédiateté de l'époque ». Finalement, celui qui s'affirmait, au cours de sa campagne, « gaullo-mitterrandien », veut retrouver les fondamentaux de la Ve République. Pleinement. Macron croit au président « jupitérien », comme le conseiller en communication Jacques Pilhan en son temps[1], et non à la présidence « normale », si chère à son prédécesseur et ancien patron François Holllande, comme il l'explique lui-même : « Le président ne peut pas être un homme normal. Parce qu'il est le garant des institutions et le détenteur symbolique d'une histoire qui le dépasse, et qui est d'avant lui, qui est d'avant la République, et qu'il est la clé de voûte en quelque sorte d'un système. Il ne peut pas être normal, il n'est plus regardé comme normal. Je me suis préparé à cette mue dans ma tête[2]. » Voilà pour la théorie, place à la pratique… Au soir du second tour, il confie à l'un de ses proches : « Il n'y aura pas de fête ce soir. Je deviens président. Je ne fais plus la fête. »

Macron veut donc marquer sa différence à l'égard de son prédécesseur et incarner « la verticalité » du pouvoir suprême de ce régime présidentiel. Sa véritable OPA politique est encore trop récente pour susciter la moindre critique sur cette conception du pouvoir. PS comme LR sont en état de choc. Sidérés par l'audace de cet ancien collaborateur de François Hollande. Même ses plus fidèles soutiens ont du mal à comprendre l'essence du « macronisme ». Car Macron présidera d'abord au-dessus des partis. À cet égard, la composition de son gouvernement est frappante : l'ouverture à la droite est

1. François Bazin, *Le Sorcier de l'Élysée, la vie secrète de Jacques Pilhan*, Plon, 2009.

2. *Envoyé spécial*, réf. citée.

bien plus importante que celle proposée par Sarkozy en 2007 à la gauche. Un vrai big bang politique. C'est aussi la raison pour laquelle les héritiers de Rocard, les tenants du « parler vrai », ne savent plus où donner de la tête devant le « cynisme mitterrandien » de leur champion… Et il n'y a pas qu'eux. L'ancien maire de Paris, Bertrand Delanoë, qui s'était revendiqué par le passé être un « social-libéral », et qui avait apporté son soutien à Macron au cours de la campagne, a pris ses distances avec le chef de l'État depuis la nomination d'un Premier ministre de droite, Édouard Philippe. C'est ainsi qu'il a poliment refusé la proposition de Macron de devenir son ministre des Affaires étrangères. Un poste que l'ancien maire de Paris avait pourtant convoité au cours du précédent quinquennat. Mais la posture gaullienne de Macron ne plaît guère à Delanoë. Et malgré l'insistance du chef de l'État, il a dit non au prestigieux maroquin…

Pour mener à bien son dessein présidentiel dans la « verticalité », Macron compte également manager l'État, les hauts fonctionnaires, les directeurs des administrations centrales, en empruntant des recettes venues de la grande entreprise. Quand il n'était encore à l'Élysée que le collaborateur de François Hollande, entre 2012 et 2014, il n'avait eu de cesse de critiquer le fonctionnement de cette vieille maison, en se plaignant notamment de la lourdeur des habitudes, des prises de décision. Une machine élyséenne qu'il juge particulièrement inefficace et surannée, incapable de répondre aux enjeux de notre époque. « Le modèle d'organisation de la future équipe Macron sera plutôt celui qu'on trouve dans l'une de ses séries américaines préférées, *The West Wing* ["À la Maison-Blanche"], qui raconte le destin d'un président démocrate entouré de gens brillants qui savent surtout travailler collectivement », nous assure alors l'un de ses proches !

Pour le moment, Macron veille surtout à ce que les cabinets ministériels du gouvernement se constituent en équipes restreintes, avec pour mission d'inclure davantage les hauts fonctionnaires des directions centrales des administrations dans l'élaboration des politiques publiques. Au cours de sa campagne, Macron avait affirmé sa volonté d'instaurer un *spoil system* à la française (traduit par un « système des dépouilles »), qui implique la loyauté politique des futurs directeurs des administrations centrales. Bref, avec l'arrivée de Macron à l'Élysée, tout l'État doit se mettre en marche…

Mais il n'y a pas que les hauts fonctionnaires qui sont chamboulés par l'arrivée d'Emmanuel Macron au pouvoir. Les services politiques des médias traditionnels sont également totalement désorganisés, eux qui s'étaient jusqu'à présent habitués à couvrir la vie du pouvoir entre la droite et la gauche, entre LR et le PS. L'inquiétude est d'autant plus grande que le chef de l'État compte traiter par le mépris la plupart des « grands » éditorialistes de la place de Paris : « Les commentateurs politiques ne servent pas à grand-chose », considère ainsi Macron.

Quand arrive l'« affaire Ferrand », empoisonnant la campagne des législatives d'En Marche !, c'est le Premier ministre Édouard Philippe qui est chargé de jouer les pompiers de service au journal de 20 heures de France 2. À l'Élysée, Emmanuel Macron préfère rester silencieux. Pas question pour le nouveau président en pleine « séquence internationale » de monter au créneau médiatique pour défendre son ministre attaqué. Un silence toutefois rompu lors du Conseil des ministres du 31 mai, au cours duquel il explique doctement : « Les choses ne vont pas forcément bien quand la presse devient juge. » Ajoutant : « Dans une société démocratique, chacun doit être à sa place. » Des paroles qui choquent bon nombre de journalistes au sein des rédactions. À leur arrivée à l'Élysée, les conseillers du président avaient pourtant donné le ton du prochain quinquennat concernant les relations du nouveau pouvoir avec la presse, en souhaitant privilégier les journalistes spécialisés – et non les journalistes politiques – pour les déplacements présidentiels. Une initiative qui provoque alors un tollé dans la profession. Les différentes sociétés de journalistes montent immédiatement au créneau, tout étonnées qu'un président se définissant comme « progressiste » puisse tenter d'imposer ses règles aux médias. Fini monsieur Hollande et ses petites phrases, ses bons mots, et ses *off* distillés d'une manière prolixe à de nombreux journalistes, place à monsieur Macron, plein d'assurance, de séduction et, en même temps, de volonté d'imposer son propre tempo face au milieu politico-médiatique et aux chaînes d'info.

Une conviction ancienne chez le nouveau chef de l'État. De son ami disparu Michel Rocard, il a reçu en héritage une certaine aversion pour la « tyrannie médiatique ». L'ancien Premier ministre avait d'ailleurs tenté de dissuader le jeune impétrant « d'aller vers la politique », comme il nous le confiait à l'été 2015, car à l'heure du culte de l'image et de l'hyper-médiatisation, « la télévision empêche tout accès à la complexité et au temps long », estimait alors le vieil homme[1]. François Hollande, une fois à l'Élysée, n'avait-il pas creusé sa propre tombe politique en se pliant aux exigences de ses amis journalistes qui l'avaient tant accompagné lors de sa carrière à Solférino ? Cette distance de Macron à l'égard des services politiques des rédactions s'explique aussi par son effraction réussie – et « inattendue » selon de nombreux commentateurs – au sein d'un « système politique », qu'il décriait à longueur de discours au cours de sa campagne *Blitzkrieg*.

Très tôt, Macron a l'intuition qu'il a la possibilité de contourner les partis politiques comme les médias tra-

1. Lire le chapitre « Les inquiétudes de Michel Rocard ».

ditionnels, cette « deuxième peau du système », comme Jean-Luc Mélenchon aime les disqualifier, en s'appuyant justement, comme le candidat de la France insoumise, sur la force mobilisatrice de l'Internet. Au cours de sa campagne, Macron s'est ainsi attaché à s'adresser d'abord à ses supporters, plutôt qu'aux journalistes chargés de le suivre, rechignant à leur parler en *off*.

S'inscrivant dans la logique du management moderne, le candidat Macron a cherché en priorité à développer la meilleure « relation client » possible avec l'électeur potentiel, plutôt que de cultiver une connivence protectrice avec les journalistes politiques, préférant même se victimiser face à ce qu'il décrit, lui-même, comme un « système politico-médiatique qui n'a jamais cru en nous » ! Sentiment étrange alors que la presse a abondamment couvert, jusqu'à l'overdose médiatique, son aventure politique en multipliant les couvertures de magazines, les sujets *people* et les portraits télévisuels...

Reste qu'au-delà de ces états d'âme présidentiels, Macron connaît parfaitement le fonctionnement et l'organigramme des différentes entreprises de presse, dont la plupart des propriétaires se nomment désormais Bernard Arnault, Martin Bouygues, Vincent Bolloré, Patrick Drahi, François Pinault, ou Xavier Niel[1]. Au point d'être tenu au courant, comme Sarkozy ou Hollande en leur temps, des moindres potins des rédactions. Lors de sa dernière interview à France 2, entre les deux tours de la présidentielle, il s'inquiétait ainsi dans sa loge de l'ambiance de travail entre l'équipe du 20 heures de David Pujadas et la direction de France Télévisions : « Ça va ? Tout va bien ? On ne vous fait pas d'ennuis ? » L'éviction du présentateur du JT par Delphine Ernotte le jour même de la présentation du nouveau gouvernement ne fut guère

1. Lire les chapitres « Du bizut au poulain Rothschild » et « 10, avenue George-V ».

appréciée à l'Élysée, le nouveau président craignant qu'on l'accuse d'être intervenu… ce qui n'est pas le cas. Pour sa première interview à la télévision, en octobre 2017, Macron choisira d'ailleurs TF1 et LCI, où a trouvé refuge David Pujadas, au détriment du service public…

Mais derrière ces charmantes attentions et sa civilité légendaire lors des interviews, Macron aime utiliser ses « communicants » pour exprimer ses mauvaises humeurs à l'égard de tel article ou tel reportage. Au contraire d'un Valls, d'un Sarkozy ou d'un Mélenchon, qui n'ont pas hésité, par le passé, à hausser le ton directement auprès des patrons de médias ou des journalistes eux-mêmes, Macron ne s'est jamais énervé directement face à eux lors de sa campagne : « Ses conseillers en communication essayent plutôt de tout verrouiller en amont et de tout contrôler en permanence. C'est l'école Havas. Ils n'hésitent pas à être dans le rapport de force avec nous, à hausser le ton et à être brutaux pour faire pression sur notre traitement de l'actualité. En fait, ils ne font jamais confiance aux journalistes », témoigne un confrère. Une autre explique : « Un jour, j'ai reçu un texto après une interview qui avait été relue par son équipe à Bercy : "Tu ne respectes pas le deal… Ce n'est pas à toi de décider ce que le ministre peut dire en "on" ou pas." »

Ainsi, au cours de la campagne présidentielle, Sylvain Fort, le directeur de la communication de Macron qui sera finalement chargé des discours du président à l'Élysée, et Benjamin Griveaux, l'un de ses porte-parole, sont allés jusqu'à exiger un rendez-vous avec la direction et le service politique de la rédaction du *Monde*, pour exprimer leurs critiques au sujet de la couverture du quotidien de référence sur la campagne de leur champion. Le même Sylvain Fort, qui qualifia, selon *M Le magazine du Monde*, de « gros connard » un journaliste de *Quotidien*, l'émission de TMC, après que ce dernier a couvert la soirée polémique de la Rotonde le soir du premier tour

(Fort dément mais *M* maintient). Toutefois, désormais à l'Élysée, Macron n'hésiterait pas à exprimer parfois plus directement son mécontentement…

Car à l'usage, le nouveau locataire des lieux, adepte d'une présidentialisation accentuée, a bien du mal, face au flot médiatique, à contenir l'ensemble des demandes des journalistes et à esquiver leurs questions. C'est ce que rappelait Gaspard Gantzer, l'ancien conseiller en communication de François Hollande, quelques semaines après la victoire d'Emmanuel Macron : « La presse n'est pas une option en démocratie. Les médias sont un contre-pouvoir nécessaire. *A fortiori*, avec une majorité écrasante à l'Assemblée, la presse aura un rôle fondamental à jouer dans les cinq ans à venir. Le président est un démocrate, je ne lui conseille pas de se dérober. Car l'opinion publique sentira très vite qu'il y a une atteinte au principe de transparence[1]. » Qu'il est difficile d'imposer la rareté de la parole présidentielle à l'époque de Twitter et de Facebook.

Les premières difficultés d'Emmanuel Macron au pouvoir ne viennent pourtant pas des médias et des journalistes ! C'est en fait ses propres soutiens qui vont écorner son arrivée triomphale. Car le nouveau président a beau vouloir présider au-dessus des partis, la politique reste la politique. Un bras de fer public va ainsi éclater avant son intronisation à l'Élysée au sujet des investitures pour les législatives. Trois jours après le second tour, le mercredi 10 mai, Emmanuel Macron et son « allié » François Bayrou déjeunent pourtant en tête à tête dans la bonne humeur. Sur la table, le futur président a un dossier bleu sur lequel il pose ses mains. Dedans, le récapitulatif des investitures pour les législatives, et surtout, leur répartition entre La République en marche et le Modem. « Ma parole

1. Entretien du 30 juin 2017.

est en béton. J'ai promis cent quarante-quatre circonscriptions, il y en aura cent quarante-quatre », dit-il à Bayrou droit dans les yeux. À ce moment-là, cent treize accords auraient été trouvés entre leurs équipes.

Mais le lendemain, coup de théâtre, le secrétaire général de La République en marche, Richard Ferrand, après avoir passé toute la matinée en réunion, présente une première liste de quatre cent vingt-huit candidats labellisés par LREM, dont seulement trente-quatre pour le Modem ! La réplique de François Bayrou ne se fait pas attendre. Le centriste provoque un conflit médiatique. Il s'indigne que l'accord passé avec Gérard Collomb au cours de la campagne[1] n'ait pas été respecté, dénonce une « opération de recyclage du PS », et menace de présenter un candidat Modem dans toutes les circonscriptions… L'ex-socialiste Richard Ferrand est particulièrement dans son viseur. « J'ai été honnête, donc naïf », commente Bayrou auprès de son entourage.

En réalité, ce conflit illustre l'incompréhension des différents soutiens de Macron face à la volonté de ce dernier de présider d'une manière gaullienne… Au cours de la campagne, Ferrand pense que l'élection se jouera, comme en 2012, sur la gauche. Au sein du comité politique du mouvement, sa ligne affronte alors les partisans d'un choix exactement inverse : la campagne se jouera à droite. Une stratégie droitière finalement adoptée par Macron. Dès l'élimination de Valls à la primaire du PS, le candidat pense en effet qu'« après avoir fracturé la gauche, il faut fracturer la droite ». À quelques semaines des élections législatives, Macron n'a pas évolué dans ce choix. Son objectif est d'abord de détruire la droite traditionnelle pour imposer sa majorité. Or, Ferrand met du temps à comprendre la stratégie de son chef. Pour le député finistérien, la plus grande réserve de voix vient

1. Lire le chapitre « Un missionnaire en campagne ».

de la gauche, et non de la droite… ce qui sera d'ailleurs largement le cas à la présidentielle.

Ferrand voit donc dans Macron un Sarkozy de gauche, qui a su incarner une rupture nécessaire avec Hollande, sans pour autant s'éloigner d'un positionnement de centre-gauche, ou « social-libéral ». Cela explique aussi pourquoi ses relations avec les centristes deviennent très vite exécrables au cours de la campagne… Lors d'une réunion, une altercation se produit même entre Marielle de Sarnez et lui. Résultat, dès le mois de mars, les responsables d'En Marche ! et les proches Bayrou ne se font plus confiance : « Bayrou nous prend pour des cons ! » confie alors Richard Ferrand. Durant toute cette période, les relations s'enveniment également entre le conseiller parlementaire de Macron, le jeune Stéphane Séjourné, et Marielle de Sarnez.

Bien sûr, pour Ferrand, l'enjeu n'est pas uniquement idéologique, il est aussi personnel. Patron d'En Marche !, il se voyait naturellement comme le futur Premier ministre de son champion. Pour cet apparatchik, cette perspective aurait constitué une vraie revanche sur tous les éléphants du PS, et surtout sur les technocrates parisiens. Voilà la raison pour laquelle, lors des discussions sur les investitures, Ferrand essaye de passer en force. Le fait-il seul sans en tenir au courant le futur président ? Mystère.

Quoi qu'il en soit, à trois jours de l'intronisation du futur président, la polémique fait désordre. Macron est furieux. En privé, il jure à Bayrou qu'il n'était pas au courant de la manœuvre. Pour se désolidariser de Ferrand, le futur président fait fuiter dans la presse le vendredi le texto suivant qu'il avait envoyé au leader centriste dès jeudi soir : « Mes troupes ont fait n'importe quoi. » Finalement, le Modem obtient gain de cause, mais la tension n'est pas retombée pour autant. Le samedi soir, Bayrou a une explication sévère au téléphone avec Ferrand. Le dimanche, jour de l'investiture à l'Élysée, les deux hommes en viennent presque aux mains peu avant la cérémonie. Des « casques bleus » de circonstance doivent alors les tenir à distance l'un de l'autre. Deux mois plus tard, sur fond de polémiques et d'affaires judiciaires, tous deux quitteront le gouvernement. Une image bien éloignée du grand renouvellement proposée par Macron lui-même au cours de sa campagne…

Le président dit pourtant ne pas vouloir se laisser influencer par les commentateurs ou les professionnels de la politique, qu'il dénigre, en privé comme en public, comme étant « le vieux monde ». Macron veut frapper fort et aller vite. Il décide ainsi de passer par voie d'ordonnances pour faire passer son futur projet sur le Code du travail. Et dès son arrivée à l'Élysée, il envisage également très sérieusement de soumettre à référendum une partie de la loi dite de « moralisation de la vie publique », ainsi que l'introduction d'une dose de proportionnelle pour les futurs scrutins législatifs. Dans le plus grand secret, l'Élysée prévoit même d'organiser cette consultation le 18 juin, soit le même jour que le second tour des législatives !

Le projet est finalement abandonné fin mai. À l'origine, c'est François Bayrou qui avait soumis cette idée à Emmanuel Macron quand il l'a rallié en février. Le patron du Modem y voyait un moyen de contourner les parlementaires. Il promettait déjà un tel référendum dans son programme de candidat en 2012. Il a donc proposé un texte clé en mai au président de la République. Préparé par ses équipes, ce premier projet comportait également une partie consacrée à « l'indépendance des médias » qui aurait été inscrite dans le marbre de la Constitution. Si cette dernière proposition est vite abandonnée, l'idée du référendum fait son chemin, en tout cas parmi les plus proches conseillers du nouveau président. Le 18 mai, un mail de son équipe explique ainsi l'opportunité d'utiliser l'article 11 de la Constitution pour convoquer un référendum afin de « doubler » les partis traditionnels sur trois sujets : la réforme du mandat unique ; la réforme de l'Assemblée nationale et du Sénat, avec la réduction du nombre de parlementaires, et la mise en place d'un parquet réellement indépendant, avec aussi la suppression de la Haute Cour de justice. Plusieurs professeurs de droit constitutionnel émettent des doutes sur la possibilité d'organiser un tel référendum dans un délai aussi court, mais l'Élysée persiste dans un premier temps dans sa volonté d'organiser la campagne référendaire en parallèle de la campagne des législatives et de tenir la consultation le même jour, le 18 juin donc. Le Conseil supérieur audiovisuel (CSA) est même saisi par le « Château » pour anticiper l'organisation d'une telle campagne dans les médias… Finalement, le projet est abandonné durant la semaine du 22 mai. Est-ce que l'affaire Ferrand qui éclate au même moment a fini par convaincre le chef de l'État de ne pas passer en force sur ce dossier ? Un des rares initiés nous raconte les raisons d'une telle reculade : « En réalité, le référendum était l'une des deux cartes possibles pour emporter la victoire aux législatives. L'autre était la nomination d'un Premier ministre de droite, Édouard Philippe. Si le référendum réglait toutes les questions institutionnelles d'un coup et pouvait faire naître une nouvelle façon de faire de la politique, et emporter une adhésion sur fond d'union nationale, la droite aurait pu également y trouver un élément de polémique supplémentaire qui aurait, au fond, amoindri l'effet Édouard Philippe. Finalement, Macron n'a pas voulu ajouter un élément de trouble, rajouter un conflit supplémentaire, mais il a aussi préféré s'imposer une deuxième fois sans jouer l'union nationale. »

Macron ne recule pourtant pas sur tout. Dans le cadre de cette loi de « moralisation de la vie publique », François Bayrou avait également fait une proposition surprise début juin, en souhaitant la création d'une « banque de la démocratie », censée « assurer le financement de campagnes électorales pour les élections » à tous les partis qui essuieraient un refus de la part des banques. « Ce n'est pas rien ! La banque de la démocratie enlève aux banques privées le droit de vie ou de mort sur les partis », explique François Bayrou[1]. En coulisses, celui qui est encore garde des Sceaux doit alors faire face à la franche opposition de Bercy, du Secrétariat général du gouvernement, et même du Conseil d'État qui rejette dans un avis cette « banque de la démocratie » à la mi-juin. « Ils ont tout fait pour écarter ce projet mais j'ai eu l'appui de Macron[2] » se félicite François Bayrou. Et alors que le centriste doit précipitamment laisser son poste, le gouvernement sera finalement habilité par les députés LREM à créer par ordonnance cette fameuse banque, pour que les candidats, partis et groupements politiques puissent, à compter de novembre 2018, « en cas de défaillance avérée du marché », financer les campagnes des élections présidentielles, législatives, sénatoriales et européennes, *via* des prêts, avances ou garanties.

Durant ses premières semaines au pouvoir, le président Macron, 39 ans à peine, veille surtout à s'imposer à l'international et dans ses fonctions régaliennes. Malgré sa jeunesse, le nouveau monarque républicain compte exercer un *leadership* total sur les traditionnels « domaines réservés » des présidents de la Ve République, la Défense et la diplomatie. Une volonté qui va s'accompagner d'une communication offensive : rencontre avec des soldats blessés au combat, à l'hôpital militaire de Percy ; visite express de six heures à Gao, au Mali, des militaires de l'opération Barkahne qui combattent sans relâche les ter-

1. Entretien du 12 octobre 2017.
2. *Id.*

roristes présents dans le Sahel ; et même, embarquement à bord du sous-marin nucléaire *Le Terrible*, après avoir été héliporté… À chacune de ces occasions, le chef de l'État se met en scène dans l'action, allant jusqu'à emprunter les combinaisons de combat des militaires. Au point que CNN, la célèbre chaîne d'info américaine, se demande : « S'agit-il du président français ou de James Bond ? »

À l'international, Macron communique également beaucoup : balade sous l'œil des caméras et des photographes avec le Premier ministre canadien Justin Trudeau dans le cadre du G7 ; prise à partie de Donald Trump, lorsque ce dernier décide de sortir de l'accord de Paris sur le climat, en s'adressant directement aux Américains en anglais – « *Make our planet great again* » – ou invitation de Vladimir Poutine au Grand Trianon du château de Versailles pour inaugurer l'exposition sur la première visite du tsar Pierre Ier en France en 1717, manière de saluer trois cents ans de relations diplomatiques entre les deux pays et surtout de les réchauffer après des mois d'affrontement permanent sur le dossier du conflit syrien.

Mais, au-delà de ces jeux de communication, Macron entend bien, dans les faits, être le vrai chef des armées et de la diplomatie. Sa décision de nommer Jean-Yves Le Drian, l'incontournable ministre de la Défense au cours du quinquennat Hollande, à l'Europe et aux Affaires étrangères et de le remplacer à l'hôtel de Brienne par l'ancienne secrétaire d'État au Budget de Jospin, Florence Parly, une novice en la matière, sous l'appellation « ministre des Armées » (que l'on retrouve sous la présidence du général de Gaulle), est bien le signe que le nouveau locataire de l'Élysée compte imposer son tempo et ses décisions dans ces deux domaines.

Si la nomination de Le Drian au Quai d'Orsay est ainsi une surprise pour beaucoup dans les milieux militaires, elle est pourtant logique, tant les positions diplomatiques du Breton[1] s'inscrivent pleinement dans les premières orientations du nouveau chef de l'État, qui souhaite s'éloigner des postures va-t-en-guerre de son prédécesseur. Conseillé par Hubert Védrine, l'ancien ministre de Jospin, et par Dominique de Villepin, l'homme du discours de 2003 à l'ONU, Emmanuel Macron annonce revenir à une diplomatie « gaullo-mitterrandienne ». Il souhaite ainsi un « rééquilibrage » des relations entre la France et les États-Unis, mais aussi travailler avec la Russie, notamment pour lutter contre le terrorisme.

Lors des premières semaines de sa présidence, Macron va donc bénéficier de ses initiatives diplomatiques tous azimuts à l'international. Mais c'est sur son autre domaine réservé, la Défense, qu'il va connaître sa première grande crise. Alors que Pierre de Villiers, le chef d'état-major des armées, émet des critiques devant des députés sur les économies décidées par le gouvernement sur le budget en cours de la Défense, Macron décide de recadrer vertement ce haut gradé : « Je considère qu'il n'est pas digne d'étaler certains débats sur la place publique », dit-il le 13 juillet devant la communauté militaire. Et il ajoute : « J'ai pris des engagements. Je suis votre chef. Les engagements que je prends devant nos concitoyens et devant les armées, je sais les tenir [...]. Et je n'ai à cet égard besoin de nulle pression et de nul commentaire. » Cela aurait pu en rester là, mais cette mise au point est très mal vécue par les militaires, et le chef d'état-major des armées ose répondre quelques jours plus tard en s'adressant ainsi aux militaires sur sa page Facebook : « Parce

1. Dans son livre *Qui est l'ennemi ?* (Le Cerf, 2016), Jean-Yves Le Drian n'hésitait pas à faire entendre sa différence face à Laurent Fabius et Manuel Valls : « Ma conviction est qu'il n'y a pas "d'ennemi de l'intérieur" : si le combattant de Daech en Syrie et Irak est un ennemi, et doit être traité comme tel, parler d'"ennemi de l'intérieur" peut du reste conduire à une stigmatisation et à des tensions dangereuses. »

que la confiance expose, il faut de la lucidité. Méfiez-vous de la confiance aveugle ; qu'on vous l'accorde ou que vous l'accordiez. Elle est marquée du sceau de la facilité. » De Villiers démissionne trois jours après avec fracas, un fait sans précédent depuis 1958. En ayant sous-estimé la fatigue et la colère des militaires qui ont vécu un quinquennat de projections à l'étranger tous azimuts (Sahel, République centrafricaine, Irak-Syrie), dans un contexte de contrainte budgétaire, Macron a perdu de sa superbe. Il aurait dû se souvenir des mots du général de division François-Xavier Le Pelletier de Woillemont, lors de sa visite express à Gao : « Les soldats sont des sentimentaux. » Manifestement, la séduction légendaire de Macron n'a pas fait effet sur les militaires. Et fin juillet, la cote de popularité du président en commandcar chute de dix points.

Chapitre 7

Seul à l'Élysée

Quand il invite ses homologues étrangers à Paris, Macron ne lésine par sur les moyens. Le jeune président met souvent les petits plats dans les grands. Il sait recevoir. « Il est merveilleux sur la forme pour être fort sur le fond », s'extasie un habitué du pouvoir. Dîner à la tour Eiffel et défilé du 14 Juillet pour Donald Trump, château de Versailles pour Vladimir Poutine. Macron s'occupe du moindre détail pour mieux apparaître à son avantage. Dans ce registre, il n'hésite pas à « défier » les grands de ce monde sur le terrain physique. Devant les caméras du monde entier, le président français a ainsi pris par surprise Trump au jeu de la poignée de main. De même, tenu au courant que le président russe souffrait de l'une de ses jambes, Macron l'a laissé, seul, remonter la cour du château depuis sa voiture blindée pour venir le saluer, histoire de tester son endurance… Là encore, devant les caméras.

Comme si Emmanuel Macron avait toujours été fait pour ce petit théâtre du pouvoir, cette « comédie humaine », qu'il aimait tant observer quand il était dans l'ombre, et dont il est devenu l'un des principaux acteurs. « Depuis qu'il a pris le costume du président, Macron n'est plus exactement le même », semble pourtant regretter un soutien de la première heure. Désormais à l'Élysée, Macron cloisonne encore plus, ne répond plus à toutes les sollicitations et reçoit finalement peu de gens issus des cercles parisiens. Certains soutiens s'en désolent, comme Jean-Pierre Jouyet, l'ancien secrétaire général de l'Élysée… François Hollande aurait même dû intervenir pour soutenir sa nomination comme ambassadeur à Londres. Il est vrai que Macron, qui pense s'être fait d'abord tout seul, n'est pas très friand des retours d'ascenseur automatiques. Au sein du pouvoir, ils sont nombreux à se sentir délaissés… Et puis, il y a aussi ceux qui se sont éloignés, finalement peu convaincus par le « macronisme » au pouvoir, comme Laurent Bigorgne, le patron de l'Institut Montaigne, ou Thierry Pech, qui dirige le *think tank* Terra Nova, ou encore Dominique Strauss-Kahn.

Une mise à distance que l'on retrouvait chez d'autres présidents. Mais quand l'ex-journaliste Bruno-Roger Petit, désormais conseiller à l'Élysée, invite quatorze éditorialistes politiques à déjeuner, tous restent stupéfaits que le président de la République ne se donne même pas la peine de venir les saluer… « Au début du repas, je croyais vraiment qu'il allait passer nous voir, qu'il allait passer une tête. Eh bien, non ! », se désespère l'un d'eux.

Il n'y a pourtant pas que ces éditorialistes qui se plaignent d'être snobés par le nouveau monarque… « En dehors des inaugurations à l'extérieur, très peu de patrons français voient Macron à l'Élysée », nous assure un initié du CAC 40. Le président préfère rencontrer des patrons étrangers ou américains, comme Tim Cook, d'Apple, en voyage en France. Les exceptions françaises se comptent sur les doigts de la main. Le président échange ainsi régulièrement par messagerie sécurisée avec l'un de ses plus proches, Serge Weinberg, président de Sanofi et patron d'un fonds d'investissement, qu'il avait rencontré à la commission Attali[1]. Proche historiquement de

1. Lire le chapitre « Jacques Attali a dit ».

Laurent Fabius, Weinberg, ayant travaillé pendant une dizaine d'années pour le groupe PPR (François Pinault), voit aussi régulièrement le secrétaire général de l'Élysée, Alexis Kohler, pour faire passer des messages sur différents sujets industriels. Autre personnalité du monde économique à avoir accès au président : le communicant Philippe Grangeon, haut cadre de Capgemini, qui a participé dans l'ombre aux débuts d'En Marche !. Ses conseils sont écoutés.

Pour autant, les Macron ne rechignent pas à honorer quelques mondanités patronales. Le couple conserve ainsi des relations privilégiées avec certains grands noms du CAC 40, comme Xavier Niel et sa compagne Delphine Arnault (patronne de Vuitton), les Bouygues, ou encore Yannick Bolloré et sa femme. Ces derniers ont eu le privilège de dîner à deux reprises av*ec les* Macron au cours de la campagne, dont une fois entre les deux tours... « Comme à son habitude, Macron a plusieurs cercles, tous hermétiques », commente un habitué du « Château ». Un cloisonnement qui s'explique également par le parcours solitaire au cœur du pouvoir de l'ambitieux Macron. Contrairement à François Hollande avant lui, le nouveau président n'a pas été chef d'un parti. Il n'est pas l'homme d'un clan non plus, ni le chef de file ou le représentant d'une école de pensée. Sa trajectoire, il la doit à lui, et à lui seul, pense-t-il. « Vous verrez, il est là pour dix ans ! » s'amuse un ami de Nicolas Sarkozy. Face à cette réussite fulgurante, toute une génération, celle des cinquantenaires, éprouve ainsi un certain malaise. Après avoir subi le monopole des baby-boomers, ces ambitieux font la désagréable expérience de s'être fait doubler par un audacieux de moins de 40 ans...

À l'Élysée, Macron a fait le choix de s'entourer de jeunes conseillers d'un âge proche du sien. Tous corvéables à merci pour la gloire de leur patron. Comme le souligne l'un de ses soutiens, l'illustre historien Patrick Boucheron, Macron, comme Machiavel, est « arrivé au pouvoir par effraction ». Et l'intellectuel d'assumer la comparaison avec l'auteur du Prince : « Machiavel [...], c'était en 1498, après l'exécution de Savonarole, lorsqu'il s'est engouffré dans l'action politique avec une *brigata*, une brigade de jeunes gens affamés de pouvoir et d'amitié[1]. » Chez Macron, parmi ces « jeunes gens », on trouve bien sûr Alexis Kohler[2], devenu le tout-puissant secrétaire général de l'Élysée, après avoir été le directeur de cabinet de Macron à Bercy[3].

Le haut fonctionnaire de 44 ans est à la fois discret, efficace et pince-sans-rire. Un vrai bourreau de travail. « Avec Alexis, Emmanuel a trouvé son double », dit de lui Brigitte Macron à ses proches. « En général, il y a deux types de secrétaire général à l'Élysée, il y a ceux qui font de la politique comme Villepin ou Bérégovoy, et ceux qui ont davantage le profil de hauts fonctionnaires, comme Xavier Musca ou Jean-Pierre Jouyet. Kohler fait partie de ces derniers », décrypte un observateur. « Alexis a toutefois une réelle sensibilité politique », remarque un autre.

Mais, là encore, Macron continue de cloisonner : « Il ne dit pas tout à Kohler et fait sa cuisine seul », assure un proche. Ce fonctionnement secret, solitaire, n'est pas là pour détendre l'atmosphère à l'Élysée. Chaque collaborateur du président essaye de se faire bien voir de « Jupiter ». Ils sont très peu à connaître tout d'un dossier. À force, des tensions peuvent apparaître. Comme entre

1. *L'Obs*, 13 juillet 2017.

2. Alsacien d'origine, Kohler, 44 ans, est un pur produit de la technocratie française, bardé de diplômes (Sciences Po, ESSEC, ENA), et connaissant tous les rouages de Bercy (il est passé par le Trésor et l'APE, l'Agence des participations de l'État).

3. Lire le chapitre « À l'assaut de la forteresse Bercy ».

le « conseiller spécial » du président, le jeune Ismaël Emelien, pur produit d'Havas, la puissante agence de communication, et sa femme Brigitte, qui a su s'imposer politiquement auprès de son mari président.

Une situation ancienne. En réalité, ces deux-là ne se sont jamais appréciés. Début 2016, la future première dame avait été jusqu'à démarcher plusieurs profils de communicants et rencontrer certains d'entre eux pour remplacer Emelien, qui était alors le conseiller en communication du ministre de l'Économie. Quelques mois plus tard, à l'automne 2016, c'est cette fois-ci le jeune conseiller qui, sur la base d'enquêtes d'opinion qualitatives, conseillait à son patron de mettre moins en avant sa femme durant ses premiers meetings[1]. « Elle était considérée comme trop *show off*, limite trop bling-bling pour Macron », décrypte un initié.

Le candidat Macron ne tranchera pourtant jamais contre sa femme. Au cours de la campagne, le meeting de Lyon, où le public l'acclame, finit par consacrer son retour sur le devant de la scène. En coulisses, elle va jouer un rôle central et politique auprès de son mari. Autour d'elle, s'est même constituée une équipe *bis* de conseillers informels, complétant ainsi l'équipe officielle de campagne. Des « amis » du couple, certains journalistes, tous y vont alors de leur conseil sur la stratégie à adopter, et jugent les prestations médiatiques ou les meetings de leur champion.

Brigitte et Emmanuel sont donc liés sentimentalement, humainement, mais aussi politiquement. Les deux forment un couple de pouvoir qui partage beaucoup de choses. « Emelien, qui est un fou de contrôle, n'a jamais supporté de ne pas avoir le contrôle sur Brigitte », commente un intime du couple. Et tout au long de la campagne, leur relation va se dégrader encore un peu plus. Brigitte ne

1. Lire le chapitre « Un missionnaire en campagne ».

supporte pas qu'Emelien se présente auprès des journalistes comme l'égal de Macron, comme s'il était sa tête pensante… Sa mauvaise humeur monte d'un cran quand elle aperçoit le jeune conseiller attablé avec des journalistes pour un *off* dans une brasserie parisienne, alors que le candidat se refuse la plupart du temps à un tel exercice. De même, le soir du premier tour, quand l'équipe de campagne se retrouve à la brasserie de la Rotonde – une idée de Brigitte à l'origine –, Emelien ne pourra pas accéder à l'étage où dînera le futur président. Pas question alors pour Brigitte de faire monter celui qui a essayé de l'évincer en début de campagne…

De son côté, Macron observe ces chamailleries de loin, sans intervenir. Dans un premier temps, les « technos » qui l'ont accompagné dans sa course au pouvoir s'installent d'ailleurs en force à l'Élysée autour de lui. Le communicant Ismaël Emelien est ainsi propulsé « conseiller spécial », l'ex-attachée de presse Sibeth Ndiaye devient la responsable du service communication, et Sylvain Fort, qui s'occupait officiellement de la communication durant la campagne, est chargé des discours présidentiels.

À l'Élysée, la répartition des bureaux symbolise les divers jeux d'influence autour du président. Emelien et Fort s'installent dans les étages du palais, du côté de l'aile ouest, aux côtés du conseiller parlementaire Stéphane Séjourné. Brigitte Macron, elle, s'installe dans l'aile est, en dessous des appartements privés du couple présidentiel, accompagnée de son directeur de cabinet, Pierre-Olivier Costa, venant des équipes de la mairie de Paris, et de son chef de cabinet, Tristan Bromet. Lorsque Bruno-Roger Petit, un proche de Brigitte Macron, devient conseiller du président, il s'installe tout naturellement non loin des bureaux de celle-ci… Selon les exégètes du pouvoir, cette nomination surprise à la fin août, qui a tant fait couler d'encre, serait ainsi le signe que Brigitte Macron a retrouvé finalement toute l'influence qu'elle avait acquise durant la campagne, après avoir été contestée en début d'été : « Les attaques contre l'officialisation de son "statut" de première dame ne venaient pas de nulle part… », persifle l'une de ses amies… en visant Emelien. Des rivalités et des compétitions exacerbées par un monarque qui entretient la distance…

D'autant que le président occupe tout son temps à l'action. Profitant de sa jeunesse, il exerce à chaque instant une pression constante sur ses collaborateurs. Une tension également exercée sur Matignon et l'ensemble des administrations. Macron n'accepte aucun temps mort. Il va d'ailleurs consacrer sa rentrée politique à intervenir sur tous les fronts : tournée diplomatique dans plusieurs pays d'Europe de l'Est pour avancer sur le dossier des travailleurs détachés, visite d'État en Grèce, discours devant l'Assemblée générale des Nations unies, mais aussi visite auprès des professionnels du bâtiment, ou discours sur l'agriculture à Rungis, dans lequel il propose un changement complet de la filière, en appelant à une « nouvelle France agricole ». Dans ce domaine, comme dans d'autres, Macron essaye de prendre de vitesse – quand il ne les contourne pas… – les corps intermédiaires et les hauts fonctionnaires : « Nous avons une approche parallèle : Emmanuel Macron n'est pas prisonnier de la technostructure, estime François Bayrou. Il vient de là, mais il est plus libre que son parcours ne pourrait le laisser supposer au premier abord. C'est appréciable alors que ces corps de hauts fonctionnaires sont tout-puissants dans l'État[1]. »

Cette volonté de tout chambouler amène le président à contourner parfois son propre gouvernement, comme en son temps Nicolas Sarkozy, adepte de l'hyper-présidence, au point de s'intéresser, sur sa seule initiative, à certains dossiers techniques dans leur moindre détail… Lors de

1. Entretien du 12 octobre 2017.

sa visite auprès des professionnels du bâtiment, Macron annonce ainsi que les prêts à taux zéro seront finalement maintenus dans les zones rurales, ainsi que le crédit d'impôt pour les menuiseries extérieures et les chaudières à fioul, alors que le gouvernement prévoyait leur suppression… En charge du logement, le ministre Jacques Mézard et son secrétaire d'État Julien Denormandie, pourtant l'un des plus proches au gouvernement de Macron, sont alors totalement pris de court par le président… « Sur ce dossier, comme sur d'autres, il décide seul », nous confie un membre de cabinet ministériel.

Quand il n'emprunte pas le costume du sachant, tel un professeur devant ses élèves, lui permettant d'asseoir son autorité dans une posture d'expertise, le président ne résiste pas à la tentation de multiplier les provocations pour surprendre, bouger les lignes ou hystériser tout simplement les débats, pour mieux les étouffer, évoquant ainsi les « fainéants » depuis la Grèce, puis ceux « qui foutent le bordel », lors d'un déplacement en Corrèze, alors que la grogne sociale monte dans le pays. Une manière également de se faire bien voir de son électorat de droite quand la gauche, dans son ensemble, se met à le présenter comme « le président des riches ».

« Ce sont des provocations voulues, estime ainsi un communicant parisien. Elles sont faites exprès pour brouiller les cartes au moment où la gauche critique son budget. En employant ce vocabulaire, il essaye de cliver pour avoir le soutien de l'électorat traditionnel de la droite, et parle aux classes moyennes ou aux salariés sans qualification. » Une stratégie de la tension qui vise ainsi à jouer le rapport de force avec les syndicats qui manifestent dans la rue. Notre communicant continue son analyse : « Les médias et chaînes d'info en continu s'engouffrent avec délectation dans ces polémiques de vocabulaire, et pendant ce temps-là, Macron gagne du temps. Il est dans une séquence où il essaye d'agréger de nouveaux soutiens, en communiquant en direction de cercles différents. Il segmente les publics pour les additionner ensuite. C'est pour cette raison qu'il a donné de grandes interviews au *Point* ou au magazine allemand *Der Spiegel* dans lesquelles il évoque la place de la France dans le monde, et la question européenne, à grand renfort de références culturelles, et s'explique plus trivialement, avec un registre moins soutenu, lors d'une traditionnelle interview à l'Élysée sur TF1 dans laquelle il ne parle quasiment pas d'Europe, ni de stratégie… Ce qui ne l'empêche pas, pour finir la séquence, de reprendre de la hauteur en fin d'année en participant à des sommets internationaux, alors qu'il avait consacré sa rentrée à s'adresser aux Français. Finalement, Macron est à la fois Jupiter et au ras des pâquerettes ! »

Ces initiatives tous azimuts permettent surtout au président de conserver la maîtrise du tempo. Car en changeant de registres et de niveaux constamment, il surprend ses adversaires. « C'est sidérant de voir comment il ne fait pas réellement de politique au sens traditionnel, il ne cherche jamais le compromis, il cherche plutôt à imposer sa vision en communiquant. » Le président compte effectivement rester droit dans ses bottes : « Il ne croit pas du tout à la rentrée sociale. Il estime que le pays est plus en avance que les corps intermédiaires, et que les Français ont envie d'une rupture franche. » Le 15 octobre, lors de sa première interview à la télévision, il lance d'ailleurs : « Je continuerai au même rythme et avec la même détermination. »

Si l'inquiétude gagne le président, c'est plutôt quand il regarde ses propres troupes. Le monarque critique ainsi à un proche « la faiblesse de sa majorité ». Son parti, La République en marche, met du temps à être structuré. Les députés fraîchement élus sont pour la plupart des novices en politique. Au gouvernement, aucune tête ne dépasse. Son choix de nommer des ministres « technos », peu connus du grand public, se révèle hasardeux à l'usage. Et les quelques ministres qui ont davantage d'expérience politique, comme Gérard Collomb à l'Intérieur, Jean-Yves Le Drian aux Affaires étrangères ou Bruno Le Maire aux Finances, semblent dépassés, eux aussi, par l'activisme présidentiel, incapables de mettre en musique le « macronisme ». Une situation de faiblesse qui pousse Édouard Philippe, le Premier ministre, à organiser en urgence un séminaire gouvernemental un week-end d'octobre pour préparer ses troupes à davantage défendre l'action du gouvernement… Une initiative bienvenue, mais loin d'être suffisante, selon un soutien d'Emmanuel Macron qui énumère les insuffisances de l'équipe Macron au pouvoir : « Sur le front de la communication, Édouard Philippe est totalement absent. Et il manque un vrai collectif gouvernemental. Beaucoup de ministres ne sont pas des politiques, ils sont en apprentissage… Comme de nombreux députés. C'est une situation inédite sous la Ve République, et ils l'ont sous-estimée. Même Giscard ou Mitterrand disposaient de poids lourds à leur arrivée à l'Élysée. » Bref, à force de vouloir faire place nette autour de lui, le président manque de lieutenants sur qui compter en cas de coup dur. « Macron paie le prix de la fragmentation politique. Il est fort, mais dans un champ de ruines, et il est tout seul », analyse à son tour l'ancien premier secrétaire du PS[1], qui s'y connaît en champ de ruines…

En l'absence d'une « armée » politique efficace, Emmanuel Macron s'expose dans tous les domaines. Sa volonté de puissance s'exprime tous azimuts. En créant une Coordination nationale du renseignement et de la lutte contre le terrorisme (CNRLT), la fameuse *task force* promise durant la campagne présidentielle, le président prend ainsi le risque de se placer au premier rang de la

1. *Le Monde*, 10 octobre 2017.

lutte contre le terrorisme, une guerre où le risque zéro n'existe pas. Une lourde tâche, potentiellement lourde de conséquences politiques, que le jeune président assume de porter sur ses seules épaules. Ainsi, cette *task force* est directement rattachée à l'Élysée et placée sous l'autorité du chef de l'État. Rassemblant une petite vingtaine de fonctionnaires, cette nouvelle structure vise à l'« analyse de la menace et de la stratégie de lutte contre le terrorisme ». Censés informer en temps réel le président de la République des menaces terroristes en cours, ces femmes et ces hommes, triés sur le volet, viennent de différents services de renseignements et de police afin de faire remonter au plus vite les informations du « terrain » auprès de « Jupiter ». Mais pour l'aider dans cette entreprise à haut risque, Macron a choisi de confier la direction de cette nouvelle structure à un grand pro, Bousquet de Florian, ancien patron de la DST et proche de Jacques Chirac. Respecté et craint par ses pairs, ce professionnel du renseignement avait pourtant été sèchement écarté du contre-espionnage par Nicolas Sarkozy dès 2007, qui le soupçonnait d'avoir joué un rôle lors de la deuxième affaire Clearstream. Et à la tête de la DGSE, les services extérieurs, Macron nomme un autre grand serviteur de l'État, Bernard Émié, ancien ambassadeur en Algérie, et lui aussi proche de Chirac.

Mais pour l'aider sur ces questions régaliennes qui lui étaient encore étrangères il y a peu, Macron pioche dans des réseaux divers, et parfois concurrents, qui constituent ce qu'on appelle désormais « l'État profond ». Une manière pour le nouveau président de mieux garder la haute main sur ces dossiers sensibles. À l'Élysée, le président suit ainsi les conseils de Patrick Strzoda, son directeur de cabinet, ancien patron du cabinet de Bernard Cazeneuve à Beauvau et ancien préfet des Hauts-de-Seine entre 2009 et 2011. Dans le domaine de la sécurité, il écoute également les avis d'une autre figure du ministère de l'Intérieur : Ange Mancini, l'ancien coordinateur national du renseignement (CNR) de Nicolas Sarkozy, devenu « Monsieur Sécurité » du groupe Bolloré. Entre l'ancien policier passé dans le privé et Macron, l'entente est devenue cordiale, selon un policier : « Les deux hommes se tutoient et se donnent l'accolade, ils se marrent bien ensemble. » Leur première rencontre date de 2012, quand le futur président était en poste à l'Élysée auprès de François Hollande. Autre conseiller de l'ombre du président : René-Georges Querry, ancien chef de l'Unité de coordination de la lutte antiterroriste (Uclat), passé également dans le privé (Accor, Bolloré et désormais Casino). Dans ce domaine, Macron ne rechigne donc pas à chercher de l'aide du côté des anciens réseaux Sarkozy ou ceux de Vincent Bolloré, avec lequel il entretient d'excellentes relations.

Réseaux Chirac, réseaux Sarkozy… Macron est œcuménique à droite quand il s'agit de sécurité. En revanche, à gauche, il semble vouloir faire place nette et évincer à tout prix les réseaux régaliens de Manuel Valls. L'expert en sécurité Alain Bauer, ami de l'ancien Premier ministre socialiste, qui était également apprécié de Nicolas Sarkozy, n'est pas le bienvenu à l'Élysée, et Macron a également tenu à éloigner l'ancien directeur de cabinet de Jean-Yves Le Drian à la Défense, le tout-puissant Cédric Lewandowski, qui est finalement revenu à EDF comme cadre dirigeant du comité exécutif.

Au cours du précédent quinquennat, l'équipe de Jean-Yves Le Drian à la Défense avait en effet bénéficié d'une autonomie inédite dans le cadre de Ve République, le président Hollande n'hésitant pas alors à déléguer de nombreux éléments concernant les armées et leurs opérations extérieures à son ami breton de trente ans, et à son cabinet… Au point qu'au sein de la haute administration, et notamment à Bercy, le cabinet Le Drian à la Défense était souvent considéré comme un « État dans l'État ». Une situation particulière à laquelle le ministre Macron s'était d'ailleurs confronté, quand il avait milité activement contre la nomination d'Henri Proglio, l'ancien PDG d'EDF, à la tête de l'entreprise stratégique Thales. Une bataille qu'il avait alors menée – et gagnée – contre le cabinet Le Drian[1].

À l'époque, l'équipe Le Drian autour de Lewandowski était très puissante car particulièrement efficace pour suivre la finalisation des grands contrats d'armement à l'étranger. On lui doit notamment les nombreux succès commerciaux des Rafale, ces avions de chasse du groupe Dassault qui, jusqu'alors, se vendaient difficilement en dehors de la France. Ces résultats avaient amené le grand patron Serge Dassault, par ailleurs élu Les Républicains, à féliciter en personne l'ancien pouvoir socialiste sur un plateau de télévision : « François Hollande et le ministre de la Défense sont excellents pour la vente de nos avions », s'était-il réjoui en 2016[2] ; Jean-Yves le Drian est « le meilleur ministre de la Défense qu'on ait jamais eu. Il est au-dessus de tous les autres », estimait-il alors.

Voulant reprendre la main sur le complexe militaro-industriel français, le président Macron a logiquement éloigné la précédente équipe Le Drian à la Défense. Mais ce n'était pas suffisant. Dans ce milieu secret et sensible, la confiance s'acquiert sur le long terme. Les réseaux se tissent lentement. Le nouveau chef de l'État a donc dû hausser le ton à l'égard des industriels de l'armement, allant même jusqu'à critiquer dans *Le Point* leur comportement lors de la démission fracassante du chef d'état-major des armées, Pierre de Villiers : « J'ai été surpris à cette occasion que personne ne relève que des journaux financés par les contrats de défense ont mené une campagne de plusieurs semaines pour protéger ces

1. Lire le chapitre « Bataille contre Proglio ».
2. Public Sénat, le 22 janvier 2016.

derniers. La consanguinité entre une partie des industriels du secteur et la presse pose question[1] ». Derrière cette mise au point, Emmanuel Macron vise en réalité Serge Dassault, propriétaire du *Figaro*, mais également Iskandar Safa, propriétaire de *Valeurs actuelles*, l'hebdomadaire de la droite de la droite, et de CMN, le chantier naval de Cherbourg… devenu au cours du précédent quinquennat un très proche de l'ancien Premier ministre Bernard Cazeneuve et de l'ancien président François Hollande… Une proximité qui n'a pas échappé à Macron.

Néanmoins c'est bel et bien sur le dossier complexe de l'Europe que le jeune président a engagé une course contre la montre en solitaire. « Toute sa politique économique du début de quinquennat vise en réalité à restaurer la crédibilité de la France vis-à-vis de l'Allemagne, d'où sa décision de respecter la règle de 3 % de déficit dès la fin 2017 », estime d'ailleurs l'un de ses visiteurs du soir. Cette Allemagne qui, avec Angela Merkel, impose depuis des années à l'Europe entière des politiques austéritaires et « d'ajustements structurels ». Malgré cette situation, Macron croit encore au projet politique de l'Union européenne et à ses chances d'en infléchir l'orientation.

Le jeune président a ainsi décidé de faire de ce dossier sa priorité. Dans les premiers mois de son quinquennat, Emmanuel Macron rencontre jusqu'à une dizaine de fois la chancelière en tête à tête. Le président français est en dialogue constant avec elle, lui proposant même de relire, avant qu'il ne le prononce à la Sorbonne, son second discours sur l'Europe ! Son conseiller diplomatique, Philippe Étienne, est par ailleurs l'ancien ambassadeur de France à Berlin. Un huis clos franco-allemand qui inquiète l'un de ses proches : « Emmanuel a tout misé sur sa relation

1. *Le Point*, 31 août 2017.

avec Merkel, il a oublié de travailler sérieusement avec les États du Sud. »

Pourtant, le missionnaire Macron n'oublie pas le reste de l'Europe. En quelques semaines, le président français a pris son bâton de pèlerin en rencontrant d'une manière bilatérale vingt-trois de ses homologues européens. « Nous avons une stratégie de déploiement », décrypte l'un de ses conseillers. Un véritable marathon. À l'Est notamment : cela faisait près de dix ans que la Bulgarie n'avait pas eu la visite d'un président français, ou même quinze ans dans le cas de la Croatie. Après cette intense phase de rencontres, Emmanuel Macron décide de passer à l'offensive juste après les élections allemandes de septembre. Lors de son discours à la Sorbonne, le président annonce toute une flopée de propositions en direction de ses partenaires. Au risque de passer pour le trublion européen…

Seul au pupitre, devant des étudiants Erasmus, il affirme alors sa préférence pour une Europe « à plusieurs vitesses », autour d'un couple franco-allemand consolidé. « Nous pouvons donner une impulsion franco-allemande décisive et concrète », plaide Macron, proposant par exemple d'« intégrer totalement » d'ici à 2024 les marchés français et allemand « en appliquant les mêmes règles à nos entreprises ». Si Macron n'a jamais caché son souhait d'aller vers plus de fédéralisme… il n'explique guère comment il compte instaurer une Europe qui « protège ». En France, la gauche n'applaudit pas, mais son « allié » centriste, François Bayrou, est enthousiaste : « Son élection a donné un élan incroyable dans toute l'Europe. Il démontre qu'il a une vision politique sur le sujet. Il crée un élan[1] », se félicite-t-il.

Sur ce dossier ô combien stratégique, le jeune président semble toutefois isolé, là encore, dans son propre pays,

1. Entretien du 12 octobre 2017.

disposant finalement de peu de relais. Un pari solitaire. Car depuis le « non » au référendum de 2005 et la crise financière de 2008, la foi dans l'Union européenne se fait rare au sein même de l'appareil d'État : « Sur ce dossier, comme sur d'autres, Macron devra être le principal moteur de son action. Au final, tout repose sur ses épaules. S'il a la connaissance des dossiers et qu'il s'est engagé très fortement, il n'est malheureusement pas entièrement suivi par la technostructure. Les diplomates n'ont jamais cru qu'un budget de la zone euro était utile. Et à Bercy, Bruno Le Maire est un intergouvernementaliste convaincu, méfiant à l'égard du projet fédéraliste que porte Macron. Le ministre des Finances va devoir peser davantage à l'Eurogroupe », estime un proche du président.

Dans un premier temps, dans le reste de l'Europe, les propositions d'Emmanuel Macron reçoivent d'ailleurs un accueil poli. Lors du dîner de vingt-six chefs d'État à Tallinn en Estonie[1], le 28 septembre, la chancelière Angela Merkel salue néanmoins devant la presse « une nouvelle impulsion ». Lors d'un tête-à-tête avec Macron peu avant le dîner, la chancelière se laisse aller à un plus d'enthousiasme : « *France is back on stage* [la France est de retour sur le devant de la scène] », confie-t-elle à son jeune homologue en anglais. « Merkel est certes contrainte par son accord de coalition, mais elle ne peut pas non plus donner l'impression qu'elle reste en retrait sur ce dossier », estime un habitué des négociations européennes.

Macron est-il le seul chef d'État européen à croire à la possibilité d'une « Europe puissance » ? Lui pense en tout cas qu'il est grand temps de mener ce combat, et que

1. 26 et non 27, car le Premier ministre espagnol Mariano Rajoy était alors retenu en Espagne en raison du référendum en Catalogne.

l'Allemagne est prête au grand saut. Car après le Brexit et l'arrivée de Trump au pouvoir, les élites allemandes semblent en effet vouloir prendre leur autonomie stratégique, pour la première fois depuis la Seconde Guerre mondiale, à l'égard de la superpuissance américaine. Une révolution géopolitique peu commentée en France, mais bien réelle. En mai 2016, de retour du sommet du G7, Merkel estimait ainsi que le temps de confiance avec les États-Unis était « quasiment révolu » : « Nous, Européens, devons prendre notre destin en main, ajoutait-elle alors. Nous devons nous battre pour notre propre destin. » Les innombrables critiques de Trump à l'égard de l'OTAN ont achevé de convaincre les Allemands de trouver une autre solution pour assurer leur sécurité. En Allemagne, l'idée chemine ainsi que le pays pourrait même se placer sous l'ombrelle de la dissuasion française…

Le pari solitaire de Macron d'une « Europe puissance » pourrait donc trouver des alliés inattendus de l'autre côté du Rhin. « Cette situation rend la relation franco-allemande plus équilibrée, estime ainsi un proche de Macron. En Europe, nous dominons la table stratégique. Eux, la table économique. Encore une fois, Macron a de la chance. L'Allemagne est affaiblie et isolée, l'Espagne doit gérer le problème dramatique de la Catalogne, l'Italie est politiquement un no man's land, et le Royaume-Uni prépare son Brexit. Le seul pays fort en Europe aujourd'hui est la France… »

En France, ce pari européen de Macron apparaît souvent aux yeux de nombreux responsables politiques, de droite comme de gauche, comme le caprice d'un jeune enfant (« Sur l'Europe, Emmanuel a encore l'enthousiasme des débutants… », ironise l'un d'eux). Voire un acte de folie pour de nombreux technocrates français imprégnés d'un défaitisme tout aussi puissant. En réalité, Macron est une énigme pour tous ceux qui ont acté, depuis longtemps, le déclin de la France à la manière d'un Michel Sapin qui a lancé à l'ancien ministre grec des Finances, Yanis Varoufakis, lors de négociations avec Bruxelles : « Yanis, vous devez comprendre une chose. La France n'est plus ce qu'elle était[1]. » Le président Macron semble pourtant persuadé du contraire, lui qui affirme tout tranquillement au *Point* que « la France doit redevenir une grande puissance tout court. C'est une nécessité. Regardez l'état du monde. Il est en voie de dislocation ». De belles paroles, mais l'époque se prête-t-elle à de tels rêves de grandeur ?

Certes, Macron pense qu'il aura gain de cause auprès de l'Allemagne en optant pour la même stratégie que celle de François Hollande avant lui, c'est-à-dire en faisant de la France « le meilleur élève de l'Europe » aux yeux de Bruxelles et de Berlin. Une très mauvaise stratégie, selon Yanis Varoufakis : « Emmanuel et moi sommes d'accord : le fédéralisme est la solution. Mais il a déjà échoué, car la stratégie qu'il met en œuvre pour y parvenir ne peut pas fonctionner. Il s'est engagé à "germaniser" le marché du travail français en le flexibilisant et à faire un peu d'austérité en espérant que, en échange, l'Allemagne acceptera de construire un budget commun. C'est une grave erreur[2]... » D'autant que les Français ne sont pas forcément prêts à de tels sacrifices... et pourraient se retourner contre le pouvoir sans partage du plus jeune président de la Ve République.

Le jour de son investiture, Laurent Fabius, président du Conseil constitutionnel et ancien Premier ministre de François Mitterrand, citait ainsi Chateaubriand, dans un étrange hommage sous forme d'avertissement pour Macron : « Pour être l'homme de son pays, il faut être l'homme de son temps. Homme de notre temps, assurément vous l'êtes par vos choix, par votre formation

1. Yanis Varoufakis, *Conversations entre adultes*, Les liens qui libèrent, 2017.
2. *Le Monde*, 13 octobre 2017.

et jusqu'à votre état civil […]. Désormais, par le choix souverain de notre peuple, vous êtes aussi et d'abord l'homme de notre pays, chargé de le représenter, partout, en métropole et outre-mer, en Europe et dans le monde […]. C'est dire dans ces temps et dans ce monde nouveau, où s'entrechoquent à la fois des perspectives magnifiques et des risques certains, y compris pour notre planète, l'importance essentielle et la difficulté de votre mission. Apaiser les colères, réparer les blessures, lever les doutes, tracer la route et incarner les espoirs, voilà pourquoi, Monsieur le président de la République, votre réussite sera la réussite de la France. » Désormais seul aux commandes, Macron saura-t-il écouter les colères qui s'expriment un peu partout dans le pays ? C'est en tout cas la condition de sa survie politique. Mais pour être un véritable homme d'État, il faut réussir à être réellement à la hauteur de la situation. Et dans ce registre, jouer la comédie ne suffit pas. Il faut faire ses preuves.

POSTFACE

« Je suis le dernier des grands présidents. Après moi, il n'y aura plus que des financiers et des comptables. »

François Mitterrand, 1995.

La fable du « progressisme »

Il était encore ministre de l'Économie de François Hollande. Mais on le sentait déjà bien éloigné de ses responsabilités gouvernementales et entièrement concentré sur son ambition présidentielle… En ce 20 août 2016, Emmanuel Macron visitait le parc d'attractions du Puy-du-Fou en compagnie de son fondateur, le très droitier Philippe de Villiers. Le jeune loup apparaît alors tout sourire à ses côtés et va jusqu'à lui rendre hommage, saluant « un entrepreneur culturel ». Ce dernier répond avec la même emphase : « C'est la première fois que je vois un ministre conduire un char avec autant d'audace et surtout cette capacité à apprendre […]. Je pense qu'il y a pour Monsieur Macron, devant lui, un avenir pour conduire toute sorte de char. »

Aux journalistes qui demandent au ministre les raisons d'une telle visite, Macron répond droit dans ses bottes : « Pourquoi, c'est étonnant ? […] L'honnêteté m'oblige à vous dire que je ne suis pas socialiste. » Quelques jours plus tard, le jeune homme pressé de 38 ans retrouvera entièrement sa « liberté » après avoir donné sa démission à François Hollande. Sans scrupule. Quelques jours plus tard, il en aura encore moins quand il recevra, discrètement cette fois-ci, à petit-déjeuner une dizaine de prêtres, dont certains connus pour leur engagement contre le mariage pour tous, comme l'abbé Grosjean ou Pierre Amar, tous deux curés du diocèse de Versailles.

Peu importe pour celui qui, à travers ce geste très gaullien, se vit déjà au-dessus des partis. Et pourtant, quelle manière étrange de concevoir la sortie de tous les « conservatismes » de droite comme de gauche qu'il appelle alors de ses vœux ! Lui qui affirme son ambition de rassembler tous les « progressistes » finit par irriter son plus fidèle soutien, Henry Hermand, qui n'a pas du tout apprécié ses sourires aux côtés du vicomte de Vendée : « Je n'ai pas compris pourquoi il est parti au Puy-du-Fou et je l'ai d'ailleurs dit à Emmanuel. D'autant qu'il est apparu bien trop proche de Villiers. C'était trop. »

Emmanuel Macron déconcerte donc jusqu'à ses plus fidèles. Chacun projette finalement dans le « macronisme » sa propre identité politique, comme pour mieux se rassurer. Au risque de quiproquos. Artisan infatigable des centres, de gauche comme de droite, François Bayrou a ainsi pensé, après son médiatique ralliement, devenir le partenaire indispensable de Macron. Même s'il a répété publiquement le contraire, réfutant toute forme de « ticket », sans doute le maire de Pau espérait-il secrètement devenir son Premier ministre. « La grande erreur de Bayrou est politique, et non humaine, critique un soutien du président. Il a pensé que Macron était d'abord un centriste. Or, si Macron prend l'espace politique du centre, il bouscule avant tout les codes. En réalité, son projet est beaucoup trop bonapartiste pour être fidèle au centre. » De même, le député socialiste Richard Ferrand, compagnon de la première heure, était persuadé au cours de la campagne que Macron allait « gouverner à gauche », comme il le confiait en privé, et qu'il resterait donc fidèle à sa « famille », tel le turbulent Nicolas Sarkozy, qui avait incarné la « rupture » à droite à l'égard du vieux Jacques Chirac. Là encore, quiproquo.

Car Macron qui n'a cessé de se présenter comme un homme « de gauche », ne s'inscrit pas en réalité dans les luttes ayant marqué la gauche. Macron et la gauche, c'est plutôt *tabula rasa*. L'ancien ministre de François

Hollande ne s'encombre guère de la mémoire des partis, des syndicats et des associations de gauche. « Au fond, décrypte un ancien ministre socialiste, Macron est a-historique. Il pense pouvoir créer le nouveau monde à partir de rien. Mais on ne crée jamais à partir de rien[1]. »

Au cours du précédent quinquennat, ses amis socialistes aimaient pourtant le présenter comme un authentique « social-démocrate », sans pour autant expliquer quelle était la stratégie de leur petit préféré pour impulser un nouveau rapport de force face au capitalisme globalisé. En 2015, Julien Dray constatait ainsi que Macron n'avait « pas de surmoi marxiste » : « Il n'a pas cette culture. C'est à la fois une qualité et un défaut. Car parfois il apparaît "sans principes", sans ancrage traditionnel. Et c'est vrai qu'il peut se laisser lui-même emporter par une certaine "modernité" à tout-va. »

Quelque temps après, Michel Rocard, peu avant sa mort, estimait ainsi que Macron, son jeune cadet, était « loin de l'histoire ». Oui, loin de l'histoire de la gauche et du progressisme. « Jeune socialiste, je suis allé chez les partis suédois, néerlandais et allemand, pour voir comment ça marchait. Le pauvre Macron est ignorant de tout cela », ajoutait l'ancien Premier ministre de François Mitterrand. De son côté, Dominique Strauss-Kahn, lors d'un hommage rendu à l'ancienne ministre Nicole Bricq, soutien de la première heure de Macron et décédée à l'été 2017, rappelait qu'elle-même « savait que les valeurs de droite et les valeurs de gauche ne sont pas les mêmes. Que les deux sont nécessaires à l'équilibre de la société ». Une forme de rappel à l'ordre venant d'un socialiste pour le moins modéré…

Au cours de sa campagne, Macron n'a pourtant cessé de répéter que le nouveau clivage se situait entre les « progressistes » et les « conservateurs ». Une vision binaire entre « modernes » et « archaïques » loin d'être du goût

1. *Libération*, 6 octobre 2017.

de tous les Français, et notamment à gauche, mais qui va lui servir pour dépasser le système bi-partisan traditionnel. Dans ce contexte, son « progressisme » est d'abord une stratégie électorale pour s'imposer face aux repoussoirs que constituent alors François Fillon et Marine Le Pen. Au clivage droite-gauche, il cherche ainsi à substituer une opposition entre le « bloc libéral », qu'il aimerait incarner, et le pôle des « extrêmes », dans lequel il n'hésite pas à ranger Jean-Luc Mélenchon ou Benoît Hamon… Un manichéisme politique qui lui a finalement permis de clore tout débat de fond. Presque un chantage.

Certes, en ces temps de terrorisme, Macron a théorisé « la bienveillance » en politique, proposé un projet « positif » à la France, exprimé sa foi en l'Europe, s'est opposé au « néo-conservatisme » de l'après 11 Septembre. Comme si cet homme né en 1978 avait joué avec la nostalgie de certains Français, celle des années 1970 justement, où les classes moyennes croyaient encore au progrès et au bonheur collectif. L'image d'Emmanuel Macron, celle d'un gendre idéal, ayant grandi à Amiens, loin du microcosme parisien, a sûrement été sa meilleure carte pour sa folle ambition de ravir le pouvoir.

Qualifié de « moderne », il y a quelque chose d'anachronique chez Emmanuel Macron. Et c'est peut-être ce qui a rassuré certains Français. Une forme de kitsch dans un alliage un peu particulier de tradition et modernité : entre *French Tech,* Puy-du-Fou, et Jeanne d'Arc. Emmanuel et Brigitte Macron sont amis de Line Renaud et Stéphane Bern, et font des *selfies* avec eux sur Instagram. Avec Macron, c'est finalement *Retour vers le futur*. Celui d'une France qui rêvait qu'en 2016 on irait sur Mars.

Résultat, libéral sur le plan économique, certains à gauche ont cru qu'il l'était également sur le plan politique, héritier de la « troisième voie » chère à Tony Blair, ou qu'il était « social-libéral » à la manière d'un Justin Trudeau ou d'un Bill Clinton. Face aux postures autoritaires et aux coups de menton d'un Manuel Valls, Macron a utilisé cette image d'ouverture pour se différencier tout au long de l'année 2016 et se tenir à distance du bilan du gouvernement. C'était l'époque où il laissait dire par des proches qu'il ne soutenait pas le projet présidentiel de la déchéance de nationalité… C'est du reste ce que dénonce aujourd'hui la droite extrême qui le dépeint comme le représentant des élites globalisées, « hors-sol », et héraut d'un « libéralisme culturel » si décrié par le philosophe Jean-Claude Michéa.

Il est vrai que Macron aime jouer de cette image à l'international : défenseur de la planète et de l'écologie face à Trump, défenseur des homosexuels en Tchétchénie face à Poutine, meilleur « pote » de Justin Trudeau lors du G7, et même « héritier » de Barack Obama pour *The New York Times* et l'élite démocrate de Washington… Mais comme le président Jacques Chirac en son temps qui aimait prendre une posture progressiste à travers sa diplomatie, Emmanuel Macron est en réalité conservateur sur les questions sociales et « sociétales ». Dès l'élimination de Valls aux primaires, Macron multiplia les déclarations pour séduire l'électorat de droite, évoquant, dès février 2017, la « tolérance zéro », ou expliquant que La Manif pour tous avait été « humiliée » par François Hollande et son gouvernement !

Au final, son « libéralisme » économique est à la fois complaisant à l'égard de la grande finance internationale et à l'égard des identitaires qu'il instrumentalise comme autant de « repoussoirs » pour asseoir son pouvoir. Cette forme de populisme renversé, technocratique, lui permet d'évacuer la question sociale au sens où on l'entendait en France depuis le XIXe siècle, issue de ces luttes populaires qui ont pourtant permis de renforcer notre démocratie. En réalité, le sujet d'Emmanuel Macron n'est pas celui de la justice ou de l'émancipation, mais celui de l'« unité » et de l'« efficacité », afin de sauver le système institutionnel et économique. Sa « révolution », qu'il a choisie comme titre de livre, est profondément conservatrice. Sa posture européenne mêle ainsi appel au débat démocratique et injonction technocratique. Autre absence notable chez Macron : le questionnement sur notre modèle de développement actuel et son essoufflement.

Guère étonnant si, face à la crise de la social-démocratie en Europe, le président de la République essaye d'abord de draguer les traders de Londres après le Brexit et ne dit rien contre les « forces de l'argent ». Une expression toute mitterrandienne… citée à de multiples reprises au moment du lancement d'En Marche ! par un certain François Bayrou. Au nom de « l'efficacité », Macron préfère ainsi s'attaquer aux salariés, aux gens de peu, aux perdants de la globalisation, et multiplie les provocations à leur égard. Qu'on en juge : « Au lieu de foutre le bordel, ils feraient mieux d'aller regarder s'ils peuvent avoir des postes » (4 octobre 2017) ; « Je ne céderai rien, ni aux fainéants, ni aux cyniques, ni aux extrêmes » (8 septembre 2017, Athènes) ; « Une gare, c'est un lieu où l'on croise les gens qui réussissent et les gens qui ne sont rien » (29 juin 2017) ; « Le *kwassa-kwassa* pêche peu, il amène du Comorien » (1er juin 2017) ; « Le meilleur moyen de se payer un costard, c'est de travailler » (27 mai 2016) ; « Il faut des jeunes français qui aient envie de devenir milliardaires » (7 janvier 2015) ; « Les salariées de Gad sont pour beaucoup illettrées » (17 septembre 2014).

À l'automne 2017, Macron finit par être affublé de l'étiquette du « président des riches » comme Nicolas Sarkozy en son temps. « En fait, avec Macron, ce n'est pas de droite et de gauche, c'est de droite et de droite », fulmine un ancien pilier de la majorité socialiste, loin d'être un révolutionnaire. Les mesures décidées dès l'été 2017 annoncent en effet la couleur : ordonnances pour déréguler le marché du travail, respect des 3 % du PIB de déficit pour l'année en cours qui amène à de nombreuses coupes budgétaires, baisses d'impôts massives pour les plus riches, baisse des aides au logement, baisse des financements de l'État aux collectivités locales, coupes dans le budget de l'enseignement supérieur et de la recherche, nouvelle loi antiterroriste qui intègre de nombreux éléments de l'état d'urgence dans le droit commun, et réponse répressive du ministère de l'Intérieur à l'égard des migrants…

Presque mécaniquement, dans les enquêtes d'opinion, la popularité du nouveau président de la République plonge ainsi parmi les sympathisants de gauche et remonte du côté de la droite. C'est finalement le plus grand hold-up du banquier Macron : avoir été élu par une bonne part de l'électorat traditionnel du PS… et faire une politique de droite ! « La moitié de l'électorat de Hollande en 2012 a voté pour Macron au premier tour de la présidentielle de 2017, rappelle Jérôme Fourquet de l'institut de sondage IFOP. La droite a mieux résisté à l'offensive Macron : seulement 17 % de l'électorat de Sarkozy a voté pour lui au premier tour. Donc, clairement, oui, une grande majorité de son électorat (environ 60 %) venait de la gauche et du centre gauche. Mais une fois qu'il a eu brisé le PS à la présidentielle, Macron a cherché à casser la droite aux législatives en envoyant des signaux à cet électorat (nomination de ministres de droite, coupes dans les dépenses publiques, réforme du Code du travail…), stratégie qui a connu un certain succès[1]. »

Pour préserver son image et incarner un semblant d'« unité », Macron joue avec les symboles historiques autour de l'identité de la France. Le soir de son élection, le tout juste président élu investit ainsi le Louvre devant les caméras du monde entier. Palais royal de l'Ancien Régime, siège de la cour de Napoléon, et musée révolutionnaire transformé par Mitterrand. L'histoire millénaire de la France représentée en une image. En s'abreuvant de cette mytho-

1. *Le Monde*, 7 octobre 2017.

logie historique, Macron cherche à se « présidentialiser », à placer ses pas dans la grande histoire. Avant lui, Nicolas Sarkozy en avait fait autant lors de sa campagne de 2007, n'hésitant pas à citer dans ses discours écrits par Henri Guaino des figures de la gauche comme Léon Blum.

En pleine campagne, Macron s'était inspiré de la France unie de 1988, la célèbre campagne de Mitterrand, pour mieux rassembler face à Fillon et Le Pen : « Pour s'émouvoir aux grands discours sur l'Europe de François Mitterrand quelques semaines avant sa mort, fallait-il être de gauche ? Pour éprouver de la fierté lors du discours de Jacques Chirac au Vél' d'hiv', fallait-il être de droite ? Non. Il fallait être français », déclamait-il dans le Palais des sports de Lyon, citant pêle-mêle de Gaulle, Mitterrand, Chirac. Cette posture de réconciliation l'a amené à faire des grands écarts, en reconnaissant à la fois des aspects positifs à la colonisation, pour ensuite la qualifier de « crime contre l'humanité ».

À force de vouloir se placer dans l'histoire millénaire de la France, Macron en oublierait presque le moment fondateur de la République, la Révolution. C'est ainsi qu'en juillet 2015 il assure que, dans la politique française, « la figure du roi » est absente. Un roi dont il pense même « que le peuple français n'a pas voulu la mort. La Terreur a creusé un vide émotionnel, imaginaire, collectif ». Les clins d'œil à cette France anterévolutionnaire, Macron les a multipliés. On l'a vu, en novembre 2016, le jour de l'annonce de sa candidature à la présidence, il tient à se rendre à la basilique de Saint-Denis, nécropole des rois de France…

Comme son ami Stéphane Bern, Emmanuel Macron préfère finalement la petite histoire, l'histoire événementielle. Celle des alcôves de la royauté, de la société de cour, des champs de bataille. Sa femme, Brigitte, est d'ailleurs fan de la célèbre émission de l'animateur télé, *Secrets d'histoire*. Une histoire romancée. En son temps, l'écrivain Alexandre Dumas excellait dans le domaine. C'est d'ailleurs dans son château de Monte-Cristo, construit au milieu du XIXe siècle dans un style néo-Renaissance, à Port-Marly dans les Yvelines, qu'Emmanuel Macron inaugure devant la presse les Journées du patrimoine et annonce sa décision de confier à Bern un rapport sur le sujet.

Ce château de Monte-Cristo qui incarne, là aussi, le kitsch d'une époque en plein bouleversement, en pleine révolution industrielle, et qui pourtant célèbre alors la nostalgie du Moyen Âge, dans la droite ligne de l'architecte Viollet-le-Duc, spécialisé dans les restaurations de monuments. On est donc bien loin de l'école des Annales, de Marc Bloch ou de Fernand Braudel, l'histoire des grands mouvements de civilisations, du développement du capitalisme. Brigitte confie d'ailleurs que son mari est un « romantique ».

Justement, Macron préfère appeler, dans *Le Point*[1], au retour de « l'héroïsme », et célébrer « l'intemporel ». Étrange mystique qui éloigne manifestement cet homme de l'histoire séculière. Macron semble préférer se réfugier dans les symboles et une forme renouvelée du sacré. Un homme « de son temps », si l'on en croit pourtant Laurent Fabius, le président du Conseil constitutionnel, qui cita le romantique Chateaubriand, pour qualifier le nouveau président de la République lors de son investiture. Ou un symbole d'un « néo-protestantisme » hors-sol et globalisé selon Régis Debray. À l'image de son portrait officiel, surexposé, saturé de symboles (deux iPhones et des ouvrages de la Pléiade posés sur son bureau, une horloge à l'arrière-plan, la fenêtre ouverte sur les jardins), rassemblant finalement tous les codes des précédents portraits des présidents de la Ve République (les drapeaux, le bureau, la bibliothèque, le jardin...). « Cette photo kitsch est maintenant accrochée dans toute la France », raille très justement le quotidien allemand *Bild*[2]. Une compression historique digne de César. À défaut de proposer un nouvel *avenir* aux Français, Emmanuel Macron

1. 31 août 2017.
2. 29 juin 2017.

pourrait finir président d'une France devenue un grand parc d'attractions, tel le parc à thème reproduisant l'Angleterre dépeint en son temps par l'écrivain britannique Julian Barnes dans son roman *England, England*…

Cela pourrait suffire à Macron, lui qui se sent davantage proche des héros de la littérature qu'il découvrait, alors enfant, avec sa grand-mère, que du destin des peuples. N'a-t-il pas écrit, adolescent, un roman picaresque, *Babylone, Babylone*, dans lequel il racontait l'aventure d'Hernán Cortés, le conquistador espagnol qui s'est emparé de l'Empire aztèque ? C'est peut-être de cela dont parle Macron : sa tentative un peu folle de projeter dans son propre parcours l'*hubris* des grands hommes, ces destins qui pouvaient éclore quand l'Europe faisait encore la grande histoire. « La France doit redevenir une grande puissance tout court », affirme-t-il pourtant.

Devenu président de la Ve République, créée sur mesure pour le général de Gaulle, Macron se dit ainsi en recherche d'une « transcendance » perdue. Macron cite à dessein Hegel et sa théorie des grands hommes, tout en multipliant les références aux panthéons respectifs de la gauche et de la droite. En attendant, il essaye surtout d'écrire la suite du roman dont il est le héros, de proposer pour son image cette « identité narrative » chère à Paul Ricœur. Finalement, ce « maître des horloges », tel qu'il se définit parfois en privé, « mobilise-t-il et illustre-t-il uniquement le *kairos* grec, celui qui est saisi du moment favorable, fait appel à la *mètis*, mais n'ouvre nullement un nouveau temps[1] ? », se demande l'historien François Hartog. Comme le rappelait François Mitterrand à la fin de sa vie : « Je suis le dernier des grands présidents. Après moi, il n'y aura plus que des financiers et des comptables. » Macron l'apprendra peut-être à ses dépens : l'histoire est souvent cruelle et pourrait vite le transformer en un simple aventurier.

1. *Le Monde*, 10 juin 2017.

Table

III. LE HOLD-UP DE LA RÉPUBLIQUE 2015-2017

RÉALISATION : NORD COMPO À VILLENEUVE-D'ASCQ
IMPRESSION : CPI FRANCE
DÉPÔT LÉGAL : JANVIER 2022. N° 150150 (3045878)
IMPRIMÉ EN FRANCE